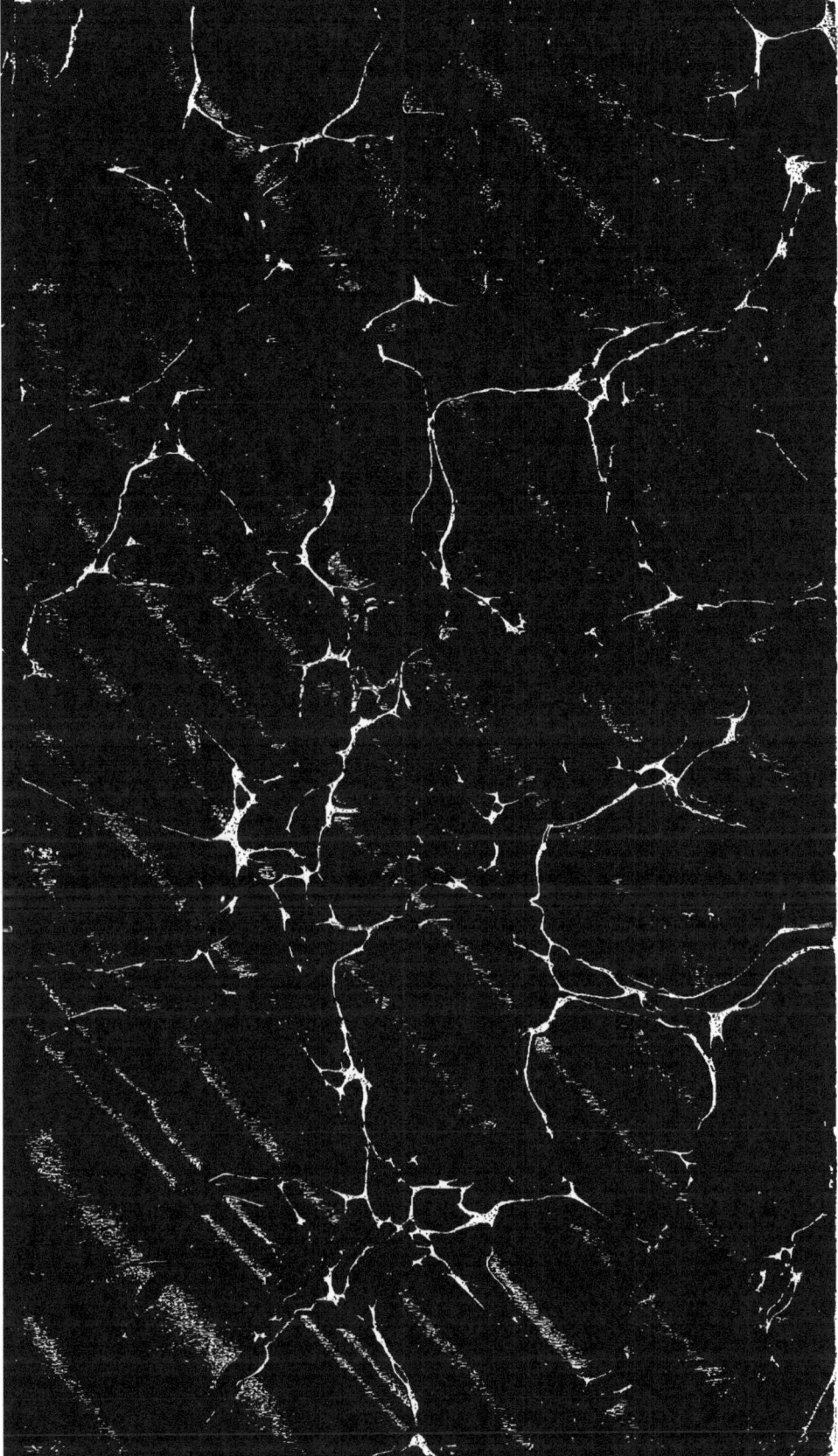

P.x
6

VOYAGES
DANS
L'INTÉRIEUR DU BRÉSIL.
PREMIÈRE PARTIE.

PARIS. — IMPRIMERIE DE CASIMIR, RUE DE LA VIEILLE-MONNAIE, N° 12.

FIRMIANO.

VOYAGE

DANS LES PROVINCES

DE RIO DE JANEIRO

ET

DE MINAS GERAES;

Par AUGUSTE DE SAINT-HILAIRE,

Chevalier de la Légion-d'Honneur, membre de l'Académie royale des Sciences de l'Institut de France, des Sociétés philomatique et d'Histoire Naturelle de Paris, de la Société Linnéenne de Londres, de l'Académie de Lisbonne, de la Société des Sciences Physiques de Genève, de l'Académie Léopoldine, de la Société des Sciences Physiques d'Orléans, etc.

> Ce beau pays peut se passer de l'univers entier.
> VOLTAIRE.

TOME SECOND.

PARIS.

GRIMBERT ET DOREZ, LIBRAIRES,
RUE DE SAVOIE, N° 14.

1830.

TABLE DES CHAPITRES DU TOME SECOND.

                                                                    Pages

CHAPITRE Ier. Idée générale du termo de Minas Novas. — Route de Mundo Novo à Nossa Senhora da Penha. — Excursion à Itangua.   1

CHAP. II. Comparaison de la végétation des bois vierges avec celle des campos. — Voyage de Penha à Alto dos Bois. 21

CHAP. III. Aldea d'Alto dos Bois. — Les Indiens Macunís. — Observations générales sur la race américaine. . . 40

CHAP. IV. Villa do Fanado. — Chapada. — Sucuriú. — Matière médicale des Brésiliens. 72

CHAP. V. Tableau général de la végétation dans la province des Mines. — Coton de Minas Novas 95

CHAP. VI. Voyage dans les catingas. 113

CHAP. VII. La 7e division. — Les Botocudos. — Le Jiquitinhonha. 137

CHAP. VIII. Navigation sur le Jiquitinhonha. — Encore les Botocudos. 185

CHAP. IX. Les Machaculis. — Retour à S. Miguel. — Guerre entre les Botocudos. — Réflexions sur la civilisation de ce peuple. 205

CHAP. X. Retour à Villa do Fanado par S. Domingos et Agua Suja. — Histoire de Raimundo. — Firmiano. — Réflexions sur l'origine des Indiens du Brésil. — Fêtes de la Pentecôte. 224

CHAP. XI. Route de Villa do Fanado au Sertão par Piedade, Arassuahy et les forges de Bom Fim. 264

CHAP. XII. Tableau général du Sertão. 299

TABLE DES CHAPITRES.

Pages

Chap. XIII. Voyage dans le Sertão depuis son entrée jusqu'au village de Formigas inclusivement. 340
Chap. XIV. Suite du voyage dans le Sertão. — Village de Contendas. 361
Chap. XV. Le Rio de S. Francisco. 384
Chap. XVI. Départ de Capão do Cleto. — Village de Salgado. . . 401
Chap. XVII. Continuation du voyage dans le Sertão. 419
Chap. XVIII. Les villages de Coração de Jesus et de Curmatahy. — Fin du voyage dans le Sertão. 440

FIN DE LA TABLE DU TOME SECOND.

VOYAGE
DANS
L'INTÉRIEUR DU BRÉSIL.

CHAPITRE PREMIER.

IDÉE GÉNÉRALE DU TERMO DE MINAS NOVAS. — ROUTE DE MUNDO NOVO A NOSSA SENHORA DA PENHA. — EXCURSION A ITANGUA.

Tableau raccourci du *termo* de Minas Novas. — Végétation du pays que l'on traverse après Mundo Novo. — Cascade. — Marchands de pierreries. — Végétation du *Morro d'Andaid*. — Village de *Nossa Senhora da Penha*; sa situation; productions des alentours; forge; habitans; église. — Végétation remarquable des environs de Penha. — Excursion à la *fazenda d'Itangua*. — M. Manoel Ferreira da Camara Bethancurt e Sá, intendant des Diamans. — Une noce; convives; repas; usage de porter des santés. — Description de la *fazenda* d'Itangua. — Départ de Penha. Rareté de l'argent.

Le pays de *Minas Novas*, que j'allais visiter, diffère, par son aspect et par sa végétation, de tout ce que j'avais vu jusqu'alors [1]. Ce pays porte, à proprement parler, le nom de *Minas Novas do Arassuahy*; il

[1] Je ne parle ici qu'en général; car il y a aussi, comme on le verra, des forêts vierges dans les Minas Novas.

fut découvert en 1726 ou 1727 [1], et fit d'abord partie de la capitainerie de Bahia. En l'année 1729 ou 1730, on y créa une ville sous le nom de *Nossa Senhora do Bom Successo de Minas Novas do Arassuahy* [2]; mais comme cette ville se trouvait éloignée de deux cents lieues de Bahia, on la soumit, pour ce qui regarde l'administration de la justice, au *corregedor* de Villa do Principe. Cependant, en 1742 ou 1749, on réunit entièrement les Minas do Arassuahy à la capitainerie de Bahia, et elles firent partie de la *comarca* de *Jacobina*. Alors il y avait, à Villa do Bom Successo, un gouverneur, une compagnie de cavalerie, et enfin un hôtel pour la fonte de l'or, dont il existe encore un coin en bronze. Ce nouvel arrangement ne subsista au reste qu'un petit nombre d'années; car, vers 1754 ou 1757, le *termo* de *Minas Novas* fut définitivement réuni à la capitainerie de Minas Geraes et à la *comarca* de Villa do Principe; mais en même temps il est toujours resté sous la juridiction de l'archevêque de Bahia.

Ce *termo* est borné au nord par ceux d'*Urubú* et du *Rio das Contas;* au sud, par celui de Villa do Principe; à l'ouest, par la justice de *Barra;* enfin, à l'est, par de vastes forêts [3], et par ces continuations ou contre-forts de la chaîne parallèle à l'Océan (*Serra do*

[1] Voyez *Memorias historicas*, vol. VIII, p. 1ª, p. 13.
[2] Son nom le plus connu est *Villa do Fanado*.
[3] Les *termos* d'Urubú et du Rio das Contas n'appartiennent déjà plus à la province des Mines, mais à celle de Bahia; la justice de Barra fait partie de la *comarca* de Sabará

Mar), auxquels on donne les noms de *Serra das Esmeraldas, Serra dos Aimores, Serra Negra* et *do Jacuhy*.

Ce pays peut être divisé, d'après sa végétation naturelle et l'élévation de ses différentes parties, en quatre régions fort inégales, mais très-distinctes. A l'orient, celle *des forêts* s'étend sur la frontière, du sud-ouest au nord-est ; après elle, vient la *région des carrascos*, qui est fort élevée, et où le froid se fait sentir dans les mois de juin et de juillet ; la *région des catingas*, beaucoup plus chaude et si propre à la culture des cotonniers, est située sur les bords de l'Arassuahy et entre cette rivière et le Jiquitinhonha ; enfin la *région des campos*, peut-être plus chaude encore, se trouve comprise entre le Jiquitinhonha et le S. Francisco : cette dernière est très-propre à l'éducation des bestiaux, et fait partie de l'immense contrée que l'on appelle, à cause de sa faible population, le *Sertão* ou Désert. Je donnerai successivement des détails sur ces quatre régions : j'ai d'abord visité celle des *carrascos*, traversée par les affluens les plus élevés de l'Arassuahy ; j'ai passé ensuite dans celle des *catingas*, puis dans celle des *forêts*, et enfin, après être revenu sur mes pas, j'ai exploré la région des *campos*.

On donne au *termo* de Minas Novas cent cinquante lieues de longueur sur quatre-vingt-six de large, et cet immense territoire comprend, dit-on, une population de 60,000 âmes [1] réparties sur sept paroisses ; sa-

---

[1] Ce nombre me paraît exagéré. L'auteur des *Memorias*

voir : celle du chef-lieu, sous l'invocation de *S. Pedro dos Fanados;* celles de *S. Cruz da Chapada,* de *Nossa Senhora da Conceição da Agua Suja* et de *S. Domingos;* celle de la septième division, où il n'y avait encore, en 1817, ni église ni prêtre ; la paroisse de *Rio Pardo e Preto,* sous l'invocation de *Nossa Senhora da Conceição* [1]; celle de *S. Antonio da Itacambira;* enfin la moitié de la paroisse de *N. Senhora da Conceição dos Morrinhos* [2].

Il fut un temps où la recherche de l'or était la principale occupation des habitans de *Minas Novas;* mais

historicas, etc., ne porte qu'à 27,000 individus la population de Minas Novas, et un tableau statistique pour l'année 1812, imprimé en Allemagne, ne la fait monter qu'à 24,056. J'observerai cependant que ce tableau ne saurait faire autorité ; car on y indique comme paroisse *Sucuriú*, simple succursale d'*Agua Suja*, et l'on omet d'y noter comme paroisse le village d'*Itacambira*.

[1] J'ai dit un mot de cette paroisse dans le dernier chapitre du premier volume.

[2] Le chapitre qu'a publié M. Pizarro, sous le titre de *Villa de N. S. do Bom Successo do Fanado* ou *das Minas do Arassuahy comprehendida na comarca do Serro do Frio*, offre les documens les plus intéressans ; mais on est étonné de trouver dans ce chapitre les paroisses de *Barra* et de *S. Antonio de Curvello*, qui ne dépendent pas du *termo* de Minas Novas. L'auteur aura voulu sans doute réunir avec Villa do Fanado, Chapada, etc., des lieux qui appartiennent également à l'archevêché de Bahia. Quel prix ajouterait à l'ouvrage de Pizarro une table générale qui faciliterait les moyens d'y faire des recherches !

aujourd'hui ils se livrent à peu près tous à l'agriculture, et ils ont presque entièrement abandonné la minération. Minas Novas ne fournit actuellement qu'une très-petite quantité d'or à l'hôtel de la fonte de Villa do Principe : le peu que les mineurs de cette contrée tirent encore de la terre passe presque entièrement à Bahia par le moyen de la contrebande.

Depuis un certain nombre d'années, le *termo* de Minas Novas est bien connu des négocians de l'Europe par l'excellence de son coton. Les paroisses de Villa do Fanado, Agua Suja, S. Domingos, Chapada, et enfin la septième division, en fournissent une grande quantité. Itacambira, Rio Pardo et Morrinhos, au contraire, produisent peu de coton; mais on y élève des chevaux et des bêtes à cornes.

Dans tout le *termo*, on recueille du maïs, des haricots, un peu de froment, des patates, des bananes, et l'on cultive en particulier le manioc sur les trois paroisses où, comme je l'ai dit plus haut, l'on s'occupe spécialement de l'éducation du bétail.

Le riz réussit bien partout, principalement dans les parties basses et boisées et dans les endroits marécageux.

L'or de Minas Novas, et en particulier celui de la rivière d'Arassuahy, est de la plus belle couleur, et généralement au titre de 24 k. On a tiré, pour le compte du roi, beaucoup de diamans de la *Serra de S. Antonio de Itacambiruçú*, appelée vulgairement *Serra Diamantina*, et l'on pense qu'elle n'est point encore épuisée. Les petites rivières de *Calhão, Piaúhy, Tres*

Americanas et *Itinga* ou *Utinga*, fournissent des aigues-marines d'un vert naissant ou d'un vert bleuâtre, des chrysolithes [1], des topazes blanches et quelques-unes d'autres couleurs, des grenats, des tourmalines rouges et vertes, et enfin ces *pingos de agua* (gouttes d'eau) qui imitent si bien les diamans, et ne sont que de petites topazes blanches roulées par les eaux. On a extrait en particulier un grand nombre d'améthistes des Americanas. Il existe du fer près *Penha*, *S. João* et peut-être sur les bords du Jiquitinhonha. Les cavernes du *Sertão* ou Désert ont alimenté de leur salpêtre les fabriques de poudre de Villa Rica et de Rio de Janeiro; on trouve du soufre au-delà de Rio Pardo dans la *fazenda* de *Tabúa*, de l'antimoine sur le plateau d'*Alto dos Bois*, etc.

On puiserait probablement dans le règne végétal des richesses non moins importantes que celles qui sont fournies par le règne inorganique. Les cultivateurs emploient dans leurs maladies une foule de plantes médicinales, et plusieurs d'entre elles, mieux connues, pourront sans doute devenir d'une utilité très-grande.

L'air pur que l'on respire dans les Minas Novas proprement dites, et les eaux excellentes que l'on y boit, doivent faire considérer ce pays comme étant en général très-favorable à la santé. Cependant on m'a dit que la paralysie, l'éléphantiasis et les goîtres, autrefois presque inconnus sur la paroisse de Chapada, avaient

---

[1] Chrysoberil *Werner*, cymophane *Haüy*.

cessé d'y être rares depuis environ dix années. Il appartiendrait à des hommes de l'art de rechercher les causes de ce changement fâcheux.

Le *termo* de Minas Novas a l'extrême inconvénient d'être situé à une très-grande distance de la capitale du Brésil; mais, depuis la découverte récente du cours du Jiquitinhonha, on ne trouverait peut-être pas dans toute la province des Mines un pays mieux situé pour le commerce, que celui qui nous occupe dans ce moment.

Ses habitans sont, pour la plupart, des hommes de couleur peu riches et sans éducation. Ils ont quelque chose de la rusticité grossière qui caractérise trop souvent nos paysans français; mais ils sont bons, religieux, soumis à leurs supérieurs, affectueux, hospitaliers, généreux, ennemis des querelles, et se prêtent sans difficulté à faire les dépenses nécessaires pour l'utilité publique[1].

Je reviens aux détails de mon voyage. Déjà, avant d'arriver à Mundo Novo, j'avais observé des différences dans l'aspect des paysages : le changement le plus complet s'opéra à mes yeux quand j'eus quitté cette habitation. Je montai d'abord sur un morne raide et élevé, dont le flanc présentait encore des

[1] Une grande partie de ce tableau général est extraite d'un manuscrit de M. l'avocat São Paio. J'ai aussi emprunté quelque chose à MM. Pizarro, Spix et Martius. Ce que je dis du caractère des habitans de Minas Novas convient spécialement à ceux des Minas Novas proprement dites. Le *Sertão* diffère beaucoup de ce pays.

capoeiras; mais, au sommet de ce morne, la terre devient noirâtre, sablonneuse, et je ne trouvai plus que des arbrisseaux et des sous-arbrisseaux; un *cinchona* à fleurs odorantes, deux malpighiées à fleurs roses et à tige très-basse, dont l'une répand une odeur de muguet extrêmement agréable, une éricacée à corolles roses, des *cassia,* de petites myrtées, plusieurs *cuphea,* etc.

Ce fut au haut du même morne que je reconnus combien le pays que j'allais parcourir différait de celui que j'avais visité précédemment. Je n'apercevais plus de forêts sombres et sauvages : les montagnes qui, à perte de vue, s'offraient à mes regards, étaient découvertes, et je ne voyais des bouquets de bois que de distance à autre.

Bientôt j'arrivai à une petite *fazenda,* bâtie dans un fond sur le bord du ruisseau de Cocaes. Cette *fazenda* s'appelle *Cachoeira,* à cause d'une cascade que l'on voit tout près d'elle, et dont le bruit s'entend au loin. Entre des arbres et des arbrisseaux d'une végétation maigre, s'étend obliquement, au-dessous du lit du ruisseau, un immense rocher grisâtre et presque lisse. Ce n'est point sur le milieu de ce rocher que l'eau s'épanche; mais elle se précipite, en écumant, dans un canal resserré qu'elle s'est creusé latéralement.

Au-delà de cet endroit, je fus accosté par un homme qui m'offrit des améthystes; je témoignai le désir de les voir, et le propriétaire m'en demanda un prix qui, autant que j'en pus juger, était cinq à six fois plus élevé que ceux de Rio de Janeiro. Les Mineurs ont avec la capitale des communications si peu suivies, qu'ils ignorent la véritable valeur de leurs pierres précieuses. Quand ils en ont quelques-unes entre les mains, ils croient posséder des trésors, et ceux qui vont à Rio de Janeiro avec ces richesses imaginaires sont fort étonnés de voir qu'on leur en propose des prix souvent très-inférieurs à ceux qui leur avaient été offerts chez eux [1].

Je ne décrirai point toutes les nuances de sol et de végétation que l'on observe entre Mundo Novo et le village de *Penha;* cependant je ne puis m'empêcher de dire quelque chose du morne très-remarquable appelé *Morro d'Andaiá*. Ce morne, situé à environ une lieue et demie de Penha, est élevé, et son sommet forme une vaste plaine où la terre sablonneuse ne produit que des herbes, des sous-arbrisseaux et quelques arbustes rabougris. Sur la droite, cette végétation s'étend fort loin; sur la gauche, la vue est bornée par d'autres mornes plus élevés encore, où des rochers noirs et couverts de lichens se montrent au milieu d'un gazon jaunâtre; enfin devant soi l'on découvre une vaste étendue de hauteurs stériles, sur lesquelles croissent à peine quelques bouquets de bois, et dont l'aspect m'attrista d'autant plus, que, la veille encore, j'avais traversé des terrains féconds et des forêts vi-

---

[1] Ceci m'a été dit par un homme instruit qui avait longtemps habité Villa Rica, et me paraît conforme à toutes les vraisemblances.

goureuses. Cependant si, considérée dans son ensemble, la végétation qui s'offrait à moi ne pouvait qu'affliger mes regards, examinée dans ses détails, elle me transporta d'admiration. Je n'avais jamais vu une telle diversité de végétaux; c'étaient principalement des corymbifères, une foule d'*hyptis*, des radiées, des convolvulacées, des verbénacées à feuilles aromatiques, etc. Les genres qui, dans les bois, fournissent des arbres et de grandes lianes, ne produisent ici que des plantes à tige naine; j'observai, par exemple, une myrtée qui n'avait qu'un pied de haut, des bignonées, des *cassia*, une foule de malpighiées qui ne sont que des sous-arbrisseaux ou de petits arbustes. Cependant, comme cela arrive peut-être généralement dans les *campos*, il y a sur cette montagne, il faut en convenir, une variété beaucoup plus grande d'espèces que de genres.

Après avoir fait quatre lieues et demie depuis Mundo Novo, j'arrivai au village de *Nossa Senhora da Penha* (Notre-Dame du Rocher), plus généralement désigné sous le seul nom de *Penha*. Ce village, situé à vingt ou vingt-cinq lieues de *Villa do Fanado*, chef-lieu du *termo* de Minas Novas, est une succursale de la paroisse de cette ville. Il se compose d'une cinquantaine de maisons[1], dont les plus considérables, au nom-

---

[1] Pizarro ne donne à Penha que vingt maisons. Il est évident que les renseignemens qu'il a reçus datent d'une époque antérieure à mes voyages. Ce fut en 1766, dit le même auteur, que l'on fonda le village dont il s'agit.

bre de dix-huit, sont bâties autour d'une petite place qui s'étend en pente douce, et forme un carré irrégulier. Ces dix-huit maisons sont basses, petites, mais en bon état et couvertes en tuiles. Au milieu de la place est l'église, et, de tous côtés, le village est dominé par des montagnes dont le sommet n'offre que des gazons, et dont le flanc est couvert d'arbres qui se ressentent de la maigreur du terrain. Les maisons appartiennent à des cultivateurs, dont la plupart ne viennent au village que le dimanche, et, en grande partie, elles restent fermées les jours ouvrables. Ces jours-là on ne voit personne sur la place; on n'entend aucun bruit autour de soi, et l'aridité du terrain, la verdure foncée des végétaux qui couvrent la montagne, ajoutent à la tristesse qu'inspire l'abandon où semble être le village; quoique d'ailleurs il résulte un ensemble assez agréable de l'arrangement respectif des maisons qui le composent, et de leur position relativement aux montagnes qui les environnent.

Il est, autour de Penha, des terres qu'on ne peut cultiver, tant elles sont arides, et contiennent peu d'humus végétal; mais de l'autre côté d'un des mornes qui dominent le village, sont de grandes forêts qui se rattachent à celles de Passanha, et c'est là que sont établis la plupart des cultivateurs de ce canton. Ils plantent le riz, le maïs et les haricots, denrées dont on trouve un débit facile dans le District des Diamans. Il y a aussi, aux environs de Penha, quelques sucreries; mais, dans ce pays élevé, l'on ne plante point de coton. Les cultivateurs de Penha jouissent aujourd'hui d'un grand avantage; on a établi une petite forge auprès de ce village, et le fer, qui autrefois se vendait une pataque dans le pays (2 fr.), n'y vaut plus que 75 reis la livre (un peu moins de 50 cent.), prix qui doit nécessairement diminuer encore, lorsqu'il y aura plus de concurrence.

Les habitans peu nombreux qui restent toujours à Penha sont des hommes de couleur, pauvres, ignorans, oisifs. Je les trouvai d'abord impolis et peu communicatifs; mais je ne tardai pas à savoir la cause de la mauvaise réception qu'ils m'avaient faite. On parlait beaucoup alors de la révolte qui avait eu lieu à Fernambouc; on savait que le régiment de Villa Rica s'était mis en route, et, quand on m'avait vu arriver, l'on s'était imaginé que j'avais la commission de faire une levée d'hommes. Il était naturel d'accueillir assez mal celui que l'on croyait envoyé pour répandre l'effroi dans les familles; mais lorsque l'on connut le véritable but de mon voyage, l'on devint plus honnête.

Je passai à Penha un jour de fête, et je visitai l'église, qui est large, bien éclairée et fort jolie. On a peint sur ses murs des bouquets où dominent le rose et le bleu clair : ce ne sont pas des chefs-d'œuvre sans doute; mais leur ensemble produit un effet assez agréable; et du moins ils n'offrent aucune de ces plaques de couleurs dures qui choquent si souvent dans les peintures de nos églises de campagne, où d'ignorans barbouilleurs semblent avoir voulu racheter ce qui leur manquait du côté du talent, par la quantité de la matière.

Si l'on excepte le sommet de quelques hautes montagnes, il n'est peut-être pas, dans la province des Mines, un seul endroit qui offre une végétation aussi variée que les environs de Penha. Je restai plusieurs jours dans ce village, et il s'en faut probablement de beaucoup que j'aie recueilli toutes les plantes qui croissent dans ses alentours ; aussi est-ce un des lieux que je crois devoir recommander aux botanistes qui voudront visiter la province des Mines.

Un des terrains où ils trouveront le plus de végétaux est celui que j'avais traversé immédiatement avant d'arriver au village. La nuit m'avait surpris, et, entre des arbrisseaux tortueux, il me semblait voir, aux rayons de la lune, la terre couverte de neige, illusion produite par un sable pur, quartzeux, à gros grains et d'une parfaite blancheur. Un de mes soins fut d'aller herboriser dans ce lieu, et je puis dire que, pendant tout mon séjour au Brésil, je n'ai vu nulle part rien de semblable, ni pour la nature du sol, ni pour l'ensemble de la végétation. C'était une sorte de forêt naine d'arbustes écartés les uns des autres et hauts d'environ cinq à six pieds, dont le tronc était fort gros relativement à la hauteur, l'écorce noire ou fendillée, le bois très-dur, enfin dont le feuillage était généralement velu et d'un vert sombre. Entre ces arbustes se trouvaient des sous-arbrisseaux plus petits, quelques plantes grimpantes appartenant surtout à la famille des asclépiadées, et enfin des touffes rares de graminées à tige raide et à feuilles glauques. Là je trouvai principalement encore des corymbifères et des *hyptis*. Parcourant ce lieu singulier, j'arrivai à une petite source; le sol y était le même avec un léger mélange de terreau d'une couleur noire, et, combinée avec l'humidité, cette différence, si mince en apparence, en produisait de très-grandes dans la végétation. La terre, aux environs de la source, était entièrement couverte de graminées et de cyperacées à feuilles arides, peu propres à la nourriture des bestiaux; et, au milieu de ces plantes se trouvaient des sauvagesiées, des utriculaires, plusieurs mélastomées qui ne croissent point dans les lieux secs, une jolie orchidée, un grand nombre d'*eriocaulon*, un *polygala* à tige longue et grêle (*polygala paludosa*, Aug. de Saint-Hil.), un lycopode, etc.

Lorsque j'étais encore à Villa do Principe, l'intendant des Diamans, M. Manoel Ferreira da Camara Bethancurt e Sá, m'avait écrit qu'il partirait bientôt pour la *fazenda* d'*Itangua*[1], située à une lieue et demie de Penha. Ayant appris qu'il venait d'arriver à cette habitation, je me mis en route pour m'y rendre. Le chemin est montueux, et, du sommet d'un des mornes sur lesquels il passe, je découvris une vue immense qui présentait un mélange de terrains découverts et de bois d'une végétation assez maigre. Je traversai, dans cette excursion, tantôt des *capoeiras*,

---

[1] Probablement pour *Itagua*, *itá*, pierre, *guá*, en voûte. Cette étymologie est d'autant plus vraisemblable, qu'en parlant de Penha, M. Pizarro fait mention d'un ruisseau ou rivière qu'il nomme *Itágoa*.

et tantôt des *carrascos*, espèce de buissons d'une étendue immense, dont je parlerai bientôt avec détail. Parmi les plantes que je trouvai dans les *carrascos*, je ne puis m'empêcher de citer deux gentianées, dont l'une produit de grandes fleurs bleues inclinées et en cloche, et l'autre des fleurs roses (1231)[1]; je citerai aussi, comme une des espèces les plus remarquables de ces lieux, un sous-arbrisseau du genre *lantana?*, dont la tige est très-menue, les feuilles incisées, et dont les fleurs en tête sont du plus beau rouge (*lantana? pulcherrima*, N.)[2]. Avant d'arriver à Itangua, on descend dans un fond, et le terrain devient meilleur. En général, tout ce canton offre une alternative assez singulière de bonnes terres et de terrains très-arides.

Dans le chemin de Penha à Itangua, je remarquai des habitations de termès que je n'avais pas encore observées ailleurs. Ce n'étaient plus des bornes, comme celles que j'ai décrites dans le premier volume de cet ouvrage, mais simplement de petites bosses qui s'élevaient au milieu de la route à la hauteur d'un demi-pied environ.

La *fazenda* d'Itangua, qui appartenait au *capitão mór* Antonio Gomes de Oliveira Meirelles, était certainement la plus belle que j'eusse vue depuis Ubá. Ses

---

[1] Ce numéro, et d'autres analogues, renvoient à une liste que l'on trouvera à la fin de l'ouvrage, et qui contiendra les vrais noms des plantes indiquées.

[2] N° 1229.

bâtimens, qui venaient d'être reblanchis, sont disposés avec régularité autour d'une grande cour qui forme un carré long, et au milieu de laquelle on a, suivant l'usage du pays, planté une très-grande croix. Le local réservé pour le maître est vaste, et, conformément à la coutume, le haut seul est habité par lui et par sa famille. Après avoir monté l'escalier, on arrive à une grande pièce dont les murailles sont peintes, comme cela a lieu chez les gens riches, et dont le plafond, fait en planches également peintes, s'élève en dôme, ce qui se voit généralement encore dans les maisons dont les propriétaires jouissent de quelque fortune. En général, tout l'intérieur de l'habitation d'Itangua indiquait une aisance dont je n'avais depuis long-temps aperçu aucune trace.

A mon arrivée, je fus présenté au maître et à la maîtresse de la maison par l'intendant des Diamans, qui m'avait accueilli avec beaucoup d'amabilité. C'était un homme de cinquante et quelques années, gai, spirituel et fort instruit. Après avoir étudié à l'université de Coimbre, il avait voyagé, pendant plusieurs années, aux frais de son gouvernement, dans le but d'augmenter ses connaissances en chimie et en minéralogie, de voir différentes mines et de s'instruire de la manière de les exploiter. Ayant habité Paris pendant un an, il parlait parfaitement le français, et il savait aussi un peu d'anglais et d'allemand. Nous causâmes ensemble depuis l'instant de mon arrivée jusqu'au moment où chacun se retira pour se coucher, et la journée se passa d'une manière d'autant plus agréable pour moi, que, pendant huit jours, je venais d'être réduit à la société de mes plantes.

La veille de mon arrivée à Itangua, on avait célébré le mariage d'une des filles du maître de la maison. Des amis et plusieurs voisins, la plupart décorés et fort bien mis, étaient encore rassemblés. Au moment où l'on allait se mettre à table, les dames se présentèrent. Elles étaient au nombre de quinze ou seize, et presque toutes fort jeunes. Plusieurs d'entre elles avaient des cheveux blonds, un beau teint et des joues colorées. Leur tête était découverte; elles portaient des robes blanches brodées en couleur, et le bon goût avait présidé à leur toilette. Dans un pays où les blancs sont si rares, il était véritablement extraordinaire de rencontrer une réunion aussi nombreuse de femmes de notre race sans aucun mélange de sang africain.

On ne donna point la main aux dames : cet usage est absolument inconnu dans toute la province des Mines; il l'est également dans beaucoup d'autres provinces, et probablement dans toute l'étendue du Brésil.

Les jeunes mariés se mirent à l'un des bouts de la table. Le reste des convives se sépara en deux bandes, et les hommes s'assirent d'un côté pendant que les femmes se placèrent de l'autre. C'était déjà beaucoup que ces dernières se montrassent aussi librement.

Il y avait au dîner beaucoup de viandes, mais peu de légumes, et l'on mangea, comme partout ailleurs, avec une promptitude désespérante. On ne voyait point d'eau sur la table. Les femmes comme les hommes buvaient du vin pur, mais tous en petite quantité, et l'on ne manqua point d'observer un usage qui se pratique toujours, lorsque l'on sert du vin. Chaque fois qu'on prend son verre, on porte la santé d'un assistant, qui répond par un salut. On commence toujours ces toasts par le maître de la maison, et l'on passe ensuite aux personnes les plus considérables. Souvent un seul verre de vin sert pour plusieurs santés, et alors on nomme successivement les personnes à qui l'on veut faire honneur. Cet usage, qui a été originairement inspiré par la bienveillance, est extrêmement incommode. Il faut être sans cesse aux aguets pour savoir si quelqu'un ne vous a point nommé; il faut être attentif à l'ordre dans lequel on doit porter les santés diverses; il faut enfin saisir l'instant où la personne que l'on veut proclamer ne cause point avec son voisin, et n'est pas trop occupée à manger pour pouvoir vous entendre. Plus d'une fois, je l'avoue, j'ai mieux aimé boire un peu moins, et ne pas me soumettre à tant de gêne.

Quand leurs convives se furent rassasiés de viandes, mes hôtes d'Itangua nous firent quitter la table, et nous passâmes dans une autre pièce. Là était servi un dessert qui consistait principalement en sucreries et en confitures. Les Mineiros ont un talent particulier pour l'art du confiseur; cependant, comme je crois l'avoir déjà dit ailleurs, on peut leur reprocher de faire disparaître le goût des fruits par la trop grande quantité de sucre.

Après le dîner, l'intendant me montra l'habitation avec détail. Nous allâmes voir la sucrerie, et cette fois-ci encore j'admirai l'élégance et la légèreté de la roue du moulin à sucre. Les cylindres étaient en bois, comme ceux de toutes les sucreries de la province des Mines ; mais, pour fortifier ces cylindres, on y avait incrusté des morceaux de bois séparés, dont la surface extérieure présentait un parallélogramme, et dont les fibres étaient placées en sens contraire de celles du cylindre.

A Itangua, comme dans les autres habitations du pays, on se sert, pour mettre la *cachaça*, de gros troncs d'arbres creusés. Il y en avait un, dans cette *fazenda*, qui avait en diamètre sept palmes de neuf pouces, et qui tenait quatre cents barils, de vingt-cinq par pipe.

Ce fut dans la même habitation que je vis pour la première fois un moulin destiné à broyer les graines de ricin. Au milieu d'une cuve revêtue intérieurement de planches obliques qui en faisaient un cône renversé, était fixé un axe vertical qui tournait par le moyen d'une roue que l'eau mettait en mouvement. A cet axe était attachée une meule qui se promenait avec lui autour du cône. On jetait dans ce dernier les graines de ricin, et elles étaient écrasées par la meule, à mesure que celle-ci avançait.

Le potager d'Itangua était fort grand et bien tenu. C'étaient des choux qu'on y cultivait principalement; mais j'y vis en outre des pommes de terre qui réussissaient à merveille, de la chicorée, des laitues, des pêchers qui alors étaient en fleurs, une fort belle treille, et des figuiers qui, me dit-on, avaient produit une prodigieuse quantité de fruits. Il faut bien citer des faits, en apparence si insignifians, pour exciter de plus en plus les Mineiros à cultiver les légumes et les arbres fruitiers en usage en Europe. Quelle richesse, par exemple, serait la pomme de terre pour la province des Mines, si l'on parvenait à l'y cultiver en grand!

De retour à Penha, je me préparai bientôt à quitter ce triste village. Une veuve extrêmement pauvre, mère de sept à huit enfans, avait eu pour moi beaucoup de complaisance; mon linge avait été lavé par elle; elle m'avait fait une ou deux fois la cuisine, et j'avais reçu d'elle du café et des oranges. Cependant un petit cadeau de 300 reis (environ 1 fr. 80 cent.) partagé entre elle et sa mère, parut les enchanter toutes les deux. Ce fait suffira pour prouver combien l'argent est rare dans ce pays.

Je quittai Penha pour me rendre à Villa do Fanado, et, traversant de vastes solitudes, je passai par Alto dos Bois, aldea habitée par les Indiens *Macunis*.

CHAPITRE II.

COMPARAISON DE LA VÉGÉTATION DES BOIS VIERGES AVEC CELLE DES CAMPOS. — VOYAGE DE PENHA A ALTO DOS BOIS.

Idée de la végétation de la partie orientale du *termo* de Minas Novas. Description des *carrascos*. *Taboleiros; chapadas.* Causes de la différence de la végétation des forêts et de celle des *campos*. — *Fazenda d'Itacarambi.* — Brûlement des *carrascos.* — Village de *S. João*; sa situation; son église; ses maisons; ses habitans; culture des environs; mauvaises mœurs. —Végétation et aspect du pays entre S. João et la *fazenda* de *Jozé Caetano de Mello.* — Cette *fazenda.* De l'anthropophagie des Botocudos. —Rivière d'*Itamarandiba.* —Végétation du plateau appelé *Chapada do Mato de Mandrú.* — Village de *Capellinha;* son origine; sa situation; ses maisons; ses habitans; culture des environs. — Composée particulière aux côtes pierreuses. — *Fazenda* d'*Antão Soares.* Hospitalité. Mot touchant.

Le pays élevé qui s'étend de Penha à l'aldea d'Alto dos Bois ou aux environs, et celui très-voisin que je parcourus plus tard entre le village de *Piedade* et la *fazenda* d'*As Gangoras*, présentent un aspect et une nature de végétation qui furent entièrement nouveaux pour moi. Là on ne voit point de hautes montagnes terminées par des crêtes ou des pics aigus, séparées par des vallées étroites et profondes, et revêtues de forêts majestueuses. On n'y voit pas non plus de terrains simplement ondulés et couverts d'herbes et de sous-arbrisseaux. Ce sont des mornes peu élevés, séparés par des vallons, et dont le sommet présente une espèce de petite plaine[1]. Dans le pays, on donne à ces sommets singuliers le nom de *taboleiros*, qui signifie plateau[2], et on les appelle *chapadas*, quand ils ont une plus grande étendue. Des espèces de forêts naines, appelées *carrascos*, couronnent ces plateaux, et sont composées d'arbrisseaux à tiges et à rameaux grêles, hauts de trois à cinq pieds, en général rapprochés les uns des autres. Les plantes caractéristiques des *carrascos* sont une composée[3], deux *hyptis*[4], le petit palmier à feuilles sessiles appelé vulgairement *sandaia* ou *sandaiba*, enfin surtout une mimose dont les tiges sont légèrement épineuses, les feuilles d'une délicatesse extrême, et les fleurs disposées en épis (*mimosa dumetorum*, Aug. de Saint-Hil.). Sur la pente des mornes, la végétation n'est plus aussi grêle ; elle s'élève constamment, et offre des arbres tortueux et rabougris, plus ou moins écartés les uns des autres. Enfin, dans les fonds où coulent les ruisseaux, les plantes acquièrent encore plus de vigueur ; il y croît de véritables bois vierges, et c'est là que les cultivateurs ont leurs habitations.

[1] Il existe aussi dans ce pays des collines arrondies, ou qui du moins paraissent telles, lorsqu'on les voit de loin.

[2] A proprement parler, *taboleiro* veut dire une planche garnie d'un rebord.

[3] N° 1313.

[4] Une d'elles porte le n° 1224.

On pourrait croire que la terre des plateaux, ne produisant que des plantes maigres, est d'une nature pierreuse ou sablonneuse; mais il n'en est pas ainsi. Elle m'a paru bonne; elle est d'une couleur rouge, et ressemble à celle qui, dans les environs de Villa do Principe, fut autrefois couverte de forêts. Il faut donc nécessairement admettre deux causes pour expliquer la différence des bois vierges et des *campos*[1]. La première est la nature du sol, qui, quand il est fertile, donne naissance à des bois, mais qui, devenant en certains endroits pierreux, sablonneux ou ferrugineux, ne produit plus que des arbrisseaux ou des sous-arbrisseaux, comme j'en eus des exemples sensibles à Itambé et au Morro Pellado. Dans ce cas, les *campos* ont peu d'étendue, la végétation est en général plus variée, et elle présente moins de plantes caractéristiques. La seconde cause de la disparition des forêts est une différence dans la surface du sol et le défaut d'humidité. Quand les mornes sont fort élevés et terminés par des crêtes, lorsqu'ils sont séparés par des vallées étroites et profondes, ils s'abritent réciproquement, et l'effort des vents ne s'y

[1] Comme je le dirai ailleurs, on appelle proprement *campo* tout ce qui n'est pas bois vierge, *capoeira*, *capoeirão*, *capão*, *catinga*, *carrasqueiro*, *carrasco*; mais ici, pour ne pas multiplier les distinctions, je comprends sous le nom de *campos* les *campos* véritables et les *carrascos*, que l'on peut aussi considérer comme appartenant aux pays découverts, et qui forment la transition des *campos* proprement dits à une végétation plus élevée.

fait point sentir. Les ruisseaux, toujours multipliés dans ces terrains montagneux, contribuent à y développer la végétation, que favorisent encore les débris des troncs et des rameaux sans cesse accumulés et réduits en terreau. Au contraire, lorsque les mornes sont séparés par des vallées peu profondes, qu'ils offrent à leur sommet de vastes plaines, que rien n'y arrête les vents, que la terre n'y est rafraîchie par aucun ruisseau, il ne serait pas possible que la végétation y eût une grande vigueur, quelle que fût la bonté naturelle du sol. Ce qui prouve la vérité de cette assertion, c'est que, sur les flancs des mornes terminés par des *taboleiros* ou par des *chapadas*, les plantes, comme je l'ai dit, acquièrent plus de force à mesure que l'on approche de la vallée ; c'est que, si une montagne couverte de *carrascos* offre sur ses pentes quelque enfoncement où l'humidité puisse se conserver, et où les végétaux soient à l'abri des vents, on y trouve toujours des bois, et ceux-ci montrent d'autant plus de vigueur que les gorges sont plus profondes.

J'ai dit tout à l'heure que la végétation était plus variée lorsque les *campos* étaient uniquement dus à des changemens dans la nature du sol qui, de fertile, devient ferrugineux, pierreux ou sablonneux. Cependant on observe aussi de la variété sur les *chapadas* qui se composent de bonne terre ; et l'on peut être porté à penser que des différences d'exposition et même quelques nuances dans la nature du sol en sont les causes principales. Il est pourtant, il faut l'avouer, d'autres causes qu'on ne saurait découvrir; car j'ai vu des modifications dans la nature des végétaux avec la même exposition et un terrain qui me paraissait aussi être toujours le même, tandis qu'ailleurs des différences de sol assez sensibles ne produisaient pas le plus léger changement dans la végétation.

Je mis deux jours pour me rendre du village de Penha à celui de *S. João*, et, comme mes marches étaient en général de trois à quatre lieues portugaises, je présume qu'il peut y en avoir sept à huit de l'un à l'autre de ces deux villages.

Jusqu'à la *fazenda* d'*Itacarambi* [1], où je fis halte le premier jour, je traversai trois plateaux principaux, et je ne vis guère que deux habitations, dont la première, située à une lieue de Penha, possède un moulin à sucre.

Dans plusieurs endroits, je remarquai, au milieu des plateaux, un grand nombre de tiges dépourvues de feuilles et à demi brûlées. A la suite des longues sécheresses, vers le mois de juillet ou celui d'août, on met le feu aux *carrascos*, et les nouvelles pousses qui naissent de la souche des arbrisseaux brûlés procurent au bétail une bonne nourriture. Cependant on élève, dans ce pays, très-peu de bêtes à cornes, et les campagnes immenses que l'on découvre de tous côtés restent presque inutiles. On donne pour raison de cette rareté du bétail, la cherté du sel, dont il ne saurait se

---

[1] Des mots *itá*, pierre, et *carambuí*, petite et jolie. (V. Tes. de la leng. guar.)

passer, et les vols faciles auxquels il est exposé, errant à l'abandon, loin de la demeure des propriétaires. La suppression de l'impôt sur le sel fera disparaître en partie la première de ces deux causes, et, avec le temps, un accroissement de population, permettant de garder les bêtes à cornes, rendra les larcins plus difficiles.

Le village de S. João est, comme celui de Penha, une succursale de la paroisse de Villa do Fanado. Il se compose d'une soixantaine de maisons[1], et est bâti sur la partie la plus basse d'une colline que termine un vaste plateau, et qui elle-même est entourée par d'autres collines couvertes de *carrascos*. L'église est grande, bien entretenue, et s'élève au milieu d'une place irrégulière et à peu près elliptique, qui s'étend sur un plan incliné. Les maisons qui, pour la plupart, entourent la place, ont été construites récemment et sont, suivant l'usage, basses, petites et couvertes en tuiles. Chacune d'elles a un jardin environné de murs bâtis en bois et en terre, comme le sont ceux des maisons. Outre celles d'entre ces dernières qui forment la place, il y en a encore quelques groupes

---

[1] Pizarro ne lui en donne que quinze; mais les renseignemens qu'il a mis à profit datent sans doute de l'origine du village, dont l'église fut bâtie, dit-il, en 1765, sous l'invocation de saint Jean-Baptiste. Au reste, la différence qui se trouve entre ses indications et les miennes, tant pour Penha que pour S. João, montre une augmentation très-rapide, même en supposant que ce fût en 1766 qu'il y avait dix-huit maisons à Penha, et en 1765 qu'il y en avait quinze à S. João.

épars çà et là, mais ce ne sont en général que de misérables chaumières. Partout ailleurs, les maisons sont construites avec une terre rouge ou brune d'une nuance plus ou moins foncée : autour de S. João, la terre est d'un gris cendré, et les maisons, comme les murs d'enclos, ont toutes cette couleur qui, si elle se marie aux teintes jaunâtres des *carrascos*, contraste en même temps d'une manière peu agréable avec la belle verdure des bananiers plantés dans les jardins. Au-dessous du village, coule un très-petit ruisseau où l'on pêche, outre la petite espèce appelée *lambari*, un poisson beaucoup plus grand, le *piabanha*, qui atteint jusqu'à deux pieds et demi de longueur.

Je vis, à S. João, encore moins de monde qu'à Penha. Des colons, qui habitent les parties boisées des alentours, sont les propriétaires de ce village presque tout entier, et ils n'y viennent que le dimanche, pour entendre la messe. Ils cultivent principalement le maïs, le riz et les haricots, et ils trouvent le débit de leurs denrées soit dans le District des Diamans, soit à Villa do Fanado. Vers Itacarambi, on commence à s'occuper de la culture des cotonniers. Il y a aussi, dans ce canton, quelques sucreries; mais là, comme en plusieurs autres endroits, on s'était dégoûté de planter la canne à sucre, depuis que des sécheresses, qui avaient eu lieu trois ans avant l'époque de mon voyage, avaient fait périr un grand nombre de plantations de ce genre.

A S. João, comme à Penha, je trouvai moins de politesse que n'en montrent les habitans des parties de la province que j'avais parcourues jusqu'alors. D'un autre côté je pouvais, sans être dérangé, me livrer à mes occupations, car on ne s'arrêtait point pour me voir travailler; mais je ne puis guère attribuer ce défaut de curiosité qu'à l'insouciance et à l'apathie.

Un colon des environs de S. João, chez lequel je m'arrêtai, avait pour esclave une mulâtresse qui, sans être mariée, était devenue mère de plusieurs enfans. L'un d'eux avait pour père le maître lui-même; les autres appartenaient à d'autres pères et étaient les esclaves du maître. Tout cela vivait ensemble, et de telles mœurs sont tellement générales, qu'elles n'étonnent personne.

Je récoltai dans ce pays une très-grande quantité de plantes, et ce qui prouve combien la végétation y est variée, c'est qu'une herborisation d'un quart d'heure que je fis autour de S. João me procura dix espèces que je ne possédais point encore.

Pour arriver à la *fazenda* de *Jozé Caetano de Mello*, qui est éloignée de deux lieues et demie du village de S. João, je traversai deux vastes plateaux couverts de *carrascos*. La pente du morne que termine le premier de ces plateaux était couverte d'arbres rabougris, tortueux, écartés les uns des autres, et entre ces arbres se trouvaient des graminées à feuilles raides et des sous-arbrisseaux : ensemble qui présentait absolument le même aspect que les anciens taillis de nos terrains maigres de la Sologne, lorsqu'un propriétaire négligent y a laissé paître des bestiaux. J'eus encore l'occasion de remarquer ailleurs une végétation absolument semblable.

Du haut des plateaux, mes regards embrassaient une immense étendue de terrain. C'étaient des collines découvertes dont le sommet présentait une croupe arrondie, qui s'élevaient peu les unes au-dessus des autres, et au milieu desquelles s'offraient de loin en loin quelques bouquets de bois.

Comme je crois l'avoir dit ailleurs, la saison des pluies est celle des insectes. Avant que je sortisse des forêts vierges, ils étaient déjà fort rares, et quelque soin que j'eusse mis à en chercher, j'en avais à peine trouvé deux douzaines entre Villa do Principe et Rio Vermelho. A l'époque où je traversai les *carrascos* de Minas Novas, ces animaux devenaient moins communs encore, et les seuls que je visse étaient des tétraptères à ailes nues et un très-petit nombre de papillons. A l'exception des oiseaux-mouches, et principalement de ceux à gorge couleur d'améthyste, j'apercevais également fort peu d'oiseaux sur les *chapadas*. Chassés de ces plateaux par la sécheresse et par les vents, ils se réfugient dans les bois qui bordent les ruisseaux, et qui sont pour eux comme des oasis où ils trouvent de l'ombrage, de l'eau et une nourriture plus abondante.

Après avoir pris lecture du passe-port qui m'avait été donné par le gouverneur de la province, M. Jozé Caetano de Mello, à qui appartenait la *fazenda* du même nom, me reçut à merveille et me fit toute sorte de politesses. Il était né à Lisbonne, et paraissait avoir reçu une éducation distinguée. Vivant dans une solitude profonde, et ne voyant point ses voisins, dont la société ne pouvait avoir aucun charme pour un homme instruit, il parut enchanté de causer avec moi.

Le capitaine Jozé Caetano de Mello avait été inspecteur de plusieurs divisions militaires. Il avait suivi le cours du Jiquitinhonha; il avait été à même d'observer les Botocudos, et il pensait qu'il serait très-facile de les civiliser, autant du moins qu'ils peuvent l'être, en employant les moyens que m'avait déjà indiqués l'adjudant du commandant de Passanha. M. de Mello avait chez lui plusieurs Botocudos qu'il s'était attachés dans le cours de ses voyages. Tous avaient appris plus ou moins de portugais, et ils prenaient part aux travaux de l'habitation. M. de Mello avait observé qu'il était moins difficile d'habituer les femmes que les hommes à une vie laborieuse, parce qu'elles y étaient déjà préparées par les soins qu'elles sont obligées de donner à leurs enfans au sein des forêts. Dans la maison du capitaine avait vécu un Botocudo, qui avait été tiré de ses bois, ayant déjà un certain âge; ce malheureux était tombé dans un état d'inactivité tel qu'il ne voulait pas même se donner la peine d'enlever les insectes qui couvraient son corps, et enfin il avait péri d'ennui et d'indolence.

M. de Mello partageait l'opinion de tous ses compatriotes sur l'anthropophagie des Botocudos. Il me dit même qu'un de ceux qui vivaient dans sa maison lui avait avoué qu'il avait contribué à dévorer un nègre; mais, ajouta mon hôte, ce Botocudo ne s'exprimait pas encore assez bien en portugais pour qu'on pût savoir de lui si c'est par goût que les hommes de sa nation mangent de la chair humaine, ou si par là ils cherchent à assouvir la haine qu'ils ont contre leurs ennemis. Je rapporte fidèlement le récit de M. de Mello; mais je ne dissimulerai pas que l'on pourrait demander s'il est bien certain que ce Botocudo, qui savait mal le portugais, ait voulu dire réellement qu'il avait mangé la chair de son semblable, et si, prévenus d'une idée généralement répandue dans le pays, ceux qui l'entouraient n'avaient pas attribué à ses paroles un sens qu'elles n'avaient point.

Dans le système actuel de l'agriculture brésilienne, les terres de la *fazenda* de Jozé Caetano de Mello sont peu propres à la culture ; car ce sont, pour la plupart, des *chapadas* simplement couvertes de *carrascos*. Pour 16 *alqueires* de maïs [1] qu'on avait semés sur cette habitation, on n'en a pas recueilli plus de neuf cents. On doit donc des éloges à M. de Mello, qui, sachant apprécier la nature de son terrain, s'occupait beaucoup de l'éducation des bêtes à cornes et de celle des chevaux. C'est là réellement le meilleur moyen de tirer parti des *carrascos* et des *campos* proprement dits du *termo* de Minas Novas, du moins dans les endroits où la disette d'eau n'y met point obstacle.

En descendant une colline que l'on traverse, après

---

[1] L'alqueire de Rio de Janeiro équivaut, selon le savant Freycinet, à 40 litres. (*Voyage Ur. Hist.*, p. 261.)

avoir passé la *fazenda* de Jozé Caetano de Mello, j'observai une nuance de végétation qui m'était encore inconnue. La pente très-raide de cette colline n'offrait que des arbrisseaux ; mais ils avaient environ 15 pieds ; leurs tiges droites et menues étaient fort rapprochées les unes des autres ; enfin leur ensemble pouvait donner l'idée des taillis de nos bonnes terres. C'est à ces *carrascos* d'une nature plus vigoureuse qu'on a donné le nom de *carrasqueinos*[1], et ce sont eux qui forment la première nuance entre les *carrascos* proprement dits et les *catingas* dont je parlerai plus tard. (Voyez le chapitre V.)

Après être descendu d'une seconde colline sur le sommet de laquelle j'avais retrouvé des *carrasqueinos*, j'entrai dans des *capoeiras*, et là j'eus le plaisir de voir à l'état sauvage la magnifique bignonée qu'on cultivait alors à Rio de Janeiro sous le nom de *bignonia bellas*. Elle serpentait entre les arbrisseaux, et elle les embellissait des larges touffes de ses longues fleurs de couleur orangée[2].

A peu près vers cet endroit, les irrégularités du sol perdent leur uniformité, et la végétation présente aussi des changemens plus multipliés. Arrivé à un lieu où l'on découvrait une grande étendue de pays, je vis

[1] Le véritable mot est peut-être *carrasqueiros*. (Voyez Mor., *Dic.*, I.)

[2] Le nom de *bignonia bellas*, s'il n'en existe pas un autre plus ancien, doit être adopté par les botanistes ; car il a été consacré par le savant Sellow et par M. le Prince de Neuwied. (*Voyage Bres.*, trad. Eyr. I, p. 63.)

que les collines basses et à larges plateaux étaient remplacées par des mornes élevés, dont les pentes étaient raides, les sommets étroits, et qui étaient entrecoupés de vallées profondes. D'après l'idée générale que j'ai donnée plus haut de la coïncidence des diverses irrégularités du sol avec telle ou telle sorte de végétation, j'ai à peine besoin de dire que les mornes dont je viens de peindre les formes n'offraient plus de *carrascos*, mais qu'ils étaient couverts de hautes forêts ou de *capoeiras*.

Après avoir fait trois lieues depuis l'habitation de Jozé Caetano de Mello, l'on trouve la petite *fazenda* de *S. Bartholomeu*, située dans une vallée profonde, où l'on descend par un chemin très-difficile.

Bientôt l'on arrive à une autre vallée également profonde, où coule la petite rivière d'*Itamarandiba*[1], qui prend sa source du côté septentrional de la Serra das Esmeraldas [2], et va se jeter dans l'Araßuahy. L'on pêche, m'a-t-on assuré, dans l'Itamarandiba les poissons connus vulgairement sous les noms de *lambari, trahira, bagre, piabanha*, enfin le *piau*, espèce grosse comme une perche, qui est remplie d'arêtes, mais d'un goût délicat [3].

[1] Pour *Itamirindiba*, des mots indiens *itá*, pierre, *myri*, petit, *ndibé*, qui remue avec un autre.
[2] Cas., *Cor.*, I, p. 393.
[3] J'ai remis au Muséum de Paris plusieurs poissons des rivières du Brésil. Ces poissons seront sans doute décrits dans le savant ouvrage de MM. Cuvier et Valencienne (*Histoire*

A l'endroit où le chemin aboutit à la rivière, elle se divise en deux branches qui entourent une petite île couverte de *capoeiras*. Là des rochers qui bordent les deux bras, et s'élèvent du lit des eaux, gênent leur cours, et les forcent de s'échapper en bouillonnant. Deux ponts établissent une communication entre la terre ferme et l'île qui donne son nom à une habitation voisine (*Fazenda da Ilha*). L'un des deux ponts est en fort mauvais état; mais puisque l'on néglige d'entretenir ceux mêmes des routes royales (*estradas reaes*), doit-on s'étonner de trouver à demi ruiné un pont qui n'appartient qu'à un chemin vicinal, et encore dans un pays aussi désert que celui que je parcourais alors?

Au-delà de l'île dont je viens de parler, on traverse des *capoeiras*, en suivant un chemin toujours montueux; et de temps en temps on côtoie l'Itamarandiba ou un bras de cette rivière auquel on donne le nom de *S. Lourenço*. On passe enfin la rivière, et, dans cet endroit, je trouvai une prodigieuse quantité d'oiseaux-mouches. Prégent en tua une espèce charmante et très-petite, dont la tête porte une huppe rousse et couchée.

Après avoir passé sur un morne élevé d'où l'on découvre une grande étendue de bois et de *campos*,

naturelle des Poissons, avec fig.); et si, comme je l'espère, mes étiquettes ont été conservées, on pourra établir la concordance des dénominations scientifiques avec une partie des noms vulgaires cités dans ma Relation.

j'arrivai à une montagne plus haute encore, qui se termine par un plateau, appelée dans le pays *Chapada do Mato de Mandrú* (la plaine du bois de Mandrú). L'aspect de la végétation de ce plateau me rappela assez exactement celle de certaines terres incultes de la Sologne. C'étaient également de très-petits arbrisseaux entremêlés de grandes touffes de graminées à feuilles raides et jaunâtres : une composée très-abondante, dont les feuilles sont étroites, imitait nos bruyères, et le *mimosa dumetorum*, N. notre genêt anglican.

Ayant cheminé, pendant une heure, sur la Chapada do Mato de Mandrú, j'aperçus quelques chaumières éparses dans un vallon. C'était le petit village de *Capellinha* (la petite chapelle). Je m'y rendis, et là première personne à qui nous demandâmes où il serait possible de trouver un gîte, nous offrit l'hospitalité de la meilleure grâce.

Il n'y a que seize ans (écrit en 1817), le hameau de Capellinha n'existait point encore. Les Botocudos firent des incursions sur les terres de quelques cultivateurs qui s'étaient rapprochés de leurs forêts; le poste militaire qui depuis a été établi à Alto dos Bois pour protéger les habitans du voisinage, n'avait pas encore été créé; la terreur s'empara des colons dont les habitations étaient les plus voisines du pays des sauvages; ils se retirèrent, et se réunirent sur les bords du *Fanado*. Une petite chapelle que l'on construisit donna son nom au hameau naissant; elle attira de nouveaux colons, et c'est ainsi que se forma le village de Capellinha. Telle est l'origine de toutes les sociétés : la nécessité rapproche les hommes, et la religion vient ajouter des liens à ceux qui les ont réunis.

Capellinha est situé dans un vallon où coule, comme je l'ai déjà indiqué, la petite rivière de Fanado, qui, plus loin, donne son nom au chef-lieu du *termo* de Minas Novas, et va, ainsi que l'Itamarandiba, se jeter dans l'Arassuahy. Ce village se compose d'une cinquantaine de chétives habitations bâties dans le vallon ou sur le penchant des collines qui le bordent. Une église commencée et couverte en tuiles s'élève sur une hauteur. Au-dessus du village, les collines ont leurs flancs et leur sommet couverts de *carrascos;* mais le fond de la vallée présente une végétation moins triste, et lorsque les collines laissent entre elles quelque enfoncement, l'on y voit de grands arbres. Peu d'endroits offrent aussi bien que Capellinha l'image d'une colonie naissante. Les maisons sont éparses çà et là. On n'en voit guère que quatre ou cinq qui soient couvertes en tuiles; les autres le sont avec des feuilles de palmier ou celles d'une graminée que j'avais déjà observée sur les toits des cabanes de l'Aldea de S. Antonio. Quelques maisons n'ont pas même de murailles de terre; mais entre les morceaux de bois qui composent leur carcasse, on a entrelacé des branches d'arbre ou des feuilles de palmier.

Les habitans de Capellinha, à peu près tous hommes de couleur, s'appliquent à l'agriculture, et ont leurs plantations dans des bois situés à quelque distance de leur village. Ils récoltent des haricots, du riz et du maïs qui leur rend au moins cent pour un : leurs terres sont également favorables au tabac; mais on n'y cultive point le coton. J'ai peine à croire que le seigle ne réussît pas sur les *chapadas*, et il serait à désirer qu'un agriculteur un peu instruit tentât quelques essais à cet égard.

Après avoir quitté Capellinha, je traversai encore plusieurs plateaux couverts de *carrascos*. Sur des côtes pierreuses, j'observai une composée qui croît en société, et mérite une mention particulière. C'est un arbrisseau qui atteint jusqu'à 6 pieds de hauteur, et dont la tige donne naissance à quelques rameaux qui, presque droits dans la jeunesse de la plante, se recourbent ensuite à la manière des candelabres. Ces rameaux couverts, ainsi que le tronc, d'une espèce de laine extrêmement serrée, sont nus dans presque toute leur longueur, et leur seule extrémité porte une touffe de feuilles longues d'environ un pouce et demi, linéaires, très-rapprochées, du milieu desquelles naissent des têtes de fleurs d'un violet purpurin (*lychnophora*, Mart.).

Ayant fait deux lieues depuis Capellinha, je m'arrêtai à la petite *fazenda d'Antão Soares*, qui se composait d'un misérable hangar et d'une chaumière dont les murs, mal garnis de terre, laissaient pénétrer partout le vent et l'humidité. Cette chétive demeure est située dans une vallée, sur le bord de la petite rivière de Fanado, dont les eaux, arrêtées par des rochers nombreux qui s'élèvent au-dessus de leur surface, s'écoulent en écumant. Un pont rustique très-pittoresque traverse la rivière; les montagnes dont elle est bordée sont couvertes de bois épais, et, derrière la maison, sont d'autres bois qui bornent la vue. Ce lieu sauvage était habité par des mulâtres qui paraissaient extrêmement pauvres; les terres voisines de leur demeure étaient fort bonnes; mais ils n'avaient pas d'esclaves pour les faire valoir, et ils étaient réduits à leur propre travail. Ces excellentes gens me reçurent avec l'hospitalité la plus touchante. N'ayant pas de maïs pour mes mulets, ils en achetèrent dans le voisinage ; ils me servirent à souper ce qu'ils avaient de meilleur; ils me cédèrent leur lit, et cependant ils ne voulurent rien recevoir de moi. « Ces hommes, dit mon hôtesse à mon muletier Manoel da Silva, sont assez malheureux d'être si loin de leur pays; nous devons tâcher de leur rendre le nôtre plus supportable. »

Entre la *fazenda* d'Antão Soares et Alto dos Bois, je traversai encore des *chapadas* entrecoupées de vallées peu profondes. Dans ce canton, la végétation est fort maigre, et l'on ne voit en général que des graminées au milieu desquelles croissent çà et là des arbres rabougris. Du sommet des plateaux, mes regards s'étendaient de tous côtés sur une longue suite de mornes découverts entre lesquels étaient des bouquets de bois; mais je n'apercevais ni habitations, ni troupeaux, ni champs cultivés: c'était partout la solitude la plus profonde.

Aucun ombrage ne me garantissait de l'ardeur du soleil; cependant la chaleur n'était pas extrême. Depuis quelque temps, j'avais toujours monté. Plusieurs rivières, entre autres le Fanado, prennent leur source dans ce pays très-élevé ; le vent y était frais, et se faisait d'autant mieux sentir que, sur ces hauteurs, il n'est arrêté par aucune forêt.

Le chemin qui devait me conduire à Alto dos Bois était très-difficile à suivre : ce n'était qu'un sentier croisé par d'autres sentiers, et rien n'indiquait celui qu'il fallait choisir ; nous nous égarâmes, mais un bon nègre nous remit dans notre route. A environ une demi-lieue de l'aldea, le chemin devient presque impraticable ; il faut descendre des pentes très-raides au milieu des pierres et des rochers, et les mulets ont de la peine à se tenir. Cependant, après avoir fait deux lieues depuis la *fazenda* d'Antão Soares, j'arrivai, malgré ces difficultés, à Alto dos Bois.

CHAPITRE III.

ALDEA D'ALTO DOS BOIS. — LES INDIENS MACUNIS. — OBSERVATIONS GÉNÉRALES SUR LA RACE AMÉRICAINE.

Aldea d'*Alto dos Bois*; sa position; maisons qui le composent; caserne; *tronco*; *tornilho*; maison du commandant. — Histoire des *Macunis*. Leurs traits. Leur langage. Leur religion. Leurs mœurs. Superstition. Industrie. Caractère. — Femmes des Macunis. Leurs occupations; poterie; filet. Pêche des moules. Accouchemens. — Noms donnés aux enfans. — Vêtemens. Chevelure. Peigne. — Ameublement des maisons. — Alimens. — Danse. Chants. — Maladies. — Réflexions générales sur les Indiens. — Excursion. Bois parcouru par les enfans macunis. Embuscades. Cabanes que les Macunis font dans les bois. Bracelets. — Guerre contre les Botocudos. Anthropophagie. — Avantages de la situation d'Alto dos Bois. Productions du pays. — Route d'Alto dos Bois à Villa do Fanado. Vol d'un couteau. Nid singulier. Domaines d'une grande étendue.

L'ALDEA d'*Alto dos Bois* (la hauteur des bœufs) est situé un peu au-dessous du sommet d'un morne découvert, sur une petite plate-forme inclinée. Il domine une vallée assez profonde, et lui-même est dominé par une suite de mornes inégaux qui forment, autour de lui, une espèce de cercle. Sur les moins élevés de ces mornes croissent des herbes entremêlées de petits arbrisseaux; les autres ont leurs flancs couverts de bois vierges très-épais et très-sombres, tandis que leur sommet n'offre qu'un gazon jaunâtre et presque ras.

En entrant dans l'aldea, je vis, à la porte de la première maison, trois ou quatre femmes indiennes accroupies sur la terre. Elles n'avaient pour tout vêtement qu'une jupe de coton sale, grossièrement tissue, et leur chevelure noire et épaisse retombait, sans la moindre ondulation, sur leurs épaules d'un bistre foncé. Depuis Ubá, je n'avais point encore eu sous les yeux un semblable spectacle.

L'aldea se compose de maisons, ou plutôt de cahuttes, toutes séparées les unes des autres, et dispersées çà et là et sans ordre. Ces demeures, qui appartiennent aux *Macunís*, sont très-petites, basses, presque carrées, et n'ont d'autre ouverture que leur entrée. Pour la plupart, elles sont couvertes avec les longues feuilles de deux palmiers qui croissent dans les bois, et que l'on connaît, l'un sous le nom d'*ariranga*, et l'autre sous celui de *catulé*. Ces feuilles forment un abri impénétrable aux eaux du ciel ; mais elles donnent aux toits un air agreste et négligé que n'ont point ceux des chaumières de France ou d'Allemagne. Les murs des maisons des Macunís sont en général construits, suivant l'usage des Brésiliens-Portugais, avec des bâtons croisés et de la terre glaise d'une couleur rouge [1]. Cependant les Macunís, beaucoup moins soigneux que les Portugais, paraissent peu

---

[1] On a vu qu'à S. João, la terre des maisons avait une autre couleur.

s'inquiéter de choisir des perches droites et égales, et ils ne prennent pas même la peine de cacher ces perches avec l'argile, se bornant à boucher grossièrement les trous qui restent entre elles. D'autres cahuttes, moins soignées encore, ont été bâties sans terre, et les espaces vides, que laissent entre eux les bâtons croisés, sont remplis par des branches d'arbres ou des feuilles de palmiers; il est enfin de ces chétives demeures qui sont simplement formées par des perches verticales que l'on a rapprochées les unes des autres, et que l'on a garnies de nattes à l'intérieur. La porte est toujours remplacée par une natte qu'on enlève et qu'on remet à volonté; et, d'un côté de l'ouverture à l'autre, on a soin de planter des pieux pour empêcher les cochons, très-nombreux dans l'aldea, de pénétrer dans l'intérieur de la maison.

Le bâtiment qui sert de caserne aux soldats cantonnés à Alto dos Bois, a été construit par eux, et ressemble à une grange. Il est beaucoup plus élevé que les cahuttes des Indiens; mais d'ailleurs ses murs, comme ceux de plusieurs d'entre elles, sont simplement formés par de grandes perches serrées les unes contre les autres, et revêtues en dedans de nattes de bambous.

Dans cette caserne, comme dans celle de Passanha, je vis l'instrument de supplice appelé *tronco*, dont on se sert pour punir les soldats ou tout autre individu coupables. Entre quatre pieux sont placées, l'une sur l'autre, horizontalement et de champ, deux grandes planches extrêmement épaisses et d'un poids énorme.

Chaque planche présente, dans un de ses bords, des entailles demi-circulaires, faites de manière que les entailles de l'une répondent à celles de l'autre et forment un rond parfait. Lorsqu'on veut punir un homme, on lève la planche supérieure; le coupable passe ses jambes dans deux des entailles de la planche inférieure, et sur celle-ci on laisse tomber la première. Si la faute a été grave c'est le cou que l'on fait mettre ainsi entre les deux planches[1].

En arrivant à l'aldea, je me rendis chez le commandant, dont la maison, un peu plus haute que les autres, n'est pas d'ailleurs construite avec plus d'art. C'est encore une espèce de grange obscure, qui ne reçoit de jour que par l'entrée. Une cloison faite avec des nattes forme d'un côté la cuisine et de l'autre la chambre à coucher. Des bancs, une table mal jointe, quelques-uns de ces lits rustiques qu'on appelle *giraos*, composent tout l'ameublement de cette misérable demeure. Devant la maison est une cour entourée de pieux; au fond de la cour, on voit une petite grange destinée à recevoir du maïs, et, devant cette grange, était, lors de mon voyage, un berceau de *cucurbita lagenaria,* d'où pendaient des fruits beaucoup plus gros que tous ceux que j'avais vus en Europe.

Le commandant, M. João de Magalhães, me reçut avec beaucoup de politesse, et me logea dans une pe-

---

[1] Dans l'une des divisions militaires, j'ai vu infliger une punition beaucoup plus barbare, le *tornilho*. Voici en quoi consiste ce genre de supplice. On place une arme sur le cou

tite maison qui n'était point occupée. Ce militaire, jeune encore, avait une figure extrêmement agréable; il était père de deux enfans, et paraissait les aimer avec tendresse. Il avait chez lui deux petits Botocudos qui avaient été pris dans les forêts des environs. L'un était âgé de trois ou quatre ans; l'autre, qui en avait sept, rendait déjà de petits services; il riait toujours, était fort docile, et montrait une extrême complaisance pour les enfans du commandant.

Il n'y a pas plus de vingt-trois ans que s'est formé l'aldea d'Alto dos Bois. En 1787, il ne se trouvait dans ce canton que trois colons portugais, et leur nombre n'a pas augmenté depuis cette époque. Un jour, me raconta l'un d'eux, qui avait d'abord demeuré à une demi-lieue de l'aldea, un jour, dis-je, ces colons virent arriver trois Indiens de la nation des Macunís. On les reçut bien, on leur donna des haches, et ils s'en retournèrent. Cependant, l'année suivante, la nation entière se présenta parmi les Portugais, et elle était accompagnée des Malalís qui, comme on l'a vu, sont aujourd'hui à Passanha. Ces peuplades venaient se réfugier au milieu des hommes de notre race, pour éviter la poursuite des Botocudos, ennemis de toutes les autres nations indiennes. Alors les Macunís n'avaient aucune idée de civilisation; les hommes et les femmes ignoraient l'usage des vêtemens; une simple ficelle suffisait pour rassurer la pudeur des premiers, et c'était seule-

du coupable, et une autre sous ses jarrets, et ensuite on lie ensemble ces armes avec des courroies, de manière que le corps du patient forme une espèce de boule.

ment lorsqu'elle venait à se détacher qu'ils montraient quelque honte. Ces sauvages se rendirent à Villa do Fanado, et là il leur fut donné des habillemens et des instrumens de fer. Du chef-lieu du *termo*, ils revinrent à Alto dos Bois, et ils s'établirent sur le bord d'un ruisseau, dans un fond couvert de bois, à une demi-lieue de l'aldea actuel. Cependant les Malalís se séparèrent des Macunís, et ceux-ci restèrent seuls ; mais cédant à leur tour à l'inconstance naturelle aux Indiens, ils se retirèrent à *S. Antonio do Ferro*, et ils ne revinrent plus qu'au bout de quelques années.

Jusqu'au moment où fut établi le poste militaire de Passanha, les Botocudos n'avaient point encore paru dans les environs d'Alto dos Bois ; mais, poursuivis par les soldats de la 5e division (celle de Passanha), ils refluèrent vers les Minas Novas, ravagèrent des champs de maïs, et tuèrent quelques habitans. Les Portugais et les Indiens quittèrent les bois ; ils se retirèrent, en 1809, sur le plateau où est aujourd'hui l'aldea, et là ils n'eurent plus à redouter les Botocudos, qui n'attaquent jamais de front un ennemi armé et un peu nombreux. En 1814, on donna plus de force à cette petite colonie, en envoyant pour la protéger un détachement de trente hommes, et l'on mit à leur tête le fourrier João de Magalhães, dont j'ai parlé plus haut.

Cependant, dès l'origine, les Portugais avaient songé à la civilisation des Macunís ; le cultivateur Antonio Gomes, auprès de la *fazenda* duquel ils s'étaient établis d'abord, et qui ensuite s'est retiré avec eux sur le plateau actuel, s'était beaucoup occupé de ces Indiens. Le *capitão mór* du district lui donna sur eux toute autorité, et depuis il fut chargé spécialement par la junte de Villa Rica de travailler à leur civilisation, de leur enseigner la doctrine chrétienne, et d'en faire des hommes utiles. Sans aucun intérêt, Antonio Gomes remplit dignement la tâche qui lui a été assignée. Revêtu par la junte du titre de directeur, il conduit les Indiens avec bonté; il se fait aimer d'eux; il les instruit dans notre religion, et apprend aux jeunes gens à lire, à écrire et à compter.

Les Macunís ne diffèrent point, par leurs traits, des autres hommes de leur race. Ils ont également les cheveux noirs, bien fournis, plats et rudes, la tête grosse, l'os des joues proéminent, le nez épaté, la poitrine et les épaules larges, les pieds petits, les jambes et les cuisses menues. Leur peau, comme celle des autres Indiens, est d'une couleur jaune; mais elle prend une teinte cuivrée quand ils restent sans vêtement. Les femmes des Macunís marchent très-mal, et ont aussi peu de grâce que toutes les autres Indiennes. Quant à leur figure, elle est agréable, et le rire leur prête encore des charmes.

Une douzaine de ces femmes vinrent un jour me voir travailler. Elles avaient de la gaîté; leur regard était hardi, et elles ne montraient pas la moindre timidité. Parmi elles était l'Indienne la plus vieille de l'aldea, Indienne dont j'avais déjà reçu la visite le jour de mon arrivée. Une jupe de coton sale, passée en bandoulière par-dessus l'une de ses deux épaules, et attachée à son cou, formait tout son vêtement. Ses cheveux extrêmement touffus se redressaient sur sa tête ; sa peau était d'un bistre obscur ; son corps était courbé, et celle de ses mamelles qui restait découverte battait sa poitrine à mesure qu'elle marchait. Cependant on s'accoutumait bientôt aux traits hideux de cette femme, parce qu'elle avait toujours le rire sur les lèvres, et que, malgré son indigence, elle portait le contentement empreint sur sa physionomie. Son mari vivait encore : on ne pouvait savoir son âge ; mais il est vraisemblable qu'il avait beaucoup plus de cent ans ; il paraissait, disait-on, tout aussi vieux, lorsque les Macunís étaient arrivés pour la première fois parmi les Portugais ; il donnait le nom d'enfans aux hommes les plus âgés de l'aldea, et, comme il semblait vigoureusement constitué, il aurait sans doute vécu long-temps encore, si un ulcère vénérien n'eût rongé sa figure.

La langue des Macunís se prononce de la même manière que celle des Coroados, des Malalís et des Monoxós ; c'est-à-dire que les Indiens d'Alto dos Bois tirent également les sons de leur gorge et parlent la bouche presque fermée. Le macuní n'a aucune ressemblance avec l'idiome des Malalís, mais il en a beaucoup avec celui des Monoxós ; cependant il m'a paru plus adouci que ce dernier, et ainsi le *ch* des Monoxós devient souvent un *s* dans le langage des Macunís. Ce langage admet des mots composés, et, dans ces mots, comme dans l'allemand, le génitif se combine avec le substantif qui le régit. Le vocabulaire suivant pourra donner quelque idée du macuní. —

Dieu; *Tupá*. — Ciel; *betcoi*. — Etoiles; *sai* (l's se prononce un peu comme le *th* des Anglais). — Église; *tupabén*. — Nuage; *autché?*. — Tonnerre, *teoptatinán*. — Pluie; *té*. — Jour; *aptioité*. — Nuit; *aptama*. — Minuit; *cubatete*. — Midi; *apucaaiinhaicalénhiacubapa* (soleil au milieu du ciel). — Soleil; *apucaai*. — Terre; *haám*. — Feu; *keu* (prononciation française). — Eau; *conahan*. — Homme; *etpór*. — Femme; *ati*. — Femmes (au pluriel); *conhan*. — Enfant du sexe masculin; *etcoló*. — Enfans (au pluriel) du sexe féminin; *atinán*. — Père; *tatán*. — Mère; *hahaim*. — Epouse; *sasérité*. — Tête; *himpotoi*. — OEil; *cáai*. — Nez; *enisikeu* (*keu* prononciation française). — Bouche; *nicoi*. — Dent; *itsioi*. — Gosier, *itcatecai*. — Bras; *nhim*. — Doigt; *nhimcotó*. — Main; *nhimanacoi*. — Sauce; *tepi*. — Poisson; *mam*. — Grand poisson; *mam psié* (*psié* forme une seule syllabe, et l'on glisse légèrement sur l'*i*). — Chemise; *topitchai*. — Hache; *pim*. — Puce pénétrante; *haminhan*. — Couleuvre; *canhá*. — Miel; *paug* (prononciation extrêmement sourde) [1].

Lorsque les Macunís vinrent pour la première fois s'établir au milieu des Portugais, des maladies causées sans doute par les changemens qui s'opérèrent dans leur manière de vivre, en firent périr un grand nombre; mais actuellement qu'ils ont pris l'habitude d'autres mœurs, ils ne sont pas sujets à plus de maladies que

---

[1] Je suis encore ici l'orthographe portugaise. L'*h* est aspiré; *á* a la prononciation française.

les habitans blancs ou mulâtres de ce canton. Ils n'étaient même que soixante, quand ils revinrent pour la seconde fois à Alto dos Bois, et ils sont aujourd'hui plus de cent.

On les a tous baptisés; ils connaissent les principes de la religion chrétienne, et le matin ainsi que le soir, on les entend, dans l'intérieur de leurs maisons, réciter des prières en langue portugaise.

La religion cependant a fort peu amélioré leurs mœurs. La plupart ont été mariés par un prêtre; mais ils n'ont aucun respect pour la fidélité conjugale. Pour le plus petit présent, les maris laissent partager leurs droits; les femmes de leur côté cèdent aux moindres sollicitations, et souvent même elles font toutes les avances. Elles ont surtout un goût très-vif pour les nègres, et, lors de mon voyage, une Indienne élevait un métis, fruit de ses amours passagères pour un nègre fort vieux, qui était venu faire des habits dans l'aldea. En général les Macunís sont tous très-portés aux jouissances de l'amour. Les prêtres refusent de marier les filles avant l'âge de douze ans; mais, dès celui de huit ou neuf, long-temps avant qu'elles soient formées, les parens les livrent, pour quelques légers cadeaux, à des hommes faits, qui leur donnent le titre d'épouse. J'ai vu une petite fille de huit ans qui était déjà mariée de cette manière.

Malgré les instructions qu'ils reçoivent, les Macunís ont aussi conservé un très-grand penchant pour le vol, et ce sont ordinairement les femmes qui sont chargées de commettre les larcins. Le commandant a beaucoup de peine à élever des poules, parce que les Indiens font à sa basse-cour une guerre continuelle.

Ces hommes n'ont point renoncé non plus à toutes leurs anciennes superstitions. Ainsi l'on assure que, lorsqu'il fait un grand vent, les vieilles femmes se mettent à fumer à la porte des maisons, et que, dans l'intention de chasser l'ouragan, elles poussent contre lui des bouffées de tabac.

On a enseigné aux Macunís à travailler la terre. Ils la cultivent pour leur compte, et se louent chez les colons du voisinage qui sont généralement contens de leurs services. Comme les autres journaliers du pays, ils sont nourris par les propriétaires, et reçoivent la valeur de vingt sous par jour.

Plusieurs Macunís servent comme soldats, et le commandant fait beaucoup leur éloge.

Les hommes et les femmes sont généralement industrieux. Ils cherchent à imiter ce qu'ils voient faire aux Portugais, et mettent même leur amour-propre à les surpasser. Mais inconstans, mobiles et paresseux, ils abandonnent souvent un travail commencé, et ils n'ont point perdu ce caractère d'imprévoyance qu'ils avaient au sein de leurs forêts. Ne songeant qu'aux jouissances du moment, ils n'amassent jamais d'argent. Souvent ils mangent leur maïs avant qu'il soit mûr, ou ils consomment en peu de mois la provision qui aurait pu leur servir pour une année entière. Plusieurs élèvent des poules, et il leur arrive de les tuer toutes à la fois, ou bien s'ils ont des cochons, ils n'attendent pas que la femelle mette bas, mais ils l'éventrent pour dévorer les petits. Manger et se livrer aux plaisirs de l'amour, c'est à peu près là ce qui occupe toutes leurs pensées.

D'après tout ce qui vient d'être dit, il est facile de concevoir qu'aux occupations fixes et compassées de l'agriculture, ces hommes doivent préférer la vie fainéante et irrégulière des chasseurs. Celui qui est le plus habile à tuer le gibier est ordinairement le plus honoré de la tribu, et c'est à lui que les femmes accordent leurs préférences. On habitue les plus petits enfans à se servir de l'arc et de la flèche, et c'est principalement en tirant sur les rats qu'ils apprennent à exercer leur adresse.

En conservant leur goût pour la seule occupation à laquelle ils se livrassent avant de se rapprocher des Portugais, les Macunís ont aussi gardé un grand respect pour les coutumes de leurs ancêtres. Ils aiment beaucoup à converser entre eux; et le soir, lorsqu'ils sont rassemblés autour du feu, qu'ils allument toujours sur la terre au milieu de leur maison, les anciens content l'histoire des chasses du temps passé, ils font l'éloge de leurs pères, et donnent des larmes à leur mémoire. Le commandant Magalhães les engageait à faire à leurs flèches quelque changement qui les aurait rendues meilleures; mais ils s'y refusèrent par respect pour les usages de leurs ancêtres. Une des coutumes barbares qu'ils conservent encore, est de dormir autour du feu sans porter de vêtemens.

Les hommes traitent les femmes à peu près comme

des esclaves. Ils punissent leurs fautes, et particulièrement l'infidélité, en leur donnant des férules comme on en donnait autrefois dans nos écoles; et si elles se refusent à tendre la main, ils les frappent par tout le corps.

Ce sont les femmes qui préparent la nourriture et vont chercher le bois pour faire du feu. Les hommes bâtissent les maisons qu'ils habitent aujourd'hui; mais avant que la peuplade se fût rapprochée des Portugais, une des occupations des femmes était de construire les huttes, et elles sont encore chargées de ce soin dans les grandes chasses où leurs maris sont obligés de coucher dans les bois.

Les hommes sèment le maïs; mais les femmes plantent les patates et vont les arracher. Pour cette dernière opération, elles se servent d'une espèce de pic d'un bois très-dur; et, à mesure qu'elles tirent les tubercules de la terre, elles les mettent par-dessus leurs épaules dans un sac de filet qui pend derrière leur dos, attaché à un cordon qu'elles passent comme une anse sur le sommet de leur tête. En général, elles sont accoutumées à charger sur leur tête des fardeaux très-pesans. Quand elles portent du bois, c'est également sur la tête, et, pour le retenir, elles passent par-dessus un cordon qu'elles tiennent avec les deux mains au niveau des oreilles.

Ce sont encore les femmes qui fabriquent la poterie. Les vases qui sortent de leurs mains vont au feu et sont assez bien faits. On en voit de différentes grandeurs; mais tous ont la même forme, et, comme chez les Malalís, c'est celle d'une sphère un peu déprimée, ayant une large ouverture.

Outre la poterie, les femmes font encore ces sacs dont j'ai parlé plus haut. C'est le coton et une espèce de *cecropia* (l'*embauba* des Brésiliens), dont les feuilles sont vertes des deux côtés, qui leur fournissent la matière dont elles ont besoin. Pour tirer parti de cette dernière plante, elles prennent les jeunes branches du *cecropia*, et commencent par les dépouiller de l'écorce extérieure. Ensuite, avec la coquille d'une moule, elles grattent les fibres ligneuses; elles les séparent du tissu cellulaire qui y adhérait, et elles en font ainsi une sorte d'étoupe assez fine. Pour filer cette étoupe, elles en prennent des brins, et elles les tordent successivement, en les roulant sur leurs cuisses nues avec la paume de leur main. L'espèce de ficelle qui résulte de ce travail sert à faire non-seulement les sacs de filet, mais encore les cordes des arcs. Quand les femmes veulent faire le filet, elles attachent leur ouvrage sur leur cuisse par le moyen d'un cordon; et la ficelle qu'elles emploient, mise en écheveau, leur tient lieu de navette.

Les Macunís vont chercher, dans un grand lac voisin, les moules dont les femmes se servent pour faire l'étoupe; et, quand cette pêche a été heureuse, ils la célèbrent par des chants et par des danses.

Un des plus grands plaisirs des femmes Macunís est de suivre leurs maris dans les forêts, quand ils font de longues chasses. Souvent elles les suivent aussi, lorsqu'ils se louent pour travailler chez les colons du voisinage.

Ces femmes ne font point leurs couches dans l'aldea; mais elles vont, accompagnées des plus vieilles d'entre elles, accoucher dans les bois.

En baptisant les enfans, on leur impose des noms de saints et un nom de famille portugais. Mais en outre, les Macunís eux-mêmes donnent à leur fils un autre nom emprunté de leur langue, et ils les appellent toujours de ce dernier nom. C'est ordinairement celui de la première chose à laquelle ils pensent, ou qui se présente à leurs regards au moment de la naissance de l'enfant. Ainsi j'ai vu une femme qu'ils appelaient *patate cuite,* parce que son père, quand elle vint au monde, aperçut une patate que l'on avait fait cuire.

Les Macunís laissent leurs enfans nus jusqu'à l'âge de puberté. Quant aux hommes, ils portent habituellement un caleçon et une chemise; mais plusieurs se contentent d'un simple caleçon. Les moins prodigues ont quelques hardes de plus pour les jours de fête. Quelques femmes portent une chemise et une jupe; d'autres restent nues jusqu'à la ceinture.

Il est des Macunís qui ont coupé leur chevelure à la manière des Européens; mais toutes les femmes et beaucoup d'hommes ont encore les cheveux longs et partagés sur le milieu de la tête, comme ils les portaient autrefois. Pour se peigner, ils font usage d'un morceau de bois mince, poli, pointu d'un côté et terminé de l'autre par une spatule étroite. Ils passent le bout pointu dans leurs cheveux, et la spatule leur sert à écraser la vermine.

Les hommes ont renoncé à l'usage qu'ils avaient jadis de percer d'un trou leur lèvre inférieure, et d'y passer un morceau de bois court et un peu moins gros qu'un tuyau de plume. Quant aux femmes, elles continuent à se percer les oreilles, et elles y font entrer un brin de bois, qui dépasse à peine le trou où il est placé, et qui a la même grosseur que celui dont les hommes ornaient autrefois leur lèvre inférieure.

Tout l'ameublement des maisons des Macunís se compose de ces espèces de canapés rustiques qu'on appelle *giraos*. Au milieu de la chambre, on voit la place du feu qui reste presque toujours allumé. Quelques pots sont dispersés çà et là ; dans un coin, sont des flèches et des arcs, et au toit, sont suspendues des plumes d'aras destinées à faire des flèches. Enfin dans une des maisons où j'entrai, la férule de bois destinée à corriger les femmes, pendait attachée également au plancher.

Les Macunís ne mangent point indistinctement toutes les espèces d'animaux : ils dédaignent plusieurs quadrupèdes, entre autres le fourmilier. Le gibier qu'ils tuent, les patates et le manioc, forment leur principale nourriture. La cuisine des Macunís n'est pas toujours aussi barbare qu'on pourrait l'attendre d'hommes accoutumés à vivre dans les bois. Ainsi, quand ils veulent manger un *jacú* (*penelope*), ils le mettent dans un pot, l'environnent de farine de manioc, et le font cuire à petit feu. Ils sont passionnés pour l'eau-de-vie, et lorsque quelqu'un leur donne une portion de cette liqueur, ils l'obsèdent de supplications, jusqu'à ce qu'ils aient vidé la bouteille ou qu'ils se soient enivrés.

La danse est le plus grand plaisir de ces Indiens; cependant ce n'est chez eux qu'un sautillement monotone qu'ils accompagnent de chants grossiers, et leurs chansons n'ont, pour ainsi dire, aucun sens. Ils en ont une, qui n'est qu'un long catalogue des animaux qu'ils tuent dans leurs chasses; d'autres sont plus ridicules encore, telles que celle-ci : *abaaí bitá popí amabá poaté poteice anári* : Lorsque les femmes vont uriner, les arbres regardent et ne disent rien.

Quand ils sont malades, ils ne font point d'autre remède que de prendre de l'ipécacuanha. Les parens de celui qui souffre pleurent autour de lui; mais ils ne lui donnent aucuns soins. Ils regrettent beaucoup leurs proches, surtout quand ils étaient habiles à la chasse, et il n'est point rare qu'un père se donne la mort lorsqu'il a perdu son fils.

On a vu que les Macunís avaient de l'industrie et qu'ils pouvaient apprendre à lire, à écrire, à compter, à servir comme soldats, à travailler la terre; mais aussi l'on a vu qu'ils étaient insoucians, mobiles, paresseux, et qu'ils dissipaient follement leurs faibles ressources. Peut-être croira-t-on que ces défauts ne sont que le résultat passager de leurs anciennes habitudes, et qu'ils disparaîtront avec le temps et une civilisation plus avancée; mais l'exemple des autres nations indiennes ne permet malheureusement pas d'en concevoir l'espérance. Les Indiens, hommes comme nous, ayant avec nous une origine commune, sont également animés d'un souffle divin; mais il nous paraît incontestable que l'imprévoyance est attachée aux différences de forme que présente leur race, comme le même défaut a été attaché à l'organisation encore imparfaite de l'enfance, ou l'idiotisme aux difformités des cretins de la Suisse et de la Savoie. Nos enfans montrent souvent beaucoup d'esprit et d'intelligence; mais ils ne sauraient se diriger eux-mêmes, parce qu'ils manquent de prévoyance; et l'orphelin serait bientôt dépouillé, si le législateur n'avait pris les précautions les plus ingénieuses pour le mettre à l'abri de l'injustice. Condamnés à une sorte d'enfance perpétuelle, les Indiens se sont trouvés trop souvent sans appui, à la merci de notre barbare supériorité, et des nations entières ont disparu devant les hommes de notre race. Comme aux enfans, il faudrait aux Indiens des tuteurs intègres et vigilans, qui, excités par des sentimens chrétiens, fussent sans cesse occupés du bonheur de ces infortunés. Il pourra sans doute se rencontrer des hommes isolés, qui, tels que le vertueux Antonio Gomes, le Français Marlière ou l'abbé Chagas [1], sauront, pendant un certain nombre d'années, diriger quelques peuplades avec une sagesse paternelle; mais il est possible qu'après Antonio Gomes, les Macunís aient eu un directeur d'un caractère entièrement différent, et alors leur bonheur mo-

[1] Je parlerai de ces deux hommes recommandables dans ma seconde et dans ma troisième Relation.

mentané aura fait place à la misère et à la destruction. Il faudrait donc, pour faire subsister les peuplades indiennes, que non-seulement elles fussent soumises à une tutelle bienfaisante, mais encore que cette tutelle eût la garantie d'une longue continuité. Ces conditions se trouvèrent réunies jadis sur les bords de l'Uruguay. Les hommes qui, dans cette contrée, dirigèrent les Indiens, animés d'un esprit religieux, et ayant des intérêts absolument identiques avec ceux des indigènes, avaient imaginé une forme de gouvernement qui ne convenait qu'à ces derniers, mais qui, pour eux, était peut-être la plus parfaite possible [1]. Des circonstances semblables ne se représenteront plus, et l'on peut prédire, sans craindre de se tromper, la destruction prochaine des faibles restes des Indiens du Brésil [2]. S'il

---

[1] Nous reviendrons sur ce sujet, en parlant des missions de l'Uruguay.

[2] Au reste, ce n'est pas seulement au Brésil que la diminution des indigènes se fait sentir d'une manière effrayante. Il n'en existe plus à Haïti, la Martinique, la Guadeloupe, etc.; chaque jour ils deviennent plus rares sur le vaste territoire des États-Unis, et voici ce qu'on lit sur la population indienne de l'Amérique espagnole, dans un ouvrage imprimé en 1809 : « L'usage immodéré des liqueurs fortes, et le ser-
« vice oppressif, connu sous le nom de *meta*, service qui, ar-
« rachant l'Indien à sa femme et à ses enfans, le force à s'exiler
« à deux cents ou à trois cents lieues, l'expose aux inconvé-
« niens du changement de climat, et le fait descendre dans les
« entrailles de la terre, où il ne respire qu'un air pestilentiel,
« ont réduit le nombre des indigènes à sept cent mille, dans la

existait dans cette contrée plus de véritable christianisme, plus d'enthousiasme, plus d'esprit public, nous encouragerions les hommes vertueux à former, pour la civilisation et la conservation des Indiens, des associations libres, telles qu'il en a été créé chez nous pour des œuvres de charité, pour l'amélioration des prisons ou la propagation de l'enseignement ; mais chez les Brésiliens qui sortent à peine de l'apathie où les avait plongés la longue oppression du système colonial, nous plaiderions probablement en vain une cause si belle. Que du moins on encourage les alliances légitimes des Indiennes avec des hommes de couleur ; on obtiendra par ce moyen une race mixte, moins dé-

« vice-royauté de Lima. Une semblable diminution s'est fait
« remarquer en d'autres parties de l'Amérique méridionale.
« L'an 1600, le diocèse de Mexico contenait, selon les do-
« cumens les plus authentiques, cinq cent mille Indiens tri-
« butaires ; et, lors du dénombrement, fait en 1741, il ne
« s'en trouva plus que cent dix-neuf mille six cent onze.
« La population de la tribu de los Angelos, qui, à la pre-
« mière de ces époques, se montait à deux cent cin-
« quante-cinq mille âmes, n'était plus que de quatre-
« vingt-huit mille deux cents à la seconde. La tribu
« d'Oaxaca, qui, en 1600, se composait de cent cinquante
« mille individus, était réduite à quarante-quatre mille
« deux cent vingt-deux, aussi en 1741. Ce vide immense
« dans la population n'est pas restreint aux seules posses-
« sions espagnoles ; et il paraît qu'il est de la destinée des
« nations sauvages de s'éteindre en s'approchant des peuples
« civilisés. » (*Voyages au Pérou*, t. I, p. 139.)

fectueuse que la race américaine, et ce qui reste d'Indiens ne sera pas entièrement perdu pour la population d'un pays où l'on a un si grand besoin d'hommes.

Je profitai de mon séjour à Alto dos Bois, pour faire une excursion dans le voisinage, et, accompagné du commandant et du père du directeur, je me dirigeai vers un lieu où l'on avait établi un poste de soldats, destiné à protéger contre les Botocudos un champ de maïs, qui faisait la véritable limite du territoire portugais. Après avoir descendu le plateau sur lequel est situé l'aldea, nous passâmes par un bois d'une végétation un peu semblable, pour l'aspect, à celle de nos taillis, quand ils sont très-grands et très-fourrés. Ce bois paraissait avoir été battu mille et mille fois en tous sens; mais pourtant je n'y reconnaissais point les traces que des hommes auraient dû y laisser. « C'est ici, me dit le commandant, que viennent chasser les enfans des Macunís, et souvent ils y donnent des preuves d'une très-grande adresse. » Au-delà du bois dont je viens de parler, la végétation devint bientôt plus vigoureuse. De distance à autre, on avait ménagé sur le bord du chemin, dans l'épaisseur de la forêt, de petites places bien nettoyées, mais entourées de broussailles; et un homme, caché dans ces espèces de retraites, n'aurait pu être découvert par les passans, du moins avant qu'ils arrivassent devant lui. C'est là que les soldats indiens, qui font partie du détachement d'Alto dos Bois, se mettent en embuscade pour tirer des coups de fusil sur les Botocudos. Nous passâmes devant une sentinelle ainsi postée, et enfin nous arrivâmes au champ de maïs, vers lequel nous avions dirigé notre promenade.

A l'extrémité du champ, dans l'épaisseur du bois, étaient les militaires portugais et indiens, chargés de protéger la récolte du maïs. Là, sur le bord d'un ruisseau, qui se jette dans le Fanado, les soldats avaient construit quelques baraques où ils couchaient et où ils faisaient cuire leurs alimens. Celles des Portugais, plus soignées, avaient la forme d'un toit; elles étaient couvertes de feuilles qui empêchaient la pluie d'y pénétrer, et, dans leur intérieur, l'on voyait des canapés rustiques (*giraos*) qui, à cause du peu de hauteur de la hutte, ne s'élevaient guère qu'à un pied au-dessus du sol. Quant aux baraques des Macunís, elles avaient été construites par les femmes, et elles étaient absolument semblables à celles qu'elles faisaient autrefois, avant que la peuplade se fût réunie aux Portugais. C'étaient des espèces de berceaux formés par des perches courbées, et sur lesquelles des feuilles de palmier avaient été étendues sans aucun art. On ne saurait entrer dans ces huttes, sans se courber; elles n'ont guère que quatre pieds de large, mais trois ou quatre personnes pourraient facilement s'asseoir dans leur longueur.

Je passai une demi-heure dans une de ces huttes. Une Indienne y faisait du filet. Je lui donnai un collier de fausses perles qui parut lui faire un très-grand plaisir; et, en échange, je reçus d'elle de l'étoupe de *cecropia*, un sac et un bracelet. D'autres femmes m'offrirent des bagatelles, et il fallut aussi leur faire de petits présens.

Le bracelet dont je viens de parler est, je crois, assez remarquable pour mériter une description particulière. Il est composé de tuyaux d'une substance dure et cornée, longs d'environ un demi-pouce, lisses, luisans et d'un noir de jayet. Ces tuyaux sont courbés; ils vont en diminuant de grosseur d'une extrémité à l'autre, et ont la forme d'une corne tronquée au sommet; ils sont l'ouvrage et l'habitation d'une larve qui se trouve dans plusieurs rivières, et ils portent dans le pays le nom de *grumichá*.

Le détachement d'Alto dos Bois, originairement composé de trente hommes, ne l'est plus aujourd'hui (1817) que de dix. Cependant ce petit nombre de soldats suffit, parce qu'ils sont dans une continuelle activité, que le commandant met beaucoup de zèle dans son service, et que les Botocudos apercevant quelques militaires armés de fusil, craignent sans doute qu'il n'y en ait davantage.

On a donné au poste d'Alto dos Bois des vestes matelassées, semblables à celles que j'avais vues à Passanha (*gibão*); mais la pesanteur de ces espèces de cuirasses empêche le plus souvent les soldats de s'en servir. La guerre contre les Botocudos se fait ici de la même manière qu'à Passanha; je ne répèterai point les détails dans lesquels je suis déjà entré; j'ajouterai seulement que dans les attaques nocturnes, il faut nécessairement avoir les pieds nus, parce que les feuilles des arbres rendent bientôt les souliers très-glissans, et qu'il devient alors impossible d'avancer. Les Macunís, engagés comme soldats, sont très-utiles dans les espèces de chasses que l'on fait aux Botocudos, non-seulement à cause de l'habitude qu'ils ont des forêts, mais encore parce qu'une haine sans bornes les excite contre l'ennemi.

Cette haine est produite sans doute non-seulement par la guerre que les Botocudos font aux autres nations indiennes, mais encore par l'opinion que l'on a généralement de leur anthropophagie. Le commandant d'Alto dos Bois me confirma ce que tout le monde raconte dans le pays, du goût de ces sauvages pour la chair de leurs semblables. Une couple d'années avant mon passage par l'aldea, ils avaient pris un nègre, et, peu de jours après, on trouva ses ossemens suspendus sur le bord d'un chemin. Dans une division où avait servi le commandant, on fit prisonnier, me dit-il, un Botocudo qui déjà était un homme fait; on parvint à le civiliser; on l'enrôla; il apprit le portugais, et fit un excellent soldat : cet homme ne cachait point son goût pour la chair humaine, et souvent, jetant des yeux d'envie sur la fille de M. de Magalhães, âgée de deux ou trois ans, il lui tâtait les bras et la paume des mains, et il s'écriait que ce serait un manger délicieux. Il importe trop à l'histoire de notre espèce de savoir si réellement il existe des anthropophages, pour que, dans le cours de mes voyages, je ne prisse pas à cet égard tous les renseignemens qui dépendaient de moi. J'ai rapporté les deux faits précédens tels qu'ils m'ont été racontés; mais il n'est personne qui ne sente qu'ils n'ont rien de concluant. Comment prouver en effet que les ossemens, que l'on trouva suspendus, fussent réellement ceux du nègre qui avait été pris? et le Botocudo civilisé, dont me parla le commandant, ne cherchait-il pas à accréditer, par des grimaces, une opinion qui rendait sa peuplade plus redoutable aux yeux des Portugais?

Pendant mon séjour à Alto dos Bois, j'eus beaucoup à me plaindre des curieux qui m'obsédaient, et me privaient du jour lorsque j'examinais mes plantes avec la loupe. Ce fut au reste le seul reproche que j'eus à faire aux habitans de ce village; car j'y fus traité avec une bienveillance et une hospitalité touchantes.

La situation d'Alto dos Bois est une des plus avantageuses de l'intérieur de la province des Mines. D'un côté, les cultivateurs ont un chemin magnifique jusqu'à Villa do Fanado, qui, certainement, deviendra un jour une petite ville importante; et, d'un autre côté, ils pourront facilement communiquer avec la mer, quand la civilisation ou la destruction des Botocudos permettra d'ouvrir une route directe de l'aldea des Macunís au village de Passanha, qui peut-être n'en est pas éloigné de plus de 25 à 30 lieues. La position élevée d'Alto dos Bois influe beaucoup sur sa température. Dès l'époque où j'avais quitté Villa do Principe, la saison des grandes chaleurs était passée, et j'avais toujours eu froid pendant la nuit, lorsque j'avais dormi dans mon hamac; mais nulle part je n'avais éprouvé un froid aussi vif qu'à Alto dos Bois, où cependant je couchais dans un lit. Le matin toutes les plantes étaient couvertes d'une rosée extrêmement abondante, et l'on aurait pu croire qu'il était tombé de l'eau pendant la nuit. Il n'est pas nécessaire, je crois, de faire sentir combien une telle température doit être favorable à une culture variée. Le maïs, le blé, le coton réussissent très-bien dans les parties boisées des alentours d'Alto dos Bois. La vigne y produit, dit-on, des raisins qui mûrissent parfaitement et sont d'un très-bon goût. On cultive la canne à sucre à deux lieues de l'aldea, au-dessous du plateau qui s'étend jusqu'à Villa do Fanado ; et sur les *chapadas*, le seigle donnerait probablement de très-bonnes récoltes [1]. Tandis que dans les forêts qui s'étendent de Rio de Janeiro à Barbacena, et même dans les *campos* artificiels de Catas Altas, Villa do Principe, etc., on n'obtient des vaches qu'un lait presque insipide, celui d'Alto dos Bois pourrait rivaliser avec le meilleur laitage de l'Europe, et les fromages de ce même canton sont également d'un goût fort agréable. On sent que les herbes aqueuses des forêts ne peuvent rendre le lait aussi crémeux que les plantes aromatiques et les graminées d'une consistance sèche qui couvrent les collines de Minas Novas, et en particulier d'Alto dos Bois, et il serait bien à désirer qu'on élevât, dans ce pays, un plus grand nombre de bestiaux. Je n'y

[1] J'insiste d'autant plus sur l'utilité d'essayer ce genre de culture dans les parties tempérées du *termo* de Minas Novas, que j'ai vu le seigle réussir parfaitement dans des cantons un peu analogues sur la grande chaîne occidentale (près *Congonhas da Serra*).

ai vu aucune bête à laine ; mais il n'est pas douteux que, sur les plateaux élevés, les moutons ne trouvassent une bonne nourriture. Avec des capitaux bien peu considérables, on deviendrait, dans ce canton, propriétaire d'un territoire immense, et sans doute l'on ménagerait à sa postérité l'établissement le plus riche.

Parmi les oiseaux qui se trouvent dans les bois, il en est un que je désirais beaucoup avoir : c'est la superbe espèce de hocco, connue des Brésiliens sous le nom de *mutúm;* mais il faut que cette gallinacée soit déjà devenue fort rare, car je n'ai pu en obtenir un seul individu dans le cours de mes voyages. J'eus cependant le plaisir de voir chez le commandant d'Alto dos Bois un *mutúm* qui, apprivoisé, vivait dans sa basse-cour. Ses mouvemens étaient lents; il paraissait fort craintif, et, quoique très-gros, il cédait la place à la moindre poule qui venait lui disputer sa nourriture [1]. On me raconta à Villa do Fanado qu'un *mutúm*

[1] Voici la description que j'ai faite de ce *mutúm*. Il pouvait avoir la grosseur d'une pintade, et une longueur d'environ trois pieds, de l'extrémité du bec jusqu'à celle de la queue. Tout le corps était noir, à l'exception du ventre qui était blanc depuis le derrière des cuisses jusqu'au croupion. La tête était ronde et plus large que le cou. Elle portait une huppe de plumes très-fines, longues de plus d'un pouce, et recourbées à leur extrémité : ces plumes étaient ordinairement couchées; mais quand l'oiseau s'animait, elles se redressaient et produisaient l'effet le plus agréable. Les yeux étaient entièrement noirs et le cou long. Le bec pouvait avoir un pouce; il était d'un rouge orangé

mâle avait donné, dans les environs de cette ville, un exemple remarquable d'amour pour sa femelle. Les deux oiseaux avaient été élevés chez un colon; la femelle fut tuée par accident; le mâle cessa alors de prendre de la nourriture, et il se laissa mourir de faim.

Après avoir quitté Alto dos Bois, je descendis dans la vallée que domine l'aldea; puis, remontant la côte opposée, je me trouvai à l'entrée d'un plateau immense. Là, j'apercevais encore le village; et de loin, ses bons habitans et moi, nous nous fîmes des signes avec la main et le chapeau, pour nous dire un dernier adieu. En général, presque partout où je m'arrêtais, mes hôtes se plaçaient, après mon départ, dans un endroit où ils pouvaient me découvrir sur le chemin, et au moment où nous devions cesser de nous voir, nous nous saluions encore pour la dernière fois.

dans sa moitié inférieure, et noir dans le reste de sa longueur; la mandibule supérieure était courbée, et elle recouvrait l'autre. La queue se composait de plumes parfaitement droites, dont quelques-unes plus courtes que les autres; elle pouvait avoir la longueur de la moitié du corps et la largeur d'environ quatre doigts; l'oiseau la tenait ordinairement dans une position oblique, et, lorsqu'il marchait, elle touchait la terre. Les ailes étaient en partie coupées dans l'individu que j'ai vu; ainsi, je ne saurais les décrire avec exactitude; mais on me dit qu'elles se croisaient par-dessus la queue. Les jambes étaient nues et écailleuses. L'ongle de derrière ne portait point à terre. D'après le prince de Neuwied et M. Spix, il faut rapporter le *mutúm* au *crax alector*, L.

Le plateau sur lequel on monte, après être sorti d'Alto dos Bois, s'étend jusqu'à une lieue de Villa do Bom Successo, à peu près dans la direction du N.-N.-E.; il est parallèle au cours du Fanado, et a plus de sept lieues de longueur. La végétation y présente des nuances très-variées. On n'y rencontre aucune habitation; on n'y aperçoit aucun ruisseau; mais on y voit quelques marais d'où s'exhale une odeur très-malsaine, et qui doivent leur origine à de petites sources dont les eaux n'ont point d'écoulement. Depuis que j'étais au Brésil, je n'avais vu nulle part un chemin aussi large et aussi uni que celui qui traverse ce vaste plateau; deux voitures y passent aisément de front, et ailleurs il est souvent fort rare qu'il puisse en passer une seule.

Comme il m'eût été impossible d'aller en un seul jour d'Alto dos Bois à Villa do Fanado, qui en est à huit lieues et demie, je quittai le chemin à environ deux lieues et demie de l'aldea, et descendant du plateau dans un fond, j'allai demander l'hospitalité à la *fazenda* d'*Antonio d'Espirito Santo*. Pendant que j'analysais des plantes, mon couteau, qui était auprès de moi, disparut, et mes soupçons tombèrent sur un jeune Indien que le commandant d'Alto dos Bois m'avait donné pour guide. Mon muletier dit à ce jeune homme que le lendemain nous retournerions à l'aldea, et que tous ceux qui étaient avec moi seraient interrogés par le commandant. Cette menace effraya l'Indien, et l'instant d'après, mon couteau se retrouva dans un endroit où j'avais déjà fait auparavant d'inutiles recherches. Le bon Macuní avait appris à lire, à écrire, à compter; mais toute cette science ne l'avait point corrigé du vice favori de sa nation.

Jusqu'à l'endroit où j'avais quitté le grand chemin pour me rendre à la *fazenda* d'Antonio d'Espirito Santo, le plateau ne m'avait offert que la végétation ordinaire des *chapadas*. Plus loin, les *carrascos* bas et serrés disparurent, et ils firent place à des arbrisseaux rabougris, tortueux, hauts de cinq à huit pieds, plus ou moins écartés les uns des autres, et entremêlés d'herbes assez élevées et de sous-arbrisseaux. Je ne décrirai pas les nuances nombreuses de végétation, qui, comme je l'ai déjà dit, s'offrirent successivement à mes regards; cependant je ne puis m'empêcher de faire connaître celle que j'observai en me rapprochant de Villa do Fanado. Là croît principalement l'espèce de mimose que j'ai appelée *mimosa dumetorum;* mais cette plante atteint dans cet endroit jusqu'à la hauteur d'un homme. Ses tiges délicates, serrées les unes contre les autres, forment des masses élégantes au milieu desquelles d'autres arbustes répandent une agréable variété; et, de loin en loin, s'élèvent au-dessus de ces masses des arbres à tronc gros et tortueux, qui contrastent avec les rameaux et les tiges menues des mimoses. Le chemin où ne croît pas la plus petite graminée, et qui est toujours large, uni et parfaitement beau, décrit de temps en temps des sinuosités, et l'on pourrait se croire dans un jardin anglais tenu avec un soin extrême. Cette partie de la route doit être délicieuse, quand les mimoses sont couvertes d'épis couleur de rose, et les *cassia,* de grappes d'un jaune doré; mais malheureusement, à l'époque de mon voyage, on n'était déjà plus dans la saison des fleurs.

Dans les *carrascos* dont je viens de parler, je revis une espèce de nid que j'avais observée pour la première fois sur la *chapada* de Santa Cruz, près d'Itacarambi, et qui me semble mériter une mention particulière. Ces nids étaient suspendus aux branches des arbres, et formés de morceaux de bois entrelacés, gros comme le tuyau d'une plume. Ils pouvaient avoir un pied à un pied et demi de diamètre, et il n'était pas très-rare d'en trouver qui atteignissent jusqu'à environ trois pieds de longueur. L'entrée était latérale; l'axe présentait un vide fort étroit, et le fond seulement, garni de brins d'herbes, de duvet et d'autres matières molles, formait le véritable nid, égal en grandeur à celui d'un moineau. Il me fut impossible de bien distinguer l'oiseau qui construit ce nid remarquable; mais il ne me parut pas être plus gros qu'une grive.

A environ une lieue de Villa do Fanado, je commençai à descendre par une pente très-rapide; puis, descendant encore, mais par des pentes plus douces, je passai successivement sur une suite de petits plateaux plus bas les uns que les autres. Lorsque l'on commence à descendre, la terre, toujours rouge comme elle l'avait été auparavant, devient en même temps pierreuse; elle paraît extrêmement sèche, et la végétation change entièrement de face. Là des arbrisseaux hauts de 6 à 10 pieds ont des tiges droites, assez menues et rameuses dès la base; ils sont rapprochés les uns des autres; leurs branches se confondent, et leur ensemble présente absolument l'aspect des taillis de nos forêts (*carrasqueinos*. V. le chapitre précédent). Parmi ces arbrisseaux, un seul offrait alors des fleurs, celui appelé *flor de toda gente*[1], dont les corolles blanches embaumaient l'air de leur doux parfum. D'ailleurs, entre tous ces arbustes, on ne voyait à cette époque que des feuilles mortes et quelques graminées desséchées.

Entre Alto dos Bois et Villa do Fanado, je passai sur les terres d'une *fazenda*, qui a douze lieues de longueur; celle de José Caetano de Mello en a vingt de circonférence, et en général des domaines aussi vastes ne sont pas fort rares dans ce pays. Plus d'une fois le premier qui a voulu former quelque établissement est monté, m'a-t-on dit, sur une colline; il s'est écrié : Toute la terre que je découvre m'appartient; et ces propriétés gigantesques ont été, en quelque sorte, consacrées par le temps et le consentement tacite des voisins[2].

[1] N° 1141.

[2] J'ai déjà eu occasion de dire quelques mots à ce sujet dans le premier volume de cet ouvrage. « Les plus petites des *fazendas* où l'on élève les bestiaux, dit un écrivain allemand, comprennent neuf *legoas* carrées, et il en est qui se composent de vingt à cinquante, et même cent milles carrés d'Allemagne (*quadratmeilen*), telle que celle de *Pompeo*. » Je n'oserais garantir la parfaite exactitude des évaluations indiquées ici; cependant cette citation est empruntée à un homme qui a été à même de bien connaître plusieurs parties de la province des Mines.

CHAPITRE IV.

VILLA DO FANADO. — CHAPADA. — SUCURIÚ. — MATIÈRE MÉDICALE DES BRÉSILIENS.

Villa do Fanado. Sa fondation ; ses rues ; ses maisons et leur construction ; sa population ; occupations de ses habitans ; ses alentours. — Chemin de Villa do Fanado à *Chapada*. — Explication du mot *bandeira*. — Village de Chapada ; sa situation ; ses églises ; maison de recluses ; lavages ; population ; jardin du curé. — Végétation de la route de Chapada à *Sucuriú*. — Village de Sucuriú ; sa situation ; ses maisons ; occupations des habitans. — Machine à séparer le coton de ses graines. — Plantes usuelles. Observations sur la matière médicale des Brésiliens.

VILLA DO FANADO [1], capitale du *termo* de Minas Novas, est administrée par un *juiz de fóra*. La paroisse dont cette ville est le chef-lieu comprend, comme on l'a vu, les villages de Penha et de S. João, éloi-

[1] L'auteur des *Memorias historicas* dit que Villa do Fanado est situé par le 17e degré de lat., et que l'on y compte 250 maisons. Il ajoute que cette ville est éloignée de 63 l. au N.-E. de Marianna, 60 N.-E. de Sabará, 36 N.-N.-E. de Villa do Principe ; enfin que les revenus de sa *camara* s'élèvent à 500 mille reis qui se dépensent pour l'éducation des enfans exposés, la réparation des ponts, etc. Suivant les mathématiciens cités par d'Eschwege (*Bras. Neue Welt.*, II, p. 176), c'est par le 17° 14′ 48″ qu'est située Villa do Fanado.

gnés d'environ 20 lieues ; mais, d'un autre côté, elle confine avec celle de Chapada, bourg qui n'est pas à plus de trois lieues de Villa do Fanado. On compte environ 150 lieues de cette ville à Rio de Janeiro [1], et un peu moins jusqu'à Bahia [2] ; mais comme, pour se rendre à la capitale, il faut traverser un pays toujours montueux, les caravanes ne mettent pas moins d'un mois à faire ce dernier voyage, tandis qu'elles n'emploient guère plus de vingt jours pour arriver à Bahia, en allant par terre.

Le territoire où est située aujourd'hui Villa do Fanado fut découvert, en 1727, par Sebastião Leme do Prado, qui, avec d'autres paulistes, sortit de *Rio Manso,* près Tijuco, afin de se rendre au Rio Piauhy, dont on vantait beaucoup les richesses. Il passa l'Arassuahy et l'Itamarandiba, se dirigea vers le nord, et arriva au Rio do Fanado. Ayant suivi les bords de cette rivière, il rencontra un ruisseau qui s'y jette ; il y trouva beaucoup d'or, et, pour ce motif, il donna à ce ruisseau le nom de *Bom Successo* (bon succès). Sebastião Leme avait promis à D. Lourenço de Almeida, qui alors gouvernait Minas Geraes, de lui faire part du résultat de ses recherches, afin que celui-ci pût comprendre dans son gouvernement les mines que l'on décou-

---

[1] 135 l., suivant M. Pizarro.

[2] L'auteur des *Memorias historicas* dit qu'il y a plus de 200 l. de Bahia à S. Domingos, village situé à 23 l. N.-E. de Villa do Fanado. Il est difficile de ne pas croire qu'il y ait ici quelque erreur.

vrirait; mais d'autres paulistes s'opposèrent à l'accomplissement de cette promesse. Ce fut à Vasco Fernandes Cesar de Menezes, capitaine général de Bahia, que l'on donna avis des découvertes qui venaient d'être faites; et dans le même temps un certain docteur Miguel Honorato prit possession du pays au nom de l'archevêque de Bahia, pour ce qui regardait la juridiction ecclésiastique. Les terres voisines du Bom Successo et du Fanado furent partagées; des chercheurs d'or accoururent de toutes parts, et l'on fonda un village, près des deux ruisseaux aurifères, sous le nom d'*Arraial de S. Pedro do Fanado*. Voulant rendre plus solide son autorité dans le pays nouvellement peuplé, le gouverneur de Bahia y envoya un colonel pour le gouverner, et donna à Sebastião Leme le titre de *guarda mór*. Afin d'épargner aux habitans des nouvelles mines la peine de transporter leur or à Jacobina, dans la province de Bahia, on fonda dans le pays même un hôtel destiné pour la fonte de l'or en poudre, et l'on forma une compagnie de dragons, chargée d'empêcher la contrebande. La population augmentant, l'*arraial* de S. Pedro do Fanado fut érigé en ville le 2 octobre 1730, sous le nom de *Villa de N. S. do Bom Successo das Minas Novas do Arassuahy*; mais l'ancien nom prévalut toujours dans le pays, et encore aujourd'hui la capitale de Minas Novas n'est guère connue que sous le nom de Villa do Fanado [1]. La ville nouvelle et son *termo* furent soumis à la juridiction de l'*ouvidor*

[1] C'est, je crois, à tort que Pizarro réunit les deux noms et

du Serro do Frio, mais seulement pour tout ce qui concerne le contentieux ; et, en 1742, on les réunit entièrement à la province de Bahia. Cependant ce dernier arrangement ne fut pas de très-longue durée : par un décret de 1757, les Minas Novas furent détachées sans retour de la province de Bahia, et on les incorpora entièrement à celle de Minas Geraes (V. ce qui a été dit plus haut, vol. II, chap. 1)[1].

Villa do Bom Successo s'étend, par une pente douce, sur un morne qui, à son extrémité, s'élève presque à pic au-dessus du Fanado. La plus longue des rues est celle par laquelle on arrive quand on vient d'Alto dos Bois ; elle est aussi extrêmement large, et, à chacun de ses deux bouts, est une église, construite entre les deux rangs de maisons. A l'extrémité la plus basse de cette rue se trouve en outre un groupe de maisons traversé par des rues assez courtes, et terminé

écrit quelquefois *Villa do Bom Successo do Fanado*. Il faut, ou *Villa do Bom Successo*, ou *Villa do Fanado*.

[1] Cette esquisse historique est tirée de Pizarro, dont j'ai cru devoir préférer le récit aux traditions un peu différentes que j'avais recueillies dans le pays. Suivant ces traditions, les paulistes trouvèrent beaucoup d'or dans un ruisseau qu'ils appelèrent *Rio do Bom Successo*, et bâtirent auprès une ville à laquelle ils donnèrent le même nom qu'au ruisseau. Ils furent ensuite moins heureux dans les recherches qu'ils firent dans un autre ruisseau voisin qu'ils nommèrent en conséquence *Rio do Falhado* (ruisseau de la diminution), et de ce mot *falhado* on a fait *fanado*, nom qui est resté à la capitale de Minas Novas.

par deux autres plus longues, qui, l'une à droite, l'autre à gauche, s'étendent, en divergeant, sur la croupe du morne; de sorte que, quand on regarde la ville sur le morne opposé de l'autre côté du ruisseau, on voit qu'elle a absolument la forme d'un i grec (Y).

Plusieurs des rues ont été pavées dans toute leur largeur, et d'autres seulement au bas des maisons. Ce sont en général les particuliers qui se chargent du pavage ; mais la *camara* contribue aussi à cette dépense.

Les maisons sont petites. Elles n'ont qu'un rez-de-chaussée, et toutes sont couvertes en tuiles. Lors de mon passage, on venait de les blanchir en l'honneur du couronnement, dont on devait bientôt célébrer la fête. Suivant la coutume, presque toutes ont un petit jardin planté de bananiers et d'orangers disposés sans ordre; et, vu des mornes voisins, ce mélange de murailles fraîchement blanchies et de masses de verdure produisait, à l'époque de mon voyage, un effet très-agréable. Les fenêtres des maisons sont écartées les unes des autres, petites et à peu près carrées. On ne voit de carreaux de vitre à aucune d'elles ; mais la plupart ont pour jalousies des nattes très-fines faites de bambous.

On ne bâtit point à Villa do Fanado comme dans les parties de la province que j'avais parcourues jusqu'alors. Il n'entre dans la construction des maisons que quelques pièces de bois principales, destinées à soutenir les toits. Les murs sont faits avec des parallélipipèdes, que l'on compose de terre glaise battue avec de l'herbe et que l'on met sécher au soleil. Ces parallélipipèdes, dont j'ai déjà eu occasion de parler (V. vol. 1, p. 119), portent le nom d'*adobes* ou *adobos;* ceux que j'ai mesurés avaient trois palmes et trois doigts de longueur sur une palme de largeur; on les unit entre eux avec de la terre fraîche. Toutes les maisons de Villa do Fanado ne sont cependant pas bâties avec des *adobes;* quelques-unes sont construites en pisé (*taipa*). Comme en Europe, on a, pour ce genre de construction, des planches placées de champ, et entre lesquelles on met autant de distance que l'on veut donner d'épaisseur au mur que l'on se propose d'élever. On remplit l'intervalle de terre, et on continue le travail, en exhaussant les planches à mesure que le mur prend plus de hauteur.

Outre les deux églises dont j'ai déjà parlé, il y en a encore deux autres dans la capitale de Minas Novas. Je ne vis que celle de la confrérie des mulâtres, qui est très-propre et bien éclairée.

A Villa do Fanado, comme à Villa do Principe et beaucoup d'autres lieux, il existe une confrérie du tiers-ordre de S. François; mais les frères ne portent l'habit qu'aux fêtes solennelles et quand ils vont à confesse.

On fait à Villa do Fanado des couvertures de coton, dont une partie s'expédie pour Rio de Janeiro. Je ne vis, d'ailleurs, dans la capitale de Minas Novas, d'autres boutiques que des tavernes presque dégarnies, où l'on débite, avec la *cachaça,* quelques comestibles et un peu de mercerie.

La population de Villa do Fanado s'élève à environ 2,000 mille âmes et ne saurait manquer d'éprouver une augmentation rapide. Dans tout le pays, les mariages sont extrêmement féconds; rien n'est plus commun que de trouver des femmes qui ont douze à quinze enfans, ou même davantage, et l'on m'a assuré qu'il y avait à Villa do Fanado trois maisons, qui, à elles seules, contenaient cent personnes. Presque tous les habitans de cette ville sont des hommes de couleur, et, pour la plupart, ils s'adonnent à l'agriculture ou exercent des métiers.

Pour la première fois, depuis Villa do Principe, je vis auprès de la capitale de Minas Novas des traces de lavages; mais aujourd'hui les habitans de ce canton ont entièrement renoncé à la recherche de l'or.

Tous les mornes qui entourent Villa do Fanado sont couverts de ces *carrasqueinos* que j'ai déjà fait connaître[1]. Parmi les espèces d'arbrisseaux qui les composent, beaucoup perdent leurs feuilles dans le temps de la sécheresse; mais d'autres les conservent toute l'année. Ces *carrasqueinos*, pendant les mois de mai, juin et juillet, ne peuvent donc pas avoir l'aspect que nos taillis offrent durant l'hiver : ils ressemblent bien mieux à nos jeunes bois, lorsque de nombreuses chenilles ont dépouillé de leur verdure une partie des arbres qui les composent.

Près de la ville, le vallon où coule le Fanado a fort peu de largeur, et les mornes qui le bordent sont couverts, jusqu'à leur base, de *carrasqueinos*. Le ruisseau est assez étroit; des bancs de sable et une petite

---

[1] On se rappellera que par le mot *carrasqueinos* je désigne de grands *carrascos* qui ressemblent à nos taillis.

île s'élèvent de son lit, et on le passe sur un pont de bois, auquel aboutit un chemin pavé qui descend de la ville.

Je logeai à Villa do Fanado, chez le *juiz de fóra*, M. Bernardino Pinheiro Camello, et je reçus toutes les honnêtetés possibles de ce magistrat, sincèrement ami du bien, ainsi que de M. le Dr São Payo, qui vivait avec lui. Ce dernier exerçait la profession d'avocat, et avait une grande influence dans l'administration du *termo*. C'était un homme jovial, qui cherchait à obliger tout le monde, et qui était extrêmement aimé. Il avait de l'instruction, et, chose étonnante dans un pays si éloigné, il connaissait jusqu'aux moindres détails de la révolution française. Il me rendit une foule de petits services avec une complaisance extrême, me donna un itinéraire, et me procura les renseignemens les plus utiles.

Je partis de Villa do Fanado le 18 mai 1817; je tournai mes pas vers la région des *catingas*, située à l'orient de la ville, et je pris le chemin de la 7e division, où je devais voir des tribus de Botocudos, qui vivent en paix avec les hommes de notre race [1].

---

[1] Itinéraire approximatif de Villa do Fanado à la 7e division, en passant par Sucuriú.

De Villa do Fanado à Chapada. . . . . 3 l.
       (*Commencement de la région*
       des catingas.)
—   Sucuriú. 5
                                          8 l.

Me dirigeant vers le village de *Chapada*, je passai le ruisseau de Bom Successo, et après avoir traversé des *carrasqueiros*, j'arrivai sur des terrains pierreux couverts d'arbres à tige tortueuse.

Sur ce chemin, qui est assez difficile, on trouve deux maisons, dont l'une s'appelle *Bandeira Pequeina* et l'autre *Bandeira Grande*. Les noms de *Bandeira* et *Bandeirinha* sont très-communs dans la province des Mines, et voici quelle en est l'origine. Lorsque les aventuriers paulistes allaient à la recherche de l'or, et s'enfonçaient dans les bois pour faire des esclaves parmi les Indiens, ils se réunissaient en troupes plus ou moins nombreuses, commandées par l'un d'eux, qu'on appelait *capitaine*. Ces troupes portaient en portugais le nom de Bandeira [1], et ce nom a été appliqué aux lieux où elles s'arrêtèrent.

	Report.	81.
De Sucuriú à	Setuba, environ.	4
—	Boa Vista da Barra do Calhão, environ.	4
—	Fazenda de Piauhy.	$4\frac{1}{2}$
—	Quartel de Teixeira.	5
—	Inhuma.	$4\frac{1}{2}$
—	Estreito de S. João.	3
—	Fazenda de Bom Jardin.	$8\frac{1}{2}$
	(*Région des forêts vierges.*)	
—	S. Miguel da Jiquitinhonha, ou de la 7ᵉ division, environ.	4
	Total.	$45\frac{1}{2}$ l.

[1] Bandeiras são no Brasil e Minas, associações de homens,

Chapada, où j'arrivai bientôt, est situé sur la crête d'un morne allongé, qui s'étend à peu près de l'orient à l'occident, et est dominé de tous les côtés par d'autres mornes. Ces derniers semblent former un cercle autour du village; la plupart sont couverts de *carrasqueinos*; mais celui qui s'élève du côté du nord-est, déchiré, bouleversé par les chercheurs d'or, n'offre pas même d'humbles arbrisseaux. Entre ce morne, appelé *Batata*, et celui sur lequel est bâti le village, coule, à peu près de l'est à l'ouest, le ruisseau de *Capivarhy* ou *Capibary* [1], qui finit par se jeter dans l'Arassuahy.

Sur le milieu de la crête où est bâti Chapada, les maisons sont plus nombreuses; au groupe qu'elles forment se rattachent deux longues rues qui se dirigent, l'une vers l'est, l'autre vers l'ouest, et le village, dans son ensemble, présente à peu près un triangle, dont deux angles seraient très-aigus.

Au milieu du groupe de maisons qui forme le centre du village, est une place à peu près triangulaire.

que vão pelos sertões de baixo de um cabeça, descobrir terras mineiras. D'antes chamavão assim os que hião descobrir Indios gentios, e conduzi-los, ou cativa-los, resgata-los. (Moraes, *Dic.*, I, p. 371.)

[1] On prétend, dans le pays, que ce ruisseau doit son nom à la grande quantité de *capivaras* ou *capibaras* (cabiais) que les Paulistes trouvèrent sur ses bords, et l'on fait dériver ce nom du mot *capivara* et du mot portugais *ahi* (ici). Il me paraît plus vraisemblable que *capivarhy* est formé de *capibara* et du terme indien *y'g* (eau), rivière des *capivaras* ou cabiais.

C'est là que l'on voit l'église paroissiale ; elle est isolée comme toutes celles des villes et des villages ; mais elle n'occupe pas le milieu de la place. Outre cette église, il en existe encore une autre qui appartient aux nègres, et qui, suivant la coutume, est dédiée à Notre-Dame du Rosaire, dont l'image est toujours noire.

J'ai dit qu'aucun ordre monastique ne pouvait s'établir dans la province des Mines ; cependant il existe dans plusieurs parties de cette province des maisons, où des femmes se réunissent pour vivre sous une règle commune. On leur donne le nom de *freiras*, qui est celui des véritables religieuses ; mais elles ne peuvent être considérées comme telles, puisqu'elles ne sont liées par aucun vœu. Un missionnaire a formé à Chapada une réunion de ce genre. Quoique parfaitement libres, les femmes qui la composent ont eu besoin de l'autorisation du roi pour rester ensemble. Ayant très-peu de bien, ces recluses reçoivent des aumônes. Elles portent l'habit des carmélites ; elles suivent la règle de sainte Thérèse, et je leur ai entendu chanter, pendant la messe, des hymnes en langue vulgaire, ce qui ne se pratique point ailleurs. Il est à croire, au reste, que la maison des recluses de Chapada ne subsistera pas long-temps ; car ces femmes sont toutes vieilles, et aucun sujet ne se présente pour les remplacer.

On compte à Chapada environ cent soixante maisons. A l'exception d'une seule, toutes n'ont que le rez-de-chaussée ; elles sont basses, couvertes en tuiles et construites de la même manière que celles de Villa do

Fanado. Les fenêtres sont peu nombreuses, à peu près carrées, et fermées, pour la plupart, avec des volets peints en rouge.

Le village de Chapada se trouve bâti à l'extrémité orientale du territoire de la paroisse dont il est le chef-lieu, et ce territoire s'étend comme une langue à vingt lieues vers l'orient. On peut être étonné de rencontrer, dans un pays dont la population est si peu considérable, deux chefs-lieux de paroisse aussi rapprochés que Chapada et Villa do Fanado; mais il faut songer que les aventuriers qui les premiers pénétrèrent dans l'intérieur du Brésil, s'inquiétaient peu de mettre quelque régularité dans leurs établissemens; ils cherchaient de l'or, et, en ayant trouvé beaucoup dans le territoire de Chapada, ils fondèrent ce village.

Chapada ne fournit plus aujourd'hui autant d'or qu'autrefois, et plusieurs des habitans se sont retirés ailleurs. Cependant il y a encore dans le pays quelques lavages très-productifs; l'on peut citer, entre autres, celui de Batata, ce morne dont j'ai parlé plus haut, et qui fait partie de ceux qui entourent ce village. L'or se présente ici tantôt en veine, tantôt épars presque à la surface du sol : on en a découvert des morceaux qui pesaient jusqu'à onze livres.

La population actuelle de Chapada s'élève à environ six cents individus, qui, presque tous, sont mulâtres, et dont plusieurs, s'appliquant à l'agriculture, ne viennent que le dimanche au village. C'est principalement du riz et des haricots que l'on recueille dans ce pays. On n'y cultive point le cotonnier; mais avec le coton qu'ils achètent, les habitans fabriquent des couvertures qu'ils exportent ou qui se débitent sur les lieux mêmes.

Chapada jouit d'un très-grand avantage, celui d'être situé sur la route des pays où l'on récolte le coton avec le plus d'abondance. Cette bourgade est vivifiée par le passage des caravanes, qui se rendent à Rio de Janeiro, et elle leur offre un lieu de halte très-commode. Une vaste auberge, bâtie sur la place, reçoit les voyageurs [1].

Je logeai à Chapada chez le pasteur du village, dont je reçus le meilleur accueil. C'était sans doute un grand avantage pour moi de pouvoir jouir de la société intime des hommes les plus honnêtes et les plus éclairés des pays que je parcourais. Mais il n'en est pas moins vrai qu'à l'époque où je m'arrêtais sous les *ranchos*, j'étais libre de mon temps, et je pouvais le consacrer tout entier au travail; tandis que, reçu chez des particuliers qui me traitaient de leur mieux, je me voyais forcé de leur sacrifier beaucoup d'instans; et, dans la saison où l'on était alors, j'étais encore contrarié dans mes occupations par la brièveté des jours. Mon journal se

---

[1] Suivant l'auteur des *Memorias historicas*, v. VIII, p. 2da, p. 167 et 168, le village de Chapada ou S. Cruz de Chapada est situé à 3 l. nord du Fanado, par le 16° 48′ lat.; la paroisse entière comprend 2,300 habitans; elle est bornée au nord par celle d'Agua Suja, au sud par celle de Villa do Bom Successo, à l'ouest par celle d'Itacambira. Selon les mathématiciens portugais cités par d'Eschwege (*Bras. Neue Welt*, II, p. 176), c'est par le 17° 6′ 37″ qu'est situé Chapada.

trouvant arriéré, je restai un jour à Chapada, pour me mettre au courant, et, dans l'après-dînée, j'allai avec mon hôte me promener hors du village.

J'observai, dans cette course, qu'en plusieurs endroits les bois primitifs avaient été détruits, soit par caprice, soit pour satisfaire aux besoins de l'agriculture. Les bois actuels ressemblent encore à des taillis; cependant ils ont en même temps quelque chose de l'aspect de nos broussailles. La terre était alors extrêmement sèche; parmi les arbrisseaux qui la couvraient, je ne trouvai aucune plante en fleur; plusieurs des arbrisseaux avaient perdu une partie de leurs feuilles, et l'on m'assura qu'il leur en serait resté bien moins encore, si, contre l'ordre habituel, il n'était survenu des pluies dans le courant du mois de mars.

Le curé me conduisit à un petit jardin qu'il cultivait auprès du village. Dans un vallon généralement très-resserré, où coule un ruisseau, il avait choisi un endroit où les montagnes, moins rapprochées, laissent entre elles un espace parfaitement plane et d'une forme à peu près ovale. Autour de cet espace, le propriétaire avait planté des orangers et des bananiers; une fosse, d'où l'on tirait jadis de l'or, était devenue un vivier; le terrain était couvert de riz et de légumes cultivés avec soin, et disposés avec un ordre que l'on ne retrouve nulle part dans ce pays; le ruisseau enfin fournissait de l'eau pour arroser les légumes, et il servait à défendre les jeunes plantes contre les ravages des grandes fourmis. Des arbrisseaux semblables à nos taillis couvraient les mornes qui entouraient ce jardin; sur leurs flancs paissaient des vaches qui donnaient un excellent laitage; au bas des mornes était une humble chaumière, et une échappée de vue laissait apercevoir le village. Tout cet ensemble rappelait assez bien certains paysages de la Suisse.

Je quittai Chapada pour me rendre au village de *Sucuriú*, qui en est éloigné de cinq lieues, et bientôt je passai le ruisseau de Capivarhy. Dans ce ruisseau, comme dans plusieurs autres qui lui sont parallèles et se jettent également dans l'Arassuahy, tels que le Rio do Fanado, le *Rio d'Agua Suja* (rivière d'eau sale), etc., on trouve un nombre de poissons beaucoup plus grand que dans les rivières voisines de Villa Rica, Villa do Principe, S. Miguel de Mato dentro, etc. Ainsi, outre le *trahira*, le *bagre*, le *lambari*, on pêche encore dans les ruisseaux que j'ai cités ci-dessus, le *piabanha*, le *piáu*, le *piampara*, etc.

Le chemin que l'on parcourt jusqu'à Sucuriú est montueux et descend d'une manière très-sensible. Le terrain est rougeâtre, pierreux et d'une sécheresse remarquable. On passe deux ruisseaux, celui d'Agua Suja, qui, comme on l'a vu, se jette dans l'Arassuahy, et celui d'*Agua Limpa* (rivière d'eau propre), qui réunit ses eaux à celles de l'Agua Suja. Dans toute la route je n'aperçus qu'une maisonnette, située dans un fond; je vis à peine quelques fleurs, fort peu d'oiseaux et point d'autres insectes qu'un très-petit nombre de papillons. Quant à la végétation, elle présente une foule de nuances différentes, ce qui, peut-être, a pour cause les différences que le sol éprouve dans son élévation.

Les premiers mornes, sur lesquels on passe en sortant de Chapada, sont couverts de ces arbrisseaux qui ressemblent à nos taillis. Quelquefois on voit des *carrascos* très-bas, à peu près de la même nature que ceux de Penha et de S. João ; ailleurs de petits arbres tortueux s'élèvent çà et là au milieu d'une herbe desséchée. Enfin, en s'approchant de Sucuriú, on traverse des *catingas*, bois que je ne connaissais point encore, et qui, plus élevés que toutes les sortes de *carrascos* que j'ai décrites jusqu'ici, sont pourtant beaucoup moins vigoureux que les forêts vierges, et s'en distinguent encore, parce qu'ils perdent leurs feuilles chaque année.

Les *catingas* n'étaient pas, au reste, entre Chapada et Sucuriú, les seuls bois que la saison eût en partie dépouillés de leur parure. Toutes les autres espèces de bois avaient eu le même sort ; quelques arbres même n'avaient conservé absolument aucune feuille ; et parmi ceux-ci, j'en vis qui, comme nos amandiers et nos pêchers, s'étaient couverts de fleurs avant d'avoir un feuillage nouveau : c'étaient, entre autres, une myrtée, une malpighiée et une malvacée à semences laineuses. Une teinte pourpre ou jaunâtre colorait les feuilles qu'avaient conservées les arbres épars et tortueux, dont le port est à peu près celui de nos pommiers, et j'aurais pu me croire à la fin de la belle saison dans un de nos vergers, si la nature, livrée à elle-même, pouvait avoir cette régularité que nous donnons à nos ouvrages.

Une autre végétation produisit en moi une illusion

bien plus complété encore. En descendant auprès de la petite maison dont j'ai déjà parlé, j'entrai dans un bois composé d'arbrisseaux serrés les uns contre les autres, et au milieu desquels s'élevaient de distance en distance des arbres d'une grandeur moyenne. Ces bois avaient une ressemblance parfaite avec ceux de nos taillis où on laisse çà et là croître des baliveaux. Les arbres conservaient à peine quelques feuilles jaunâtres ou d'un pourpre foncé; la terre était jonchée de celles qu'ils avaient perdues, et, de temps en temps, il en tombait encore quelques-unes à mes pieds. Les gazons qui bordaient le chemin avaient été brûlés par l'ardeur du soleil; une seule acanthée laissait apercevoir de petites fleurs à deux lèvres et à tube allongé; mais ses feuilles presque flétries retombaient sur la tige, et l'on aurait pu prendre cette plante pour notre *galeopsis ladanum,* tel qu'il se montre dans les plaines de la Beauce après la canicule. Le soleil était sur son déclin; la chaleur avait diminué; aucun vent ne se faisait sentir, et le ciel n'offrait plus que des teintes affaiblies. Je me serais cru en France par une belle soirée d'automne, si quelques palmiers, que j'apercevais çà et là, avaient pu me permettre de m'abandonner à une erreur si douce. Ces palmiers, d'une espèce que je ne connaissais pas encore, avaient des tiges parfaitement droites, de la grosseur du bras, hautes de 25 à 40 pieds, et n'offraient aucun autre vestige des pétioles détachés que quelques marques circulaires d'un noir obscur. Des feuilles desséchées pendaient négligemment sur la tige; celle-ci se terminait par six autres feuilles élégamment arquées, légères, et du vert le plus beau; du milieu d'elles s'élevait une flèche aiguë, formée par le bourgeon naissant, et un long régime de fleurs s'inclinait vers le sol, recouvert d'une spathe en nacelle. Cette végétation équinoxiale, environnée de formes européennes, formait avec elles le contraste le plus singulier [1].

Je descendis à Sucuriú chez le desservant, pour lequel j'avais une lettre de recommandation. Il me reçut très-bien, et il me céda sa chambre et son lit. A notre arrivée, nous nous mîmes, moi à dessécher des plantes, et Prégent à préparer des oiseaux. Tout cela amusa beaucoup mon hôte, peu accoutumé à voir des étrangers, et lui parut tellement extraordinaire, qu'il envoya chercher ses voisins pour les rendre témoins de nos occupations. Bientôt la petite pièce où nous étions se trouva remplie de curieux, et j'avais à peine assez de place pour pouvoir faire le plus léger mouvement.

Le village de *Sucuriú* [2], succursale de la paroisse d'Agua Suja, est situé tout à la fois sur le penchant et

---

[1] Le palmier dont il s'agit ici est le *guariróba* (*cocos oleracea*, Mart.), que j'ai depuis trouvé abondamment dans les *catingas* du Sertão ou Désert. Sa tige est parfaitement égale dans toute sa longueur; son écorce est d'un gris noirâtre et un peu fendillée longitudinalement; les feuilles paraissent petites, relativement à la hauteur du tronc; le fruit est un drupe chanvreux; le noyau a la forme et la grosseur d'un œuf.

[2] Ce nom est celui d'une sorte de serpent (*boa murina*,

au pied d'un morne au-dessous duquel coule une petite rivière, appelée également *Sucuriú*. Il est difficile de rien voir de plus affreux que ce village. Ses maisons, au nombre de 60 à 80, ont été bâties à peu près sans ordre. Elles sont petites, extrêmement mal entretenues, et n'annoncent que l'indigence. On ne les a point construites avec des *adobes*, comme celles de Villa do Fanado et de Chapada, mais simplement avec des morceaux de bois croisés, dont les interstices sont bouchés avec de la terre. Des pierres remplissent les rues, et celles de ces dernières qui s'étendent sur la pente du morne, sur lequel le village est en partie situé, sont très-difficiles pour les bêtes de somme. Tandis que, dans la plupart des bourgades, les églises s'élèvent isolées sur des places publiques, celle de Sucuriú, bâtie au pied du morne, se trouve resserrée entre des maisons. La colline qui, de l'autre côté du ruisseau, fait face au village, et celles qu'on aperçoit aux alentours, sont couvertes de *carrascos* semblables à nos taillis. La rivière de Sucuriú a peu de largeur; ses eaux sont très-sales, et cependant on y pêche un assez grand nombre d'espèces de poissons; celles connues dans le pays sous les noms de *trahira, lambari, piampara, piabanha, curmatán, tamburé, roncador, bagre, suruby.*

Les premiers habitans de Sucuriú y furent attirés par le désir d'avoir de l'or. Il paraît qu'autrefois ce

L. ex Mart.). Je ne crois pas qu'il faille écrire *sucruyù* avec M. Pizarro, ni *Sucuriuh*, comme on l'a fait en Allemagne.

lieu en a fourni beaucoup ; mais on s'empara d'abord de celui qui était le plus voisin de la surface de la terre ; le travail est ensuite devenu plus difficile ; en même temps les esclaves ont manqué, et à peine quelques nègres vont aujourd'hui chercher des paillettes dans le ruisseau du village.

Au reste, les terrains des environs de Sucuriú procurent à ses habitans des ressources mieux assurées que celles qu'offrent les lavages. Comme le pays est plus rapproché du bassin de l'Arassuahy que Villa do Fanado et Chapada, il est aussi moins élevé et plus chaud, et l'on y cultive les cotonniers avec beaucoup de succès.

Presque toutes les femmes de Sucuriú filent du coton, et, dans la plupart des maisons de ce village, on fait des toiles plus ou moins grossières. Les plus fines se consomment dans l'intérieur même des familles, et l'on vend les autres, dont le fil ne donne pas autant de peine à filer, et qui en même temps trouvent un débit plus facile.

Un des principaux fabricans du village de Sucuriú s'était servi d'un courant d'eau pour faire mouvoir à la fois plusieurs de ces petites machines que j'ai déjà décrites, et qui servent à séparer le coton de ses graines. A l'axe d'une roue extérieure et verticale était attachée, dans l'intérieur du bâtiment, un tambour de quatre pieds de diamètre, sur lequel on avait passé plusieurs cordes. Les petites machines à ôter les graines étaient telles que je les ai fait connaître ; mais au lieu d'être terminé par une manivelle, chaque cylindre entrait à son extrémité dans une petite roue pleine, d'environ quatre doigts de diamètre, placée en dehors des montans. Sur chacune de ses deux roues était passée une corde qui venait du tambour, et quand celui-ci tournait, il faisait mouvoir en sens contraire les deux roues, et par conséquent les cylindres; et le coton se nettoyait de la manière que j'ai indiquée ailleurs.(V. vol. 1, p. 406.)

Pendant que j'étais à Suçuriú, plusieurs personnes m'apportèrent diverses plantes usuelles, et j'en reçus principalement d'un bon vieillard qui en connaissait un grand nombre. Comme il n'y a, dans cette contrée lointaine, ni médecins, ni chirurgiens, les habitans pour se guérir ont essayé les végétaux qui les environnaient, et il n'est pas de colon qui n'ait autour de lui sa matière médicale. Qnelques plantes médicinales ont été indiquées aux Portugais par les Indiens qui sans doute les connaissaient depuis long-temps; une ressemblance plus ou moins frappante avec les espèces usitées en Europe, un goût, une odeur particulière, et souvent peut-être la seule fantaisie, ont décidé du choix des autres plantes usuelles. Les noms vulgaires des espèces employées comme remèdes peuvent au reste servir en grande partie à dévoiler l'histoire de la découverte de leurs propriétés réelles ou imaginaires. Ainsi les mots guaranis, *caapiá (dorstenia), ipecacuanha (cephaelis ipecacuanha), sambaiba (curatella sambaiba)*, etc., désignent assez des espèces dont la connaissance est due à des Indiens; les noms de *barbasco* et de *centaurea maior* ou *menor* ont été appliqués par les

Portugais à un ou plusieurs *budleia* et à des *chironia*, qui leur rappelaient la *moléne* ou la *centaurée* de leur patrie ; enfin les mots de *padre salema* (*gomphrena officinalis*), *quina de remijo* (*cinchona remijiana*, Aug. S. Hil.), *anna pinta* (une cucurbitacée), sont évidemment ceux des personnes qui, les premières, ont employé ces végétaux comme remèdes. Quoi qu'il en soit, on sent que la matière médicale des Brésiliens, fondée sur le seul empirisme, doit être fort imparfaite. Cependant, parmi tant de plantes auxquelles on attribue faussement des propriétés merveilleuses, il en est qui incontestablement fournissent des remèdes très-efficaces. S'il existait au Brésil un plus grand nombre d'hommes instruits, le gouvernement de ce pays ferait une chose extrêmement utile, en nommant dans chaque province une commission qui serait chargée de soumettre à un examen attentif toutes les plantes dont les colons font usage pour soulager leurs maux. Par ce moyen, on pourrait arriver à avoir pour les végétaux une matière médicale brésilienne, qui éclairerait les colons sur des remèdes insignifians ou dangereux, et qui, en même temps, ferait connaître aux nationaux et aux étrangers un grand nombre de végétaux salutaires. Un tel travail ne pourra se faire sans doute d'ici à de longues années. Puisse, en attendant, l'ouvrage que j'ai publié sur les *plantes usuelles du Brésil*[1] remplacer,

---

[1] *Plantes usuelles des Brésiliens*, in-4° avec fig., à Paris, chez Grimbert et Dorez, rue de Savoie, n° 14. Entre autres espèces intéressantes que j'ai signalées dans cet ouvrage, je ne

autant qu'il est possible, une matière médicale plus approfondie, et montrer aux Brésiliens le désir que j'avais de leur prouver ma vive reconnaissance par un travail qui pût leur être utile!

puis m'empêcher de rappeler les *cinchona ferruginea*, *Vellozii* et *remijiana*, le *strychnos pseudo-quina*, le *solanum pseudoquina*, le *gomphrena macrocephala*, l'*evodia febrifuga*, les *exostema australe* et *cuspidatum*, le *richardsonia rosea*, l'*ionidium poaya*, les *spermacoce ferruginea* et *poaya*, etc. On doit aussi à M. Bernardino Gomes (*Mem. Acad. Lisb.* 1812) la connaissance de quelques plantes employées par les Brésiliens dans les besoins de la vie. Je citerai encore les notes précieuses que M. Spix et Martius ont publiées sur des espèces médicinales du Brésil (*Reis.* I, p. 279, 543, 787). Ce sont de tels travaux qui honorent véritablement le botaniste, et je regrette amèrement que de tristes circonstances m'aient forcé d'interrompre ceux de ce genre que j'avais déjà commencés avec tant de zèle.

CHAPITRE V.

TABLEAU GÉNÉRAL DE LA VÉGÉTATION DANS LA PROVINCE DES MINES. — COTON DE MINAS NOVAS.

Réflexions générales sur la végétation primitive. — Tableau succinct des diverses sortes de végétation dans la province des Mines. — Description des *catingas*. Trois arbres remarquables. — Aspect des champs de cotonniers; culture de ces arbrisseaux; récolte du coton. Machine à presser le coton; *bruacas*. Usages du commerce relatif au coton. Loi pour empêcher la fraude.

A l'exception de quelques sommets élevés, il n'est peut-être pas en Allemagne, en Angleterre, en France, un seul coin de terre qui n'ait été bouleversé mille et mille fois; et partout la végétation primitive [1] a disparu. Les sombres forêts où le druide célébrait ses mystères ont fait place à de fertiles moissons; les coteaux, sur lesquels croissaient sans doute des buissons épineux, se sont revêtus de vignes taillées avec soin; et des marais fangeux, où naissaient en liberté les nénuphars, d'obscures naïades, des scirpes et des joncs, offrent aujourd'hui des carrés de légumes symétrique-

---

[1] Par végétation primitive, j'entends celle qui n'a été modifiée par aucun des travaux de l'homme.

ment rangés. Nos bois mêmes, coupés à des intervalles réglés, sont devenus notre ouvrage, et nos prairies, sans cesse retournées par la charrue et ressemées par la main de l'homme, sont aussi artificielles que les pâturages auxquels il nous a plu de donner plus particulièrement ce nom. Au milieu de tant de bouleversemens, combien d'espèces ont disparu! combien d'autres se sont introduites avec nos plantes potagères, avec nos céréales, et, étrangères comme elles, passent aujourd'hui pour indigènes! Cependant, si l'on excepte quelques traits de détail, l'histoire des changemens de la végétation européenne restera toujours inconnue, parce qu'on n'a point observé les faits dont la série composerait cette histoire [1].

Une vaste portion de l'Amérique méridionale a déjà changé de face; la fougère, le *sapé* remplacent des forêts gigantesques, et, dans des espaces immenses,

[1] Il est clair que les événemens qui ont dû occasioner les modifications les plus notables dans la végétation de la France, sont : 1° la fondation de Marseille par les Phocéens; 2° la conquête de Jules César; 3° les grands encouragemens accordés à la culture de la vigne par l'empereur Probus; 4° la création de certains ordres religieux, et les immenses défrichemens qui en ont été la suite; 5° les croisades; 6° la découverte de l'Amérique; 7° les encouragemens donnés à l'agriculture par Henri IV et Sully; 8° enfin la révolution qui a conduit une foule d'hommes éclairés à s'occuper de la culture des terres, et qui, par le partage des communaux et la division des grandes propriétés, a amené de nouveaux défrichemens.

tous les végétaux semblent fuir devant le *capim gordura*. Des plantes de l'Europe, de l'Afrique[1] et de l'Amérique du nord[2] suivent les pas de l'homme, et se répandent avec lui ; d'autres s'introduiront probablement encore, et à mesure que notre race s'étendra sur la terre des Indiens, la végétation primitive disparaîtra comme eux. Il est important de constater ce qu'est cette végétation si brillante et si variée avant qu'elle soit détruite ; aussi suis-je souvent entré sur ce sujet dans des détails qui, s'ils ne sont pas aujourd'hui sans intérêt, deviendront bien plus intéressans encore, lorsqu'il faudra les considérer comme appartenant uniquement à l'histoire de notre globe et à celle de la géographie botanique.

Les différences de la végétation primitive sont tellement sensibles dans la province des Mines, qu'elles ont frappé les hommes les plus rustiques, et qu'ils les ont désignées par des noms particuliers. J'ai fait connaître un grand nombre de ces différences, à mesure qu'elles se sont présentées à moi ; et il ne me reste plus à décrire que les *campos* parsemés d'arbres rabougris, et les *catingas*. Je vais bientôt parler de celles-ci avec détail ; mais auparavant j'offrirai, dans un seul cadre, le tableau succinct des principales nuances de végétation qui existent dans le pays des Mines, et je suivrai

---

[1] La cucurbitacée à pétales caduques appelée *erva de S. Caetano*. (Voy. mon *Mémoire sur les Cucurbitacées* inséré dans ceux du Muséum.)

[2] *Datura stramonium*, L.

la classification même qui en a été faite par les habitans de cette province.

Toute la contrée se distingué en *matos*, bois, et *campos*, pays découvert. Ou les bois appartiennent à la végétation primitive, ou ils sont le résultat du travail des hommes. Les premiers sont les forêts vierges (*matos virgens*); les *catingas*, dont la végétation est moins vigoureuse que celle de ces dernières, et qui perdent leurs feuilles tous les ans; les *carrascos*, espèce de forêts naines, composées d'arbrisseaux de trois ou quatre pieds rapprochés les uns des autres; enfin les *carrasqueinos*[1], qui, plus élevés que les *carrascos*, forment une sorte de transition entre eux et les *catingas*. C'est encore à la végétation primitive qu'il faut rapporter les *capões*, bois qui, comme des espèces d'oasis, s'élèvent dans les fonds, entourés de tous les côtés par des *campos*. Quant aux bois dus, au moins d'une manière médiate, aux travaux des hommes, ce sont les *capoeiras* qui succèdent aux plantations faites dans des forêts vierges, et les *capoeirões* qui peu à peu remplacent les *capoeiras*, lorsqu'on est un certain temps sans couper ces dernières.

Le mot *campo* indique un terrain couvert d'herbes, ou, si l'on veut, tout ce qui n'est ni bois vierge, ni

---

[1] Le mot de *carrasqueino* a souvent une autre signification, et désigne, dans les pays de bois, les arbrisseaux qui succèdent aux forêts vierges nées dans un terrain d'une nature inférieure.

capoeira, ni *capoeirão*, ni *catinga*, ni *carrasco*, ni *carrasqueino*. Le *campo* est naturel (*campo natural*) quand il n'a jamais offert de forêts; il est, au contraire, artificiel, lorsque les herbes ont succédé aux bois détruits par les hommes. Souvent on voit dans les *campos naturels* des arbres tortueux, rabougris, épars çà et là; mais cette modification n'empêche pas les terrains qui la présentent de conserver leur nom de *campos*.

Celui de *geraes* pour *pastos geraes* (pâturages généraux) se donne aux espaces couverts d'herbes, lorsqu'ils ont une très-grande étendue, soit que ces herbes remplacent des bois vierges, comme du côté de Catas Altas, Villa do Principe, etc., soit que la terre n'ait jamais produit autre chose que des herbes seulement entremêlées de sous-arbrisseaux ou parsemées d'arbres rabougris. Quand on veut indiquer de vastes contrées couvertes de bois, on dit aussi *matos geraes*; mais il ne saurait y avoir de confusion avec les *campos geraes*, parce que le mot de *matos* ne se supprime jamais, lorsqu'il est question de bois [1].

Lorsqu'un morne se termine par une petite plaine, celle-ci, selon son étendue, s'appelle, comme je l'ai dit, *taboleiro* ou *chapada*, et, suivant que la vé-

---

[1] J'ai pour garant de ce que je dis ici sur le mot *geraes* M. Manoel Ferreira da Camara Bethancurt e Sá; cependant, lorsque j'ai entendu dire, dans les Minas Novas, *as Geraes*, je crois que l'on entendait par là, sans aucune distinction, l'ancien pays des Mines (*as Minas Geraes*).

gétation s'élève plus ou moins sur un *taboleiro*, il est *coberto* ou *descoberto*, couvert ou découvert.

On sent, au reste, que toutes ces expressions ne sauraient être parfaitement rigoureuses, puisque les différences qu'elles indiquent se nuancent entre elles par des dégradations insensibles. Il est des bois que personne n'hésitera à appeler *mato virgem* ou *catinga*; mais il n'existe point dans la nature de limites bien fixes entre les bois vierges et les *catingas*, celles-ci et les *carrascos*, et enfin entre ces derniers et les véritables *campos*.

Des bois vierges couvrent une grande partie du territoire compris entre les limites de la province et la chaîne occidentale. J'ai observé des *catingas* dans le Désert du Rio de S. Francisco et dans les parties basses du *termo* de Minas Novas. Des *carrascos* couvrent les plateaux des cantons élevés de ce même *termo*. C'est dans la partie occidentale de la province (*Sertão* ou Désert) traversée par le Rio de S. Francisco, que l'on voit des *campos* parsemés d'arbres rabougris et tortueux. Enfin les pâturages simplement herbeux forment une vaste portion de la *comarca* du Rio das Mortes.

Déjà, à quelque distance de Chapada, j'avais aperçu une annonce de la *région des catingas*; mais, au-delà de Sucuriú, j'entrai bientôt dans cette singulière région [1], et je la traversai dans un espace d'environ 33

---

[1] Immédiatement après Sucuriú, je ne trouvai encore que de grands *carrascos* d'un aspect analogue à celui de nos taillis.

lieues portugaises., jusqu'à la *fazenda* de *Bom Jardim* où je retrouvai la *région des forêts*.

Les *catingas* sont intermédiaires entre les plus grands *carrascos* et les forêts vierges ; mais elles se distinguent de ces dernières, parce qu'elles perdent leurs feuilles chaque année[1]. Dans ce pays, les pluies, qui ont duré six mois, cessent en février, et la chaleur diminue peu à peu. Alors les feuilles des *catingas* commencent à tomber, et, en juin, les arbres en sont presque entièrement dépouillés. Cependant, au mois d'août, les boutons des arbres se développent déjà, et, ce qui est fort remarquable, ils précèdent ordinairement les pluies. Celles-ci arrivent bientôt ; les chaleurs deviennent chaque jour plus fortes, et les végétaux reprennent leur parure.

Lors de mon voyage, les *catingas* étaient presque entièrement dépourvues de feuilles. Ces bois présentent les mêmes modifications que les *carrascos*; mais c'est, à ce qu'il paraît, sur la limite du territoire de ces derniers que les nuances sont le plus multipliées. Sur cette limite, entre Sucuriú et Setuba, les *catingas*

[1] Le mot *catinga* signifie, à proprement parler, chétif, misérable, et a sans doute été donné aux bois dont il s'agit ici pour indiquer la différence qui existe entre eux et les forêts vierges. Ce n'est pas seulement au reste dans la province des Mines qu'il croît des *catingas*; il s'en trouve aussi dans les provinces de Bahia, Fernambouc, du *Parahyba*, de *Rio Grande do Norte*, et probablement dans toutes celles du nord ; mais, suivant les latitudes, ces bois doivent présenter de grandes différences dans leur végétation.

ressemblaient singulièrement aux bois d'Europe, et m'offrirent un épais fourré de broussailles, de plantes grimpantes et d'arbrisseaux de dix à vingt pieds, au milieu duquel se montraient çà et là des arbres de hauteur à peu près moyenne[1]. Tantôt les arbrisseaux qui faisaient partie de ces bois étaient peu élevés, et rappelaient nos taillis de trois ou quatre ans, et tantôt on les eût pris pour des taillis de dix-huit années; le plus souvent les grands arbres laissaient entre eux beaucoup de distance, et quelquefois ils étaient assez rapprochés; en certains endroits ils n'atteignaient pas même la grandeur moyenne; ailleurs ils la surpassaient, mais nulle part ils n'étaient aussi élevés que ceux des forêts vierges.

Entre Setuba et Boa Vista, plus loin de la limite des *carrascos*, j'observai de nouvelles différences. Les arbres qui s'élevaient au milieu des arbrisseaux étaient plus grands, moins éloignés les uns des autres, et surtout dans les environs de Boa Vista, la végétation était plus vigoureuse. Là, il n'aurait plus été possible à un Européen de se livrer à ces douces illusions que font naître des *catingas* d'une nature inférieure. De grandes lianes environnaient les arbres comme dans les forêts vierges; elles pendaient du haut de leurs branchages, et formaient d'immenses lacis qui se croisaient en tous sens. La plupart des grands végétaux ne différaient point de ceux de l'Europe par la disposition de leurs

---

[1] On verra plus bas que ce n'est pas toujours la grandeur qu'ils atteignent.

branches; cependant il en était qui indiquaient assez d'autres climats. Un *cactus* très-rameux, dont la tige et les branches, épineuses et profondément cannelées, n'ont guère que l'épaisseur de deux doigts, semblait serpenter entre les rameaux dépouillés des arbres voisins; et, par sa couleur verte, il contrastait avec l'écorce grise dont ils étaient revêtus. Un autre *cactus*[1], que j'avais déjà vu près de Rio de Janeiro, élevait ses tiges au milieu des lianes tortueuses : son tronc, qui diminue graduellement de la base à la cime, est couvert de touffes d'épines disposées en quinconce, et il offre divers étages de rameaux verticillés, horizontaux, arrondis et au nombre de sept dans chaque verticille; ces rameaux, comme ceux des sapins, sont d'autant moins longs qu'ils se rapprochent davantage du sommet de la plante, et ils portent d'autres rameaux secondaires, aplatis et ovales-oblongs, qui pourraient en quelque sorte être pris pour des feuilles.

En général, les *cactus* semblent, dans la province des Mines, appartenir aux *catingas* voisines de l'Arassuahy et du Jiquitinhonha; car je n'en avais rencontré aucune espèce, ni dans les Minas Geraes proprement dites, ni dans les *carrascos*[2]. Mais, en revanche, je

[1] *Cactus heterocladus*, N.

[2] J'ai vu, sur les bords de Rio do S. Francisco, des *cactus* employés en guise de haies; mais je n'ai point noté dans mon journal que j'eusse observé des plantes de ce genre, soit dans les *catingas* qui avoisinent le même fleuve depuis *Pedras dos Angicos* jusqu'à *Salgado*, soit dans celles qui sont répandues au milieu du Sertão. J'avais présumé cependant qu'il

n'ai observé dans les mêmes *catingas* aucune mélastomée, tandis que celles à fruits capsulaires sont si communes dans les *campos*, et celles à fruits charnus si abondantes dans les bois vierges [1].

Parmi les arbres des *catingas*, il en est trois qui attirèrent mon attention par la singularité de leurs caractères. L'un d'eux, qui a beaucoup plus de deux brasses de circonférence, frappe d'autant plus que le diamètre de ceux qui l'entourent ne va guère au-delà d'un pied. Comme certaines colonnes, il est plus renflé au milieu qu'à la base; le plus souvent il grossit déjà à peu de distance de la terre, et, à sa partie supérieure, il va en diminuant à la manière d'un fuseau. Son écorce roussâtre et luisante n'est point fendue; mais elle porte des tubercules gris, qui sont les restes des épines dont l'arbre était chargé pendant sa jeunesse. Dans toute sa longueur, le tronc, qui atteint une grande élévation, ne présente pas un seul rameau, et son extrémité seule se termine par un petit nombre de branches presque horizontales. J'ai vu quelques-uns de ces végétaux singuliers, qui, ayant perdu leur cime, s'élevaient, tels que d'immenses fûts de colonnes, au milieu des *catingas*. Le *barrigudo* (ventru), c'est ainsi qu'on

---

devait se retrouver des *cactus* dans les parties du Désert plus sèches encore que celle où j'ai voyagé, et MM. Spix et Martius ont entièrement confirmé ce soupçon.

[1] Je ne vis point de mélastomée dans un espace d'environ vingt lieues où je traversai des *catingas*, et l'espèce de cette famille que je trouvai ensuite ne croissait même pas dans des *catingas* proprement dites. (V. le chapitre suivant.)

appelle l'arbre dont il est question, a un bois très-tendre ; cependant on se sert du tronc de cet arbre pour faire des pirogues, mais elles ne durent que quelques mois. Le second arbre que je remarquai encore, s'élève beaucoup moins que le *barrigudo;* mais il présente, à quelques pieds au-dessus du sol, des renflemens ovoïdes. Le troisième enfin, appelé *imburana* [1], a un tronc généralement incliné ; et il est couvert d'une écorce rousse, qui se lève en lambeaux et laisse voir, par intervalles, la nouvelle écorce, dont la couleur est d'un beau vert. Comme ces différens arbres étaient sans feuilles, quand je les observai, je ne pus déterminer à quelle famille ils appartiennent [2].

Lorsque je voyageai de Sucuriú à la 7e division, on était dans l'hiver de l'hémisphère austral, et cependant j'essuyai des chaleurs excessives. La terre était desséchée et l'herbe des *catingas* brûlée par le soleil ; je ne trouvai, pour ainsi dire, aucune fleur au milieu de ces tristes forêts [3] ; je n'y vis presque point d'insectes, et les oiseaux s'étaient pour la plupart réfugiés dans le voisinage des habitations et sur le bord des eaux.

Dans les environs de Villa Rica, S. Miguel de Mato

[1] Probablement pour *ĭbĭrắñaế*, qui, en guarani, signifie baril, sébile, tiroir.

[2] C'est le véritable *barrigudo* de Minas Novas, qui a été décrit par Nees et Martius sous le nom de *chorisia ventricosa*. L'*imburana* est le *bursera leptophloeos* Mart.

[3] J'observai, entre Setuba et Boa Vista, deux petites acanthées à corolle rouge, dont les feuilles flétries retombaient languissamment sur la tige.

dentro, etc., les *capoeiras* ne reparaissent, comme je l'ai dit, que trois ou quatre fois, et ensuite il leur succède des fougères (*pteris caudata*) et du *capim gordura*. Dans les *catingas*, au contraire, ces plantes sont heureusement inconnues; il repousse toujours des *capoeiras*, et ainsi on n'est point obligé d'abandonner son champ après quelques récoltes, ainsi que cela a lieu dans les *Geraes*. Cependant, comme on ne fait usage d'aucun engrais, le terrain finit par se fatiguer et par produire avec moins d'abondance.

La terre des *catingas* est légère, grisâtre et tant soit peu sablonneuse. C'est cette nature de sol qui convient le mieux au cotonnier; aussi cette plante est-elle généralement cultivée dans ce pays, et c'est elle qui en fait la richesse.

A l'époque de mon voyage, l'aspect des champs de cotonniers n'avait rien qui flattât les regards. Ils présentaient des touffes de tiges menues, droites, rougeâtres et ordinairement dépouillées de feuilles dans une grande partie de leur longueur. Celles de ces dernières qui n'étaient point encore détachées de la plante, attestaient toute la sécheresse du climat, et retombaient à demi flétries sur les côtés de la tige [1]. Les fleurs, d'un jaune soufré, n'offraient rien d'agréable à la vue, et les capsules ouvertes dont l'arbrisseau était chargé, le rendaient encore plus triste [2]. Dans ce pays, les champs

---

[1] Je crois les avoir vues en quelques endroits dans leur position naturelle.

[2] Les échantillons de cotonniers que je possède, et qui ont

de cotonniers n'ont pas même cet air d'ordre et de propreté qui plaît tant dans nos terrains cultivés, en montrant l'industrie et l'activité du cultivateur. Les cotonniers sont plantés sans aucun ordre; des arbrisseaux, de grandes herbes croissent au milieu d'eux; ils les étouffent et rendent la récolte difficile.

Pour former un champ de cotonniers, on ne prépare la terre que par l'incendie des bois qui la couvraient. On fait des trous à cinq à six palmes de distance, et dans chaque trou on ne met qu'une semence. En même temps que les graines de cotonniers, on a coutume de planter aussi du maïs. Ces travaux se font ordinairement au mois d'octobre, mais quelquefois plus tôt,

---

été recueillis dans la province des Mines, se rapportent au *gossypium vitifolium*; mais Spix et Martius disent que c'est principalement le *goss. barbadense* que l'on plante dans les Minas Novas (*Reis.*, I, p. 486). Le coton est cultivé depuis le nord du Brésil jusqu'à la *Serra das Furnas* sur le délicieux plateau des *Campos Geraes*; mais, au-dessous de ce plateau, la culture du *gossypium* s'étend jusque dans le voisinage de *Porto Alegre* par le 30° 2′ (Voy. mon *Introduction à l'histoire des Plantes les plus remarquables*). On ne saurait croire que, dans une étendue de terrain aussi immense, il n'existe pas une foule d'espèces ou de variétés différentes de cotonniers. Il serait digne par conséquent de quelque homme éclairé, d'étudier ces espèces d'une manière systématique, et de rechercher lesquelles il convient le mieux de planter dans les différens sols et sous les diverses latitudes; il faudrait ensuite comparer ce travail avec ce qui a déjà été publié en portugais sur cette matière par Sá et par Manoel

quand les pluies commencent de bonne heure. Les cotonniers rapportent dès la première année, et durent environ cinq à six ans, ou davantage. Ils ont un ennemi redoutable ; c'est une chenille arpenteuse [1] qui en mange les feuilles, et fait beaucoup de tort. Après la récolte, on brise les tiges au-dessus du sol : par ce moyen elles donnent davantage, parce que la souche a moins de bois à nourrir; et comme chaque cotonnier, repoussant chaque année, ne s'élève pas au-dessus de quatre à cinq pieds, la cueillette est plus facile à faire. On nettoie les champs de cotonniers une seule fois dans l'année, et encore se sert-on simplement de la *fouce* [2]. La récolte dure à peu près trois mois, et,

---

Arruda da Camara, et enfin il faudrait mettre à profit tout ce qu'il y a d'utile dans les écrits de Nicholson, Moreau de Saint-Merry, Badier, Bajon, Préfontaine, Blom, Lasteyrie, et principalement de Rohr. Un tel ouvrage serait un des plus beaux sujets de prix que pût proposer une société d'agriculture, s'il en existait quelqu'une chez les Brésiliens. De tels travaux, nous ne pouvons nous empêcher de l'avouer, mériteraient plus d'estime que toutes ces descriptions, ces phrases, ces catalogues, par lesquels on prétend faire connaître toutes les plantes inutiles qui couvrent notre globe; but qui est, au reste, si mal rempli, que, malgré tant de descriptions, on ne saurait nommer la plupart des plantes sans le secours de la tradition.

[1] J'ai conclu qu'elle était arpenteuse, de la description qu'on m'en a faite, car je ne l'ai point vue. Serait-ce le *noctua gossypii*, Fab.?

[2] Quoique le mot portugais *fouce* vienne évidemment du

commençant en mai, elle finit au mois d'août [1]. Quatre arrobes de coton, avec les semences, suffisent pour en former un dépouillé de ses graines. Pour faire la cueillette, on laisse les capsules s'ouvrir et se dessécher, et l'on tire les quatre paquets de coton qu'elles renferment, sans détacher le péricarpe. Comme il se passe du temps depuis le moment où la capsule commence à s'ouvrir, jusqu'à celui où elle est assez ouverte pour qu'on puisse en extraire les semences, le coton reçoit dans cet intervalle la poussière et la rosée du ciel, et trop souvent la partie supérieure des paquets prend une teinte jaunâtre. Le coton, dont la terre est jonchée et qui reste perdu, atteste encore

---

latin *falx*, je ne crois pas devoir le traduire par *faux*. En effet, la *fouce* des Brésiliens n'est autre chose qu'une grande serpe fort large, tronquée à l'extrémité, emmanchée d'un assez long bâton, et par conséquent elle n'a rien de commun avec la faux de nos faucheurs. Avec la *fouce* qui sert à couper les branchages et les rejets des arbres, les Brésiliens de l'intérieur ne connaissent que deux autres instrumens d'agriculture, le *máchado* ou coignée, et l'*enxada* ou la houe. Le *machadinho* est un diminutif du *machado*.

[3] On a imprimé en Allemagne que la récolte du coton de Minas Novas se faisait en septembre et en octobre, et qu'on abandonnait les plantations de cotonniers dès la deuxième ou la troisième année. Il est assez vraisemblable que cela a été écrit d'après des renseignemens pris à Villa do Fanado, et il peut en être réellement ainsi dans les parties élevées du *termo*, qui ne conviennent pas ou ne conviennent que peu à la culture du cotonnier.

l'imperfection de cette méthode de récolte et la négligence du cultivateur. Pour remédier à ces inconvéniens, je conseillais aux propriétaires de couper les capsules avec des ciseaux, lorsqu'elles commencent à s'ouvrir, et de les faire sécher au soleil sur des cuirs que l'on puisse rentrer à volonté [1].

Les négocians connaissent aujourd'hui l'excellence de la qualité des cotons de Minas Novas, et on le porte sur les cotes du commerce comme celui de Fernambouc et de Maragnan.

Une partie des récoltes se fabrique dans le pays en toiles et en couvertures, que l'on exporte ou que l'on emploie sur les lieux. Le reste des cueillettes s'expédie en laine pour Bahia, Rio de Janeiro et diverses parties de la province elle-même de Minas Geraes.

Le coton en laine et les couvertures s'emballent dans des espèces de sacs ou de boîtes (*boroacas* ou *bruacas*), faites avec des cuirs de bœuf écrus. On emploie un ou deux cuirs pour fabriquer ces boîtes; on fait les coutures avec des lanières qui sont également de cuir, et l'on met toujours les poils en dehors. Ces boîtes sont carrées sur leurs faces, et ont quatre palmes de large avec autant de hauteur; mais leur épaisseur n'est que de deux palmes. Elles se ferment avec

---

[1] J'ai déjà donné, au chap. XVI du premier volume, des détails sur la culture du cotonnier dans les forêts de Passanha. On trouvera aussi au même chapitre la description de la petite machine propre à séparer le coton de ses graines, ainsi que des renseignemens sur la manière de carder le coton.

un couvercle qui retombe d'un côté comme celui d'un porte-feuille, et, lorsque la boîte est remplie, le couvercle, soulevé dans son milieu par le coton empilé, donne une palme de plus en hauteur. Les dimensions que je viens d'indiquer ne varient jamais, et elles sont prises de manière que le mulet qui porte les boîtes ou sacs ait sa charge, et n'ait pas davantage. Comme il est essentiel, afin d'employer le moindre nombre possible de bêtes de somme, de réduire, autant que cela peut se faire, le volume de la marchandise, on soumet les couvertures ou le coton en laine à l'action réitérée d'une presse. Voici de quelle manière était faite celle que j'ai eu l'occasion de voir.

Sur deux montans enfoncés dans la terre, et élevés au-dessus du sol d'environ sept à huit pieds, était appuyé un sommier transversal. Dans le milieu de celui-ci passait une vis attachée à un petit toit carré, pyramidal, mobile comme elle; et l'extrémité inférieure de la vis portait une planche horizontale, de la largeur de l'intérieur des sacs. De deux des angles du toit, obliquement opposés, descendaient deux pièces de bois, que l'on poussait pour faire tourner le toit et la vis avec lui. Au-dessous de celle-ci, on plaçait le sac rempli de couvertures ou de coton en laine; on faisait agir la presse, et à mesure que le coton ou les couvertures s'affaissaient, on remplissait de nouveau le sac. Pendant cette opération, les côtés de ce dernier étaient retenus, pour qu'ils ne s'écartassent pas, par des planches fixées aux montans.

A Bahia, on tire le coton des sacs de cuir qui le renferment, et l'on vend séparément le coton et les sacs. Ceux-ci sont fort recherchés dans cette ville, parce qu'on s'en sert pour y mettre du tabac et du sel. A Rio de Janeiro, au contraire, on vend le coton sans le tirer des sacs, pour lesquels on déduit huit livres de tare.

Des marchands de cette dernière ville s'étant plaints que des cultivateurs de Minas Novas, afin d'augmenter le poids des sacs, mettaient dans le fond de ceux-ci des paquets de semences sous le coton en laine, on publia, pendant mon séjour à Villa do Fanado, une ordonnance assez sage. Elle enjoignait à chaque cultivateur de choisir une marque et de la faire connaître au *juiz de fóra*; et elle punissait les falsificateurs de trente jours de prison et 12,000 reis d'amende (75 fr.)

CHAPITRE VI.

VOYAGE DANS LES CATINGAS.

Végétation d'un terrain desséché. — *Fazenda* de *Setuba*. Construction de la maison. — *Fazenda* de *Boa Vista da Barra do Calhao*; sa situation. Rivière d'*Arassuahy*. Repas des Mineiros. Manières et costume des *fazendeiros* de Minas Novas. — Verdure au milieu des *catingas*. Habitations de termès. — Chaleur. — *Quartel de Teixeira*; occupations des soldats de ce poste. Obéissance aveugle des gardes nationales ou milices. Soirée d'un jour chaud. — *Fazenda* d'*Estreito de S. João*; sa situation. Portrait d'un jeune Botocudo. *Tres Americanas*. Maïs. — Végétation des rochers. *Cactus*. — Lieux où s'arrêtent les voyageurs. — Huttes des Botocudos. — Coucher en plein air. — Ennui; dégoût des voyages. — *Fazenda* de *Bom Jardim*. Petitesse des maisons. — Chasse aux cerfs. — Maladies dont on ne rougit point.

Avant d'arriver à *Setuba*, lieu où je fis halte le jour que je quittai le village de Sucuriú, je passai la rivière aussi appelée Sucuriú, qui se jette dans le *Setuba*, autre rivière dont les eaux se réunissent à celles de l'Arassuahy.

Il existe, dans nos forêts de France, des espaces nus où l'eau séjourne pendant l'hiver, et qui, à la fin de l'automne, ne présentent qu'une terre crevassée, entourée d'arbres dépouillés de verdure. Entre Sucuriú et Setuba, un terrain d'un aspect absolument semblable s'offrit à mes regards ; mais ici j'observai un contraste plus sensible encore que celui qui m'avait tant frappé, avant que j'arrivasse au village de Sucuriú. Sur ce terrain desséché et environné d'arbres dépourvus de feuilles, s'élevaient isolés de grands *cactus* [1] d'un vert obscur; leur tige offrait cinq côtes épineuses; parfaitement droite, elle était en même temps égale dans toute sa longueur, et vers son milieu, elle portait un verticille de rameaux semblables à elle, courbés comme des candélabres. Ces formes, qui ont si peu de rapports avec celles de nos forêts d'Europe, produisaient l'effet le plus singulier dans un lieu qui rappelait si bien ce qu'on peut voir continuellement en France.

Comme tout le canton où elle est située, la petite *fazenda* où je fis halte emprunte son nom de la rivière de Setuba. Mon hôte était loin d'être riche; cependant il me reçut avec cette hospitalité que je trouvais partout, et ne voulut rien accepter pour ma nourriture.

La maison du propriétaire de Setuba présentait une espèce de corps de logis étroit, compris entre deux ailes. Une seule toiture couvrait les trois parties du bâtiment, et le devant de l'intervalle était fermé par un simple mur d'appui. Ce mode de construction, très-usité dans les environs de Rio de Janeiro, procure, sur le devant des maisons, une pièce ouverte où l'on peut respirer l'air, également à l'abri de la pluie et du soleil. Ces pièces portent le nom de *varanda* (galerie),

---

[1] *Cactus candelabriformis*, N.

comme toutes celles qui sont ouvertes et garanties par un toit.

Ce fut dans la *varanda* de Setuba que je passai la nuit, et je n'y éprouvai qu'une température agréable. Au contraire, à Penha, S. João et Alto dos Bois, où je couchais dans l'intérieur des maisons, le froid m'empêchait de dormir, et cependant alors le soleil était moins éloigné de l'hémisphère austral qu'à l'époque où je passai à Setuba. Ceci suffirait pour prouver combien le pays des *carrascos* est plus élevé que celui des *catingas*.

Le blé a été cultivé avec succès près de Setuba, dans le lieu appelé *Padre Mestre*. Quant au riz, le terrain est trop sec pour pouvoir lui convenir.

Entre Setuba et *Boa Vista da Barra do Calhao* (belle vue du confluent du Calhao), je passai deux rivières qui se jettent dans l'Arassuahy ; le Setuba, qui, à l'endroit où je le traversai, peut avoir environ la largeur de nos rivières de troisième ordre, et le *Gravatá*, que je trouvai beaucoup moins large.

Je fis halte à l'habitation de Boa Vista, peut-être la plus agréablement située de toutes celles que j'avais vues jusqu'à ce moment. Elle est bâtie sur le sommet d'une colline isolée, au bas de laquelle coulent avec lenteur les eaux limpides de l'Arassuahy, rivière à peu près aussi large que le Loiret. La verdure extrêmement fraîche des végétaux qui bordaient la rivière contrastait alors avec les teintes grisâtres des bois voisins, dépouillés de leurs feuilles. Une petite île s'élève du milieu des eaux. De l'autre côté de la rivière est une grande plaine couverte de cotonniers ; des collines entourent cette plantation, et quelques-unes d'entre elles sont dominées par la *Serra de Piauhy,* que termine un vaste plateau. Enfin, au pied des mornes les plus éloignés de l'habitation de Boa Vista en est une autre qui lui fait face, et qui, entourée de bananiers, jette dans le paysage une variété agréable. Une graminée extrêmement pittoresque contribue à embellir les bords de la rivière : ses tiges, plus hautes qu'un homme, ne portent qu'au sommet des feuilles bien développées ; celles-ci sont rapprochées à leur extrémité ; elles forment un large éventail ; et du milieu d'elles s'élève une longue panicule, dont les ramifications tournées du même côté sont tellement faibles, que le moindre vent suffit pour les agiter.

L'Arassuahy est la seule rivière un peu considérable que j'eusse vue depuis que j'avais passé le Parahyba et le Parahybuna. On a autrefois tiré de l'or de son lit ; mais, comme ses eaux sont profondes et qu'on n'a point d'esclaves, on a renoncé à ce genre de travail, depuis surtout qu'on s'est autant livré à la culture des cotonniers. On assure également qu'il existe dans cette rivière des chrysolithes et d'autres pierres précieuses ; mais leur extraction présente les mêmes difficultés que celle de l'or. Au reste, l'Arassuahy offre aux habitans de ce canton d'autres avantages bien plus importans que ne serait la découverte passagère d'un peu d'or et de quelques pierreries ; car, réunissant ses eaux à celles du Jiquitinhonha, il établit une communication entre ce canton et la mer ; et, pourvu qu'on se donne la peine de décharger les pirogues dans quelques endroits difficiles, on peut remonter non-seulement jusqu'à Boa Vista, mais encore jusqu'au village d'Agua Suja, situé à neuf lieues de cette habitation.

Boa Vista était la demeure d'une vieille mulâtresse appelée Luciana Teixeira. Ayant appris que je voyageais avec des passe-ports du gouvernement, cette bonne femme me combla d'honnêtetés, et, se mettant presque à genoux, elle voulut m'embrasser les cuisses; mais l'on pense bien que je me refusai à cette politesse.

Je passai à Boa Vista le jour de la Pentecôte. Un prêtre y était venu de neuf lieues, et tous les colons du voisinage s'étaient réunis à l'habitation avec les enfans et les petits-enfans de mon hôtesse, pour assister au service divin. Ces braves gens dînèrent chez mon hôtesse : la même table fut servie et desservie plusieurs fois, et ceux qui ensuite se trouvèrent n'avoir rien pris dînèrent pêle-mêle. Les habitans des Mines mangent énormément; mais, si l'on jugeait de la quantité d'alimens dont ils se nourrissent par le peu de temps qu'ils passent à table, on s'imaginerait qu'ils vivent de rien; et les plats, qui, servis enfaîtés, sont presque toujours retirés vides, attestent seuls la vigueur de l'appétit des convives. Il est vrai que l'on ne perd point son temps en discours inutiles ; à peine se dit-on quelques paroles à la dérobée ; on est tout entier à ce que l'on fait, et il serait à désirer, comme je l'ai dit ailleurs, que ce peuple montrât dans ses travaux autant d'activité qu'il en met à manger.

Suivant la coutume du pays, les bons campagnards

réunis à Boa Vista portaient généralement des vestes rondes de drap bleu, un pantalon de toile de coton blanche assez grossière, des bottes à retroussis, et une chemise de coton parfaitement blanche; ils n'avaient point de cravate; et enfin leurs cheveux, coupés presque ras sur le derrière de la tête, étaient plus longs sur le sommet ou seulement autour du front.

Jusqu'à Minas Novas, j'avais trouvé aux cultivateurs de la province des Mines, des manières qui sont celles des habitans des villes. Le moindre *fazendeiro* des environs de S. Miguel de Mato dentro, a un air aisé, qui ne se remarque point chez les paysans français. Les colons que je vis à Boa Vista et dans d'autres parties des Minas Novas, me montraient autant de politesse et de bienveillance que ceux des autres *termos* que j'avais parcourus jusqu'alors; ils ne sont ni moins obligeans, ni moins hospitaliers; mais ils ont bien davantage la tournure d'hommes de la campagne; ils paraissent plus embarrassés, plus gauches, et laissent apercevoir dans les mouvemens de leurs bras quelque chose de cette gêne qui caractérise nos paysans. Cependant, sous ce rapport, la grossièreté de ceux-ci les laisse encore, il faut en convenir, à une très-grande distance des colons de Minas Novas.

Les habitans de ce *termo* croient beaucoup aux sorciers, et ils ont une grande confiance dans les remèdes sympathiques. Mais cela n'étonnera pas ceux qui savent combien, au sein d'un pays aussi éclairé que la France, il se trouve dans les campagnes d'hommes qui sont imbus de semblables idées.

Mon hôtesse de Boa Vista ne voulut rien me prendre pour ma nourriture, ni même pour celle de mes mulets. Elle se contenta de me demander un peu de papier, et encore offrait-elle de me le payer.

Après avoir quitté sa maison, je passai bientôt le ruisseau de *Calhao*, où l'on trouve des pierres précieuses, et qui se jette dans l'Arassuahy.

Le même jour, je vis dans les *catingas* des espaces nus et un peu bas, qui certainement doivent être couverts d'eau dans la saison des pluies. Auprès d'un de ces espaces, j'observai, dans une étendue assez considérable, des arbres dont le feuillage, de la plus belle verdure, formait un contraste frappant avec les bois voisins. Ces arbres fort petits, mais très-droits, étaient écartés les uns des autres, et l'intervalle qu'ils laissaient entre eux était uniquement occupé par des plantes herbacées, aussi vertes que le feuillage des arbres eux-mêmes. L'ensemble de cette végétation rappelait les vergers de l'Auvergne plantés dans des prairies.

Dans les *catingas*, on voit sur le tronc des arbres, ou quelquefois sur leurs grosses branches, des bosses rondes tirant sur la forme ovoïde. Ces bosses, faites en terre, ne sont autre chose que des habitations de termès ou fourmis blanches [1]. Quand le tronc de l'arbre n'est pas fort gros, la bosse l'entoure presque entièrement; mais elle est simplement appliquée contre un

---

[1] Les Brésiliens appellent, comme je l'ai dit ailleurs, les termès *cupim*; mais le véritable mot guarani est *cupii*.

côté de la tige, lorsque celle-ci a une circonférence d'une grandeur notable; et, dans ce dernier cas, l'habitation n'est qu'hémisphérique. Les fourmis arrivent à leur demeure par un chemin couvert qui commence au pied de l'arbre; ce chemin n'a guère qu'un pouce de large sur quelques lignes de hauteur, et la voûte dont il est abrité est construite en terre comme l'habitation elle-même.

Le jour où je quittai Boa Vista, je fis halte à la *fazenda* de Piauhy [1], située à quelque distance du chemin, sur les bords du ruisseau du même nom, d'où l'on retire beaucoup de chrysolithes. Le maître de la maison était absent; je couchai dans une case à nègre, et il fallut nous remettre à faire la cuisine : ce qui, grâces à l'hospitalité de mes hôtes, ne nous était pas arrivé depuis long-temps.

La journée du lendemain fut de cinq lieues. La chaleur était excessive; la terre desséchée était couverte de feuilles mortes, et je n'apercevais ni une fleur, ni un oiseau, ni même un seul insecte. Depuis que j'étais en voyage, je n'avais point encore éprouvé un tel ennui, et je n'avais pas même la faible consolation de pouvoir le dire. Le caractère de mon pauvre domestique avait éprouvé depuis quelque temps un changement remarquable; il remplissait toujours ses devoirs; mais sa santé commençait sans doute à s'altérer [2]; il

---

[1] Rivière des poissons appelés *piau*.

[2] J'eus, comme on le verra dans ma troisième Relation, le malheur de le perdre environ deux ans après.

éprouvait de longs accès d'une mélancolie profonde, et ce jour-là il ne parlait point et n'écoutait personne. La première fois que j'étais entré dans des *catingas*, leur ressemblance avec nos bois avait produit sur moi une impression que j'aurais peine à rendre; pendant quelques instans je m'étais crû en France, et mes yeux s'étaient remplis de larmes; mais une illusion si douce ne pouvait être de longue durée, et bientôt les *catingas* ne m'avaient plus offert que le triste aspect de la morte saison avec les brûlantes chaleurs de l'été.

Que l'on juge du plaisir que j'éprouvai, lorsque, fatigué de tant de monotonie, j'aperçus un beau fleuve, le Jiquitinhonha, dont les eaux limpides coulent avec lenteur et majesté. Ses rives, couvertes de la plus fraîche verdure, contrastaient avec les bois voisins dépouillés de leurs feuilles, et ce qui peut-être n'a jamais eu lieu dans aucun autre pays du monde, j'avais tout à la fois sous les yeux l'image de l'hiver et celui des jours les plus délicieux du printemps. Dans le cours de cette journée, je revis encore le Jiquitinhonha, et peut-être me fit-il plus de plaisir que la première fois, parce qu'il y avait plus long-temps que je marchais et que je m'ennuyais davantage. Là, cependant, le fleuve était moins beau, et ses eaux, très-basses, laissaient voir une partie de son lit; mais ses rives étaient encore parées de la plus belle verdure, et une pirogue, qui voguait avec rapidité, animait agréablement le paysage.

Tout ce qui précède, et ce que je dirai encore, prouve que si les *catingas* perdent leurs feuilles chaque année, cela tient à ce que le sol où elles croissent est par sa nature plus susceptible de se dessécher que les terres où s'élèvent des bois vierges ; et où il n'y a point de sécheresse, comme dans les lieux bas et sur le bord des rivières, les arbres cessent d'être dépouillés et présentent le plus beau feuillage.

Je fis halte au poste militaire appelé *Quartel de Teixeira*. Comme le Jiquitinhonha est compté parmi les rivières diamantines, dont le gouvernement a prohibé l'exploitation, on a placé de distance à autre, depuis Tijuco jusqu'au Quartel de Teixeira, des détachemens de soldats chargés de s'opposer à la contrebande des diamans. Ils doivent empêcher qu'on en cherche dans le lit du fleuve et à l'embouchure des rivières qui s'y jettent, arrêter ceux que l'on dénonce comme contrebandiers, visiter avec sévérité leur personne et leurs effets, et enfin faire de continuelles patrouilles. Ce service est ordinairement confié à des soldats du régiment de la province ; mais, lors de mon voyage, ces soldats se trouvaient remplacés par des hommes pris dans la milice ou garde nationale, parce que les troubles de Fernambouc avaient obligé le gouvernement de faire marcher les troupes de ligne. Les miliciens (*milicianos*) que je trouvai au Quartel de Teixeira étaient au nombre de cinq, et devaient faire le service pendant deux mois. Ces hommes me parurent appartenir à la classe ouvrière, et cependant ils étaient obligés de se nourrir à leurs frais, sans avoir la possibilité de travailler. Il faut avouer qu'il n'y a pas beaucoup de peuples chez lesquels on puisse attendre, de la part de citoyens indépendans, une obéissance aussi entière à des ordres qui exigent de tels sacrifices. Les miliciens cantonnés au Quartel de Teixeira se contentèrent de me demander des nouvelles de la révolte de Fernambouc; mais je ne leur entendis proférer aucune plainte.

La maison qui sert de logement au poste de Teixeira est environnée d'un côté par des *catingas;* et de l'autre elle s'élève au-dessus du Jiquitinhonha. Comme au lieu où je l'avais vu pour la première fois, ce fleuve est, à Teixeira, à peu près aussi large que le Loiret; il coule avec lenteur, et aucun flot n'agite sa surface; mais, un peu au-dessus de la caserne du détachement, des rochers d'un noir foncé se montrent au-dessus des eaux. Sur la rive gauche de la rivière opposée à celle où je voyageais, se présente une colline, et celle-ci est en partie dominée par des montagnes qui appartiennent à la chaîne de *S. Antonio*, dont l'extrémité se prolonge jusqu'à la mer[1]. Comme les deux rives du fleuve sont élevées au-dessus de ses eaux, ces dernières ne sauraient communiquer aucune humidité aux arbres qui les bordent, et ils restent dépouillés de feuilles dans la saison où il ne tombe point de pluie. On n'aperçoit un peu de verdure qu'autour d'une *fazenda* située sur la rive gauche de la rivière, et où le terrain est un peu plus incliné. Tout ceci achève de prouver que la sécheresse est, comme je l'ai dit plus

---

[1] Ce ne peut être que la continuation de la grande chaîne occidentale, ou une de ses ramifications.

haut, la cause unique de la chute des feuilles dans les *catingas*.

La caserne du détachement est construite avec de la terre et des perches croisées. Le toit, qui est couvert en tuiles, se prolonge au-delà des murs, pour former une galerie, et la lumière arrive dans l'intérieur du bâtiment par de grandes ouvertures que l'on ne ferme ni la nuit ni le jour. Dans ce pays, il n'est pas nécessaire de prendre des précautions contre le froid; car, dans la saison la moins chaude, la chaleur est encore insupportable.

Après le coucher du soleil, je me mis à écrire mon journal sous la galerie. La température de l'air était délicieuse, et elle me reposait des fatigues de la journée. Un brillant clair de lune me permettait de distinguer tous les objets, et pourtant il n'obscurcissait point les étoiles, qui jetaient une lumière scintillante. Ma bougie était aussi peu agitée que si elle eût brûlé dans l'intérieur d'une maison; aucun insecte ne voltigeait autour d'elle; la nature entière semblait plongée dans un profond sommeil, et je n'entendais d'autre bruit que les chants éloignés de la cigale et ceux des nègres de la *fazenda* voisine, qui remerciaient Dieu à la fin de la journée.

Entre le Quartel de Teixeira et *Inhuma*, qui en est à quatre lieues et demie, je passai par quelques endroits un peu différens du pays que je parcourais depuis plusieurs jours. Des parties un peu humides m'offrirent une verdure assez fraîche et de très-beaux gazons. Dans des lieux où la terre était grise et ressemblait à de la cendre, je revis des palmiers; et c'était cette espèce que j'avais déjà observée avant d'arriver à Sucuriú (le *guariróba* des Brésiliens, *cocos oleracea* Mart.). En certains endroits, le chemin passe sur de larges rochers noirs, unis, bombés, qui sont de niveau avec le reste du terrain et forment comme une espèce de chaussée. Au milieu de ces rochers s'élèvent seulement quelques *cactus*, et tout autour des espaces nus, l'on ne voit que des arbrisseaux de la taille des plus grands *carrascos*. Parmi ces arbrisseaux, dépourvus de feuilles comme les *catingas*, je trouvai une mélastomée qui avait également perdu les siennes, la première de cette vaste famille qui se fût offerte à mes regards depuis que j'étais entré dans des bois dépouillés de verdure [1]. Dans le nombre de ces mêmes arbrisseaux, il y en avait qui, sans offrir plus de feuilles que les autres, étaient cependant couverts de belles fleurs jaunes. J'ai déjà cité quelques exemples de ce phénomène; et entre Piauhy et le Quartel de Teixeira, j'avais aussi observé une malvacée en arbre, qui, n'ayant pas une feuille, portait de larges fleurs de couleur purpurine.

Il n'y avait à Inhuma [2] d'autre logis qu'une petite grange remplie de maïs. Ce fut là que je m'établis pour travailler et pour dormir, disputant le terrain à des poules très-importunes.

Le lendemain je trouvai la végétation plus vigoureuse que les jours précédens, ce qui déjà était un in-

---

[1] Voyez le chapitre précédent.
[2] J'ai déjà donné l'étymologie de ce mot, vol. I, p. 53.

dice de l'approche des bois vierges. Tout ce canton, lorsque j'y passai, était encore désert et sauvage, et il y restait beaucoup de terres à distribuer; mais, trois ans auparavant, il n'existait qu'un seul colon entre la *fazenda* de Piauhy et S. Miguel, et, comme on juge de tout par comparaison, on répétait sans cesse, lors de mon voyage, que les habitans de ce pays étaient fort nombreux. C'est ainsi qu'en d'autres parties de la province, on vous assure que l'on fait un grand nombre d'élèves de bestiaux, lorsque, dans un jour, le voyageur rencontre à peine une douzaine de vaches, dispersées au milieu d'immenses pâturages. C'est encore ainsi que les colons, habitués à parcourir de très-grandes étendues de pays sans rencontrer d'habitans, appellent de petites distances celles qu'ailleurs on regarderait comme fort considérables, et qu'ils disent qu'on est tout près d'un lieu, quand on a encore plusieurs journées de chemin à faire avant d'y parvenir.

Après avoir fait quatre *legoas* et demie depuis Inhuma, je m'arrêtai, en m'écartant un peu du chemin, à l'habitation d'une famille qui paraissait jouir de quelque aisance. Cette habitation, appelée *Estreito de S. João*, n'était pourtant qu'une simple chaumière; mais elle avait l'avantage d'être agréablement située sur le bord du Jiquitinhonha, et le paysage agreste que l'on découvrait de la *varanda*, était empreint de ce calme délicieux qui caractérise les vues de cette partie de l'Amérique, et dont il est si difficile de donner une idée juste.

Dans ce canton, un grand nombre de cultivateurs

avaient chez eux de petits Botocudos par lesquels ils se faisaient servir. J'en avais vu à Sucuriú, Setuba, Boa Vista, etc. Tous paraissaient gais, et l'on se louait beaucoup de leur intelligence et de leur docilité. Il me sembla qu'on les traitait avec une grande douceur; mais on verra bientôt à quel indigne commerce on devait la possession de ces jeunes Indiens. Il y avait aussi, à Estreito de S. João, un petit Botocudo, âgé de sept à huit ans, qui déjà rendait beaucoup de services. Sa ressemblance avec certains singes d'une grande taille était frappante; son nez était aplati comme le leur; sa tête, soutenue par un cou très-court, s'avançait sur sa poitrine; quand il riait, les deux extrémités de sa bouche se retiraient comme par ressort, et tous ses mouvemens indiquaient une brusquerie qui est celle des quadrumanes. Cet enfant était fort gai, très-intelligent, dans une activité continuelle, et sa pétulance contrastait avec la tranquillité des petits Portugais parmi lesquels il passait sa vie. Ceux-ci paraissaient l'aimer beaucoup, et il était amusant de le voir au milieu d'eux : ils le traitaient avec douceur, mais comme des hommes faits ont coutume de traiter un enfant. Il faut, au reste, se donner de garde de tirer de tout ce que je viens de dire aucune conséquence générale. J'ai vu un très-grand nombre d'autres Botocudos, et je doute qu'il y en eût un seul auquel pût convenir le portrait que je viens d'esquisser.

Auprès d'Estreito, se trouvait un homme qui avait été plusieurs fois aux *Americanas,* lieu célèbre par les améthystes et les topazes blanches qui en ont été tirées.

Je tiens de cet homme aventureux quelques renseignemens qui ne me paraissent pas indignes d'être connus, et je les consignerai ici. Le canton des Americanas, ou *Tres Americanas*, est situé à environ trente-cinq lieues de Sucuriú, et doit son nom à la rivière qui fournit les pierres précieuses. (V. plus haut chap. 1.) Pour arriver à ce désert, il faut traverser d'immenses bois vierges sans trouver, dans un espace de vingt-cinq lieues, ni maisons, ni culture. Ceux donc qui se livraient à la recherche des améthystes emportaient avec eux des provisions pour plusieurs mois; ils construisaient des baraques avec des branches d'arbres, et ils se retiraient quand leurs vivres étaient consommés. Dans les commencemens, on avait éprouvé de la difficulté pour nourrir les mulets; mais on avait fini par former des pâturages artificiels en détruisant les bois. Les Botocudos s'étaient quelquefois montrés aux Americanas, mais ils n'y avaient fait aucun mal. Au reste, on a enlevé de ce lieu les pierres les plus faciles à extraire, et les mineurs trouvent qu'aujourd'hui il n'y aurait plus d'avantage à s'enfoncer ainsi dans les forêts.

Le propriétaire d'Estreito ne voulut rien recevoir pour ma nourriture, ni pour celle de mes gens, et se contenta de me demander le prix du maïs que mes mulets avaient consommé. Depuis Villa do Fanado, ce grain se vendait deux fois plus cher que du côté de Villa do Principe, Passanha, etc., où il ne valait que 300 reis l'alqueire, tandis que, dans les *catingas*, on le vendait 600. Les terres des *catingas* ne produisent pas le maïs en aussi grande quantité que les Minas Geraes proprement dites ; et, l'année où je voyageais, la sécheresse, qui avait été fort nuisible au coton, avait fait manquer entièrement le maïs dans plusieurs parties du *termo* de Villa do Fanado. J'observai aussi que, dans les *catingas*, les grains étaient moins gros que dans les terres fortes et plus humides des bois vierges; mais on prétend qu'ils fournissent ici une nourriture plus substantielle, et, ce qu'il y a de certain, c'est que mes mulets paraissaient plus dispos.

Depuis la *fazenda* de Piauhy, le chemin suit, à une distance plus ou moins grande, le cours du Jiquitinhonha. Au-delà d'Estreito de S. João, j'aperçus plusieurs fois cette rivière, et je la côtoyai même pendant quelques centaines de pas.

Ce jour-là, je traversai encore des bois aussi dépouillés de feuilles que le sont ceux de l'Europe vers la fin de l'automne; cependant le chemin fut un peu moins uniforme.

Dans deux espaces de terrain un peu bas, les arbres, qui avaient à peu près la hauteur de nos taillis de dix-huit ans, étaient ornés de la plus belle verdure ; leurs branches s'arrondissaient en berceaux, et elles formaient au-dessus de la route, un ombrage frais et impénétrable aux rayons du soleil. Cependant ces espèces d'oasis ne se prolongèrent point au-delà d'une centaine de pas, et les tristes *catingas*, qui bientôt leur succédèrent, me firent mieux sentir encore le prix de la verdure charmante que j'avais eue sous les yeux pendant quelques instans.

En certains endroits, les bois disparaissent, et l'on

traverse de petites plaines, environnées de tous côtés par des montagnes. Ces plaines me parurent avoir été couvertes d'eau pendant la saison chaude ; elles n'offrent que quelques arbres épars çà et là ; ceux-ci étaient entièrement dépourvus de feuilles, et les grandes herbes, qui se trouvaient entre eux, avaient été brûlées par l'ardeur du soleil.

Ailleurs le chemin passe sur des rochers larges, noirâtres, unis, bombés, semblables à ceux que j'avais vus avant d'arriver à Inhuma. Des arbrisseaux touffus, qui ne s'élèvent guère à plus de cinq à six pieds, environnent ces rochers, et au milieu de ceux-ci croissent plusieurs espèces de *cactus* de forme très-différente. Les uns, plus rapprochés des arbrisseaux, ont une tige glauque, droite, épineuse, à cinq côtes, haute de quatre à cinq pieds, dont les rameaux verticillés se courbent comme des candélabres. Une seconde espèce ressemble au *cactus opuntia*[1] ; mais les portions de tige ou de rameau qui se trouvent entre les articulations, n'ont pas autant d'épaisseur et sont plus ovales. D'autres *cactus*, moins épineux, atteignent à peine la hauteur d'un pied et forment un épais cylindre[2]. D'autres de la grosseur du petit doigt, rampent comme des serpens. Enfin une espèce, plus remarquable encore, offre, entre les fentes des rochers, une demi-sphère de trois à neuf pouces de diamètre, relevée de dix côtes, lesquelles sont écartées et chargées d'épines

[1] *Cactus opuntioïdes*, N.
[2] *C. brevicaulis*, N.

rayonnantes; du sommet de cet hémisphère s'élève un cylindre, haut d'environ un demi-pied, qui porte des côtes épaisses et transversales, et qui est couvert d'une laine brune et serrée; les fleurs naissent à l'extrémité très-obtuse du cylindre, et à cause de leur petitesse, elles se trouvent presque entièrement cachées au milieu des poils qui les entourent [1].

Les *cactus* sont également assez communs dans les bois qui avoisinent le plus le lieu où je fis halte; mais les bromeliées y croissent avec plus d'abondance encore. Ces dernières plantes y vivent en société, et couvrent des espaces considérables de leurs feuilles linéaires, charnues et canaliculées qui, suivant les espèces, sont plus ou moins longues, plus ou moins étroites. Au milieu des rochers, j'observai aussi un petit arbre chargé d'une immense quantité d'individus appartenant à cette espèce parasite de *tillandsia*, qui ressemble tant aux *usnées* barbues, et qui, suspendue aux branches des arbres, est agitée par le moindre zéphir.

Comme il n'y a qu'une seule habitation entre Estreito de S. João et S. Miguel, qui en est à plus de douze lieues, les voyageurs qui mènent avec eux des mulets chargés, sont obligés de coucher en plein air. Il est quelques endroits qui sont plus généralement adoptés. Ce sont ceux qui avoisinent non-seulement la rivière, mais encore des marais, et où, par conséquent, l'on trouve à la fois l'eau dont on a besoin et une herbe toujours plus ou moins fraîche.

[1] *Cactus aphananthemum*, N.

Des espaces battus par les pieds des hommes, des feux éteints, des branchages arrangés pour servir d'abri, des pots et des gourdes oubliés font assez reconnaître les lieux où s'arrêtent ordinairement les voyageurs.

Je vis aussi le long du chemin plusieurs huttes de Botocudos qui avaient été abandonnées. Elles étaient peut-être un peu moins soignées que celles des Macunís; mais c'étaient encore des espèces de berceaux, à peine hauts de trois pieds, formés de branches courbées et couverts de feuilles de palmiers.

J'étais parti d'Estreito de S. João, avec le projet de passer la nuit dans une île du Jiquitinhonha, où se trouve une petite maison; mais, trompé par de faux renseignemens, je dépassai l'île et je fus obligé de coucher dans les bois. Je m'établis sous de grands arbres à quelques centaines de pas de la rivière. L'air était chaud et ne m'annonçait pas une mauvaise nuit, mais j'avais à peine dormi quelques heures, que la température changea, et devint froide et humide; mon sommeil était sans cesse interrompu, et je me levai, ayant mal aux dents et aux nerfs. C'était une disposition fâcheuse pour parcourir encore de tristes *catingas*. Plus j'allais en avant, plus j'étais ennuyé de la vue de ces arbres dépouillés de verdure, et plus je regrettais les fleurs, les insectes et le chant des oiseaux. Je ne pouvais pas même espérer quelque distraction de mon domestique, qui, toujours plongé dans une mélancolie profonde, ne m'eût pas même répondu, si je lui avais adressé la parole. On se fatigue de vivre ains continuellement sur ses propres idées; la faculté de penser tombe dans une espèce de sommeil, quand elle n'est ranimée par aucun objet nouveau. Une sorte de langueur s'empara de moi; je mesurai avec effroi la distance qu'il y avait du lieu où je me trouvais jusqu'à Rio de Janeiro; je finis par me désespérer à force d'ennui, et je ne pus m'empêcher de maudire les voyages.

Cependant, après avoir fait quatre lieues, j'arrivai à l'habitation de *Bom Jardim*, où je passai la nuit. Cette habitation, située presque sur le bord du chemin, se compose de quelques misérables huttes rangées sans ordre les unes auprès des autres, dans une vaste plaine. Celle-ci est entourée d'un côté par des bois dépouillés de feuilles, et de l'autre par le Jiquitinhonha; mais comme on n'aperçoit cette rivière que lorsqu'on est tout-à-fait sur ses bords, les montagnes qui s'élèvent sur sa rive gauche semblent former la limite de la plaine.

Lors de mon voyage, l'habitation de Bom Jardim ne datait que de quatre ans, et néanmoins le propriétaire était compté parmi les colons les plus anciens de ce pays. A l'exception d'un marais, toute la plaine, au milieu de laquelle est aujourd'hui l'habitation, se trouvait couverte de bois lorsque le propriétaire s'y établit; il coupa et brûla les arbres, la terre d'abord fut cultivée, et à présent elle offre un pâturage excellent pour les bêtes de sommes. Les environs de Bom Jardim produisent du coton en abondance. Le maïs y réussit assez bien, mais il n'en est pas de même des haricots. On a soin de semer le riz dans les marais, et il fournit d'abondantes récoltes.

Dans les commencemens, les visites très-fréquentes des Botocudos étaient fort incommodes pour le propriétaire de Bom Jardim. Il fallait leur donner de la farine et du fer, et ils se montraient fort disposés à enlever ce qu'on leur refusait. Aujourd'hui ils ne demandent plus autant et surtout ils prennent beaucoup moins.

Mon hôte me logea dans une maisonnette nouvellement construite qui faisait peu d'honneur à l'architecte. Elle se composait de deux petites chambres entre lesquelles en était une troisième par où l'on entrait, en venant du dehors. Les deux premières étaient sans fenêtres, et elles avaient des portes tellement étroites que l'homme le plus mince aurait eu de la peine à y entrer. Il est extraordinaire sans doute que, dans un pays où les matériaux ne coûtent rien, on ne donne pas aux cabanes un peu plus de largeur; mais la paresse des habitans explique assez la gêne à laquelle ils se condamnent.

Je terminerai ce chapitre par quelques détails relatifs à la contrée que je viens de faire connaître et qui n'ont pu trouver place ailleurs.

Les chasseurs du pays des *catingas* emploient un moyen assez singulier pour surprendre et tuer les cerfs (*veados*). Sur le bord des chemins qui mènent à des ruisseaux, ils construisent, dans les arbres, des espèces de siéges; ils s'y mettent à l'affût, et ils tirent sur l'animal, quand il passe pour aller se désaltérer [1]. Lorsqu'on chasse le cerf avec des chiens, la bête poursuivie se jette souvent à la nage, et l'on a pour la prendre vivante des pirogues extrêmement courtes, étroites et très-plates qui ne pourraient servir pour une navigation ordinaire.

Dans une des maisons où j'avais séjourné depuis que je voyageais dans le *termo* de Minas Novas, j'avais été accueilli avec l'hospitalité la plus généreuse; j'y vivais très-bien, j'y buvais d'excellent vin de Porto, mais j'y éprouvais un désagrément qui compensait tous ces avantages. Affligés d'une maladie de peau qui se communique facilement et que les Français cachent avec beaucoup de soin, mes hôtes ne prenaient aucune peine pour la dissimuler, et ils furent les premiers à m'apprendre qu'ils en étaient atteints. A table comme ailleurs, ils se grattaient, sans aucune cérémonie, entre les doigts et les aisselles, et, après cela, ils coupaient le pain, ou prenaient la main de leurs amis, que cette politesse ne paraissait nullement affliger. J'avais déjà remarqué, dans les différentes parties du Brésil où j'avais été jusqu'alors, que l'on parlait de la gale comme chez nous l'on parle de la fièvre, et que, lorsqu'on était attaqué de la première de ces maladies, on ne craignait nullement de la laisser apercevoir. Il n'est pas nécessaire de fournir d'autres preuves pour montrer combien elle est commune parmi les Brésiliens.

Si l'on est peu discret pour la gale, on ne l'est pas

---

[1] Comme on le verra plus tard, ce genre de chasse est également en usage dans le Sertão, ou Désert.

davantage au reste pour d'autres maladies dont on devrait pourtant être plus honteux. Elles sont si répandues, que l'on en cause comme d'un rhume, ou d'un mal de tête; et l'on ne se gêne même pas en présence des femmes et des enfans. Pendant que je voyageais au milieu des *catingas*, mon domestique prépara un tatou dans une *fazenda* où je m'étais arrêté. Une des filles de la maison vint réclamer le sang de l'animal, et elle nous dit, sans aucune précaution oratoire, qu'elle voulait en faire un remède pour une maladie syphilitique. Les assistans trouvèrent cela tout simple, et si quelqu'un se mit à rire, ce fut uniquement de la bizarrerie du remède.

CHAPITRE VII.

LA SEPTIÈME DIVISION. — LES BOTOCUDOS. — LE JIQUITINHONHA.

Fin des *catingas*. —Hameau de *S. Miguel;* sa position. — Portrait abrégé des Botocudos. Le capitaine JOAHIMA. — Histoire de la 7e division, du Jiquitinhonha et des Botocudos de Minas Novas. — Les enfans des Botocudos devenus marchandise. — Division de la nation en tribus. — Capitaines des Botocudos. — Noms de cette nation. — Nombre des Botocudos. — Leurs traits; nudité; ornemens bizarres. — Langue de ces Indiens; prononciation; vocabulaire. — Idées religieuses des Botocudos. — Anthropophagie. — Penchant au larcin. — Chasse. — Effet singulier que produisent sur les Botocudos les fruits de *lecythis* et les cocos mangés avec excès. — Maladie de ces Indiens; remèdes. — Manière d'enterrer les morts. — Mariages; divorce; adultère. — Occupations des femmes. — Chants substitués à la parole. — Quelques traits du caractère des Botocudos. — Leur amour pour la guerre; deux sortes de flèches. — Leurs amusemens; chansons.—Leur nourriture. Ils mangent deux espèces de larves. — Visite de l'auteur à l'aldea des Botocudos. Description de cet aldea. Joahima refuse de donner un enfant. Scène de reconnaissance. Plaintes en chansons. Danse, Exercice de l'arc. — Arrivée de plusieurs pirogues. — Le Jiquitinhonha; sa source; son cours; son embouchure; avantages de sa navigation. — Chemin de terre. — Rêves de l'auteur.

Au-delà de Bom Jardim, le terrain change de nature. Il n'est plus aussi léger, ni aussi sablonneux, et la fraîcheur y est entretenue par le voisinage de la rivière. En même temps la végétation prend un autre aspect, les arbres ne sont plus dépouillés de leurs feuilles, et j'eus le plaisir de revoir des fleurs et de marcher sous un berceau de verdure impénétrable aux rayons du soleil ; en un mot, j'étais rentré dans la *région des forêts*.

Ces bois s'étendent, dans un espace d'environ trois à quatre lieues, jusqu'au hameau de *S. Miguel*, qui est le chef-lieu de la 7e division militaire, et se trouve situé vers l'extrémité du *termo* de Minas Novas.

Ce hameau a été bâti sur la rive droite du Jiquitinhonha. La maison principale qui sert de caserne au commandant et aux soldats de la division, est un grand bâtiment assez bien construit, dont le toit est couvert en tuiles et dont les murs sont crépis avec de la terre grise. Le reste du hameau se compose d'une rangée de maisonnettes qui s'étendent sur le bord de la rivière, et de quelques autres éparses çà et là. Toutes n'annoncent que l'indigence. Il n'existe aucune église dans le hameau de S. Miguel, et jusqu'à l'époque de mon voyage, on s'était contenté de planter devant la caserne une grande croix, à côté de laquelle un palmier déployait son élégant feuillage.

La vue que l'on découvre de la caserne est charmante. Devant le bâtiment, coule le Jiquitinhonha, dont la largeur est assez considérable. Dans le temps des pluies, ce fleuve remplit son lit, et se déroule avec majesté ; mais lors de mon voyage, des rochers s'élevaient çà et là du milieu de ses eaux, et y formaient des îles. Sur la rive gauche se présentent des collines et des montagnes couvertes de bois ; mais vis-à-vis la caserne, le terrain a été défriché, et l'on y a bâti une petite maison. Le Jiquitinhonha, décrivant un détour au-dessus de S. Miguel, et un autre au-dessous du hameau, paraît former un lac fort alongé, borné à ces deux extrémités par des montagnes. Celle qui semble circonscrire ce prétendu lac du côté de la source, présente à son sommet une croupe arrondie; et, du côté de l'embouchure, la vue est arrêtée par une grande chaîne qui offre un mélange pittoresque de bois et de rochers nus. Cette chaîne borde premièrement une rivière qui porte le nom de *Rio de S. Miguel,* et qui tombe à peu de distance du hameau dans le Jiquitinhonha. C'est en face du confluent que celui-ci forme le coude ou détour dont j'ai parlé plus haut ; et la chaîne, perpendiculaire à ce coude, se prolonge le long du fleuve sans changer de direction.

Arrivé à S. Miguel, j'allai présenter au commandant de la division, M. JULIÃO FERNANDES LEÃO, les lettres de recommandation que j'avais pour lui ; nous nous étions déjà vus à Villa Rica, et il me reçut parfaitement.

Lorsque j'entrai chez lui, quelques Botocudos étaient occupés à y serrer des haricots. Après qu'ils eurent achevé leur travail, ils vinrent sans façon se placer dans la salle; les femmes s'accroupirent, les hommes s'assirent ou s'étendirent par terre; je pus observer les uns et les autres tout à mon aise, et j'avouerai qu'à leur premier abord, j'éprouvai une espèce d'horreur que leur portrait va justifier. Hommes et femmes, tous sont nus. Leur peau jaunâtre, à laquelle le soleil et la malpropreté ont donné une couleur de bistre, est encore barbouillée de diverses manières avec du rouge et du noir, suivant le goût de chaque individu. Leurs cils et leurs sourcils sont arrachés ; leurs cheveux sont rasés dans un espace d'un ou deux pouces au-dessus des oreilles, et il ne leur en reste qu'une espèce de calotte sur le sommet de la tête. Des morceaux d'un bois blanc, tendre et léger, de deux à trois pouces de diamètre, épais d'un peu moins d'un pouce et qu'on peut comparer aux bondes de nos barriques, sont passés verticalement dans leurs oreilles. Enfin un morceau de bois semblable à ceux des oreilles, également placé dans un large trou de la lèvre inférieure, s'y montre horizontalement comme une petite table, et est retenu par la partie supérieure de la lèvre qui forme autour de lui une sorte de ruban. Cependant, quoique les Botocudos aient tout fait pour se défigurer et qu'ils aient parfaitement réussi, il leur reste un air de franchise, de douceur, de gaîté, qui a bientôt familiarisé avec leur amère laideur.

Peu d'instants après mon arrivée, le commandant me présenta le capitaine de ceux qui étaient alors établis près du hameau. Celui-ci n'était point nu ; il avait un caleçon de toile de coton : suivant l'usage des Mineiros d'une classe inférieure, il laissait flotter par-dessus ce caleçon une chemise de même étoffe; et sa tête était couverte d'un immense chapeau de feutre. JOAHIMA, c'était son nom, ne portait plus de morceaux de bois à ses oreilles ni à sa lèvre inférieure; mais il n'avait pu rendre à ces parties défigurées leur forme primitive. Ses oreilles, singulièrement alongées, offraient un large trou, et sa lèvre, tombant sur son menton, laissait voir ses dents gâtées et se balançait au plus léger mouvement. Le capitaine Joahima était d'une taille médiocre, et pouvait avoir une quarantaine d'années. Sa figure annonçait de l'esprit et de la vivacité, et ses traits me frappèrent par leur ressemblance singulière avec ceux des Chinois. Il parut me voir avec plaisir, porta mes mains à ses lèvres, et, suivant la coutume de ses compatriotes, il me serra fortement entre ses bras; cependant la demande d'un couteau, qui bientôt suivit toutes ces caresses, me prouva suffisamment qu'elles n'avaient point été désintéressées.

Les rapports des Botocudos de la 7e division avec les Portugais ne datent que d'un petit nombre d'années, et il y a même fort peu de temps que l'on connaît le Jiquitinhonha dans tout son cours. On voyait un fleuve réunir ses eaux à la mer, près de la petite ville de *Belmonte;* on avait donné à ce fleuve le nom de *Rio Grande*, mais on ignorait d'où il venait et dans quel lieu il prenait sa source. Cependant JOÃO DA SILVA SANTOS, *capitão mór* de *Porto Seguro*, qui avait reçu du gouverneur de Bahia l'ordre de remonter toutes les rivières de la *comarca* de Porto Seguro, s'embarqua en 1804[1], sur le Rio Grande, emportant avec lui des armes et un mortier pour pouvoir, s'il était nécessaire, se défendre contre les Indiens. Il eut plusieurs fois à les combattre, cependant il acheva heureusement son entreprise. Ce ne

---

[1] Ce fut du moins en 1804 qu'il arriva à Tocoyos.

fut qu'auprès de *Tocoyos*, à environ quatre-vingt-six lieues de Belmonte qu'il rencontra pour la première fois un colon portugais, et il apprit de lui que le Rio Grande n'était autre chose que le Jiquitinhonha [1], connu par les diamans qu'il fournissait, et dont on n'avait pas jusqu'alors soupçonné l'embouchure [2].

[1] Il ne faut pas, comme on l'a fait, écrire *Gectinhonha*, *Gigitonhonha*, *Jigitonhonha*, *Giquitinhanha*, ni même *Jequetinhonha*. Pizzarro écrit *Jequitinhonha*, et Casal tout à la fois *Jiquitinhonha* et *Jequitinhonha*. J'adopte le premier de ces deux noms qui m'a paru conforme à la prononciation du pays; mais je conviendrai en même temps qu'il n'est pas toujours facile de démêler dans la prononciation brésilienne quand on fait entendre le son de l'*e* ou celui de l'*i*. — L'on m'a dit que *Jiquitinhonha* venait de mots indiens qui signifient une nasse pleine, mais j'avoue que je ne suis point parvenu à décomposer ce nom; tout ce que je puis dire seulement, c'est que du côté de S. Salvador de Campos de Goitacazes, on se sert, comme on le verra dans ma troisième *Relation*, d'une sorte de nasse qu'on appelle *juquia*. — Le fleuve dont il s'agit ne prend point le nom de *Rio Grande* après avoir reçu les eaux de l'Arassuahy, et ne porte pas non plus ce nom à S. Miguel, comme on l'a écrit en Allemagne. C'est plus bas qu'on commence à l'appeler *Rio Grande de Belmonte*. Ce qui prouve au reste combien, dans ces contrées désertes, il est difficile de savoir exactement la vérité, à moins de se transporter soi-même sur les lieux, c'est que M. d'Eschwege, auquel la géographie de Minas a tant d'obligation, considère comme synonymes les noms de *Rio Grande* et de *Jiquitinhonha*.

[2] Un voyageur qui n'a point visité les Minas Novas, a écrit que João da Silva Santos avait été par eau jusqu'à la capitale

Lors de la formation des divisions militaires, au mois de mars 1808, l'on ne songea point encore à en placer une sur les bords du Jiquitinhonha. Ce fut seulement en 1811 que l'on créa celle qui occupe au-d'hui le hameau de S. Miguel, et on lui donna pour commandant le sous-lieutenant Julião Fernandes Leão, qui était encore en fonction à l'époque de mon voyage. Pour parvenir au lieu où la division est actuellement établie, Julião fut obligé d'ouvrir un chemin depuis la *fazenda* de Piauhy, au-delà de laquelle les Portugais ne s'étaient point encore étendus. Au mois de mars 1811, il arriva enfin au terme de son voyage, et l'on donna le nom de S. Michel à l'endroit où l'on s'arrêta, parce que cet événement eut lieu le jour où l'église célèbre la fête de cet archange. Julião avait amené avec lui des charpentiers; il fit construire une caserne pour y loger les militaires qu'il commandait, et il jeta ainsi les premiers fondemens d'une colonie qui sans doute ne tardera pas à devenir l'un des points les plus importans de la province des Mines.

Une faible population vint se grouper autour du détachement de S. Miguel, et forma le hameau que j'ai déjà fait connaître. Mais des hommes riches et bien établis n'eussent point voulu quitter leurs foyers pour

du pays. Pour cela, il aurait fallu remonter non-seulement le Jiquitinhonha, mais encore l'Arassuaby et le Fanado; et l'on a vu que ce n'était qu'avec peine que l'on pouvait remonter l'Arassuahy jusqu'à Agua Suja, qui est à environ huit lieues au-dessous du Fanado.

fonder un village dans un pays dépourvu de toute ressource et habité par des barbares, quoique ce pays offre d'ailleurs les plus grandes espérances pour l'avenir. Les habitans de S. Miguel ne sont guère que des fainéans, des ouvriers que personne ne voulait faire travailler, et des femmes de mauvaise vie qui vivent avec les militaires du poste. Le commandant a offert des terrains à plusieurs d'entr'eux ; mais ils aiment mieux passer leur vie dans l'oisiveté, et se condamner à des privations que de prendre la peine de faire des défrichemens.

Avec cette population méprisable, il ne faut pas confondre les cultivateurs qui, depuis l'établissement de la 7ᵉ division, sont venus demander des terres sur les bords du Jiquitinhonha. La plupart d'entre eux sont pauvres ; mais ils se livrent au travail. Avant de se fixer sur le territoire de la division, tous habitaient quelqu'un des villages du *termo* de Minas Novas. Jusqu'à présent aucun colon n'est venu d'un peu loin s'établir auprès de S. Miguel.

Ce ne fut pas immédiatement après l'arrivée de Julião, que commencèrent les relations des Portugais avec les Botocudos. Plusieurs mois se passèrent sans qu'on aperçût aucun de ces sauvages ; mais, le 11 octobre 1811, ils parurent en grand nombre, tous armés de flèches, sur la rive gauche du fleuve. Le commandant tâcha de leur faire comprendre par des signes qu'il ne leur voulait aucun mal ; que tout son désir était de vivre en paix avec eux, et qu'il leur avait apporté du fer et des vêtemens. Un Botocudo des bords du *Rio Doce*, que Julião avait amené à Minas Novas, et qui savait le portugais, facilita les moyens de se communiquer. Les Indiens engagèrent les Portugais à venir les trouver sur l'autre rive; mais le commandant s'y refusa, et exigea que les Botocudos fissent les premières avances. Ceux-ci députèrent donc quelques vieillards qui passèrent l'eau; on leur distribua des présens, et on leur témoigna le désir de vivre avec leur nation en bonne intelligence. Depuis ce moment, les Botocudos se rapprochèrent de plus en plus des Portugais, et le commandant Julião ne négligea rien pour en faire des hommes utiles. Ils s'accoutumèrent peu à peu à notre nourriture, et le goût du tabac, du sucre et de l'eau-de-vie leur rendit nécessaire le voisinage des blancs.

Cependant, la calomnie vint chercher Julião jusque dans le désert qu'il commençait à peupler, et ce n'est qu'après avoir été prisonnier pendant deux ans à Villa Rica, qu'il fut absous par un conseil de guerre, et qu'il a pu revenir à S. Miguel. Cet événement fut extrêmement fâcheux pour les Indiens, et retarda beaucoup les progrès de leur civilisation. Ils étaient attachés au commandant, qui les traitait comme un père; ils se retirèrent de S. Miguel quand il partit pour Villa Rica, et, pendant son absence, ils ne reparurent plus que pour demander quand il reviendrait.

Lors de mon voyage, il y avait peu de mois que Julião avait repris le commandement de la division, et déjà son retour avait produit quelques heureux effets. Durant son absence, les enfans des Botocudos étaient devenus une espèce de marchandise. Abusant d'une loi qui donne dix années de la vie de ces sauvages à ceux qui les prennent chez eux pour les civiliser, des muletiers se rendaient sur les bords du Jiquitinhonha ; pour une hache, pour du sucre, pour un peu d'eau-de-vie, on décidait les parens à se séparer de leurs fils, et l'on promettait de ramener ces derniers quand ils seraient instruits de notre religion et sauraient travailler. Ces malheureux enfans étaient conduits hors de leur patrie par leurs barbares acheteurs, et on les revendait dans les différens villages du canton pour quinze à vingt mille reis [1]. Alors s'était répété au Brésil ce qui arrive sur la côte d'Afrique : tenté par le prix que les Portugais mettaient aux enfans, les capitaines [2] Botocudos s'étaient fait la guerre pour avoir des enfans à vendre [3]. Cependant Julião, en reprenant le commandement de la 7e division, tâcha de terminer les querelles qui s'étaient élevées à ce sujet entre différens chefs; plusieurs troupes de Botocudos vinrent le visiter à S. Miguel; le capitaine Joahima s'y est établi

[1] On lit dans un ouvrage imprimé en 1822 qu'il y avait 6 à 700 Botocudos dispersés à Villa do Fanado, Chapada, S. Domingos.

[2] J'emploie ici, et je continuerai à employer le mot de *capitaine* pour désigner les chefs Botocudos, parce que c'est celui dont se servent les Portugais-Brésiliens qui vivent au milieu d'eux.

[3] Une loi à peu près analogue à celle que je viens de rappeler ici avait été rendue pour les enfans des Hottentots par le gouvernement hollandais, et elle eut aussi les conséquences les plus funestes.

avec sa tribu, et il y a bâti une petite maison à la manière des Portugais pour lui et pour sa famille.

Comme la plupart des Portugais établis sur les bords du Jiquitinhonha n'ont point d'esclaves, ils emploient les Botocudos, qui, pour la rétribution la plus légère, pour un peu de nourriture, pour quelques vêtemens grossiers, rendent déjà beaucoup de services. Ces Indiens portent des fardeaux, puisent de l'eau à la rivière, vont chercher du bois, etc. Lors de mon voyage, un seul d'entre eux, appelé George, avait défriché un petit champ; mais tous paraissaient disposés à travailler la terre, et pour leur en inspirer le désir, Julião avait profité de leur goût pour le sucre. « Nous ne pouvons, leur disait-il en ma présence, avoir de ces cannes à sucre que nous aimons tant, si nous n'en plantons point. Je fais venir des haches de Bahia; je vous en donnerai à tous; nous défricherons la terre; nous planterons des cannes; je ferai construire un moulin, et nous mangerons du sucre. » A ce langage, les Botocudos tressaillaient de joie et montraient par leurs gestes qu'ils étaient prêts à travailler.

Jusqu'à l'époque de mon voyage, le gouvernement n'avait rien fait pour la colonie naissante, et souvent Julião s'était vu obligé d'éluder des ordres absurdes ou dangereux donnés par des supérieurs qui n'avaient aucune connaissance des localités. Tout ce que Julião distribuait aux Botocudos, c'est à ses frais qu'il l'achetait. Quelquefois, à la vérité, ils le dédommageaient par leur travail; mais il n'avait pas toujours besoin de leurs services, et néanmoins il leur donnait dans tous les temps des haricots et du maïs. Ils savaient l'heure de ses repas, et le capitaine Joahima venait presque toujours y prendre part avec quelques-uns de ses gens.

Les énormes morceaux de bois que les Botocudos portent aux oreilles et à la lèvre inférieure, sont le signe caractéristique qui les distingue des autres Indiens. Tous ceux qui portent ces bizarres ornemens parlent le même langage, et ont à peu près les mêmes coutumes; mais ils ne forment point un corps de peuple uni par un gouvernement commun. La nation est divisée en tribus (*lotes*), qui ont chacune un chef entièrement indépendant, et qui comprennent environ cinquante à cent hommes d'armes, sans compter les femmes et les enfans.

La dignité des chefs ou capitaines de tribus n'est point héréditaire[1]; on les choisit parmi les plus braves, et souvent, après la mort d'un capitaine, un des membres de la tribu n'attend point qu'on l'élise; il se proclame lui-même chef de la troupe. Les capitaines ont un pouvoir absolu, mais les rapports très-bornés des individus entre eux laissent aux chefs peu d'occasions d'exercer leur autorité. Ils n'ont guère autre chose à faire que de diriger les marches, de conduire leurs hommes à la guerre, et d'apaiser les différends qui s'élèvent presque uniquement à l'occasion des femmes.

---

[1] On a imprimé en Allemagne, d'après de faux renseignemens, que les Botocudos avaient un roi; mais il serait inutile de s'étendre sur cette erreur, qui a déjà été relevée par M. le prince de Neuwied.

À la guerre, les capitaines sont distingués par une manière particulière de peindre leur corps; mais d'ailleurs ils ne portent aucune marque de dignité, et paraissent parmi leurs sujets comme au milieu de leurs égaux.

Les Portugais ont donné différens noms aux Botocudos[1]; mais celui-ci, qui doit son origine à la ressemblance de leurs ornemens avec la bonde de nos poinçons (*botoque* ou *batoque*. Voyez Mor., *Dic.*, 1) est aujourd'hui généralement adopté dans les diverses provinces que j'ai parcourues. Quant aux Botocudos eux-mêmes, ils se donnent aussi différens noms; mais il en est un, celui de *Crecmun*, qui se retrouve avec quelques modifications sur les bords du Jiquitinhonha et ceux du Rio Doce[2].

[1] Les noms d'*Aimurés*, *Aimborés*, *Ambourés*, *Imburés*, *Penachans*, ne sont, je crois, plus en usage; mais j'ai encore entendu dire *Tapuyo*. M. le prince de Neuwied a aussi retrouvé, sur la côte septentrionale, les noms d'*Aimorés* et de *Gherins* ou *Gerens*. D'après les récits de ce savant voyageur, il paraît également que le mot de *Tapuyas* ne s'est point perdu sur le littoral; mais ce nom paraît appartenir moins aux Botocudos en particulier qu'à la sous-race dont ils font partie. Quant au nom d'*Arari* que M. d'Eschwege (*Journ.*, I, p. 88) dit être celui que les Botocudos portaient originairement, je ne l'ai entendu prononcer par personne; cependant Casal dit que le *Rio Preto*, l'un des affluens du Rio Doce, traverse les terres des *Ararys*, et il n'est pas invraisemblable que ces Ararys soient des Botocudos, ou du moins des Tapuyas.

[2] Ce nom de *Crecmun* est employé dans les chansons dont je donnerai la traduction plus bas, et qui sont chantées par

Les Botocudos habitent une immense étendue de pays, mais ils ne sont probablement pas aussi nombreux qu'on le croit généralement ; la terreur qu'ils inspirent les a multipliés, et comme ils mènent une vie errante, on a souvent fait plusieurs tribus de la même troupe qui s'était transportée d'un lieu dans un autre. Le commandant Julião avait été à même de voir toutes les tribus qui habitent les bords du Jiquitinhonha, ou du moins il avait vu la plupart d'entre elles ; il s'était entretenu avec leurs capitaines, et il estimait à environ deux mille individus la population indienne qui avoisine le fleuve [1].

Comme les autres Indiens, les Botocudos ont les cuisses et les jambes menues, les pieds petits, la poitrine et les épaules larges, le cou fort court, le nez épaté, les yeux divergens, l'os des joues très-élevé.

---

les Botocudos de la 7ᵉ division. Le respectable M. Marlière, Français chargé, en 1824, de la direction des Indiens, a trouvé le mot *Cracmun* en usage chez les tribus de la partie méridionale du Rio Doce. Cependant d'autres Botocudos du même pays portent, suivant cet officier, le nom de *Pejaurum*. Il a aussi trouvé celui de *Nacnenũc* à la 7ᵉ division.

[1] Tout ce que je dirai des Botocudos dans ce chapitre et le suivant est le résultat de ce que j'ai observé moi-même, et des renseignemens que j'ai recueillis sur les lieux. Mais je n'ai prétendu peindre que les Botocudos de Minas Novas, et il ne serait point étonnant que d'autres tribus eussent des usages différens, puisqu'il n'existe réellement pas de lien commun entre toutes celles qui composent l'ensemble de la nation.

Cependant on remarque entre ces sauvages et les autres peuplades quelques-unes de ces différences qui, dans la même race, font reconnaître les diverses nations. Ainsi, les épaules et la poitrine des Botocudos ont peut-être plus de largeur que celles des autres Indiens de la province des Mines; leur tête est peut-être moins ronde et leur cou plus court. Ils se distinguent surtout par une physionomie plus ouverte et par un air de gaîté qui bientôt réconcilie avec leur laideur. Ce qui prouve qu'ils sont portés à la joie, c'est que les rides qui naissent du rire sont chez eux très-prononcées. Attachant sans doute à des jambes menues une idée de beauté, ils serrent avec des liens celles de leurs enfans[1], et la plus grande injure que l'on puisse leur faire, c'est de leur dire qu'ils ont de grosses jambes et de grands yeux.

J'ai dit que les Botocudos des deux sexes étaient nus. Il faut cependant que ces sauvages ne soient pas absolument étrangers au sentiment de la pudeur; car le plus souvent les hommes cachent leur nudité, quoique d'une manière fort imparfaite, avec une foliole de palmier.

Pour faire les espèces de tablettes qu'ils mettent à leurs oreilles et à leur lèvre inférieure, les Botocudos emploient le bois des jeunes *barrigudos*. Ces arbres, dans leur langue, s'appellent *emburé*, mot d'où l'on a emprunté un des noms qui ont été donnés à la na-

---

[1] Comme on l'a vu, on m'avait dit à Passanha que cette coutume de serrer les jambes des enfans avait pour but de les rendre plus agiles. Je ne sais trop si cette explication est bien vraie.

tion. C'est quand les enfans commencent à grandir qu'on leur perce la lèvre et les oreilles. On y introduit d'abord un morceau de bois de petite dimension; mais, quand la plaie est bien cicatrisée, on substitue au premier morceau de bois un autre morceau plus grand, et, comme je l'ai dit, ceux des hommes atteignent jusqu'à trois pouces de diamètre. Le bondon ou disque passé dans la lèvre n'en change point la direction, tant qu'il n'a pas plus d'un pouce de diamètre; mais ensuite il entraîne cette partie et prend avec elle une situation horizontale. Par un effort musculaire, l'individu qui porte le bondon peut encore relever assez sa lèvre pour lui donner une position oblique; mais il ne saurait plus l'appliquer contre ses dents, et encore ne la redresserait-il pas, si elle n'était aidée par le morceau de bois lui-même sur lequel elle s'appuie. Le disque ôté, la lèvre reste pendante jusqu'au bas du menton, comme on l'a déjà vu par l'exemple du capitaine Joahima.

C'est avec du rocou que les Botocudos se peignent en rouge, et avec le fruit du *génipayer* qu'ils se peignent en noir. Les femmes et les jeunes gens paraissent se plaire surtout à se barbouiller le corps. Les uns n'ont que des mouches, d'autres des plaques irrégulières, d'autres des bandes qui s'étendent en différens sens; enfin j'en ai vu quelques-uns qui avaient peint de rocou toute la partie supérieure de leur visage jusqu'au milieu des joues.

La prononciation des Botocudos est encore plus barbare que celle des autres nations indiennes. Ne pouvant faire usage de la lèvre inférieure, ils parlent encore davantage de la gorge et du nez; ils ont beaucoup de mots aspirés qui semblent sortir avec effort du fond de leur gosier, et qui, au milieu d'un nasillement guttural extrêmement monotone, produisent des éclats de voix qui surprennent lorsqu'on n'y est pas accoutumé.

Quelques-unes des langues indiennes, dont on trouvera le vocabulaire dans cet ouvrage, ont entre elles des rapports qui indiquent une source commune; mais celle des Botocudos diffère entièrement de ces idiomes; ce qui, avec l'usage des morceaux de bois que ces sauvages placent dans leurs oreilles et dans leur lèvre, tendrait à prouver qu'ils ont une origine particulière. Au reste, malgré les difficultés que présente la langue des Botocudos, il n'est à S. Miguel presque personne qui n'en sache quelques mots, et il s'y trouve même des jeunes gens qui imitent parfaitement toutes les intonations nasales et gutturales de ces sauvages; aussi, pendant mon séjour sur les bords du Jiquitinhonha, ne me fut-il pas difficile de trouver des interprètes.

Je ne voulus pas quitter S. Miguel sans avoir un court vocabulaire de la langue des Botocudos. Je disais des mots portugais à un nègre du commandant qui avait appris l'idiome des sauvages; je faisais répéter les traductions du nègre à un Botocudo de la troupe de JAN-OÉ[1], et j'écrivais ensuite. Après avoir mis sur le pa-

---

[1] Cette troupe, comme on le verra, n'avait encore eu que

pier les mots qui m'avaient été dictés en langage *boto-cudo*, je les lisais à l'Indien de Jan-oé, en me faisant montrer par lui les objets que représentaient ces mots ; quand il ne me comprenait pas bien, je me faisais répéter les mêmes mots par le nègre de Julião, et, après cela, je corrigeais ce que j'avais écrit. Au reste, il est encore moins aisé de peindre par des lettres la langue des Botocudos que celles des autres nations indiennes, car ces sauvages ont plus de sons mixtes; ainsi il est souvent difficile de distinguer s'ils ont prononcé un *a* ou un *o*, un *e* ou un *i*, et ils ont des consonnes qui participent presque également du *b* et de l'*m*, du *z* et du *j*, de l'*l* et de l'*n*, etc. Les Botocudos ont des mots composés et mettent l'adjectif après le substantif. VOCABULAIRE DE LA LANGUE DES BOTOCUDOS. — Dieu, soleil ; *tarú* (l'*r* participe du son de l'*l*).—Tête ; *crén* (prononcez comme le mot français crêne). — Nez; *kizitn*. — Bouche ; *himpma*.— Dents ; *kejune* (l'*e* final ne se fait guère plus sentir que notre *e* muet).— Cheveux ; *kringke*.— Bras ; *ziporoke* (*e* presque muet).— Mains ; *pójéc*.—Doigts ; *pokelinggnate*.— Paume de la main ; *poli* (*i* nasal).—Cuisses; *omaki* (l'*o* se fait à peine sentir). — Jambes ; *maruki* (l'*r* participe du son de l'*l*).—Pied; *macniaki*.—Lune; *taruchicha*.—Genoux ; *kakliſi* (je ne puis dire si ce mot est singulier ou pluriel ; le premier *i* est long et

peu de rapports avec les blancs.—Dans le mot Jan-oé, l'*n* ne se lie pas avec l'*o*. Je trouve aussi dans mes notes le même individu désigné par le nom de *Juanhé* (l'*h* aspiré).

accentué). — La nuque du cou ; *nocniafi* (la dernière syllabe se prononce à peine). — Lecythis ; *tchicórá*. — Eau ; *manhá* (premier *a* fermé).— Feu ; *chimpéki*. — Dormir ; *kukujune* (le dernier *e* se fait peu sentir). —Laver ; *manhakejo*.—Manger ; *noncut*.—Flèche ; *mazike* (l'*a* est nasal ; le *z* participe du *j*; l'*e* final est presque muet). — Arc ; *nême*. — Frère ; *jipará* (le *j* participe du *z*). — Mère ; *japú*. — Femme ; *hocôt*. — Nuit ; *taratatú*. — Pierre ; *kratú*. — Oiseau ; *bacán*. — Fleuve ; *manhanpacajú* (eau grande). — Ruisseau ; *manhanhihi* (eau petite ; *h* aspiré). — Terre ; *nâka* (le dernier *a* participe du son de l'*e* et se fait peu entendre). — Mourir ; *cuém*. — Chien ; *hincon*. — Maïs ; *jitnirun*.— Joli ; *heréhé*.— Beaucoup ; *eruhú*. —Petit ; *hihi*.—Leur hutte, telle qu'ils la font dans les bois ; *kijeme* [1].

Les Botocudos paraissent avoir quelque idée vague de l'immortalité ; mais ils sont probablement étrangers à celle d'un être suprême, ou du moins elle se confond dans leur esprit avec l'idée du soleil [2]. Ce qu'il y a de bien certain, c'est que, songeant uniquement à leurs

[1] J'ai encore employé ici l'orthographe portugaise, en y ajoutant la lettre *k* et l'accent circonflexe des Français.

[2] Leur langue même porte à le conclure, puisqu'ils n'ont qu'un mot pour désigner Dieu et le soleil. On peut voir aussi, au chapitre X, ce qui m'a été dit à ce sujet par le soldat Raimundo Ferreira de Souza. D'après ce que m'a raconté M. le capitaine Jozé Caetano de Mello, les Botocudos ont une sorte de reconnaissance particulière pour la lune, parce qu'elle protége leurs marches nocturnes.

besoins physiques, ils ne s'occupent point de la Divinité, et qu'ils n'ont absolument aucun culte. A la vérité ils ne montrent point d'éloignement pour la religion chrétienne, ils laissent baptiser leurs enfans, et quand ils assistent aux repas des Portugais, ils joignent les mains et font le signe de la croix comme eux; mais il est trop évident que ces marques extérieures d'adhésion à un culte qu'ils ne sauraient connaître, ne sont que le résultat d'une imitation grossière. A la sollicitation du commandant, l'administration a décidé qu'il y aurait à S. Miguel un curé ou chapelain, auquel il serait payé annuellement deux cent mille reis. Cette somme, en y joignant le produit d'un peu de culture, serait bien suffisante pour entretenir un prêtre d'une manière décente; mais, lors de mon voyage, il ne s'était pas encore trouvé un ecclésiastique qui voulût aller catéchiser les Botocudos, et les instituteurs de ces infortunés étaient les habitans corrompus du hameau de S. Miguel.

On assure que, lorsque les Botocudos n'avaient point encore eu de communication avec les Portugais, ils étaient anthropophages, et l'on m'a cité, à l'appui de cette assertion, les deux faits que je vais rapporter. Deux nègres fugitifs s'étaient retirés à peu de distance de Tocoyos, sur le bord d'un ruisseau, près duquel habitait une troupe de Botocudos, et ils s'étaient mis à cultiver la terre. Dans les commencemens, ils vécurent en bonne intelligence avec leurs voisins; mais les Botocudos finirent par les attaquer, et prirent l'un d'eux. L'autre échappa aux sauvages et s'enfuit à Tocoyos, où il raconta ce qui s'était passé. On lui donna quelques hommes pour tâcher de sauver son compagnon ; mais, arrivés au lieu où le nègre avait été pris, ceux-ci ne trouvèrent que ses ossemens amoncelés. Voici le second fait. Lorsque le commandant Julião vint se fixer à S. Miguel, il se joignit à lui une troupe d'Indiens, appelés *Machaculis,* dont je parlerai plus tard, et qui, comme les Malalís, les Macunís, etc., cherchaient parmi les Portugais un asile contre les Botocudos. Ces derniers, s'étant rapprochés des blancs, s'adressèrent un jour à Julião, et lui demandèrent la permission de tuer et de manger les enfans des Machaculis, qui, disaient-ils, étaient fort gras. A ces faits, je n'ai à opposer, je l'avoue, que les dénégations de Firmiano, que j'ai déjà citées, et l'ancienne haine des Portugais contre les Botocudos, haine que l'on peut soupçonner d'avoir été la source de plus d'une calomnie [1]. Quoi qu'il en soit, si jamais les Botocudos du Jiquitinhonha ont été réellement anthropophages, il ne paraît pas qu'on ait aucun reproche à leur faire à cet égard, à présent qu'ils ont tant de rapports avec les hommes de notre race. Ils n'auraient pas, au reste, un grand mé-

[1] Comment, par exemple, ne pas regarder comme une calomnie le récit que fait l'estimable et laborieux Southey, probablement d'après le témoignage de quelque Portugais ? « Quand un prisonnier, dit l'historien du Brésil, tombe entre « les mains des Botocudos, ils sucent le sang de leur vic- « time encore vivante, pour commencer l'abominable fête « dans laquelle sa chair doit être dévorée. » (*History of Braz.*, III, p. 807 et 808.)

rite à ne point manger aujourd'hui de chair humaine; car, à moins de se dévorer entre eux, qui pourraient-ils manger, puisqu'ils vivent en bonne intelligence avec les Portugais, et qu'ils n'oseraient attaquer le petit nombre d'Indiens que les blancs, dont ils connaissent à présent la force, ont pris sous leur protection[1]?

Ce que les Botocudos ont véritablement gagné depuis que des relations continuelles se sont établies entre eux et les Portugais, c'est de ne plus avoir le même penchant pour le larcin. Autrefois ils s'emparaient sans façon de tout ce qui était à leur convenance[2]; mais actuellement ils ne prennent plus; ils se contentent d'obséder par leurs demandes importunes.

---

[1] M. le prince de Neuwied pense que les Botocudos de Belmonte sont anthropophages; mais je ne sais trop s'il appuie cette opinion sur des preuves bien convaincantes, et lui-même en atténue la force par les passages suivans: « Le « singe, dit-il, est l'animal que les Botocudos mangent le « plus volontiers; or, comme par sa structure et son sque- « lette il ressemble beaucoup à un homme, il est possible « que les Européens qui trouvèrent les restes du repas de ces « sauvages les aient, par méprise, accusés d'aimer surtout « à se nourrir de chair humaine..... Des membres de singes « desséchés ressemblent beaucoup à ceux d'un homme, et « peuvent être confondus avec eux. Il en fut peut-être ainsi « de la chair que Vespuce trouva dans les cabanes des sau- « vages. » (*Voyage trad. Eyriès*; II, p. 254 et 286.)

[2] Ce que j'écris ici m'a été dit sur les lieux. Cependant on trouvera dans le chapitre suivant un ou deux faits qui tendraient à contredire cette assertion.

Ils sont très-affectueux pour les blancs, les caressent, les serrent dans leurs bras; mais ils les tourmentent pour obtenir quelque chose d'eux.

Il s'en faut bien que la civilisation des Botocudos du Jiquitinhonha soit aussi avancée que celle des Malalís, des Macunís, etc. Comme je l'ai dit, les premiers ne se sont point encore accoutumés à travailler la terre; ils vivent de la chasse et de la pêche, des racines et des fruits qu'ils trouvent dans les bois ou sur les montagnes.

Chaque capitaine de Botocudos s'attribue une certaine étendue de forêts pour y chasser et y cueillir des fruits. Il ne souffre point que des individus appartenant à d'autres tribus paraissent sur son domaine, et, dans le temps de la maturité des fruits, il envoie des hommes sur ses frontières, pour observer si elles ne sont point passées par ses voisins[1].

Quand ces sauvages vont à la chasse, c'est le capitaine qui partage le gibier. Celui qui en tue quelque pièce n'en reçoit que la plus petite portion, et lorsque l'animal est maigre, il n'y a aucune part. Le capitaine abandonne à sa troupe le gibier qu'il a tué, et n'y touche jamais. Quant aux oiseaux, ils sont réservés pour les femmes. Il y a en général beaucoup d'union

[1] Un des morceaux les plus intéressans de l'ouvrage de M. le prince de Neuwied, est le récit d'un combat qui eut lieu en 1816 parmi les Botocudos de Belmonte, à l'occasion d'un empiétement qu'une tribu s'était permis sur le territoire d'une autre tribu voisine. (*Voyage Bres. Trad. Eyr.*; II, p. 185.)

entre les membres de la même troupe, et, s'il s'élève quelquefois des disputes entre eux, ce n'est jamais pour le partage des animaux tués, mais seulement, comme je l'ai déjà dit, à l'occasion des femmes.

Le temps de la sécheresse est pour les Botocudos l'époque la plus heureuse de l'année, parce que c'est celle de la maturité des *sapucaias*[1] et des cocos, dont ils sont très-friands. Alors ils s'éloignent du Jiquitinhonha; ils se répandent dans les bois pour trouver des *sapucaias*, et sur les montagnes pour cueillir des cocos. Le commandant Julião se plaignait devant moi au capitaine Joahima de ce qu'il ne prenait plus de poissons. Apparemment, répondit ce dernier, qu'ils s'en sont allés aussi pour chercher des cocos.

Il paraît, au reste, qu'il faut attribuer à la grande quantité de *sapucaias* et de cocos que les Botocudos ont mangés pendant la saison froide, les maladies dont presque tous sont atteints au commencement des pluies. A cette époque, la plupart d'entre eux perdent leurs cheveux, et leur peau tombe par écaille.

D'ailleurs ils ne prennent aucune précaution pour leur santé. Couverts de sueur, ils se jettent dans l'eau froide, et ils s'exposent à toutes les intempéries des saisons : aussi ont-ils très-souvent des rhumes et des ca-

---

[1] Tel est le nom que l'on donne au Brésil aux amandes d'un *lecythis* ou *quatelé* commun dans certaines forêts, mais qui, je crois, ne se trouve qu'au nord de Rio de Janeiro. Le goût des *sapucaias* rappellerait peut-être celui de la châtaigne, mais il est plus délicat. L'arbre qui produit ce fruit est un des plus beaux des forêts du Brésil.

tarrhes. Quant aux maladies vénériennes, ils ne les connaissaient point avant de communiquer avec les Portugais, et il paraît qu'elles sont encore très-peu répandues parmi eux. Les seuls remèdes qu'ils emploient sont de se baigner, et de se frotter avec une herbe qui fait lever sur le corps des vésicules remplies d'eau. Cette plante, qui appartient à la famille des euphorbiacées, est appelée *cansanção* par les Portugais, et *teiti*[1] par les Botocudos : la piqûre des poils qui la couvrent est plus brûlante que celle de notre ortie [2].

L'usage prématuré des plaisirs de l'amour et le peu de soin que ces sauvages prennent de leur santé, les vieillissent avant le temps, et il est très-rare d'en rencontrer qui aient atteint un âge avancé ; mais la mort ne leur inspire point de crainte.

Les Botocudos ont un grand soin de leurs parens lorsqu'ils sont malades, et ils les pleurent quand ils les ont perdus.

Ils enterrent leurs morts les bras pliés sur la poitrine, et les cuisses pliées sur le ventre ; et comme ils donnent aux fosses très-peu de profondeur, les genoux sortent presque toujours hors de la terre, lorsqu'elle commence à s'affaisser. Autour de la fosse, ils plantent quatre bâtons d'égale longueur, et ceux-ci en soutiennent d'autres transversaux, sur lesquels ils arrangent des feuilles de palmier, ce qui forme une espèce de petit dais. S'imaginant que l'âme du défunt

---

[1] Peut-être est-ce *terti*.
[2] On verra de quelle manière ils guérissent leurs blessures.

vient errer près de sa fosse, ils ont soin, pour lui rendre cette promenade plus agréable, de nettoyer les alentours du dais qu'ils ont élevé, et ils y attachent des plumes d'oiseaux et du poil des bêtes sauvages auxquelles ils font la guerre. Cependant il paraît que, s'ils regrettent vivement leurs proches, ils ne les regrettent pas long-temps, et ils sont loin d'avoir, pour les ossemens de leurs pères, ce respect qui distinguait les sauvages de l'Amérique septentrionale [1]. Je fis fouiller quelques fosses pour en tirer des crânes, et les Botocudos virent avec la plus grande indifférence emporter des têtes qui avaient appartenu à des hommes de leur nation, et peut-être à des parens ou à des connaissances [2].

[1] Cette vertu des indigènes de l'Amérique du nord, il paraît que les blancs la leur ont fait perdre. Voici comment s'exprime à cet égard un voyageur. « Depuis que les tribus « voisines des frontières ont perdu, par l'exemple et par la « fréquentation des blancs, ces nuances primitives qui distinguent encore les nations des grands lacs; depuis qu'avec l'appât irrésistible des eaux spiritueuses, on les a conduits à la plus honteuse dépravation, ces mœurs, ces traits « distinctifs qui les rendaient jadis respectables aux yeux de « l'observateur, ont entièrement disparu. Ce ne sont plus les « mêmes hommes; ils vendent aujourd'hui leurs terres, sans « penser aux cendres de leurs parens, de leurs amis, et se « contentent d'en réserver quelques milliers d'acres, que le « voisinage des blancs, la rareté du gibier, et leur éternel « mépris pour l'industrie et la culture, les forceront d'abandonner dans un petit nombre d'années. » (*Voyage dans la Haute Pensylvanie*, t. I, p. 332 et 333.)

[2] M. Freyreis, au rapport du prince de Neuwied, a été

Les filles de ces sauvages se marient long-temps avant l'âge de puberté; mais on ne leur donne pas, comme chez les Macunís, des hommes faits pour époux. Deux enfans se conviennent, et on les déclare mariés. Les noces se célèbrent par des danses et par un repas précédé d'une grande chasse. Un mari peut quitter sa femme quand il lui plaît, et l'on fait alors la même fête que pour le mariage. En cas de divorce, les enfans restent avec leur mère tant qu'ils sont en bas âge; mais, quand ils sont devenus grands, ils rejoignent leur père. Les frères et les sœurs, les cousins et cousines ne se marient point entre eux, et, sous ce rapport, les Botocudos se montrent supérieurs à d'autres peuplades indiennes, chez lesquelles, dit-on, les pères ne respectent pas même leurs enfans. Au reste, les Botocudos n'ont pas autant de scrupules pour ce qui regarde la fidélité conjugale. Rien n'est si commun parmi eux que l'adultère; mais le mari châtie sa femme quand il la surprend avec un autre homme, et, dans un cas semblable, la femme, à son tour, châtie son mari, qui reçoit la punition avec docilité [1].

Les femmes des Botocudos vivent dans une très-grande dépendance. Quand une tribu voyage, les

témoin de la même insouciance chez des Botocudos qui sont probablement ceux de Belmonte.

[1] D'après ce qui m'a été dit sur les lieux, les Botocudos du Jiquitinhonha n'ont qu'une femme à la fois; mais M. Marlière, directeur général des Indiens, m'a écrit que ceux du Rio Doce admettaient la polygamie. M. le prince de Neuwied dit aussi que les Botocudos du Rio Belmonte sont polygames.

hommes ne portent que des arcs et des flèches, mais les femmes sont chargées des enfans et des provisions. Ce sont elles qui arrachent les racines, qui cueillent les fruits, qui vont chercher le bois pour faire le feu, qui préparent les alimens et qui construisent les huttes sous lesquelles on se couche. Elles savent faire des pots presque sphériques, semblables à ceux des Macunís. Enfin elles font aussi des sacs de filet, et elles tirent leur étoupe du *barrigudo* et de l'*imbirassú* [1].

On trouve chez les Botocudos une habitude qui, peut-être, ne s'observe chez aucun peuple. Lorsqu'ils font quelque demande, lorsqu'ils sont émus par quelque passion, ils ne parlent plus; ils chantent; mais je ne puis mieux comparer ce chant qu'aux plaintes monotones de nos mendians, entremêlées de grands éclats de voix qui brisent le tympan [2].

Les Botocudos ont un grand respect pour les vieillards. Ils montrent beaucoup de curiosité pour les choses qu'ils ne connaissent pas; il les regardent avec plaisir; mais je ne leur ai jamais vu témoigner le plus léger étonnement. Ils ne pardonnent point les injures,

---

[1] Ce dernier arbre croît dans les *catingas*. Il n'a rien de particulier dans son port; mais son écorce est d'un beau vert-pomme, et peinte de larges veines d'un gris blanchâtre qui s'anastomosent et imitent un réseau à larges mailles. Il n'est pas nécessaire de mouiller l'écorce de l'*imbirassú* pour en tirer l'étoupe; mais il faut faire tremper celle du *barrigudo*.

[2] D'autres fois aussi, ce chant n'est, comme on le verra, qu'un nasillement sans variation.

et cherchent à venger celles que reçoivent eux ou leurs proches. Ils sont gais, hardis et courageux. Ils aiment la guerre, et leurs diverses tribus se la font continuellement. Pour augmenter leurs troupes, les chefs s'enlèvent les uns aux autres des femmes et des enfans, et telle est la cause des divisions qui trop souvent règnent parmi eux.

Comme les autres Indiens, les Botocudos tiennent leurs arcs et leurs flèches de la main droite, dans une position verticale, et ils ont également deux espèces de flèches [1]. Les unes, qu'ils emploient principalement à la chasse, sont terminées par un morceau de bambou très-aigu; les autres, qui, à leur extrémité, ont un morceau de bois, leur servent surtout à la guerre, et ils les empoisonnent avec le suc de quelques herbes vénéneuses [2].

Les Botocudos du Jiquitinhonha ne craignent pas, comme on l'a prétendu, ceux que l'on dit être encore,

[1] Comme je vis les Botocudos tirer de l'arc, lorsque j'allai visiter leur chétif aldea, je me réserve de parler plus bas de l'habileté de ces sauvages à lancer des flèches.

[2] S'il faut en croire M. le prince de Neuwied, les Botocudos de Belmonte ne connaissent point les flèches empoisonnées. — Je me souviens d'avoir vu un jeune Botocudo inviter un Portugais à lui tirer des flèches. Le Botocudo se plaça, à peu de distance, en face du tireur; il voyait la flèche venir et, faisant un mouvement rapide, il la laissait passer. Quand ce jeu eut duré quelque temps, le sauvage voulait absolument que le Portugais prît sa place; mais on pense bien que ce dernier n'y consentit point.

antropophages et auxquels les Portugais font la guerre. Les uns et les autres se rencontrent quelquefois, et ils ne cherchent point à se nuire. Les Botocudos des autres parties de la province racontent aux tribus de Minas Novas le mal que leur font les blancs, et ces dernières en ont conclu qu'il y avait deux espèces de Portugais, les bons, qu'ils connaissent, et les méchans qui habitent les autres divisions.

Les seuls amusemens des Botocudos sont la danse et la musique. Ils chantent souvent; mais ils jouent rarement des instrumens. Ceux qui sont en usage parmi eux sont de petites flûtes faites avec des morceaux de bambous, et une espèce de *birimbao* qui diffère à peine de celui des nègres, mais qu'ils n'ont sans doute pas emprunté de ceux-ci, car il leur était déjà connu, quand Julião arriva à S. Miguel. Leurs chansons sont aussi barbares que leurs mœurs. L'une n'est qu'un catalogue de mots qui n'ont entre eux aucuns rapports. Je vais donner la traduction de trois autres qui, comme on le verra, n'ont pas beaucoup plus de sens. Première. Le soleil se lève; vieille, mets quelque chose dans ton pot, pour que je puisse manger et que j'aille à la chasse. Deuxième. Botocudos, allons tuer des oiseaux, tuer des cochons, tuer des tapirs, des cerfs, des canards, des *zabelés*[1], des hocos, des singes, des *macucos*[2], des serpens, des poissons, des *trairas*, des *piaus*

[1] Espèce de tinamou, qui sans doute est le *tinamus noctivagus*.

[2] Grande espèce de tinamou dont j'ai déjà parlé vol. I, p. 32.

(deux espèces de poissons). Troisième. Botocudos, les blancs sont en fureur; la colère est grande; partons vite; femme, prends la flèche; allons tuer des Botocudos.

On voit que ces sauvages, ainsi que les Macunís, n'ont rien dans leur poésie de cette élévation que l'on s'est plu à attribuer aux Américains indigènes. Les Indiens des livres sont des êtres de raison comme certains personnages de nos comédies. Je n'ai vu dans les véritables Indiens que des infortunés, tout entiers au présent, uniquement occupés de leurs besoins physiques, fort inférieurs à nous et dignes par cela même de toute notre compassion [1].

[1] Considérer les nations indiennes comme étant dans l'enfance de la civilisation, c'est une source d'erreurs qui leur seront toujours nuisibles, parce qu'elles empêcheront qu'on ne gouverne ces nations comme elles doivent l'être. Les Américains indigènes, il faut le répéter dans leur propre intérêt, ne sont point susceptibles de cette haute civilisation à laquelle il a été donné à la race caucasique de pouvoir atteindre. Voici comment s'exprime un voyageur sur les Indiens des États-Unis : « On observe parmi eux une indolence qui les empêche
« de travailler, et leur inspire le mépris le plus profond pour
« la culture; une impatience qui leur fait dédaigner le repos
« d'une vie sédentaire et tranquille, et les entraîne dans les
« chasses les plus éloignées et les plus fatigantes, ainsi qu'à
« la guerre. Ils portent sur leur physionomie l'empreinte
« d'un esprit vide ou enclin à la tristesse.....; ils ont tous
« au même degré l'insouciance et l'imprévoyance pour l'a-
« venir, et, malgré l'expérience des disettes annuelles aux-
« quelles cette funeste disposition les expose, ils n'en devien-
« nent ni plus sages ni plus prévoyants..... Se pourrait-il donc

Excepté les serpens, les Botocudos mangent toutes les espèces d'animaux; ils ne dédaignent pas même les crapauds et les lézards. Tantôt ils font rôtir leurs viandes, et tantôt ils les font bouillir dans les pots fabriqués par leurs femmes [1].

« que, différente de celle des autres hommes, leur imagina-
« tion se refusât invinciblement à la contemplation de l'a-
« venir, et que, comme les animaux, ils fussent destinés à
« ne composer leur vie que du moment présent? La nature
« leur aurait-elle refusé l'étendue de compréhension né-
« cessaire pour apercevoir l'utilité des choses nouvelles? Se-
« rait-il préordonné que jamais ils ne connaîtront la civi-
« lisation et les lois? Cela est très-probable. » (*Voyage dans
la Haute-Pensylvanie*, tom. I, p. 8, 9 et 353.)

[1] « Les Tapuyas, dit M. de Neuwied, ont appris des
« Européens l'usage du sel, et l'on m'a assuré au Brésil que
« cet assaisonnement avait beaucoup diminué le nombre des
« indigènes. Azara pense que les Indiens qui n'emploient
« pas le sel, y suppléent par d'autres alimens salés, par
« exemple, par le *barro* ou glaise salée qu'ils mangent abon-
« damment. Mais la glaise du Brésil n'a pas le même goût
« salin, et je n'ai rencontré, chez les habitans indigènes de
« ce pays, aucun mets salé. » Il est possible que, sur le littoral, il n'existe pas de terrains imprégnés de sel ou de salpêtre; mais ces terrains, appelés *barreiros*, ne sont point rares dans la province des Mines, et l'on m'a dit positivement à Passanha, que les Botocudos de ce pays assaisonnaient leurs alimens avec de la terre salpêtrée. — On m'a aussi assuré à Passanha, que les plantes amères étaient celles que préféraient ces sauvages, et que les Portugais avaient inutilement essayé de manger les mêmes plantes.

Comme les Indiens de Passanha et ceux d'Alto dos Bois, les Botocudos mangent la larve qui se trouve dans les tiges des bambous; mais il paraît qu'ils ne connaissent point l'usage que font les Malalís de cette larve desséchée. Les Botocudos ont aussi coutume de couper une espèce d'arbre dont le bois est fort tendre (probablement le *chorisia ventricosa*); le tronc pourrit; une certaine mouche y dépose ses œufs, et les sauvages mangent les larves auxquelles ces œufs donnent naissance.

Lorsque j'arrivai à S. Miguel, une partie de la troupe de Joahima avait été manger des cocos dans les montagnes. Le jour même, j'allai rendre visite à ceux qui étaient restés, et je retournai les voir le surlendemain. J'entrai dans la maison du capitaine où étaient quelques *giraos* hauts d'un pied à un pied et demi, et où je ne vis d'ailleurs d'autres ustensiles de ménage que quelques poteries. Près de la maison de Joahima, en était un autre qui avait à peine la hauteur d'un homme, et où une famille était entassée. Le reste de la troupe couchait sous une de ces cahuttes que ces sauvages ont coutume de construire dans les forêts. Celle-ci était à peine haute de trois pieds; elle n'avait point la forme régulière d'un berceau, et les branchages dont elle était couverte avaient été jetés sans ordre sur les bâtons courbés qui formaient sa charpente.

A mon arrivée à S. Miguel, j'avais témoigné au commandant le désir d'emmener avec moi un jeune Botocudo. Plusieurs fois il avait fait part de ce désir au capitaine Joahima; mais celui-ci s'était constamment refusé à le satisfaire. Les Portugais, avait-il dit devant moi au commandant Julião, nous ont emmené presque tous nos enfans; ils nous avaient promis qu'ils reviendraient, et cependant nous ne les revoyons point. Lors de ma seconde visite à la demeure des Botocudos, nous réitérâmes notre demande; mais le capitaine répéta ses refus en disant que, voulant cultiver la terre, lui et les siens ne pouvaient se passer de leurs fils. Ensuite il ajouta, d'une manière peu décente, qu'il y avait chez les blancs assez de femmes pour nous donner des enfans, et que nous n'avions pas besoin de venir chercher ceux des Botocudos.

A cette occasion, les Indiens rappelèrent au commandant qu'ils lui devaient la liberté d'un jeune homme qui était présent. Julião, à son retour de Villa Rica, avait rencontré ce jeune homme, que des muletiers emmenaient garrotté; il l'avait délivré, et il l'avait rendu à ses compatriotes. Jusqu'alors j'avais vu les Botocudos mendier avec beaucoup d'instances, en prodiguant les louanges et les caresses; mais, comme ils mettent fin à toutes ces démonstrations affectueuses aussitôt qu'ils sont satisfaits, et que jamais ils ne semblent remercier après avoir reçu quelque chose, je croyais ces Indiens peu susceptibles de reconnaissance. Je me désabusai, en voyant de quelle manière ils parlaient du jeune homme dont je viens de raconter l'histoire; ils entouraient Julião, et ils lui témoignaient avec beaucoup de vivacité combien ils étaient sensibles à l'important service qu'il leur avait rendu.

Après cette petite scène, l'un d'entre eux adressa la

parole au commandant; mais à peine eut-il prononcé quelques mots, que son discours devint un chant monotone, entremêlé d'éclats de voix poussés avec force du fond du gosier. Sa tête se tournait brusquement sur son cou; ses bras se déployaient avec raideur pour se replier ensuite; son corps se balançait sur ses hanches; il avait l'air d'éprouver une espèce d'inspiration. Le commandant me donna l'explication de la harangue qui venait d'être prononcée d'une manière si étrange. L'orateur s'était plaint de ce que lui et ceux qui, pour travailler, étaient restés auprès du poste, n'avaient pas de quoi manger; tandis que leurs amis, qui avaient été chasser et chercher des cocos, trouvaient de la nourriture en abondance. Cette plainte était injuste, car le commandant distribuait continuellement des vivres à ses Botocudos; mais il était impossible de les rassasier [1].

[1] Chez notre espèce, la voracité paraît être en raison directe du défaut de civilisation ou de manque d'intelligence. Ce que celle-ci perd, les facultés purement physiques semblent le gagner. « L'appétit vorace des Hottentots se manifeste, dit Barrow (*Voyage*, vol. I, p. 269), dans leur manière de manger. Ils commencent par couper un animal en grandes et larges tranches plates; ensuite, les découpant en spirale de la circonférence au centre, ils en forment ainsi des lanières de deux ou trois aunes de longueur, et, en un instant, toute la bête est coupée en semblables morceaux......
« A peine ces morceaux sont-ils chauds, que, les saisissant à deux mains, ils en portent un bout à leur bouche, et, dans un instant, une lanière de viande, longue d'une aune, se

Cependant Julião pria Joahima de faire danser sa troupe. Celui-ci rassembla ceux qui la composaient, hommes et femmes, et tous formèrent un demi-cercle serré, en appuyant chacun ses deux bras sur le col de ses deux voisins. Alors une vieille femme, accroupie dans la cahutte de branchages, entonna une chanson d'une voix aigre et tremblotante; la troupe répondit par des sons discordans, en passant, de la manière la plus désagréable, de tons bas aux tons les plus élevés, et en même temps on se mit à sautiller en rond et avec pesanteur, presque sans plier les jambes. Les danseurs qui étaient aux deux extrémités du demi-cercle n'avaient qu'une jambe par terre; l'autre était passée par-dessus la hanche du voisin, et ainsi ces deux individus sautaient sur un seul pied. On m'assura que les Botocudos ne connaissaient pas d'autre danse que celle que je viens de décrire; mais les chants dont ils l'accompagnent sont, dit-on, très-variés.

Quand la danse fut terminée, le commandant engagea les Botocudos à tirer de l'arc, et j'admirai leur extrême dextérité. Leurs flèches sont à peu près de la

« trouve engloutie. » Dans les campagnes de Rio Grande, où, comme on le lira dans ma *troisième Relation*, l'on mène une vie tout extérieure, j'ai vu des blancs manger de la viande avec autant de voracité que les Hottentots eux-mêmes. La partie d'Allemagne la moins renommée pour les productions de l'esprit, est celle dont on accuse les habitans d'être les plus grands mangeurs. Enfin chez nous une véritable gloutonnerie n'est guère le partage que de quelques individus stupides ou abrutis.

grandeur d'un nomme, et lancées par eux, elles s'élèvent si haut, qu'on les perd presque de vue. Au reste, il n'est pas étonnant qu'ils soient si habiles à cet exercice. A peine un enfant sait-il marcher, qu'on lui met entre les mains un arc et des flèches proportionnés à sa taille, et il fait ses premiers essais sur des insectes; il s'exerce ensuite sur de petits oiseaux, et bientôt il est capable d'aller lui-même chercher sa nourriture; avant d'être homme, il n'a déjà plus besoin de ses parens, et il se choisit une compagne. Il résulte de tout ceci que l'affection des pères et des enfans ne doit être pour ces sauvages qu'un très-faible lien.

Le surlendemain de mon arrivée à S. Miguel, des coups de fusil que nous entendîmes dans le lointain, et qui se mêlaient aux sons d'un cor rustique, nous annoncèrent l'arrivée de quelques pirogues. C'était un grand événement pour le hameau. Les soldats du poste répondirent par d'autres coups de fusil. Le commandant et moi, nous nous rendîmes sur le rivage et nous y trouvâmes la plupart des habitans rassemblés. J'avais quelque espoir de voir arriver M. Récamier, négociant français, établi alors à Bahia, et j'éprouvais une émotion que je ne puis décrire, en songeant que ce fleuve qui, dans cette contrée lointaine, allait me réunir à un compatriote, était encore inconnu il n'y avait pas plus de quinze années. Cependant mes espérances s'évanouirent bientôt; les pirogues approchèrent du rivage, et l'on reconnut que c'étaient celles d'un cultivateur des environs qui avait été chercher du sel à Belmonte.

Le jour suivant fut signalé par un événement d'une importance bien plus notable. Jusqu'alors le Jiquitinhonha n'avait servi qu'au commerce du sel et du coton. Le frère du commandant arriva avec des marchandises de toute espèce qu'il avait été chercher jusqu'à Bahia, et ainsi il donna un exemple qui, suivi par d'autres, aura sans doute puissamment contribué à la prospérité du pays; car les articles d'Europe, transportés sur le fleuve, pourront se vendre à S. Miguel à des prix bien plus modérés qu'à Villa Rica, où ils n'arrivent qu'après quinze ou vingt jours de voyage par terre.

Le Jiquitinhonha, qui prend sa source à peu de distance de Tijuco, au lieu appelé *Pedra Redonda*, devient navigable à Tocoyos [1], village situé à quatre-vingt-seize lieues de la mer. De Tocoyos jusqu'à S. Miguel on compte, sur la rivière, environ trente-quatre lieues, et par conséquent on en compte soixante-deux de S. Miguel jusqu'à l'embouchure du fleuve. Entre Tocoyos et S. Miguel, les rochers qui, en certains endroits, s'élèvent du milieu des eaux, rendent la navigation difficile; cependant on n'est nulle part obligé de décharger les pirogues. De S. Miguel à la mer, il faut nécessairement les décharger trois fois; à la *Cachoeira d'Inferno*, qui est à vingt-huit lieues du village; au *Salto Grande* (grande chute), qui en est à quarante-huit lieues [2], et enfin à la *Cachoeirinha*,

---

[1] C'est à tort qu'un voyageur a appelé ce lieu *Tocaya*, et en a fait la capitale du *termo* de Minas Novas.

[2] Suivant Casal, la Grande-Cascade ou Salto Grande est

qui est située à dix-huit lieues de l'Océan [1]. A la Cachoeira d'Inferno et à la Cachoeirinha, il suffit de tirer les marchandises des pirogues [2]; mais, au Salto Grande, où l'eau tombe à pic d'une hauteur que les habitans estiment être de deux cents palmes, il est clair qu'il faut faire passer les pirogues sur la terre [3]. On met huit jours pour arriver de S. Miguel à Belmonte où le fleuve a son embouchure, et dix-huit à vingt jours pour remonter de Belmonte à S. Miguel. L'embou-

occasionée par le passage du Jiquitinhonha à travers la *Serra dos Aimorés*, qui est une portion de la Serra do Mar ou grande chaîne maritime. D'après cela, il est clair que le territoire compris entre cette chaîne et la Cordillière occidentale, forme un plateau beaucoup plus élevé que le littoral.

[1] S'il y a, comme l'avance Casal (*Cor.*, I, p. 79), 4 l. du Salto à Cachoeirinha; que d'ailleurs il y en ait 48 de S. Miguel au Salto, et 18 de Cachoeirinha à l'Océan, il est clair qu'il n'y aurait pas 62 l., mais 70 de S. Miguel à la mer. N'ayant eu aucun moyen de vérifier ces distances, j'ai cru devoir insérer ici la double indication qui m'a été communiquée sur les lieux. J'ai déjà eu occasion de faire observer dans Pizarro une contradiction du même genre, pour une route cependant assez fréquentée, et l'on doit sentir, je le répète, que de long-temps on ne pourra avoir pour l'intérieur du Brésil des distances mesurées avec exactitude.

[2] D'après le récit de M. le prince Max. de Neuwied, il ne doit y avoir à Cachoeirinha que des *rapides*, et probablement il en est de même à la Cachoeira d'Inferno.

[3] Il est évident que, quand le pays sera plus civilisé et peuplé davantage, on trouvera des moyens pour faciliter la navigation du Jiquitinhonha.

chure du Jiquitinhonha à Belmonte forme une espèce de petit port qui n'est accessible qu'aux embarcations; mais, communiquant avec le *Rio Pardo*, par l'intermédiaire d'une autre rivière, ou espèce de canal appelé *Rio da Salsa*, ce fleuve se trouve avoir réellement au moins deux autres embouchures [1]. La ville de Belmonte près de laquelle le Jiquitinhonha se jette dans la mer, pauvre et habitée en grande partie par des Indiens civilisés, n'offre que peu de ressources [2]; mais,

[1] M. le prince de Neuwied, dit qu'à peu de distance de *Canavieiras*, un bras du Rio Pardo, nommé Rio da Salsa se détache de ce fleuve, pour aller joindre le Rio Grande de Belmonte; et ce même Rio Pardo, ajoute le prince, se jette dans la mer par plusieurs branches. Mes renseignemens, malheureusement trop vagues sur ce point de géographie, me font penser que si le Rio Pardo a plusieurs bras, il n'a que deux embouchures navigables.

[2] « Belmonte, dit M. le prince de Neuwied, est une petite
« ville chétive et en partie ruinée; elle fut fondée il y a une
« soixantaine d'années par les Indiens, dont il n'y reste aujour-
« d'hui qu'un petit nombre... Cette ville forme un carré com-
« posé d'une soixantaine de maisons, et renferme environ six
« cents habitans. L'église est située à l'extrémité. Les maisons
« sont des cabanes en terre, fort basses..... L'aspect de toutes
« ces huttes, généralement couvertes en chaume, et celui des
« rues irrégulières et couvertes d'herbes, font ressembler la
« ville à un de nos plus méchans villages. Son seul ornement
« consiste dans la quantité de cocotiers qui, sur cette plaine
« sablonneuse, entourent de toutes parts les habitations, et,
« par la réunion de leurs cimes ondoyantes, forment une es-
« pèce de forêt..... Ses habitans, qui sont tous pêcheurs, de

de là à Bahia, il n'y a que trente-six lieues, et, lorsque le vent est favorable, on peut faire le voyage en vingt-quatre heures, et même dans un temps moins considérable. A l'époque de mon arrivée à S. Miguel, une seule des troupes de Botocudos voisines des bords du Jiquitinhonha, celle de Jan-oé, qui occupait les alentours du Salto Grande, ne s'était point encore rap-

« même que la plupart des campagnards de ce royaume, sont
« très-habiles à conduire une pirogue..... On voit encore
« à Belmonte une race particulière d'Indiens chrétiens et
« civilisés que l'on nomme *Meniens*, et qui se donnent à
« eux-mêmes le nom de *Camacans*. Les restes de leur lan-
« gage, quoique extrêmement corrompu, annoncent leur
« véritable origine, qu'ils connaissent bien. Jadis ils ha-
« bitaient plus haut le long du Rio de Belmonte; les pau-
« listes les en chassèrent, et en massacrèrent un grand
« nombre. Ceux qui échappèrent se réfugièrent vers le bas
« du fleuve, et se fixèrent à l'endroit où est aujourd'hui
« la ville. Ils ont graduellement abandonné leur ancienne
« manière de vivre, et n'ont rien conservé des mœurs des
« sauvages; les uns se sont mêlés aux nègres, et servent
« comme soldats; les autres sont pêcheurs et travaillent à la
« terre. Il n'y a plus que quelques vieillards qui compren-
« nent encore un petit nombre de mots de leur ancienne
« langue. Ils sont très-adroits à tous les travaux manuels;
« ils fabriquent des chapeaux de paille, des corbeilles, des
« filets à pêcher, et des nattes de roseaux (*esteiras*) si bien
« faites, qu'à l'extérieur on ne distingue pas les brins en-
« trelacés : ils sont d'ailleurs bons chasseurs, comme tous
« les Indiens; mais ils ont depuis long-temps échangé l'arc
« et les flèches contre le fusil. »

prochée des Portugais. Cette troupe avait été, à ce qu'il paraît, prévenue contre les blancs par d'autres Botocudos qui vivent dans les environs du Rio Pardo, et auxquels le vieux capitão mór Gonçalves, commandant du pays appelé la *Conquista*[1], n'avait cessé de faire une guerre acharnée. Ce qui prouve au reste que Jan-oé n'était pas fort dangereux, c'est qu'un faible détachement, placé au Salto, suffisait pour le contenir, et l'on verra bientôt que, quand je quit-

[1] J'ai déjà parlé, dans le premier volume de cet ouvrage, du vieux Gonçalves et de la Conquista. Voici ce que dit M. le prince de Neuwied de JOAO GONÇALVES DA COSTA: « C'était un vieillard de quatre-vingt-six ans, encore actif « et robuste; il l'emportait en vivacité d'esprit sur beaucoup « de jeunes gens. On reconnaissait sans peine qu'il avait dû, « dans un âge moins avancé, être doué de beaucoup de vi- « gueur, de courage et de hardiesse..... A l'âge de seize ans, « il suivit son penchant qui le portait à visiter les pays loin- « tains. Il abandonna le Portugal, sa patrie, et vint s'éta- « blir au milieu des montagnes sauvages du Sertão de la « capitainerie de Bahia, où un vaste champ de travail s'ou- « vrit à son ardeur pour plusieurs années. Il combattit avec « beaucoup de résolution et de persévérance les Patachos, les « Camacans et les Botocudos. Il parcourut, avec des dépenses « considérables et les efforts les plus soutenus, des forêts « antiques, navigua le premier sur plusieurs fleuves, tels « que le Rio Pardo, le Rio das Contas, le Rio dos Ilheos, et « une partie du Rio Grande de Belmonte, trouva leurs em- « bouchures dans la mer, et même leurs communications « entre eux. Sur le Rio Pardo, il soutint plusieurs combats « contre les Botocudos..... Quand il commença son établisse-

tai la 7ᵉ division, ce capitaine indien était déjà devenu l'ami des Portugais. Ainsi, la navigation du Jiquitinhonha était parfaitement libre, et elle ne saurait manquer d'avoir sur le pays la plus heureuse influence, puisqu'elle facilitera les communications des habitans avec Bahia, qu'elle ouvrira un débouché à leurs cotons, qu'elle leur fournira les moyens d'avoir du sel et par conséquent d'élever des bestiaux, enfin, qu'elle leur procurera, comme je l'ai déjà dit, à des prix beau-

« ment dans le Sertão, les forêts étaient remplies de bêtes
« féroces. Dans le premier mois, il tua vingt-quatre ja-
« guars, et tous les autres mois un certain nombre qui
« allait toujours en diminuant; de sorte qu'enfin il put
« essayer de créer un *curral* pour le bétail sauvage, ce qui
« eût d'abord été absolument inexécutable, à cause des
« animaux dévastateurs..... Il ouvrit dans les forêts plu-
« sieurs routes; celle qui mène par Tamburil aux frontières
« de Minas Geraes est la plus considérable. Elle lui a coûté
« beaucoup de temps, et a exigé de très-grosses avances,
« que le gouvernement ne lui a pas encore remboursées. »
(*Voyage trad. Eyriès*, III, p. 196, 197 et 198.) L'histoire du Brésil est remplie des noms d'hommes doués d'un courage presque surnaturel, qui s'enfoncèrent dans des solitudes entièrement inconnues, en bravant tous les dangers. Le souvenir de ces hommes ne s'est point encore entièrement effacé de la mémoire des Brésiliens de l'intérieur, et, puisque l'on veut au Brésil avoir une noblesse, il me semble que c'est à des noms aussi remarquables qu'il faudrait la rattacher. Mais à Rio de Janeiro on ne connaît guère que Rio de Janeiro, et l'on méprise un peu trop tout ce qui n'est pas Rio de Janeiro.

coup plus modérés, toutes les marchandises de fabrication européenne [1].

Le Jiquitinhonha n'est pas au reste le seul moyen de communication que les habitans de S. Miguel aient avec la mer. Lors de la création de la 7ᵉ division, Julião reçut l'ordre de s'entendre avec l'*ouvidor* de la *comarca* [2], pour ouvrir par terre un chemin à peu près parallèle au fleuve. L'*ouvidor* fournit une garde d'Indiens qui rendit peu de services, et le chemin fut fait presque tout entier jusqu'à Belmonte, par les soldats de la division. On le négligea pendant la captivité de Julião; mais, tandis que j'étais à S. Miguel, une partie du détachement était employée à le réparer et à le nettoyer [3].

---

[1] Le Jiquitinhonha a encore l'avantage d'être une rivière très-poissonneuse. Les espèces qu'on y pêche, sont celles connues dans le pays sous les noms de *piabanha*, *piampara*, *dourado*, *suruby*, *traira*, *perpitinga*, *roncador* et *bagre*. On trouve aussi dans la rivière de S. Miguel une espèce d'écrevisse ou crevette bonne à manger (*camarão*). C'est sans doute cette écrevisse dont parle M. le prince de Neuwied (*Voyage* trad. Eyr., II, p. 137), et qu'il dit être d'une grosse taille et d'une couleur orange-brunâtre rayée de noir. On la prend, ajoute le même auteur, dans les nasses que l'on a coutume de tendre dans la partie inférieure du Jiquitinhonha ou de Rio de Belmonte.

[2] Probablement de Porto Seguro.

[3] On a écrit, d'après des renseignemens pris sans doute à Villa do Fanado, que plusieurs habitans du *termo* de Minas Novas avaient essayé d'ouvrir une route le long du fleuve

Les détails qui précèdent prouvent déjà combien sont grands les avantages qu'assurerait un établissement formé sur les bords du Jiquitinhonha; et cependant il en est d'autres que je n'ai point encore fait connaître. Depuis S. Miguel jusqu'à l'Océan, le pays est couvert de forêts vierges, qui fourniraient du bois pour toute espèce de construction. La terre est excellente, et produit abondamment le coton, le maïs, le riz, les haricots et les légumes. Le maïs y rend deux cents pour un ; l'espace que l'on ensemencerait avec un alqueire de maïs [1] donne cent vingt arrobes de coton, et trois arrobes et demi de ce coton rend un arrobe, quand il est dépouillé de ses graines [2]. La

jusqu'au Salto; mais que cette route n'était presque plus fréquentée à cause du voisinage de hordes dangereuses d'Indiens sauvages. Ce que je dis ici rectifiera ce qu'il peut y avoir d'inexact dans ces assertions. — M. le prince de Neuwied parle peu avantageusement du chemin des bords du Jiquitinhonha ; mais l'époque de son voyage me paraît coïncider avec celle de la captivité de Julião.

[1] J'ai déjà fait observer que l'*alqueire* n'était pas le même dans toutes les possessions portugaises, mais que M. de Freycinet évaluait celui de Rio de Janeiro à 40 litres. J'ajouterai que, suivant d'Eschwege (*Bras. Neue Welt.*, I, p. 10), l'*alqueire* (et non *algueira*) de Villa Rica équivaut à 2 metze de Cassel; or, Kruse dans son *Comptorist* évalue 17 metze à 23 spints de Hambourg, et le spint a 332 pouces cubes de France. Quant à la livre de Rio de Janeiro, M. de Freycinet l'évalue à 0 kil. 46080.

[2] C'est à S. Miguel que j'ai recueilli les renseignemens

canne à sucre réussit également bien. On a aussi commencé à planter du café, et l'on est fort content du succès. Dans beaucoup d'autres parties de la province, les propriétaires ne trouvent aucun avantage à cultiver plus de maïs qu'il n'est nécessaire pour la consommation de leur maison ; et, quoique d'une valeur plus grande, le sucre et le café ne sauraient non plus être exportés fort loin, lorsqu'il faut employer pour cela des mulets. A S. Miguel, le cultivateur peut embarquer toutes ses denrées sur la rivière ; et si, lorsqu'on aura trouvé un mode d'assolement propre à cette contrée, on est obligé de remplacer les cotonniers par des grains, on trouvera de ceux-ci un débit facile et avantageux à Bahia, ville où ils sont toujours chers, et dont les alentours ne produisent avec abondance que du sucre et du coton.

En jetant les yeux sur le Jiquitinhonha, les rêves que j'avais formés dans ma première jeunesse après la lecture de S. John de Crèvecœur[1], se représentèrent à mon imagination. Je me voyais possesseur de quelques lieues de terrain sur les bords du Jiquitinhonha. J'arrive avec un domestique fidèle et quelques esclaves. On construit à la hâte un abri semblable à celui des Botocudos, pour y passer la première nuit. On est privé d'abord

---

que je donne ici ; mais on sent qu'il doit y avoir quelques différences depuis ce village jusqu'à la mer. Au reste, on verra qu'à quelque distance du hameau, ces différences sont en plus.

[1] *Lettres d'un cultivateur américain.*

de toutes les commodités de la vie ; mais le désir d'en jouir bientôt anime au travail. Une partie des esclaves est employée à couper des arbres, là où l'on doit planter du maïs et du coton pour l'année suivante ; l'autre à construire une cabane. Peu à peu les bois disparaissent autour de ma demeure, et le soleil échauffe de ses rayons une terre sur laquelle il n'avait pas brillé depuis des siècles. Je fais venir des bestiaux ; j'introduis un système d'agriculture raisonnable ; je construis un moulin à sucre, un moulin à scie, et j'ai des pirogues qui vont porter mes récoltes à Belmonte. Bientôt ma cabane se change en une demeure agréable ; j'y joins un potager, et je me fais un jardin anglais, en perçant des sentiers dans la forêt. Une portion de bois plusieurs fois brûlée me procure de gras pâturages ; mes bestiaux, bien soignés, me donnent des fromages et du beurre ; de nombreuses volailles et toutes les espèces d'animaux domestiques animent les alentours de mon habitation. J'introduis des lois dans ma petite république ; mes nègres sont bien nourris, bien habillés ; de petites récompenses les attachent au travail ; des soins, des marques d'intérêt leur rendent leur sort plus supportable et leur font chérir leur maître. Tous sont mariés, et ils finissent par regarder comme leur patrie celle de leurs enfans, et la maison de leur maître comme la leur. Je n'oublie pas non plus les Indiens. Je commence par les attirer autour de ma demeure par de petits présens. Ils sont sûrs de recevoir des vivres toutes les fois qu'ils rendront le plus léger service. Je les forme peu à peu au travail ; ils sentent bientôt l'avantage de cultiver la terre ; ils se fixent auprès de mon habitation, deviennent des voisins utiles, et je complète leur civilisation en les rendant chrétiens. Ce Botocudo, naguère anthropophage, vient dans mon humble chapelle prier pour ses ennemis, et sa fille connaît enfin la pudeur.

CHAPITRE VIII.

NAVIGATION SUR LE JIQUITINHONHA. — ENCORE LES BOTOCUDOS.

L'auteur s'embarque sur le Jiquitinhonha. — Bords de cette rivière ; son cours ; établissemens nouveaux. — *Ilhà do Pão*. — *Serra de S. Simão*. — Lac fameux, appelé *Lagoa do Pao Dourado* ; itinéraires des paulistes. — L'auteur se rencontre avec la troupe de Tujicarama. — Apparition de quelques Indiens de la tribu de Jan-oé. — Arrivée à la *Vigie*. On se retrouve avec la troupe de Tujicaráma. — Le commandant envoie chercher la troupe de Jan-oé ; son arrivée ; réconciliation touchante ; effet de l'eau-de-vie. — Demande d'un enfant faite à Jan-oé. Il amène sa fille au commandant. Portrait de cette jeune Indienne. — Plaintes en chansons. — On se rembarque ; chagrin de la jeune Indienne ; idées contradictoires de l'auteur au sujet de cette enfant. — On s'arrête pour passer la nuit. Travaux du chemin. Bords du Jiquitinhonha jusqu'au Salto Grande. — Désespoir de la jeune Indienne ; la vue des bois lui rend sa gaîté. — Retour à la Vigie. L'Indienne rendue à ses parens. — Un jeune Botocudo s'attache à l'auteur. — Liane, aliment favori des Botocudos. — Blessures, punition de l'adultère. — Huttes des Machaculís. — Trait de probité des Botocudos.

Je témoignai au commandant Julião le désir de naviguer sur le Jiquitinhonha, et il satisfit ce désir avec l'extrême complaisance qu'il n'avait cessé d'avoir pour moi, depuis que j'étais arrivé chez lui. Nous saluâmes le hameau d'un coup de fusil, et nous partîmes munis de toutes les provisions qui étaient nécessaires pour plusieurs jours de voyage. L'immense pirogue que nous montions s'appelait *Villa Rica*; elle avait été construite à S. Miguel, et était creusée dans un tronc d'arbre dont on avait enlevé l'écorce. Nous étions conduits par six hommes dont quatre se tenaient à la proue et deux à la poupe, et qui tous restaient debout, se servant tantôt de rames et tantôt de perches, suivant les besoins de notre navigation. Je vais décrire d'abord le fleuve et le pays qu'il traverse, tels qu'ils s'offrirent à moi pendant les huit lieues portugaises que nous parcourûmes le premier jour de notre voyage.

Sur ses deux rives, le Jiquitinhonha est bordé par d'immenses bois vierges qui s'avancent jusqu'à son lit. La végétation n'a point partout une égale vigueur; mais partout les arbres présentent la verdure la plus fraîche. Dans les terres les moins bonnes, on distingue les troncs grisâtres des grands végétaux; dans les terrains fertiles, d'immenses lianes s'étendent d'un arbre à l'autre, tombent en nappe sur leurs branchages, cachent leur tronc, et ne laissent voir, dans de vastes intervalles, qu'une masse de verdure que l'on croirait appartenir au même végétal, si des nuances dans la couleur du feuillage ne détruisaient cette illusion. Au milieu de tant de végétaux, on regrette de voir si peu de fleurs; cependant, de loin en loin, quelques convolvulacées couvrent de leurs corolles blanches, jaunes ou rouges, les arbrisseaux qui les avoisinent, et forment ainsi sur les bords du fleuve des berceaux élégans.

Jamais le fleuve n'est encaissé entre des terrains à pic; mais presque toujours le rivage s'élève en pentes plus ou moins douces, pour former des collines et quelquefois des montagnes. Souvent ce premier plan a peu de hauteur ; mais de petites montagnes se montrent sur un autre plan, et quelquefois leur sommet offre une croupe arrondie, couronnée de verdure et soutenue par des rochers noirâtres et à pic : on croirait voir ces forteresses qui avaient été construites, dans des temps reculés, sur le bord de nos fleuves d'Europe, et dont les créneaux sont revêtus aujourd'hui de ronces et de fougères.

Le fleuve présente quelquefois une nappe d'eau parfaitement unie ; plus souvent des rocs arrondis d'une couleur obscure s'élèvent du milieu de ses eaux, et, de temps en temps, ils rendent sa navigation difficile. On est obligé de faire glisser les pirogues sur des rochers, et, en certains endroits, il faut qu'elles passent par un canal qui serait trop étroit pour toute autre espèce d'embarcation. Néanmoins, dans l'étendue de rivière que nous parcourûmes le premier jour de notre voyage, une pirogue solide ne court jamais le risque de chavirer, et, dans aucun cas, la navigation ne saurait être dangereuse. En effet, là où le fleuve est profond, ses eaux coulent avec lenteur, et lorsqu'elles passent sur des rochers, elles ont à peine deux ou trois pieds. On sent au reste que dans la saison des pluies, la navigation doit être bien plus facile.

Jusqu'au lieu où nous fîmes halte, nous comptâmes vingt-cinq colons nouvellement établis. Dans les endroits où ils s'étaient fixés, on voyait sur les bords du fleuve, une plantation entourée de bois vierges ; la maisonnette du propriétaire grossièrement construite, s'élevait au milieu de la plantation, et souvent des vaches paissaient aux alentours. Quelques colons n'avaient fait autre chose qu'abattre le bois là où ils devaient planter du coton, et ils attendaient la fin de la saison sèche, pour mettre le feu aux arbres. D'autres n'avaient point encore eu le temps de se construire une maison, et s'étaient formé des cahuttes avec des bâtons enfoncés obliquement dans la terre, réunis à leur sommet comme les chevrons d'un toit, et couverts de feuilles de palmier.

Nous descendîmes chez un de ces colons, et nous vîmes dans une terre vierge des cotonniers qui n'avaient pas plus de six mois, et dont les tiges, hautes de dix pieds, pliaient sous le poids des fruits. Le propriétaire estimait à cent arrobes, avec semences, le produit de sa plantation, et pourtant elle n'avait qu'une étendue de terre que l'on aurait ensemencée avec les trois quarts d'un *alqueire* de maïs. (V. plus haut, p. 181).

Plusieurs îles s'élèvent au milieu du fleuve. A quatre lieues de S. Miguel, nous passâmes devant l'une d'elles, que l'on nomme *Ilha do Pão*, à cause d'une montagne qui la domine, et à laquelle on a trouvé de la ressemblance avec la forme d'un pain. C'est de l'autre côté de cette île, sur la rive droite du fleuve, qu'est le petit hameau habité par ces Machaculís, dont j'ai déjà dit quelque chose, et sur lesquels je donnerai plus bas des détails étendus.

Avant d'arriver à l'endroit où nous fîmes halte, la rivière traverse une chaîne de montagnes peu élevées, que l'on nomme *Serra de S. Simão*[1]. C'est près de cette chaîne qu'un itinéraire des anciens aventuriers paulistes, bien connu dans le pays, place, à ce que l'on croit, le fameux lac appelé *Lagoa do Pao Dourado* (lac du bois doré), où l'on espère encore trouver d'immenses richesses. Le commandant de S. Domingos avait tenté de découvrir ce lac ; guidé par l'itinéraire, il s'était enfoncé dans les forêts, et tout ce qu'il avait vu, assurait-il en ma présence, s'était parfaitement accordé avec les renseignemens laissés par les paulistes. Quelque circonstance l'avait, ajoutait-il, empêché de continuer son voyage avant d'en atteindre le but ; mais, malgré son âge avancé, il se proposait de recommencer ses recherches. Le commandant Julião et l'*ouvidor* de Porto Seguro étaient aussi convenus d'aller ensemble à la recherche du lac dont la découverte fait l'objet de désirs si ardens. Partant l'un de S. Miguel et l'autre des bords de la mer, ils devaient se réunir ensuite. Chacun de son côté suivit l'itinéraire, et crut le trouver parfaitement exact ; mais ils s'étaient mal entendus pour l'époque du départ ; ils ne se rencontrèrent point, et chacun d'eux retourna chez lui[2].

[1] Sans doute un des contreforts de la Serra do Mar.

[2] C'est sur le territoire de la province de Porto Seguro qu'est situé, dit-on, le fameux *Vupabussú*, ou *Grand Lac* qui fut découvert par l'aventurier octogénaire Fernando Dias Paes, et que depuis on appela *Lagoa Encantada* (le lac enchanté), parce qu'on ne pouvait plus le retrouver. La Serra de S. Simão doit faire partie de la province de Porto Seguro ou se trouver sur ses limites ; par conséquent, il me paraît très-

Outre l'itinéraire dont je viens de parler, il en existe encore d'autres que l'on attribue également aux paulistes, et qui annoncent de grandes richesses dans quelques-unes des parties du *termo* de Minas Novas, habitées par les Botocudos. Un soldat, qui m'accom-

vraisemblable que le *Lagoa Dourada* dont il est ici question n'est autre chose que l'ancien Vupabussú. Comme on le verra dans ma deuxième Relation, il existe encore un *Lagoa Dourada* à quelques lieues de S. João d'El Rey; il y en a un autre près du village de *Boa Morte*, sur la route de Villa Rica à *Abaité* (Eschwege, *Bras. Neue Welt.*, I), et il est assez probable que ces lacs doivent leur nom à des récits merveilleux, semblables à ceux que l'on a faits sur le lac de la Serra de S. Simão. Selon M. le prince de Neuwied, on a aussi placé un *Eldorado* dans le voisinage d'un lac où se jette le *Taïpé*; La Condamine parle également d'un *Lagoa Dourada*; autrefois on croyait que le S. Francisco tirait sa source d'un lac dont le voisinage était habité par des hommes qui portaient des ornemens d'or; enfin Arrowsmith place sur sa carte un lac appelé *Laguna del Dorado*, qui, suivant M. de Humboldt (*Tabl. de la Nature; trad. Eyriès*, I), est absolument imaginaire. Ce n'est pas seulement en Amérique que la cupidité a fait courir les hommes après des chimères; mais il est assez singulier que, dans une si grande partie du Nouveau-Monde, on ait constamment mêlé l'idée d'un lac à celle des richesses imaginaires qui ont fait entreprendre tant d'aventures. Si, comme le dit M. de Humboldt, la fable de l'*Eldorado* doit son origine à un rocher de schiste micacé qui s'élève d'un petit lac fangeux; c'est bien là, il faut l'avouer, l'emblême des illusions qui trop souvent séduisent et agitent les hommes.

pagna pendant quelques jours et qui avait vécu parmi ces Indiens, racontait que, dans un des voyages qu'il avait faits avec eux, il avait suivi un des itinéraires des paulistes, et qu'il avait découvert des trésors; mais il ajoutait que, poursuivi par une tribu ennemie de la sienne, il n'avait pu profiter de ces richesses. Cet homme assurait que, si on lui donnait son congé, il retrouverait aisément le lieu où il avait vu de si grandes choses; mais je n'aurais conseillé à personne de lui avancer beaucoup d'argent sur la fortune dont il prétendait être si certain. Quoi qu'il en soit, on a en général la plus grande confiance dans les itinéraires des anciens paulistes, qui, je crois, ressemblent un peu aux oracles des sibylles; beaucoup de gens les savent par cœur, et c'est, dit-on, en suivant l'un d'eux que l'on a découvert le ruisseau de Tres Americanas, naguère si riche en pierres précieuses. Outre le commandant de S. Domingos, j'ai rencontré dans le *termo* de Minas Novas quelques hommes qui, avec de petites troupes, s'étaient enfoncés dans les bois pour y découvrir des trésors. Ainsi l'on voit que les habitans de ce pays n'ont point encore renoncé à l'esprit aventureux qui y conduisit leurs pères.

Quoi qu'il en soit, à l'endroit où le Jiquitinhonha traverse la Serra de S. Simão, il a plus de profondeur, et semble couler à peine. Les montagnes qui s'avancent presque sur ses bords, sont couvertes d'arbres serrés, dont le feuillage est d'un vert sombre, et tout le paysage prend une physionomie austère qu'il n'avait pas eue dans le reste de notre navigation.

Nous fîmes halte sur le bord du fleuve, à un endroit où les hommes occupés à nettoyer le chemin, avaient fait quelques baraques, et nous dormîmes sous ces chétifs abris. Construites pour la plupart avec des bâtons enfoncés obliquement dans la terre et simplement couvertes avec des feuilles de palmier, ces baraques ne pouvaient guère nous garantir du serein ni de la piqûre des moustiques, et cependant nous passâmes une assez bonne nuit.

La journée suivante, nous ne fîmes que six lieues; mais nous fûmes bien dédommagés de la brièveté de notre navigation par les événemens dont nous fûmes les témoins et auxquels nous prîmes part.

Nous étant rembarqués, nous aperçûmes, près du lieu où nous avions couché, une fumée assez épaisse qui s'élevait entre les arbres, à peu de distance du fleuve. « Ce sont sans doute les Botocudos de la troupe de Tujicarama, » dirent les conducteurs de notre pirogue, et dans le même instant, nous vîmes paraître sur le bord du fleuve, plusieurs sauvages, hommes et femmes, qui, en reconnaissant le commandant, donnèrent de grandes marques de joie. Ces Indiens s'avancèrent sur des rochers jusque vers le milieu de la rivière, et nous-mêmes nous descendîmes bientôt sur ces rochers. Le capitaine Tujicaráma, car c'était effectivement lui avec une partie de sa troupe, serra le commandant entre ses bras, en le pressant fortement et à plusieurs reprises contre sa poitrine. Quelques-uns des autres Indiens en firent autant, et je fus également embrassé avec beaucoup de démonstrations de joie. Le commandant distribua des couteaux et des colliers, et nous nous rembarquâmes.

La troupe de Tujicaráma était, comme celle de Joahima, entièrement familiarisée avec les Portugais. Pour une légère rétribution d'alimens, elle aidait de temps en temps les colons du voisinage, et plusieurs des individus qui la composaient savaient déjà un peu de portugais. Dans le moment où nous la rencontrâmes, cette troupe venait de travailler chez un cultivateur, et elle avait reçu des épis de maïs pour son salaire. Ce grain avait été placé par les Botocudos dans deux petites pirogues faites par eux-mêmes. Lorsque nous nous séparâmes des Indiens, quatre d'entre eux s'embarquèrent avec le maïs dans leurs pirogues, et les autres se mirent en marche pour se rendre par terre au poste appelé *Vigia* (Vigie), situé à deux lieues de l'endroit où nous nous étions arrêtés la veille.

Avant que Julião se fût établi à S. Miguel, les Botocudos ne connaissaient point l'usage des pirogues; mais à présent ils savent conduire celles des Portugais. Les hommes de Tujicaráma avaient voulu, comme je l'ai dit, en faire pour eux-mêmes; mais leur coup d'essai réussit mal. Pour se donner moins de peine, ils avaient creusé leurs canots dans des troncs d'arbres très-petits, dont ils n'avaient pas même ôté l'écorce. Les nouveaux navigateurs nous suivaient de loin, et dans un endroit où le courant, resserré entre deux rochers, coule avec rapidité, nous vîmes les pirogues chavirer avec le maïs et les paquets de flèches dont elles étaient chargées.

Quand nous fûmes sur le point d'arriver à la Vigie,

le commandant me montra, sur la rive gauche du fleuve, un endroit d'où la troupe du capitaine Jan-oé avait tiré sur un sergent de la division. Dans ce lieu même, nous vîmes une fumée obscure sortir du milieu des arbres, et un instant après, deux Indiens parurent sur le rivage. L'un des deux avait le corps barbouillé de noir, et de loin nous l'aurions pris pour un nègre, si une partie de son visage n'eût paru conserver sa couleur naturelle. Ces deux hommes nous crièrent qu'ils ne feraient point de mal aux Portugais, et nous engagèrent à aborder auprès d'eux. Le commandant, ne voulant pas se fier imprudemment à leur parole, nous fit longer la rive droite du fleuve, et bientôt nous arrivâmes à la Vigie.

Là sont ordinairement postés quelques soldats chargés de protéger la navigation du fleuve. La maison qu'ils occupent a été bâtie sur une colline; elle est fort petite, mais elle suffit pour le nombre de militaires qui y sont cantonnés.

Peu d'instans après être sortis de notre pirogue, nous vîmes arriver par terre la troupe de Tujicaráma. Les naufragés nous racontèrent leur mésaventure avec beaucoup de gaîté, et paraissaient fort peu sensibles à la perte de leur maïs et de leurs flèches.

Cependant les deux Indiens que nous avions vus sur l'autre rive, et qui appartenaient à la troupe de Jan-oé, continuaient à demander avec instance que l'on vînt les chercher, et assuraient que leurs intentions étaient pacifiques. Cédant à des prières si persévérantes, le commandant envoya notre pirogue vers le rivage opposé du fleuve, et fit monter un de ses gens avec plusieurs Indiens de la troupe de Tujicaráma. Bientôt la pirogue se remplit d'hommes et de femmes de la tribu de Jan-oé, et ce chef y entra comme les autres. A peine débarquée, toute la troupe se mit à courir et monta la colline en se dirigeant vers le lieu où nous étions nous-mêmes. Là, ce Jan-oé, qui jusqu'alors avait inspiré tant de terreur dans tout le voisinage, se jeta dans les bras du commandant, le serra contre sa poitrine et me fit ensuite de semblables caresses, disant qu'il voyait bien que les Portugais n'étaient point des méchans, et promettant de ne jamais leur faire aucun mal [1]. La troupe de Tujicaráma, qui, alliée des Portugais, avait jusqu'alors regardé comme ennemie celle de Jan-oé, se mêla avec elle. Sans parler du passé, le commandant engagea tout le monde à vivre en bonne intelligence, et promit des haches et des couteaux aux hommes qui voudraient travailler. Tous ces bons Indiens exprimaient la joie la plus vive ; ils nous serraient dans leurs bras, nous

[1] Jan-oé est probablement le même que ce *Jonué* dont parle M. le prince de Neuwied. « Celui-ci, dit-il, erre « ordinairement sur la rive septentrionale du Rio de Bel-« monte, à peu près à huit jours de route au-dessus de l'île « Cachoeirinha. Il n'a jamais voulu écouter aucune propo-« sition de paix. Ses compatriotes l'ont nommé *Jakiiam* « (belliqueux), à cause de son caractère vaillant. Ses gens « ont quelquefois fait signe aux canots qui passaient d'ap-« procher, puis les ont accueillis à coups de flèches. » Le prince parle aussi d'un Jonué Coudgi, autre chef, fils du précédent.

pressaient contre leur sein, et se donnaient réciproquement les mêmes marques d'amitié. La femme de Jan-oé, qui pouvait avoir de 45 à 50 ans, allait de l'un à l'autre et nous serrait aussi entre ses bras, en répandant des larmes. Alors nous distribuâmes une bouteille d'eau-de-vie entre les deux troupes; mais les hommes de Tujicaráma, qui depuis long-temps connaissaient cette boisson, en auraient voulu une ration plus forte, tandis que ceux de Jan-oé, qui avaient eu jusqu'alors peu de communications avec les Portugais, paraissaient étonnés et presque honteux, après avoir avalé quelques gouttes de la liqueur enivrante.

Comme la tribu de Tujicaráma avait déjà abandonné ses enfans aux Portugais, nous demandâmes à Jan-oé s'il consentirait à me laisser emmener un petit garçon de sa troupe. Il nous répondit que tous étaient allés chercher des cocos à quelque distance de la rivière, mais en même temps il nous offrit une petite fille. Le commandant accepta cette offre, et m'assura qu'il serait très-facile d'échanger dans le voisinage la petite fille contre un enfant mâle. Jan-oé repassa la rivière, et, au bout de peu d'instans, il amena une jeune Indienne, âgée d'environ douze ans, dont il nous apprit qu'il était le père. Il la remit, avec de grandes marques de joie, entre les mains du commandant; et, accompagnant ses paroles de gestes fort indécens, il dit à ce dernier qu'il lui donnait sa fille pour qu'il la rendît mère. La petite Indienne était fort blanche; elle avait des yeux très-spirituels, et montrait beaucoup de vivacité et de gentillesse. Toute la partie inférieure de son corps jusqu'aux hanches, ses bras et ses côtés etaient barbouillés de noir, et il ne lui restait de blanc que la tête et deux larges bandes, l'une par-devant et l'autre par-derrière. Après avoir reçu cet enfant, nous lui donnâmes des confitures (*doces*) et des bracelets ; nous fîmes quelques présens au père, et nous distribuâmes des couteaux et des colliers de verre à toute la troupe [1].

Lorsque nous avions donné de l'eau-de-vie à la troupe de Jan-oé et à celle de Tujicaráma, un jeune homme de cette dernière troupe, dont la figure annonçait beaucoup d'esprit et de vivacité, s'était déjà plaint, en chantant, de ce que sa portion n'était pas assez forte. Quand il nous vit faire des présens à Jan-oé, il se remit à chanter ; sa figure était animée, ses yeux étaient pleins de feu, ses mouvemens vifs, et il promenait horizontalement de droite à gauche, et de gauche à droite, un paquet de flèches qu'il tenait des deux mains. Tout le monde l'écoutait en silence. Lorsque son chant, qui dura assez long-temps, fut terminé, j'en demandai l'explication, et l'on me dit qu'il avait reproché au commandant de ne rien donner à lui et à sa bande qui vivaient continuellement avec les Portugais et travaillaient pour eux, tandis que la troupe de Jan-oé, qui n'avait eu d'autre peine que de passer la rivière, avait été comblée de présens.

[1] Ce fut M. Julião qui eut l'honnêteté de se charger de tous les frais de ce petit voyage ; et, quoique je parle ici collectivement, ce fut encore lui, je crois, qui fit tous les présens, ou du moins qui les fit à peu près tous.

Parmi les Botocudos qui nous environnaient, plusieurs étaient parés d'ornemens bizarres. L'un avait son front garni d'une bande de peau de chat sauvage; un autre portait sur la tête une sorte de diadême de plumes jaunes unies avec de la cire, et disposées en manière de rayons. Celui qui s'était montré sur l'autre rive, à notre arrivée à la Vigie, et dont j'ai déjà eu occasion de parler, était barbouillé de noir à peu près depuis le bas du mollet jusqu'à la lèvre, et il avait la partie inférieure de la jambe et le haut de la tête barbouillés de rouge. Ce jeune homme, âgé d'environ quinze à seize ans, était extrêmement affectueux; il nous serrait continuellement dans ses bras, le commandant et moi, et il ne nous quitta pas un seul instant pendant tout le temps que nous passâmes à la Vigie.

Cependant les parens et les amis de notre petite Indienne s'en séparèrent bientôt. Le père la quitta fort content, sans lui faire la plus légère caresse, et il n'y eut que deux ou trois femmes qui lui adressèrent quelques mots, en lui passant la main sur la joue. Jusqu'au moment du départ, l'enfant avait paru très-satisfaite, et ne montrait aucun embarras; mais lorsque ses parens la quittèrent, elle serra dans ses bras le commandant qui lui avait fait beaucoup de caresses; quelques larmes lui vinrent dans les yeux, et elle cacha son visage sur la poitrine de celui qu'elle semblait s'être choisi pour protecteur. Cependant, au bout de quelques minutes, sa tristesse se dissipa; elle se remit à manger ses confitures et s'embarqua avec nous, en paraissant fort contente. Sa bonne humeur se soutint pendant quelque temps dans la pirogue ; mais ensuite elle s'endormit, et, à son réveil, nous la vîmes fondre en larmes. Elle s'adressait tantôt au commandant, tantôt à moi, tantôt à nos rameurs, et elle nous conjurait de la ramener à ses parens. Nous lui prodiguions les caresses, nous cherchions tous les moyens de la distraire ; mais à peine pouvions-nous réussir à faire trêve à sa douleur pour quelques instans. Enfin, prenant un air de gaîté, elle nous promit que si nous voulions la rendre à sa famille, en lui donnant des bracelets et un collier, ses parens la remplaceraient par un petit garçon. Voyant que son offre n'était point acceptée, elle recommença à pleurer; puis tout à coup, interrompant ses larmes, elle nous offrit de l'échanger contre deux petits garçons, puis contre trois, puis contre quatre. Dans le premier moment, enchanté de sa gentillesse, j'avais dit à Julião que j'étais presque tenté de la garder, et celui-ci avait paru charmé de cette idée. Cependant les réflexions survinrent bientôt, et me firent voir une foule d'inconvéniens dans l'exécution de mon projet. Il était bien clair qu'au milieu de mes occupations et de mes voyages, je ne pouvais élever la petite Indienne d'une manière convenable. Mais en même temps, il me semblait que le ciel avait eu des vues sur cette enfant, puisqu'il avait permis qu'elle fût remise entre mes mains ; et je me demandais si je ne devais point me considérer comme étant chargé d'elle, et destiné à la rendre chrétienne. D'un autre côté, je ne pouvais croire que jamais nous rencontrassions ses parens, et je craignais qu'en l'échangeant chez un cultivateur contre un petit garçon, elle ne fût pas aussi bien traitée par ses nouveaux hôtes que je l'aurais désiré. Ces pensées contradictoires me tourmentèrent à peu près pendant tout le reste de notre navigation; mais enfin nous nous arrêtâmes à quatre lieues de la Vigie, et par conséquent à quatorze lieues de S. Miguel, au lieu où alors on était occupé à travailler au chemin qui conduit à Belmonte.

Nous nous étions déjà arrêtés plusieurs fois dans le cours de notre navigation, pour visiter le chemin, et partout je l'avais trouvé bien nettoyé et assez large pour une voiture. Le travail consistait principalement à abattre les arbres dans la largeur de la route, à enlever les troncs et les branchages, et enfin à former des pentes pour rendre plus facile le passage des ruisseaux.

Au-delà de la Vigie, nous n'avions plus trouvé aux rivages du Jiquitinhonha l'élévation qu'ils avaient auparavant. C'est à droite et à gauche une immense plaine qui est couverte de bois, et qui serait propre à tous les genres de culture. Cette plaine, me dit le commandant, se continue jusqu'au Salto Grande, et dans cet espace, qui est de vingt-deux lieues, le terrain, lors de mon voyage, était encore sans habitants et sans propriétaires.

Nous couchâmes, comme la veille, au bord de la rivière, sous une de ces petites baraques faites par les militaires qui travaillaient au chemin. La petite Indienne, en se levant, se remit à pleurer et à faire les mêmes offres d'échange. Cependant on nous apporta un de ces serpens appelés *surucucú* (*bothrops suru-*

cucú, Spix), que l'on dit être extrêmement dangereux, et qui, à ce que l'on prétend, produisent un sifflement aigu. De temps en temps, l'Indienne prenait le serpent mort, elle courait sur l'un de nous, et, en voyant notre effroi, elle poussait de grands éclats de rire qui, pour quelques instans, interrompaient ses pleurs. Pendant que j'arrangeais des plantes, le commandant alla voir ses ouvriers, et l'enfant resta auprès de moi. Son chagrin devint alors un véritable désespoir; elle arrachait le linge que nous lui avions donné pour la couvrir; elle allait vers le rivage; elle revenait à moi, et me montrait la pirogue. Je faisais, pour la consoler, d'inutiles efforts, et j'étais véritablement désespéré de m'être chargé de cette enfant. Je m'avisai heureusement de la conduire dans l'intérieur de la forêt. A la vue des bois, toute sa gaîté reparut; elle marchait avec tant de promptitude que j'avais de la peine à la suivre; et ayant remarqué que je ramassais des insectes, elle se mit à en chercher avec moi. Nous suivions ensemble le chemin qu'on venait de nettoyer. Jusqu'alors j'avais vu peu de bois vierges aussi beaux que ceux où nous nous promenions. Les lianes n'y sont pas très-nombreuses, mais les arbres y montrent une vigueur surprenante; leur tronc, parfaitement droit, s'élance à une très-grande hauteur, et la route s'étend sous un berceau élevé de branchages impénétrables aux rayons du soleil.

Jusqu'à cet endroit, nous avions fait moi et Julião quatorze lieues sur le Jiquitinhonha. Nous n'allâmes pas plus loin. Nous partîmes le lendemain de très-bonne heure pour retourner à S. Miguel, et comme nous remontions le fleuve, nous mîmes un jour de plus dans notre navigation.

Arrivés à la Vigie, nous y vîmes reparaître une partie de la troupe de Tujicaráma, et bientôt, à ma grande satisfaction, les hommes de Jan-oé nous appelèrent à grands cris de l'autre côté du fleuve. Nous les envoyâmes chercher, et aussitôt qu'ils furent à terre, notre petite Indienne courut au-devant d'eux; mais tous la repoussèrent. J'avais parlé au commandant des inconvéniens que je trouvais à emmener cette enfant; je sentais parfaitement que, si je la rendais chrétienne par le baptême, je ne pouvais en faire une chrétienne vertueuse, et je désirais ardemment la remettre à sa famille. Rejetée par les siens, l'enfant prit la fuite du côté des bois; mais le commandant la rattrapa bientôt, et voyant que je désirais ne pas la garder, il la pressa contre sa poitrine, la renvoya vers ses compatriotes, et depuis nous ne la revîmes plus. L'idée d'être la cause du malheur de cette enfant m'était devenue insupportable; son départ me rendit le repos.

Parmi les Botocudos de Jan-oé était revenu ce jeune homme barbouillé de noir, qui nous avait fait tant de caresses la première fois qu'il nous avait vus. A notre retour, il ne fut pas moins affectueux; il s'attacha à nos pas, et, sans cesse, il nous serrait contre sa poitrine. Je lui demandai s'il voulait s'en aller bien loin avec moi; il me répondit que oui, et, dès-lors, j'augmentai mes caresses, et le considérai comme un être dont je devais tâcher de faire le bonheur. Nous lui donnâmes de vieux habits dont il fut enchanté, et nous le fîmes coucher auprès de nous.

Les autres Botocudos, lorsqu'ils arrivèrent, portaient des paquets d'une liane grosse à peu près comme un tuyau de plume qui avait été grillée sur le feu. Cette liane est un des alimens favoris de ces sauvages; mais, avant de la manger, ils ont soin d'en enlever l'écorce. Je voulus y goûter, et je lui trouvai la saveur qu'ont les racines du manioc doux [1].

Plusieurs des sauvages que nous vîmes ce jour-là, portaient sur leurs bras les cicatrices d'entailles longues d'un ou deux pouces. Ces entailles leur avaient été faites par leurs femmes; et c'est là le châtiment que chacun des époux inflige à l'autre, lorsqu'il le surprend en adultère. Pour guérir ces blessures et celles qu'ils reçoivent à la guerre, les Botocudos expriment sur elles le suc d'une plante laiteuse, qui leur est connue et qui leur procure une prompte guérison.

Quand nous quittâmes la Vigie, nous fîmes monter dans la pirogue notre jeune Botocudo, et un boiteux qui appartenait également à la troupe de Jan-oé. Tous les deux furent très-gais pendant notre navigation. Lorsque nous sortions de la pirogue, mon Botocudo

[1] M. le prince de Neuwied dit que les Botocudos appellent cette liane *atcha*, et il ajoute que c'est probablement une espèce de *begonia* (*Voyage trad. Eyriès*, II, p. 258). Cela, je l'avoue, ne me paraît guère vraisemblable, car il n'existe pas, du moins à ma connaissance, de *begonia* grimpante. Si je pouvais me fier à des souvenirs très-confus, je serais porté à considérer la plante dont il s'agit comme une aroïde.

prenait mon porte-feuille, et il ne cessait de me faire des caresses.

De temps en temps nous suivions le chemin pratiqué sur le bord du fleuve, et, dans une de ces promenades, je vis les huttes que construisent les indiens Machaculis, lorsqu'ils vont chasser dans les forêts. Ces huttes n'ont pas plus de quatre pieds; mais elles sont faites beaucoup plus régulièrement que celles des Macunis, et surtout des Botocudos, et elles forment de très-jolis berceaux.

Entre la Vigie et l'Ile au Pain, nous vîmes accourir sur le rivage un homme de la troupe de Tujicarama, qui nous rapportait un sac de poudre et de plomb que nous avions oublié. En général, je ne pouvais m'empêcher d'admirer la probité des Botocudos, bien différens en cela de tant d'autres nations indiennes, qui ont pour le larcin un penchant si marqué. On m'avait assuré, comme je l'ai déja dit, que les Botocudos avaient montré jadis le même défaut, mais qu'ils s'en étaient corrigés, depuis qu'ils avaient des rapports très-fréquens avec les Portugais. Cependant, quoique la troupe de Jan-oé se fût jusqu'alors peu rapprochée des blancs, elle ne nous avait rien enlevé, et pourtant il lui eût été bien facile de nous dérober quelque chose, puisque notre bagage était à la Vigie dispersé çà et là.

CHAPITRE IX.

LES MACHACULIS. — RETOUR A S. MIGUEL. — GUERRE ENTRE LES BOTOCUDOS. — RÉFLEXIONS SUR LA CIVILISATION DE CE PEUPLE.

Visite aux Machaculis. — Histoire singulière de ces Indiens. — Leur paresse. — L'once noire. — Ils veulent quitter les environs de S. Miguel. — Leur capitaine. — Description de leur aldea. Vêtemens. Nourriture ; patates. Industrie. Affections des pères pour leurs enfans. Langage ; vocabulaire. — Arrivée de l'auteur à S. Miguel. — Visite de la troupe d'ARIARI. — Le jeune Botocudo qui s'était attaché à l'auteur prend la fuite. — Guerre entre les Botocudos. — Réflexions générales sur la civilisation de ces Indiens.

Quand nous fûmes arrivés à l'Ile au Pain (*Ilha do Pão*), j'engageai le commandant à aller faire une petite visite à ces Machaculis, qui, comme je l'ai dit, se sont établis sur la rive droite du fleuve, et nous nous rendîmes à leur aldea.

Il y a déjà long-temps que cette peuplade s'est rapprochée des Portugais, fuyant, comme les Malalis, les Monochós, les Macunís, etc., les poursuites des Botocudos, ennemis de toutes les autres nations indiennes. Les Machaculis[1] allèrent d'abord chercher un

---

[1] Ce nom est sans doute une corruption de celui de *Machacaris*, qu'au rapport de Southey, l'on trouve dans le

asile à *Caravellas*, où l'on fit beaucoup de dépense pour leur inspirer le goût du travail. Paresseux comme le sont tous les indigènes, amis de l'indépendance, habitués à une vie errante, passionnés pour la chasse, ils ne s'accoutumèrent point à cultiver la terre. On se lassa enfin de faire pour eux des sacrifices, et on les abandonna. Ces Indiens, voyant qu'on ne les nourrissait plus et qu'on avait cessé de leur donner du fer et des vêtemens, quittèrent les bords de la mer; ils traversèrent les bois, et arrivèrent, à peu près vers 1801, auprès de Tocoyos. Lorsqu'ils étaient encore à Caravellas, on les avait baptisés et ils avaient tous appris un peu de portugais; mais voulant retrouver à Tocoyos les mêmes avantages qu'à Villa de Caravellas, ils employèrent la ruse; ils feignirent de sortir pour la première fois des forêts, et se présentèrent, sans dire un mot de portugais, en faisant des signes, pour montrer qu'ils voulaient devenir chrétiens. Les habitans de Tocoyos furent dupes de cette supercherie, et écrivirent à Villa Rica qu'une nation indienne, jusqu'alors inconnue, était arrivée au milieu d'eux, qu'elle montrait les meilleures dispositions, et demandait le baptême. Sur-le-champ, l'administration accorda des secours pour civiliser les nouveaux venus; on leur donna du fer et des vêtemens; on leur fit construire une chapelle; on leur envoya un prêtre; on chargea un directeur de les instruire, et en même temps on

catalogue de nations indiennes, dû à Hervas. (*Hist. of Braz.*, I, p. 225.)

plaça auprès de Tocoyos un détachement militaire, pour maintenir le bon ordre. Malgré tous ces efforts, on n'obtint point à Tocoyos de plus heureux succès qu'à Villa de Caravellas ; les Machaculís profitèrent des bienfaits des Portugais, mais ils ne devinrent pas plus laborieux. Cependant la supercherie de ces Indiens ne fut pas toujours un secret. Elle fut découverte par le capitaine João da Silva Santos qui, lorsqu'il reconnut le cours du Jiquitinhonha, ne fut pas peu étonné, en arrivant à Tocoyos en 1804, d'y retrouver ces Machaculís, pour lesquels on avait fait tant de dépenses dans la *comarca* où il était capitão mór.

Cependant le changement de pays devint bientôt funeste à ces Indiens. Accoutumés à l'air humide des bords de la mer, ils ne purent supporter le climat sec de Tocoyos ; ils se mirent à manger de la terre, et il en mourut un grand nombre [1]. Ignorant ce qui se passait à Tocoyos, la junte de Villa Rica, chargée de ce qui concerne les Indiens, consacrait toujours à la civilisation des Machaculís des sommes assez considérables ; mais enfin la *camara* du *termo* de Minas Novas fit

[1] Cette maladie est commune sur les bords de la mer dans a partie méridionale de la province de Saint-Paul ; et, comme on le verra bientôt, il y a aussi des mangeurs de terre dans le Sertão ou le Désert de la province des Mines. Peut-être ne serait-il pas sans intérêt pour ceux qui s'occupent d'hygiène de savoir d'une manière précise au bout de combien de temps le changement de climat commença à agir sur les Machaculís ; mais je ne puis malheureusement le dire avec une entière exactitude.

connaître le véritable état des choses, et l'on envoya à Tocoyos un officier qui y trouva à peine vingt à trente Indiens. Il fit son rapport, et il engagea l'administration à ne plus rien dépenser pour les Machaculís, mais à les distribuer parmi les colons du voisinage. On adopta ce plan. Cependant, lorsque la 7e division fut créée, on réunit toute la peuplade, pour en tirer parti, dans le cas où l'on serait forcé de faire la guerre contre les Botocudos. Les Machaculís suivirent le commandant Julião à S. Miguel, où on leur donna des terres; mais, comme les soldats de la division courtisaient leurs femmes, ils demandèrent au commandant la permission de quitter le hameau, et ils allèrent s'établir plus près de l'embouchure du fleuve. Quelques-uns d'entre eux qui étaient restés dans la province de Bahia sont venus rejoindre les autres, et ils sont à présent environ une centaine [1].

Seize ans de séjour parmi les Portugais de Minas

[1] En 1816, M. le prince Max. de Neuwied retrouva encore sur le littoral, près de *Villa do Prado*, non loin de Caravellas, un aldea composé de quatre familles de Machaculís, peuplade à laquelle il donne le nom de *Machacalís* ou, comme Hervas, celui de *Machacarís*. Je ne sais trop même s'il ne faut pas conclure des récits du prince, qu'outre ces quatre familles, il existe encore d'autres Machaculís dans la province de Bahia. Quoi qu'il en soit, ce que je dis plus haut démontre assez, je crois, qu'on a induit en erreur le même savant, quand on lui a dit que non-seulement les Machaculís, mais encore les *Panhamís* et d'autres tribus, s'étaient fixés à Ilha do Pão, et y avaient établi des plantations.

Novas n'ont point encore donné aux Machaculís le goût de la culture ; ils préfèrent toujours la pêche, la chasse et la vie des sauvages aux occupations des peuples civilisés ; mais le commandant Julião et les propriétaires du canton, disent que, si ces Indiens ne plantent pas, ils savent très-bien recueillir : ils s'enfoncent dans les bois, à l'époque des défrichemens et des semailles, et ils reviennent, lorsque la récolte se fait dans leur voisinage. Quand ils se retirent ainsi, ils prétendent que c'est par l'ordre d'une Once noire[1] qui vient leur parler pendant la nuit, et ils assurent qu'elle leur annonce que, s'ils ne s'en vont pas, les Botocudos viendront les tuer ou qu'ils éprouveront quelque autre malheur. Peu de temps avant notre navigation sur le Jiquitinhonha, ils avaient conté à un colon des bords du fleuve, chez lequel nous couchâmes, que l'Once noire leur avait prédit qu'elle mangerait ses bestiaux. « Si l'Once vient manger mes bestiaux, avait répondu le cultivateur, je lui tirerai des coups de fusil ; si ce sont les Machaculís, je leur en tirerai de même. » Après cette déclaration, ces Indiens s'étaient retirés honteux et mécontens du peu de succès de leur supercherie.

A l'époque de mon voyage, les Machaculís avaient formé le projet de quitter le pays ; mais le commandant en fut averti secrètement par le colon dont j'ai parlé tout à l'heure. Lorsque nous arrivâmes à l'aldea, Julião fit venir le capitaine de ces Indiens, et il lui dit

---

[1] La variété noire du jaguar.

qu'il ne voulait pas gêner la liberté de sa troupe, que les Machaculís pouvaient se retirer s'ils le jugeaient convenable, mais qu'il n'était pas juste que leurs voisins cultivassent toujours pour eux, et que s'ils s'en allaient dans la saison du travail et des défrichemens, on ne les laisserait point revenir pour l'époque de la récolte. Après avoir nié qu'il eût envie de se retirer, après avoir dit qu'il ne voulait que faire une chasse dans le voisinage, le capitaine des Machaculís finit par avouer qu'il avait véritablement formé le dessein d'abandonner le pays pour n'y plus revenir. « Ma troupe, dit-il à Julião, n'est point accoutumée à vivre uniquement de maïs et de patates; elle a besoin de manger de la viande; dans ce canton le gibier a été détruit par les Botocudos; si le commandant nous le permet, nous irons nous établir plus bas, mais toujours sur les bords du fleuve. » Alors il indiqua le lieu où il voulait se fixer, et le commandant, trouvant sa demande raisonnable, lui permit de faire ce qu'il désirait. Établis sur les rives du Jiquitinhonha, et à peu de distance du chemin, dans un lieu où il n'y avait point encore de colons, les Machaculís n'auront pas été sans doute entièrement inutiles aux voyageurs.

Le capitaine de ces Indiens avait été élevé parmi les Portugais, et ne savait presque plus sa propre langue. Il répondait, en ricanant, aux questions que le commandant lui adressait, et il n'avait point cet air naïf et ouvert, ces grâces des forêts qui distinguaient les Botocudos, et que peut-être ils auront perdues à leur tour.

Les douze ou quinze maisonnettes qui composaient le hameau des Machaculís étaient bâties sans ordre et ressemblaient à celles des Macunís. Elles étaient petites, carrées, couvertes avec des morceaux d'écorce d'arbres ou des feuilles de palmier. Quelques-unes avaient été construites en terre ; les autres n'offraient que des feuilles de palmier passées entre les perches qui leur servaient de charpente. Celles où j'entrai me parurent assez propres. Leur ameublement était semblable à celui des maisons des Macunís.

Les femmes des Machaculís n'ont d'autre vêtement qu'une simple jupe. Le capitaine ne portait qu'un caleçon. Quant aux autres hommes de la troupe, je ne les vis point ; ils étaient à la chasse.

Quoique les Machaculís aiment beaucoup la viande, et qu'ils vivent depuis long-temps parmi les Portugais, ils n'ont point pris l'habitude d'élever, comme les Macunís, des cochons et des poules ; ils s'étaient contentés de faire, sur les bords du Jiquitinhonha, un grand nombre de ces espèces de trappes à prendre le poisson, semblables à celle que j'avais vue sur les bords du Rio Vermelho, et que j'ai déjà décrite.

Ces Indiens bornent leur culture à planter des patates, racine qu'ils font cuire aussitôt qu'elle est tirée de la terre, et qui ne demande pas les mêmes préparations que le manioc ou le maïs. La plantation des patates est en général celle que préfèrent les peuplades qui ont quelque teinture de civilisation, parce que ce genre de culture s'accommode avec leur paresse. Les Indiens n'arrachent jamais toutes leurs patates à la fois; mais ils les tirent de la terre à mesure qu'ils en ont besoin, et ne dégarnissant point entièrement les racines, ils ont des tubercules pendant toute l'année.

Les femmes des Machaculís savent filer le coton; elles préparent un cordonnet très-fin, et avec ce cordonnet elles font des sacs et même des hamacs d'un filet semblable à celui des femmes macunís d'Alto dos Bois.

Au milieu des vices qui caractérisent les Machaculís, la paresse, le penchant au larcin, la duplicité[1], cette peuplade se distingue par une vertu touchante, l'amour des pères et des mères pour leurs enfans. « Autrefois, me répétait une femme machaculí en mauvais portugais, autrefois je filais nuit et jour, je filais pour Luciana Teixeira[2], et elle m'avait donné un beau couteau que les Botocudos m'ont dérobé; mais j'ai perdu mes deux fils, et à présent je ne puis plus filer. » En disant ces mots, cette femme laissait tomber ses bras sur ses hanches, et sa figure portait l'empreinte d'une amère douleur. Cependant les marques de tendresse que les Machaculís donnent à leurs enfans et à leurs proches ne sont pas toujours, il faut l'avouer, dictées par la rai-

---

[1] On a vu que les Portugais-Brésiliens sont aussi bien loin d'être exempts de paresse. Le penchant au larcin est la conséquence naturelle de la fainéantise. Quant à la duplicité, c'est la ressource du faible contre le fort, et il n'est pas étonnant que les Indiens y aient recours. Les vices des Machaculís me semblent donc être tout simplement le résultat d'une civilisation mal ébauchée.

[2] La propriétaire de Boa Vista da Barra do Calhao.

son. Quelqu'un d'entre eux est-il malade, toute sa famille se réunit autour de lui, et les assistans poussent des cris aigus que l'on entend de très-loin.

Comme les Malalís, les Macunís, et les Monochós, les Machaculís parlent du gosier, presque sans ouvrir la bouche, et n'ont dans leur prononciation aucun de ces éclats de voix qui distinguent celle des Botocudos. Par le vocabulaire suivant, on verra que la langue des Machaculís a beaucoup de ressemblance avec celle des Indiens d'Alto dos Bois. — Dieu ; *Tupá.* — Tête ; *imtonhom* (*im,* dans ce mot, comme dans les mots malalís, monochós, et macunís que j'ai cités ailleurs, a la prononciation portugaise : c'est notre *i* simple prononcé du nez). —Yeux ; *ingué.* —Nez ; *nitsicoe.* —Bouche ; *nhicoi.* —Dents ; *tsooi.* — Cheveux ; *imde* (ces lettres ne représentent que très-imparfaitement le mot des Machaculís ; des sons extrêmement sourds partent de leur gosier, et ils les poussent entre leurs dents).—Bras ; *nhimnoi.*—Mains ; *nhimcotoi.*—Doigts ; *nhimcoton.* —Cuisses ; *tchecnoi.*—Jambes ; *kené.*—Pieds ; *patá.* —Soleil, *apocai.* — Lune ; *puá.* — Étoile ; *achi.* — Genoux ; *cupaché.* — Mamelle ; *tsictan.* — Arbre ; *abaai.* — Sapucaia (fruit du *lecythis*) ; *caiai.* — Eau ; *conaham.* — Feu ; *kó* (dans la langue des Machaculís, la prononciation de ce mot est beaucoup moins fermée que dans celle des Macunís ; c'est un *o* très-sourd). Dormir ; *monon.* — Boire de l'eau ; *conatchum.*—Manger ; *tomon.* — Faim ; *tomamin.* — Flèche ; *pahan.*—Grand ; *tacotchum.*—Très-grand ; *miptsotoi* (ce dernier mot désigne peut-être le comparatif, car il y en a un autre qui exprime un degré de grandeur plus élevé [1].)

Après avoir fait notre visite aux Machaculís, nous nous rendîmes directement à S. Miguel, et nous trouvâmes chez le commandant la troupe de Jan-oé et celle de Tujicaráma qui étaient arrivées par terre. Avec les hommes de Joahima, tous ces Indiens remplissaient la maison de Julião; on leur donna à manger, et ils paraissaient fort contens.

Cependant le lendemain on vit arriver au hameau une autre troupe de Botocudos, celle du capitaine Ariari, qui habitait la rive gauche du fleuve, à peu de distance du village de S. Miguel. Les hommes d'Ariarí avaient appris des Portugais à faire de petites pirogues, et ils s'en servaient pour passer la rivière.

Parmi eux étaient deux jeunes gens qui avaient été élevés au hameau par le commandant lui-même. Parvenus à l'âge de quinze ou seize ans, ils s'étaient enfuis, et avaient repris les habitudes de la vie sauvage; mais de temps en temps ils revenaient à S. Miguel, et leur ancien maître les recevait avec bonté.

Après l'arrivée des gens d'Ariarí, ceux de Jan-oé devinrent tristes. Le jeune Botocudo qui, comme on

---

[1] L'orthographe suit encore ici la prononciation portugaise. J'engage les voyageurs qui formeront des vocabulaires indiens, à s'occuper de l'accentuation plus soigneusement que je n'ai malheureusement songé à le faire. Ce sera un moyen de donner une idée moins inexacte des idiomes barbares des Américains.

l'a vu, s'était attaché à moi, cessa ses caresses, et quand je lui faisais entendre par des signes que nous allions nous en aller bien loin, et qu'il aurait des vêtemens, il ne témoignait plus de joie et baissait la tête sur sa poitrine. A l'heure du dîner on chercha les hommes de Jan-oé, mais on ne les trouva point; ils avaient disparu, et n'avaient laissé à S. Miguel que le pauvre estropié qui nous avait accompagnés dans la pirogue. Nous sûmes par celui-ci que les autres Botocudos de sa troupe avaient été effrayés de voir tout à la fois la tribu d'Ariarí, qu'ils considéraient comme ennemie, et un aussi grand nombre de blancs, et que tel était le motif de leur fuite. Mon Botocudo était parti avec les autres, et je ne le revis pas plus que la petite fille.

Le même jour un Botocudo de la tribu de Joahima, nommé Agostinho, chanta pendant long-temps à la porte d'une maison où j'étais. Son chant n'était qu'un nazillement monotone. Il se plaignait, comme avait fait à la Vigie un des hommes de Tujicaráma, de ce que nous avions donné tous nos couteaux et nos brasselets à ceux de Jan-oé; tandis qu'il n'avait rien reçu, lui qui travaillait sans cesse pour les Portugais. « Je m'en irai dans les bois, disait-il, et vous ne me verrez plus. » Quelqu'un de la maison le fit entrer et l'engagea à chanter sur un autre air. « Vous m'avez prié de chanter, dit-il, et j'ai chanté. Je vois dans vos yeux que vous ne me donnerez pas davantage; adieu. » Et il s'en alla brusquement.

J'ai déjà parlé de l'infâme commerce d'enfans botocudos, qui avait eu lieu pendant l'absence du commandant Julião, et des haines que ce commerce avait fait naître entre différens chefs. A cette même époque, le capitaine Joahima, soutenu par les Portugais, avait enlevé, pour les vendre à ceux-ci, des enfans de la troupe d'Ariarí. Ce dernier, voulant se venger, fit la guerre à Joahima et lui tua quatre hommes. A son retour, Julião réunit les deux capitaines; il tâcha de leur persuader de vivre en paix; ils s'embrassèrent, et le commandant crut avoir rétabli la bonne intelligence.

Peu de temps après, quelques jeunes gens de la troupe d'Ariarí passèrent le fleuve et arrivèrent à S. Miguel. Joahima les invita à venir chez lui chercher du rocou. Ils s'y rendirent, et aussitôt qu'ils entrèrent dans l'aldea, quelques hommes de Joahima se jetèrent sur eux et les frappèrent avec violence. Par une barbare équivoque, Joahima avait désigné par le rocou le sang qu'il voulait leur faire répandre. Le commandant tâcha de donner satisfaction à Ariarí en punissant les coupables, et lorsqu'à notre retour dans le hameau les gens de ce dernier capitaine passèrent le fleuve, la bonne intelligence semblait régner entre les deux troupes; mais la seule présence des blancs les retenait. Ariarí et Joahima conservaient dans leurs cœurs le désir de la vengeance.

Un matin, pendant que nous déjeûnions, cet Agostinho que j'avais déjà entendu chanter, vint encore nous faire entendre ses chants. Il paraissait très-animé; mais en même temps sa figure était triste, et tous ses gestes exprimaient la crainte. Il disait que Joahima était rempli d'épouvante; qu'Ariarí avait une troupe nombreuse, et que tous ses hommes étaient grands et vigoureux.

Cependant, sur le soir, j'entendis une femme indienne pleurer et sangloter en entremêlant ses plaintes d'un chant lugubre et monotone. Je sus bientôt que la tribu d'Ariarí avait passé la rivière; que les soldats de Joahima avaient été au devant d'elle, et qu'il était mort de la troupe de ce dernier trois hommes et une femme, car les femmes accompagnent ordinairement leurs maris à la guerre.

Le commandant et moi nous nous rendîmes à l'aldea, et, en y arrivant, nous entendîmes pousser de grands cris. C'était la mère d'un des combattans qui déplorait sa mort. Joahima, d'un ton dur, lui ordonna de se taire, et elle mit fin à ses cris. Alors le commandant adressa quelques reproches à Joahima; mais celui-ci nous dit qu'il voulait se venger, et qu'il demanderait du secours à Jan-oé, autrefois son ennemi, et qui était également celui d'Ariarí.

Le lendemain je quittai le hameau; mais je fus rejoint par un jeune homme qui m'apprit que Joahima, après avoir rendu les derniers devoirs aux soldats qu'il avait perdus, avait quitté ses vêtemens; qu'il s'était armé de ses flèches et était parti seul, en disant qu'il mourrait ou qu'il tuerait Ariarí. Cette résolution n'était pas au reste aussi héroïque qu'elle semble l'être; car il ne s'agissait point d'aller provoquer un ennemi et de l'attaquer en face, mais seulement de l'épier dans quelque endroit et de lui décocher une flèche, caché derrière un arbre.

Le jeune homme qui m'avait appris ces derniers événemens avait quitté le chemin pour aller raconter ce qui s'était passé entre Ariarí et Joahima, au frère de celui-ci, capitaine d'une autre tribu de Botocudos. La troupe du frère de Joahima savait déjà ce qui était arrivé : les femmes pleuraient les morts ; les hommes paraissaient animés par la colère, et juraient qu'ils vengeraient leurs amis. D'autres troupes avaient aussi pris parti dans cette querelle. Ainsi l'affreuse traite des enfans Botocudos avait causé entre ces malheureux Indiens une guerre qui peut-être n'aura fini qu'avec plusieurs de leurs tribus.

Les Portugais étaient devenus, sans coup férir, maîtres d'un territoire qui s'étend dans un espace d'au moins cinquante lieues sur les deux rives d'un fleuve navigable; et à cette possession ils devaient de nouveaux débouchés et la certitude d'un commerce important. En retour de tant d'avantages, qu'avait-on fait pour ces Botocudos, à qui on les devait, et qui, en tirant quelques flèches aux soldats brésiliens, auraient pu les confiner à S. Miguel pour de longues années? Ces malheureux Indiens avaient été séparés de leurs enfans; on avait jeté parmi eux des semences de discorde; et non-seulement personne ne s'était chargé de les rattacher à la vie civilisée par les liens de la morale et de la religion, mais encore à peine s'étaient-ils rapprochés des hommes de notre race, qu'on avait étalé sous leurs yeux tous les mauvais exemples que peuvent produire la fainéantise et le libertinage[1].

Des Portugais prétendent qu'on ne pourra jamais civiliser les Botocudos qu'en les dispersant chez les colons; mais, sans parler de l'injustice et de la barbarie de cette dispersion, qui ne serait autre chose que le rétablissement de l'esclavage pour ces Indiens, il est évident qu'une telle mesure ne tendrait à rien moins qu'à éteindre entièrement leur race, et par conséquent elle est contraire aux intérêts de l'État, auquel il importe tant d'augmenter la population de la contrée. On doit donc laisser les Indiens réunis; mais ce n'est pas en leur donnant pour voisins des soldats, des

---

[1] On peut faire de grands reproches aux Portugais sur leur conduite envers les indigènes; mais, il faut le confesser, ils n'ont pas été beaucoup plus coupables à cet égard que tant d'autres nations européennes. Notre race est supérieure à toutes, et l'homme, de quelque race qu'il descende, s'il n'est retenu par une civilisation très-avancée, et surtout par des principes religieux, abusera toujours de sa supériorité. L'Indien traite son prisonnier avec barbarie, et nos enfans, qui ne sont supérieurs qu'aux animaux, se plaisent à les tourmenter. On sait trop quelles cruautés les conquérans espagnols ont exercées sur les indigènes; tout en conservant les apparences de la justice, les habitans des États-Unis ont démoralisé le Indiens, et les ont détruits avec les liqueurs fortes; les divers peuples de l'Europe qui ont des colonies en Amérique ont admis l'esclavage des nègres, et les Hollandais du cap de Bonne-Espérance ont chassé aux Boschis, dit Grandpré, comme nous chassons aux lièvres.

aventuriers, des femmes publiques, qu'on les civilisera réellement et qu'on en fera des hommes utiles. Pour parvenir à ce but, il faut tirer ces infortunés de l'abrutissement où ils sont plongés, et les appeler, autant qu'ils en sont susceptibles, à une vie intelligente et morale. Mais à quoi servira-t-il que quelques hommes généreux fassent des efforts pour les instruire et les arracher à la barbarie, si d'autres viennent en foule les corrompre par de mauvais exemples, et abusent de l'infériorité des sauvages pour les tromper et les réduire à une sorte de servitude! Deux choses, je le répète, sont indispensables pour civiliser les Indiens, autant du moins qu'ils peuvent l'être : la religion[1] et l'isolement. Ces moyens furent employés jadis, et ils ont été couronnés par les plus heureux succès. Qu'on ne se serve pas, si l'on veut, des mêmes hommes; mais qu'on revienne au même système, en y ajoutant tous les perfectionnemens qu'inspireront l'expérience des fautes passées et les lumières nouvelles. Mais où trouver, me dira-t-on, ceux qu'il faudrait pour accomplir une telle œuvre? Si l'on désespère d'y parvenir, gémissons sur le sort des malheureux Indiens, que nous moissonnons à mesure que nous avançons

[1] Donnée à tous les hommes, la religion, qui éleva le génie des Pascal et des Bossuet, peut aussi être entendue des races qui sont placées le plus bas sur l'échelle de l'intelligence humaine. A sa voix, de féroces Aimorés se sont réunis en bourgades, et les Hottentots, devenus moins abrutis, ont pu goûter quelque bonheur. (Voy. South. *Hist.* I, p. 362 et le *Voyage de Barrow.*)

dans leur patrie; comme cette graminée ambitieuse qui, gagnant du terrain, étouffe tous les autres végétaux.

Si l'on ne peut faire ce qu'il faudrait pour le bonheur des Indiens eux-mêmes, que l'on songe du moins aux avantages de l'état dans lequel on les incorpore. Qu'au milieu de cette immense contrée, que les Botocudos ont abandonnée aux Portugais-Brésiliens, ceux-ci leur réservent un coin de terre; que, pour empêcher ce territoire d'être bientôt vendu par l'Indien insouciant pour un peu de sucre ou pour un peu d'eau-de-vie, on le déclare inaliénable, comme avait fait Pombal pour les possessions des Indiens de la côte; que l'on prenne tous les moyens imaginables pour faire respecter cette inaliénabilité; que, par des avantages, on cherche à encourager les unions légitimes des filles botocudos avec les nègres et les mulâtres libres : alors on aura une race mixte, plus capable que les Indiens de résister à la supériorité des blancs, une race qui sera plus en harmonie avec notre état de civilisation, qui possédant des terres inaliénables pourra subsister et multiplier, et qui enfin s'amalgamera peu à peu avec la population actuelle.

De vains discoureurs peuvent faire prendre le change à leur oisiveté, en bâtissant pour les Indiens, à Rio de Janeiro ou dans quelque autre ville de la côte, des théories qui conviendraient à peine aux hommes de notre race; cela est plus commode sans doute que d'aller étudier ces enfans de la nature au sein de leurs forêts ou dans un aldea où ils gémissent sous l'oppression de quelques aventuriers. Quant à moi, j'ai vu le sauvage dans sa hutte grossière, j'ai reconnu que les blancs et les Indiens ne devaient point être soumis aux mêmes règles[1]; et j'ai élevé ma foible voix en faveur de ces derniers. Si elle peut être entendue de quelque Brésilien qui réunisse le pouvoir à l'amour du bien, je me croirai assez dédommagé de mes longs et pénibles travaux[2].

[1] Voyez chapitre III, p. 57 et suiv.

[2] Une lettre que j'ai reçue de M. Guido Thˢ. Marlière, commandant en chef des divisions, et directeur général des Indiens, datée de 1824, me prouve que, depuis mon départ de Minas Novas, on s'est enfin occupé des Botocudos. Né en France, le respectable Marlière est entré au service du Portugal; il a d'abord consacré de longues années à la civilisation des *Puris*; il s'est ensuite beaucoup occupé des Botocudos du Rio Doce, et peut être compté parmi les plus généreux défenseurs des infortunés Indiens. Voici à peu près ce qu'il m'écrivait d'*Onça Pequena*, en date du 6 décembre 1824. « La direction des Botocudos m'a été
« confiée par l'empereur; et sous la surveillance d'un ecclé-
« siastique qui les aime, le P. Jozé Lidoro Pereira, curé de
« S. Miguel, je leur ai envoyé des instrumens d'agriculture
« et des vêtemens. J'ai chargé M. Lidoro de faire faire, par
« les soldats divisionnaires, des plantations annuelles desti-
« nées aux Indiens; et une augmentation de paie de 40 reis
« a été accordée aux militaires pour chaque jour de travail.
« Les Botocudos ont un maître d'école auquel on a donné
« le grade de sergent de la 7ᵉ division, et qui jouit de la solde
« attachée à ce grade; enfin, sur mes représentations, le
« gouvernement a ordonné aux magistrats d'informer contre

« ceux qui vendent et qui achètent les enfans des Botocu-
« dos. » « Comme l'empereur protége les Indiens, m'écrivait
M. Marlière dans une autre lettre, j'espère que cela ira. »
A la fin de mon second Voyage, j'entrerai dans de plus
longs détails sur les nobles travaux de M. Marlière.

CHAPITRE X.

RETOUR A VILLA DO FANADO PAR S. DOMINGOS ET AGUA SUJA. — HISTOIRE DE RAIMUNDO. — FIRMIANO. — RÉFLEXIONS SUR L'ORIGINE DES INDIENS DU BRÉSIL — FÊTES DE LA PENTECÔTE.

L'auteur passe une seconde fois par les *catingas*. — On lui amène le Botocudo Firmiano; portrait de cet Indien; aveu de l'auteur; fin de l'histoire de Firmiano. — Histoire de Raimundo Ferreira de Souza. — Idées des Botocudos sur la Divinité et sur le baptême. — Réflexions sur l'origine de cette nation et celle des autres peuplades indiennes. — Description du pays qui s'étend entre Boa Vista et *Santa Rita*. — *Fazenda* de Santa Rita. Machine. *Empenhos*, source d'abus. *Gonú*, plante purgative. — Village de *S. Domingos*; sa position; ses rues; son église; ses maisons; son histoire; son commerce. — Fêtes de la Pentecôte célébrées à S. Domingos. Illumination; feu d'artifice. — L'Empereur; ses officiers. L'auteur accompagne l'Empereur. Cérémonies religieuses. Repas. Un nouvel Empereur. *Cavalhadas* ou tournois. — L'auteur se rend de S. Domingos à Agua Suja. — Canne créole et canne de Cayenne. — S. Domingos, limite des *catingas*. — Passage de l'Arassuahy. *Porto do Defunto Rosario*. Ports. — Village d'Agua Suja; sa position; occupations de ses habitans. — L'auteur passe une seconde fois par Chapada. — Quelques mots sur le diocèse de Bahia. — L'angelus. — Détails sur Firmiano. — Les mulets. — L'auteur arrive à Villa do Fanado. — Réflexions générales sur les habitans de Minas Novas. Inconvéniens des crédits. — Musique. — *Danber*.

Je partis de S. Miguel le 15 juin 1817, plein de reconnaissance pour les honnêtetés dont m'avait comblé le commandant Julião. Jusqu'à Boa Vista, je suivis la route que j'avais déjà parcourue ; mais parvenu à l'habitation de Luciana Teixeira, je me dirigeai vers les villages de S. Domingos et d'Agua Suja pour me rendre ensuite à Villa do Fanado [1], d'où je devais aller visiter le District des Diamans et le Sertão ou Désert.

Les *catingas* avaient achevé de perdre leurs feuilles. Les graminées et presque toutes les autres plantes qui croissent entre les arbres de ces bois étaient brûlées par l'ardeur du soleil, et je n'apercevais d'autre espèce en fleurs qu'une petite acanthée, qui étalait des corolles bleuâtres au milieu des herbes desséchées.

Si une terre substantielle produit des forêts vierges, tandis qu'un sol léger, sec et sablonneux, ne donne naissance qu'à des *catingas*, il est facile de penser que la même différence de terrain doit avoir aussi sur les cotonniers une grande influence. Dans les défrichemens de forêts vierges, ces arbrisseaux donnent beaucoup de bois et moins de fruits, et dans ceux de *catingas*, ils produisent moins de bois et un plus

---

[1] Itinéraire approximatif de S. Miguel da Jiquitinhonha à Villa do Fanado, par les villages de S. Domingos et Agua Suja :

De S. Miguel à Boa Vista, environ. . . . . 28 ½ l.
—   Santa Rita. . . . . 4 ½
—   S. Domingos (village). 4
—   Porto do Defunto Rosario. 2
—   Agua Suja (village). 3
—   Chapada (village), environ. 4
—   Villa do Fanado. 3

                              Total. . . . . 49 leg.

grand nombre de capsules. Je n'omettrai point de dire, en passant, que, lors de mon voyage, les marchands de Villa do Fanado et de S. Domingos allaient acheter le coton, argent comptant, entre les mains des cultivateurs de S. Miguel, et le payaient, sans semences, 4,000 reis (25 f.) l'arrobe de 320 livres et 600 reis avec les graines. La même qualité se vendait à Bahia de 6 à 8,000 reis.

Le commandant de la 7ᵉ division avait pris tous les moyens imaginables pour me procurer un jeune Botocudo; mais ne pouvant y réussir dans les environs de S. Miguel, il donna à cet effet des ordres à un soldat, appelé Raimundo Ferreira de Souza, qui vivait au milieu d'une troupe d'Indiens, dans les environs du Quartel de Teixeira.

Avant de quitter le poste, je vis Raimundo arriver avec un Botocudo qui pouvait avoir de 15 à 16 ans: c'était celui que l'on me destinait. Ce jeune homme, fils d'un chef que les Portugais nommaient *Capitão Branco*, avait tous les traits des Américains; mais sa peau était tellement blanche, ou pour mieux dire blafarde, que plus d'une fois j'ai soupçonné qu'il pouvait y avoir chez lui quelque chose de cette bizarre aberration que les albinos présentent dans la race africaine[1]. Firmiano, c'était son nom, s'était débarrassé des espèces de bondon qu'on lui avait fait porter autrefois; mais il restait un trou tellement énorme à ses oreilles, qu'il pouvait relever la partie inférieure de

---

[1] Le nom de *Capitão branco* avait été donné au père de Firmiano à cause de la couleur blanche de sa peau.

celles-ci et la faire passer derrière la supérieure. Le trou de sa lèvre n'avait guère que la largeur d'une pièce de trente sous; cependant, quand il buvait, quelques gouttes du liquide s'échappaient par cette ouverture.

On n'avait point dit à Firmiano qu'il quittait sa patrie pour me suivre sans retour. Raimundo ne lui avait parlé d'abord que d'un voyage de peu de durée; ce n'est qu'après être parti qu'il lui avait demandé s'il voulait m'accompagner, et Firmiano y avait consenti. On n'avait fait à ce jeune homme aucune violence; mais on l'avait trompé, et, je l'avouerai avec franchise, je n'aurais pas dû le souffrir. Ce qui pouvait cependant diminuer mes scrupules, c'est que les Botocudos les plus voisins de la 7e division n'étaient déjà plus, à l'époque de mon voyage, ce qu'ils furent autrefois loin des hommes de notre race au sein de leurs forêts; les mulâtres et les blancs qui les environnaient ne pouvaient que les corrompre; nos goûts étaient devenus ceux de ces malheureux Indiens, et n'ayant encore aucune industrie pour les satisfaire, ils étaient ainsi tombés dans la dépendance des hommes les plus vils. Je pensais qu'il me serait aisé de rendre Firmiano plus heureux qu'il ne l'eût été à S. Miguel, et j'espérais qu'il ne me serait pas non plus bien difficile de le rendre meilleur.

Au reste, si ce fut un tort de faire sortir ce jeune homme de son pays, je ne crus pas devoir retourner en France sans rendre hommage à la liberté des Indiens, en faveur de laquelle l'ami de l'humanité ne saurait trop élever la voix. Étant à Rio de Janeiro, je demandai à Firmiano s'il voulait m'accompagner en Europe ou retourner parmi les siens. Il préféra ce dernier parti, et je fis la dépense de le renvoyer à Minas Novas sous la conduite de mon domestique, l'honnête et estimable Antoine Laruotte. J'avais malheureusement donné ordre à celui-ci de passer par le Sertão. Firmiano tomba malade chez l'excellent curé de Contendas, M. Antonio Nogueira Duarte. On était alors à l'approche des pluies, et Laruotte pouvait être surpris par elles. M. Duarte le décida donc à partir; il lui promit qu'il se chargerait lui-même d'envoyer le Botocudo au hameau de S. Miguel, et je ne dois pas douter qu'un homme dont j'ai reçu tant de marques d'amitié n'ait rempli un engagement qu'il savait contracter bien plus encore envers moi qu'envers mon domestique.

Je ne saurais m'empêcher de raconter ici l'histoire de ce Raimundo Ferreira de Souza, qui m'avait amené Firmiano. Soldat dans la 7e division, il commit une faute très-grave contre la discipline. La crainte d'être puni l'engagea à déserter, et il se réfugia au milieu d'une troupe de Botocudos. Là, il quitta ses habits, coupa ses cheveux comme les sauvages, et se peignit comme eux de rocou et de *genipapo* (*genipa americana*). Bientôt il inspira de la confiance à ses hôtes; leur parlant avec autorité, il sut s'en faire obéir, et ils le reconnurent pour chef; mais en même temps il resta subordonné à leur ancien capitaine. Cependant celui-ci tomba malade, et avant de rendre le dernier soupir, il engagea sa tribu à reconnaître Raimundo pour son successeur. Devenu capitaine, le jeune Portugais exerça sur sa troupe l'autorité la plus absolue, et en même temps il sut s'en faire aimer. Comme un tel homme pouvait être utile, le commandant Julião obtint de la junte militaire de Villa Rica le pardon de Raimundo. On lui rendit sa paie, et on lui conféra le titre de directeur, pour qu'il continuât à vivre parmi les Botocudos, et travaillât à leur civilisation. Raimundo, redevenu Portugais, quoique vivant toujours parmi les sauvages, a renoncé à leur manière de vivre; il a cessé d'aller dans les bois; il a repris ses habits et a laissé croître ses cheveux. Dirigés par lui, ses Botocudos ont construit des maisons; les hommes ont pris l'habitude de cultiver la terre, et les femmes celle de filer; la plupart ont quitté les morceaux de bois qu'ils portaient aux oreilles et à la lèvre inférieure; tous savent un peu de portugais, et quelques jeunes gens même ne veulent plus parler leur langue maternelle. C'est en très-peu de temps que Raimundo a opéré cette espèce de révolution, et toute son histoire prouve que ce n'est point un homme ordinaire. Il n'a pas plus de vingt ans (en 1817), et il est mulâtre; sa physionomie ouverte annonce de la hardiesse et de l'esprit; il est poli, et toutes ses réponses indiquent du jugement et de la sagacité. Cependant il n'y a personne qui ne sente qu'un homme aussi jeune et sans éducation n'était point celui qu'il eût fallu pour rendre les Indiens heureux, et pour les amener à la civilisation dont ils sont susceptibles.

Je questionnai Raimundo pour savoir si les Botocudos avaient quelque idée d'un être souverain; et il me répondit qu'ils attribuaient la divinité au soleil[1]. Ils ont, ajouta-t-il, d'anciennes prières qu'ils adressent à cet astre pour lui demander la victoire sur leurs ennemis, et le bonheur après leur mort[2]. Depuis qu'ils vivent, pour ainsi dire, au milieu des Portugais, c'est au soleil qu'ils ont appliqué tout ce qu'on leur a dit du Dieu des chrétiens, et leur foi dans cet astre n'a fait qu'augmenter. Tous, quand ils sont malades, demandent le baptême, et ils pensent que, par ce sacrement, ils seront réunis au soleil, et que là ils vivront parfaitement heureux, vêtus, ne connaissant plus la faim, et n'ayant plus rien à craindre de leurs ennemis.

Ces idées, l'ignorance où sont les Botocudos du mot *tupá, tupan* ou *tupana* (Dieu)[3], leur langage différent de celui de tant d'autres peuplades, leurs ornemens bizarres, tendent à prouver, je le répète, qu'ils n'ont pas tout-à-fait la même origine que les autres In-

---

[1] Voyez ce qui a été dit plus haut, au chap. VII, sur les croyances des Botocudos.

[2] Je ne saurais, je l'avoue, m'empêcher d'avoir des doutes sur cette particularité.

[3] Non-seulement ce mot se trouve dans la langue des divers Indiens dont j'ai fait mention, mais encore dans la *lingua geral*, parlée avec des différences au nord de Rio de Janeiro et au Paraguay. « *Eâ* vulgò utuntur circiter decem « nationes barbarorum qui juxta littora atque etiam in medi- « terraneis degunt. » *Laet. Nov. Orb.*, cap. 3, p. 645, dans le *Dicc. Port. e Bras.* — Hervas, au rapport de Southey, compte seize nations qui parlaient des dialectes d'un même langage, qui n'est autre que la *lingua geral* dont il s'agit ici.

diens. Les Botocudos semblent par leurs traits se rapprocher plus particulièrement de la race mongole, et le chant des Chinois n'est réellement que celui des Botocudos extrêmement radouci [1]. Ne serait-il pas possible qu'ils vinssent du plateau de l'Asie, tandis que d'autres peuplades devraient leur origine à quelqu'un des rameaux les moins nobles de la race caucasique, tel que le phénicien, rameau qui se serait altéré en Amérique par l'influence du climat et par des mélanges avec les Indiens de race plus décidément mongole [2]? Ce qui me paraît presque certain, c'est que la race africaine tend à se perfectionner dans les parties de l'Amérique que j'ai parcourues, et la race caucasique à s'y détériorer. Si l'on veut lire les récits d'Azara, qui fut si exact, et qui à cet égard n'était prévenu par aucun système, je présume qu'on aura moins de peine à adopter cette idée, sur laquelle j'aurai peut-être occasion de revenir [3].

[1] Voyez l'*Introduction à l'Histoire des Plantes les plus remarquables du Brésil et du Paraguay*.

[2] Ces mélanges sont indiqués par les traditions des Indiens de Passanha que j'ai déjà rapportées.

[3] Vasconcellos, au rapport de Southey, divise les Indiens en deux classes, les sauvages et ceux qui étaient d'un caractère doux (*tame and wild Indians*). Parmi les derniers, il comprend tous ceux qui parlaient la langue *tupí* ou *lingua geral*; quant aux autres, il les appelle *Tapuyas*, et il considère comme une branche de ceux-ci les Aymorés, souche des Botocudos. Dans mon hypothèse, les Tapuyas seraient mongols ou plus décidément mongols, et les Indiens de la langue tupí auraient quelque chose d'un des

Je passai l'Arassuahy à Boa Vista da Barra do Calhao, et je mis deux jours pour me rendre au village de S. Domingos, situé à huit lieues et demie portugaises de cette habitation.

Ce pays fut autrefois couvert de *catingas*; mais principalement jusqu'à la *fazenda* de *S. Rita*, je trouvai ces bois remplacés presque partout par des plantations de cotonniers ou par des *capoeiras*. Depuis que je voyageais dans la province des Mines, je n'avais pas encore vu une si grande étendue de terres en cul-

---

rameaux les moins nobles de la race caucasique. George de Horn pense que, dans les temps reculés, l'Amérique fut peuplée par des Huns et des Tartares-Catayens, et qu'ensuite des Carthaginois et des Phéniciens furent jetés sur la côte occidentale du nouveau continent. Non-seulement mon hypothèse est conforme à l'opinion de ce savant, mais encore elle s'accorde avec les faits et la tradition historique. En effet, les descendans des Mongols, arrivés en Amérique à une époque extrêmement ancienne, devaient être moins civilisés que ceux des Phéniciens, et, lorsque ces derniers débarquèrent, ils durent, pour s'établir, être forcés de repousser les premiers vers l'intérieur. Or, d'un côté, la tradition historique nous apprend que les Tapuyas, les plus anciens habitans du Brésil, furent chassés du littoral par les Tupís; et d'un autre côté, ceux-ci, dans l'état sauvage, étaient plus civilisés que les Botocudos représentans actuels des Tapuyas, puisque nous savons que, vers le temps de la découverte, les Indiens de la côte de Rio de Janeiro, de race tupí, cultivaient la terre, faisaient des fortifications, et connaissaient l'art de naviguer dans des pirogues.

ture. Le chemin suit toujours le cours de l'Arassuahy;
et, dans certains endroits, la vue doit être charmante,
lorsque les arbres sont couverts de fleurs et de verdure.
Il n'en était pas ainsi à l'époque où je voyageais; les
feuilles à demi flétries des cotonniers pendaient sur leur
tige; les plantes étaient desséchées presque jusqu'aux
bords de la rivière, et là seulement s'élevait une ligne
étroite de verdure formée par quelques arbrisseaux, et
par cette graminée à feuilles en éventail que j'ai déjà
décrite. Il régnait dans toute la nature une profonde
immobilité, et un Européen devait en être frappé
d'autant plus que nous sommes accoutumés à voir le
défaut de verdure accompagné du bruit des pluies et
de celui des ouragans [1].

Ce ne sont pas seulement les cotonniers que l'on
cultive dans ce canton. Il produit aussi du maïs et des
haricots, et l'on peut même planter du riz sur le bord
de la rivière. Le maïs rend jusqu'à deux cents pour
un; mais les grandes sécheresses sont fréquentes, et
alors les récoltes manquent : l'année où je voyageais
en fut un exemple [2].

La culture suppose toujours des habitations, aussi
en trouvai-je un assez grand nombre dans l'espace

[1] A une demi-lieue de S. Domingos, le chemin s'éloigne
de l'Arassuahy, et alors, ce qui est assez singulier, je trouvai
les arbres moins dépouillés de feuilles.

[2] On me dit dans le pays que ce n'était pas seulement
en septembre qu'on semait le maïs, mais qu'on pouvait aussi
le semer à la Saint-Jean.

de terrain que je parcourus le jour que je quittai Boa Vista; mais elles n'annonçaient point l'opulence. Je fis halte à celle de Santa Rita, dont le propriétaire, qui était un vieillard, père de quinze enfans, m'accueillit avec beaucoup d'hospitalité. Quoique paraissant jouir de quelque aisance, M. MARTINHO VIEIRA DOS SANTOS n'était qu'un simple charpentier, et cependant il ne voulut rien recevoir pour ma nourriture, ni même pour celle de mes bêtes de somme.

Mon hôte me fit voir sur les bords de l'Arassuahy une mécanique que lui-même avait construite, et qui faisait mouvoir en même temps des cylindres propres à séparer le coton de ses graines, et des pilons destinés à tenir lieu de *manjola* et de moulin à moudre. L'eau faisait tourner une roue placée à l'extrémité d'un axe assez long. Dans son milieu, cet axe était traversé par les pièces de bois qui soulevaient les pilons; et, à l'extrémité de l'axe opposée à celle où était la grande roue que l'eau faisait mouvoir, en était une autre plus petite également verticale. Cette dernière s'engrenait avec une autre roue verticale comme elle, et sur l'axe de cette roue était bâti un tambour qui mettoit en mouvement les petits cylindres destinés à séparer le coton de ses graines.

Lorsque j'étais chez M. Martinho Vieira dos Santos, un nègre à qui l'on avait mis un collier de fer vint se jeter à mes pieds, me conjurant d'intercéder auprès de son maître en sa faveur. Quelques mots me suffirent pour mettre un terme à la punition de ce malheureux, et cependant il était visible que le maître ne cédait qu'avec une extrême répugnance. En général, c'est rarement en vain qu'un blanc sollicite la grâce d'un esclave [1], patronage bienfaisant qui montre tout à la fois combien sont douces les mœurs des habitans du Brésil, et combien ils ont d'estime pour la couleur blanche.

Mais ce n'est pas à ce qui concerne les esclaves que se borne le pouvoir des sollicitations. Le desservant de Sucuriú m'avait prié de m'intéresser auprès du commandant Julião en faveur d'un soldat qui désirait obtenir son congé. J'en parlai très-légèrement au commandant, et, sans la moindre difficulté, il m'accorda ma demande. Ce serait dans ce pays une très-grande impolitesse de refuser à un homme qui jouit de quelque considération, une grâce qu'il demande pour autrui; mais si cette molle condescendance a pour principe un sentiment honnête, il n'en est pas moins vrai qu'elle fait violer sans cesse les lois et la justice [2].

[1] C'est uniquement à Porto Alegre, dans la province de Rio Grande, que j'ai essuyé un refus de ce genre

[2] Ces sollicitations irrésistibles se nomment en portugais *empenho*, mot qui n'a pas d'analogue en français. « En ce « pays, dit d'Eschwege, les *empenhos* ont, dans toutes les « affaires possibles, plus de pouvoir que la raison et les lois. » (*Bras. Neue Welt*. I, p. 14). — Obs. Je dois beaucoup regretter de n'avoir pas reçu, avant l'impression du premier volume de ma Relation, l'intéressant ouvrage que je viens de citer. Si cet ouvrage m'était parvenu plus tôt, on n'aurait point trouvé, dans mon premier volume, quelques remarques qui ne tombent que sur des fautes d'impression, relevées par

Avant mon départ de la *fazenda* de M. Vieira dos Santos, on me montra une plante purgative que l'on appelle *gonú*, et dont on fait un très-grand usage, principalement dans les fièvres malignes (*malinas*). Ce remède est d'une amertume extrêmement désagréable, et il faut l'employer avec précaution, car sans cela il pourrait causer de fâcheux accidens. On donne le nom de racine à la partie dont on fait usage, mais ce n'est autre chose qu'un renflement conique et allongé du bas de la tige. La partie supérieure de ce renflement se montre hors de la terre; la partie inférieure y est enfoncée, et c'est d'elle que naissent les fibres radicales. Cette espèce de tubérosité contient un suc propre, jaune, qui peut-être s'emploierait avec succès dans la peinture. Le *gonú* croît dans les *catingas*, et était, lors de mon voyage, entièrement dépouillé de ses feuilles. Cependant, comme on me dit à S. Rita qu'elles étaient trilobées, je soupçonnai que la plante, qui est une liane, appartenait aux cucurbitacées. Plus tard, une dame de Villa do Fanado qui s'occupait un peu de médecine, me confirma encore dans cette conjecture, en m'assurant qu'il y avait identité entre le *gonú* et l'*anna pinta*, ou *capitão do mato* des *Geraes*, espèce que j'avais étudiée, et qui bien certainement appartient à la famille des courges [1].

M. d'Eschwege lui-même dans son nouveau livre. Qui plus que moi doit avoir de l'indulgence pour les fautes d'impression!

[1] Dans le Serro do Frio, on a fait un très-grand usage de l'*anna pinta* comme purgatif; mais actuellement ce remède

Le jour que je quittai S. Rita, j'arrivai, comme je l'ai dit, à S. Domingos. Ce village est bâti au-dessus du ruisseau appelé *Ribeirão de S. Domingos*, et s'élève sur le sommet d'un morne, dominé de tous les côtés par d'autres mornes couverts de bois. Quelques rues de peu d'étendue et une très-grande place qui forme un carré long, composent tout ce village. L'église où le service divin se célèbre aujourd'hui est très-petite et mal ornée; mais on en construit une autre qui conviendra mieux à la population actuelle. Les maisons sont propres, couvertes en tuiles, et construites les unes avec des *adobes*, les autres avec de la terre et des perches croisées (*pao a pique*).

S. Domingos fut fondé, en 1728 [1], par des aventu-

est abandonné. Lorsque j'étais à Tijuco, je devins possesseur d'un échantillon, que je puis considérer comme authentique; car il avait été donné par le fils de la nommée ANNA PINTA, à laquelle on était redevable de la connaissance de la plante, ou du moins de ses propriétés. La fleur est blanche, le fruit ovoïde et à dix stries. L'ovaire est intérieurement traversé par une seule lame dont les bords s'étendent jusqu'au péricarpe; ces mêmes bords se bifurquent; chaque bifurcation, se recourbant à droite et à gauche, porte six ovules, et chaque ovale a dans la pulpe sa logette particulière. Le fils d'Anna Pinta assurait qu'il y avait une saison où la plante cesse d'être amère et où les bestiaux la mangent. On la dit encore bonne contre les maladies vénériennes. Il peut se faire qu'elle forme un genre particulier, et, dans ce cas, je proposerais de l'appeler *pintea*.

[1] Date empruntée à Jozé de Souza Azevedo Pizarro e Araujo.

riers, qui trouvèrent de l'or dans le lit du Ribeirão de S. Domingos, et sur la pente de quelques mornes voisins. Leurs succès n'eurent pas une longue durée, et ce lieu fut abandonné presque entièrement comme l'ont été tant d'autres. Cependant, un particulier de Bahia ayant annoncé qu'il prendrait à 4,000 reis tout le coton qu'on lui présenterait, quelques colons pensèrent que, si cette culture prospérait dans le canton, ils pourraient, au prix offert, être dédommagés de leur travail. La réussite la plus complète couronna leur tentative : les cotonniers produisirent en abondance une laine de la meilleure qualité. Attirés par le succès des premiers colons, d'autres arrivèrent bientôt; les environs de S. Domingos se peuplèrent; le village fut rebâti, et, il y a peu de temps, on l'érigea en chef-lieu de paroisse[1]. On ne montre pas sans un certain orgueil une maison qui, actuellement la plus petite de tout le village, en était la plus grande, et portait le nom de *casa grande*, avant que la culture des cotonniers se fût introduite dans le pays, ce qui date à peu près de l'année 1808.

C'est cette culture qui fait vivre aujourd'hui les habitans de S. Domingos, et ce lieu peut même être considéré comme le centre du commerce des cotons dans le *termo* de Minas Novas. Avec le coton, on fabrique à

---

[1] L'auteur des *Memorias historicas* dit, vol. VIII, p. 2ᵈᵉ, p. 174, que ce fut par un décret du 23 mars 1813, et que cette paroisse, qui auparavant dépendait de celle d'Agua Suja, comprend aujourd'hui Tocoyos et *N. S. Mai dos Homens*.

S. Domingos des couvertures, des hamacs, de grosses toiles, et même quelquefois des nappes et des serviettes assez fines. Comme à Chapada, il n'existe à S. Domingos aucune manufacture ; mais les particuliers font dans leurs propres maisons les différens tissus. On voit dans ce village plusieurs boutiques, et elles sont même assez bien garnies.

Pendant que j'étais à S. Domingos, on y célébra les fêtes qui, dans tout le Brésil, se font à la Pentecôte, mais que les habitans du canton avaient remises cette année-là au jour de la Saint-Jean.

La veille de ce jour on alluma des feux dans toutes les rues, et il y eut une illumination telle assurément qu'on n'en fit jamais de semblable dans nos villages de France. Tout autour de l'église qui est bâtie isolément sur la place publique, on avait formé une allée de deux rangées de lampions placés sur des bâtons de la hauteur d'un homme. Enfin on tira un feu d'artifice qui avait été fait sur les lieux mêmes, et, si les pièces n'en étaient pas très-variées, du moins elles étaient assez belles.

Le lendemain, le commandant du village, chez lequel j'étais logé, me demanda si je voulais accompagner l'Empereur. J'ignorais entièrement quelle était cette cérémonie ; mais comme je vis qu'on voulait me faire un honneur, je crus ne pouvoir refuser. Après m'être habillé, je me rendis avec le commandant à la maison de celui qui, cette année-là, jouait le rôle de l'Empereur. Un grand nombre de personnes étaient rassemblées devant la porte, et il n'y avait pas moins de monde dans la première pièce où nous entrâmes. Là on me donna, ainsi qu'au commandant et à deux autres personnes, un grand bâton rouge plus haut que moi, dans les deux extrémités duquel était passée une faveur rose. L'Empereur parut bientôt. Il était vêtu, comme toutes les personnes un peu distinguées du pays, en frac et en culotte courte; mais il portait un sceptre et une couronne d'argent, et, derrière son habit, était attachée, en guise de manteau, une longue bande de velours rouge, garnie de galons croisés en larges losanges. Deux officiers, dont l'un portait un sabre nu et l'autre un plateau d'argent, le précédaient, et un troisième portait son manteau. Moi et les trois autres personnes à qui l'on avait donné des bâtons rouges, nous formâmes avec ces bâtons un carré autour de l'empereur. Celui des officiers qui portait son manteau était avec lui dans le carré, et les deux autres se placèrent en avant.

Cependant on sortit de la maison. Une troupe de musiciens détestables, tous vieux métis, se mirent devant les deux officiers, et entonnèrent un hymne en l'honneur de l'Empereur. A la tête de ces musiciens se rangèrent quelques prêtres simplement vêtus de soutanes, et enfin une foule considérable de peuple suivit tout ce cortége.

Arrivé à la porte de l'église, l'Empereur se mit à genoux. Un prêtre en surplis vint lui présenter l'encens, et un autre lui fit baiser le crucifix. En entrant dans l'église, nous séparâmes nos bâtons. L'Empereur s'avança jusque dans le sanctuaire; il se plaça au-dessous d'un dais, à côté d'un des autels latéraux, et ses trois officiers se rangèrent devant lui. Alors on entonna un *Te Deum*, et ensuite on chanta une messe en musique. Les voix étaient agréables et fort justes, la musique me parut très-bonne, et l'on n'eût entendu rien de semblable dans nos petites villes du milieu de la France. Avant le *Credo*, le commandant du village et les principaux habitans sortirent de l'église, et je les suivis. Le curé, qui n'avait point officié, sortit également; il monta au haut de l'escalier qui conduit à la chaire, et qui est placé en dehors de l'église, comme cela a lieu dans presque toutes les églises de la province : là il nous fit un salut; nous le lui rendîmes, restant au bas de l'escalier, et ensuite nous rentrâmes dans l'église. Le curé avait choisi pour sujet de son discours le respect et l'amour qu'on doit au Saint-Esprit, et prêcha pendant une demi-heure. Quand le sermon fut achevé, nous ressortîmes de l'église, et nous saluâmes le curé pour la seconde fois. A l'évangile, le commandant et un des principaux habitans du pays tinrent chacun un cierge à côté du diacre.

Pendant l'office, la plupart des hommes restèrent à la porte; c'étaient des femmes qui remplissaient presque entièrement la nef. Presque toutes étaient des mulâtresses, et à peine en comptai-je une demi-douzaine qui fussent bien réellement blanches. Toutes se tenaient accroupies, et étaient, suivant l'usage, affublées de longs manteaux de laine. Elles portaient généralement sur leur tête un fichu de mousseline ou de toile des Indes; cependant quelques-unes, plus élégantes, avaient un petit toquet de gaze, garni de rubans rouges et bleus et de bouquets de clinquant.

Après la messe, le cortége se forma pour la seconde fois; nous sortîmes de l'église et nous nous dirigeâmes vers la maison de l'Empereur. Dans le chemin nous fûmes rejoints par une troupe de créoles déguisés (*folião*). Ils avaient une veste et un pantalon blanc; des mouchoirs rouges couvraient leur poitrine, leur dos et leurs bras; tous portaient un masque et un long bonnet pointu de papier peint, et enfin chacun d'eux tenait une guitare ou un tambour de basque. Un seul, qui n'était point déguisé, marchait devant la troupe et frappait sur un tambour semblable à ceux des montreurs d'ours. Un autre portait une longue canne et dirigeait la marche.

Auprès de la maison de l'Empereur l'on avait dressé sous un berceau de feuillage deux longues tables, chacune de cinquante couverts. A l'extrémité d'un des berceaux se trouvait une estrade, au-dessus de laquelle s'élevait un dais, et sur cette espèce de trône était un fauteuil devant lequel on avait placé une table avec un couvert. L'Empereur monta sur l'estrade et s'assit. Une partie du cortége prit place devant les longues tables dont j'ai parlé, et l'on servit un dîner très-copieux, consistant en grosses viandes, volailles, cochons de lait, riz et salade. Chacun avait devant soi un petit pain, et pour boisson l'on donna aux convives de la *cachaça*, dans laquelle on avait fait infuser du café et où l'on avait mêlé du sucre. L'Empereur fut servi avec beaucoup de cérémonie; ses officiers se tenaient auprès de lui, et chaque plat lui était apporté sous une longue serviette. Pendant le dîner, les créoles déguisés ne cessèrent de danser autour des tables en jouant de leurs instrumens. Leurs danses étaient très-variées et quelquefois fort agréables. Dans l'une d'elles, qui n'était que bizarre, les danseurs s'accroupirent sur deux rangs, en se plaçant deux à deux l'un devant l'autre, et pendant que l'un des deux jouait de son instrument, l'autre frappait dans ses mains. Plusieurs femmes, accompagnées de la musique, vinrent successivement offrir à l'Empereur des plats de confitures, qui ensuite furent mangés par les convives. Ces offrandes sont le résultat de quelque vœu fait au Saint-Esprit, et ceux qui servent les convives le font également pour accomplir un vœu. Après le dîner, le curé entonna, pour rendre grâce, le *Laudate Dominum omnes gentes*; ensuite nous nous levâmes de table pour faire place à d'autres, et les convives se renouvelèrent ainsi plusieurs fois de suite.

La fête de l'Empereur [1], instituée par une reine de Portugal, eut originairement pour objet des distributions d'aumônes [2]; mais peu à peu elle dégénéra, et ce n'est plus aujourd'hui qu'un jour de réjouissances publiques, où à des cérémonies religieuses se mêlent,

---

[1] Cette fête s'appelle en portugais *festa do Espirito Santo*, mais je ne lui donne point ici le nom de Pentecôte, pour qu'on ne la confonde pas avec la fête purement chrétienne qui porte le même nom.

[2] Je n'ai ici, je l'avoue, d'autre autorité qu'un renseignement verbal.

d'une manière bizarre, des cérémonies ridicules et profanes. Chaque année un nouvel Empereur remplace celui de l'année précédente, et c'est le sort qui désigne ceux qui doivent remplir cette dignité. Pour subvenir aux dépenses de la fête, on fait des quêtes chez tous les particuliers, qui, les uns, donnent de l'argent, et les autres de la volaille, des bœufs, des cochons de lait, etc. C'est dans la maison de l'Empereur que le dîner se prépare, et il contribue, suivant ses moyens, à embellir la fête.

Sur le soir, les habitans de S. Domingos retournèrent à l'église, et là on tira au sort le nom du nouvel Empereur. Celui de l'année précédente remit à son successeur les marques de sa dignité, et chacun des deux fut reconduit en pompe dans sa maison. Toute la soirée, les créoles déguisés parcoururent les rues en chantant et en dansant, et à minuit je les entendais encore. Il est inconcevable que ces hommes puissent résister à une pareille fatigue. Les rues furent aussi parcourues par des masques vêtus de blanc, qui tous portaient des flambeaux dans des lanternes de papier, et qui étaient montés sur des chevaux chargés de sonnettes. La fête se passa avec beaucoup d'ordre et de décence, et je n'entendis ni cris ni disputes ; ce qui, au reste, est la conséquence naturelle de cette douceur et de cette politesse qui distinguent les moindres cultivateurs de ce pays. Une des choses qui me frappèrent le plus dans cette journée, ce fut la gravité, ou, pour mieux dire, l'immobilité de l'Empereur. Il ne sourit pas une seule fois, il ne tourna pas une seule fois la tête, et ne fit pas un mouvement inutile.

Le lendemain de la fête principale, il y eut encore à S. Domingos un de ces spectacles que l'on appelle *cavalhadas* (tournois). Pour donner ce spectacle, on avait choisi la place publique. Les acteurs étaient les habitans les plus aisés du pays, les écuyers les plus habiles, ceux enfin qui possédaient les meilleurs chevaux. On représenta un combat de Maures et de chrétiens. Il y avait dix acteurs, cinq d'un côté et autant de l'autre. Les Maures portaient des casques, des pantalons blancs très-larges, des vestes blanches, et avaient sur la poitrine une pièce d'étoffe rouge qui leur tenait lieu de cuirasse. Les chrétiens étaient simplement vêtus de l'habit de milicien. Les deux partis s'envoyèrent des ambassadeurs, se défièrent, et le combat commença. Les Maures étaient à une extrémité de la place, les chrétiens à l'autre. Chaque chevalier, partant de son camp, galopait autour de la place, la traversait après avoir fait quelques tours, et se rencontrait avec son adversaire. Lorsque deux chevaliers commençaient à combattre, chacun était armé d'un long bâton peint qui tenait lieu de lance; en se croisant, les deux adversaires frappaient une fois leurs bâtons l'un contre l'autre, puis ils continuaient à galoper, jetaient leurs bâtons, se rencontraient encore, tiraient un coup de pistolet, et après avoir fait usage de cette arme, ils se servaient du sabre. Lorsque deux combattans avaient ainsi figuré, ils faisaient place à de nouveaux acteurs, et, de temps en temps, les deux troupes entières se battaient l'une contre l'autre.

Avant que le tournoi commençât, des créoles masqués et déguisés en postillons avaient fait des farces à la manière de nos paillasses, et, pendant les combats, ils s'occupèrent à chasser les animaux qui auraient pu troubler la fête. Une foule très-considérable était rangée sur la place, et cependant, comme la veille, tout se passa dans le plus grand ordre. Ainsi qu'on peut le voir par ce qui précède, ce spectacle était extrêmement monotone; néanmoins il dura fort long-temps, et je ne sais combien il aurait duré encore, si la pluie, qui, dans cette saison, était presque une merveille, ne fût venue l'interrompre et mettre fin à mon ennui.

Je fis en deux jours les cinq lieues que l'on compte entre S. Domingos et le village d'Agua Suja.

Tout autour de S. Domingos la terre a été cultivée et est couverte de *capoeiras*. Bientôt je passai devant une sucrerie, et ce n'est pas la seule qui se voie dans ce canton [1]. La canne qu'on y récolte contient plus de parties sucrées que celle qui se recueille dans les terres de bois vierges : à la vérité, l'espèce ordinaire souffre beaucoup des longues sécheresses si communes dans ce pays ; mais on peut en partie remédier à cet inconvénient en cultivant la canne

---

[1] On a vu, dans le premier volume de cet ouvrage (p. 57), que les propriétaires de sucreries étaient appelés, aux environs de la capitale, *senhores d'engenhos*, et je pense qu'on leur donne le même nom dans tout le Brésil. A l'endroit cité, on a mis deux fois *ingenho* pour *engenho*, mais cette faute a dû être corrigée dans l'*errata*.

d'Otahiti, qui, d'après les observations que l'on a faites, n'a pas autant besoin d'humidité, et qui d'ailleurs fournit des produits abondans. On a prétendu dans la province des Mines que cette dernière canne donnait la lèpre ; mais il n'est pas invraisemblable que cette assertion ait été répandue par les nègres, qui ne peuvent sucer l'espèce otahitienne aussi facilement que l'espèce ordinaire, et qui ont plus de peine à la cueillir, à cause des poils rudes dont elle est couverte. La canne anciennement cultivée par les Brésiliens est aujourd'hui appelée par eux *canne créole* (*cana crioula*), c'est-à-dire canne du pays[1], et ils donnent à celle d'Otahiti le nom de *canne de Cayenne* (*cana Cayana*[2]). Ce dernier nom doit son origine à une circonstance qu'il n'est peut-être pas inutile de rappeler. Le général portugais Narciso ayant pris, pendant la dernière guerre, la Guyane française, y trouva la canne d'Otahiti ; il l'introduisit au Brésil ; elle y a prospéré[3], et elle y a pris un nom qui n'indique pas plus sa véritable patrie que celui de *peuplier d'Italie* ne

[1] L'on sait que les Brésiliens doivent l'introduction de la canne à sucre dans leur pays à MARTIM AFFONSO DE SOUZA, fondateur de la capitainerie de S. Vincente. Il la tira, en 1531, de l'île de Madère, où elle avait été apportée de Chypre et des Deux-Siciles. Martim Affonso ne mériterait-il pas que les Brésiliens lui érigeassent un monument de reconnaissance ?

[2] Pour *cana de Caenna* ou *de Cajena*.

[3] Ce que je dis ici servira, je l'espère, à compléter ce qu'a écrit M. de Humboldt sur l'histoire de la canne d'Ota-

désigne le pays où ce bel arbre croît naturellement. C'est ainsi que la guerre, ce fléau si cruel, a cependant contribué plus d'une fois à faire connaître et à répandre des productions utiles [1].

Au-delà de S. Domingos, le terrain s'élève, et ce village peut être considéré comme la limite de la région des *catingas* [2]. Mais les *carrascos* que je traversai, bientôt après m'être mis en route, ressemblaient, pour l'aspect, à nos taillis; et ceux que je trouvai ensuite jusqu'à Agua Suja, plus grands encore, peu-

hiti (*Tableaux de la Nature*, trad. *Eyr.*, I, 66); et prouve en même temps combien les *saccharum* cultivés au Brésil étaient peu connus du voyageur qui a dit que les habitans des environs de *Ponta Negra*, sur la côte, avaient renoncé à la canne de Cayenne pour celle de Taïti.

[1] Tout le monde sait, par exemple, que nous devons le *cerisier* aux conquêtes de Lucullus, et le *blé noir* aux croisades.

[2] Si, partant de Belmonte, on se dirigeait vers le sud-ouest, on traverserait les quatre régions végétales qui s'observent dans la province des Mines; l'on passerait successivement des forêts aux *catingas*, de celles-ci aux *carrascos*, des *carrascos* aux *campos*; et il est à remarquer que ces régions forment ainsi une sorte d'échelle, où l'ensemble des végétaux diminue graduellement de hauteur, peut-être parce que l'humidité diminue aussi graduellement. Quand M. de Neuwied, suivant aussi à peu près la direction du sud-ouest, quitta la côte à environ un degré nord de Belmonte, pour gagner le Sertão de Bahia, il trouva également d'abord des forêts, puis des *catingas*, des *campos* et des *carrascos*. Il serait curieux de savoir sous combien de degrés de latitude on rencontrerait la même échelle de régions végétales.

vent être considérés comme formant un intermédiaire entre les véritables *carrasqueinos* et les *catingas*.

A environ une lieue et demie du village, je me trouvai sur les bords de l'Arassuahy[1]; un peu plus

[1] On me dit à S. Domingos que le nom d'Arassuahy avait été donné par les Paulistes à la rivière qui le porte, parce qu'ils y avaient trouvé une grande quantité d'or; qu'ils avaient dit: *Oro só ahi* (c'est ici seulement qu'il y a de l'or), et que, de ces mots, on avait fait par corruption *Arassuahy*. Mais cette étymologie me paraît entièrement fausse. Le mot *hy*, qui termine le nom d'une foule de rivières, est guarani, et signifie *eau, rivière. Arassuahy* vient donc bien plus vraisemblablement des mots indiens *araçu*, espèce d'oiseau, probablement l'*ara* rouge, et *hy*, rivière, pour *i* ou *y* (la rivière des aras). Voyez *Tesoro de la lengua guarani*.—Je crois qu'il n'est pas inutile que je donne ici une explication sur une orthographe que j'ai adoptée (page 7 du premier volume) pour le nom véritable du village voisin de Rio de Janeiro, appelé communément *Aguassú*. J'ai dit que ce nom était *Hyguassú*, et qu'il venait de *hy*, eau, et de *guassú*, grande. 1° Ce dernier mot se prononce comme s'il y avait en français *gouaçou*, sons que l'on peut rendre également en portugais par *guassu* ou *guaçu*. Je crois que, pour l'orthographe des noms empruntés des Indiens, il faut, autant que possible, se rapprocher du guarani, langue généralement parlée au Paraguay et fixée par les jésuites. Or, la lettre *s* n'a été admise ni dans l'orthographe du guarani ni dans celle de son dialecte appelé *lingua geral*, et, dans les deux dialectes, la syllabe augmentative s'écrit également *çu*. Dans le mot *Hyguassú*, il est donc clair qu'il vaudrait mieux, comme l'a fait Pizarro, écrire *guaçu* que

loin je traversai cette rivière, et alors il était déjà nuit. Mes effets furent déchargés; on les transporta dans une longue pirogue, et mes mulets passèrent la rivière à la nage, tenus par la bride.

A l'endroit où j'étais arrivé pour traverser la rivière, elle n'a qu'une médiocre largeur; mais elle est profonde, et sa surface parfaitement unie. On voit de l'autre côté la maisonnette où l'on reçoit le péage. Cette maison est élevée d'une cinquantaine de pieds au-dessus de la rivière, et l'on y arrive par une pente douce. Autour d'elles sont des *carrascos*, qui alors étaient sans feuilles, et un peu plus loin s'élèvent des collines, où l'on n'apercevait également aucune verdure. En face de la maison du péage, sur le bord même de la rivière, est un arbre touffu, dont le pied

---

guassu; mais, pour être conséquent, il faudrait alors que les Portugais-Brésiliens écrivissent *Araçuahy*, *Vupabuçu*, et cependant ils ont consacré *Arassuahy* et *Vupabussu*. 2° Pour écrire le mot *eau* en guarani ou dans la *lingua geral*, il s'agissait de peindre un son guttural qui, comme le dit très-bien l'auteur du *Diccionario Portuguez-Brasiliano*, se forme en repliant la langue, en inclinant sa pointe et poussant du gosier un son qui participe de l'*i* et un peu de l'*u*. Je pense qu'en allemand le mot serait aussi bien rendu que possible par les lettres *hig*; mais les jésuites travaillaient pour des Espagnols et des Portugais, et non pour des Allemands; le P. A. Ruiz, auteur du *Tesoro*, a écrit ĭ, donnant toujours au signe ˘ une prononciation gutturale, et l'auteur anonyme du *Diccionario* a employé l'*y*, pensant que chez les anciens Grecs la prononciation de cette lettre était celle du portugais *ug*,

est baigné par les eaux, et qui s'incline vers leur surface. Il n'avait pas perdu une seule de ses feuilles, et les grands végétaux dépouillés de verdure que l'on apercevait de tous côtés, donnaient à la sienne plus de mérite encore. Devant cet arbre, une ligne de rochers s'élève au-dessus de la rivière du milieu de son lit, et embarrasse son cours. La lune, si brillante dans ces climats, éclairait ce paysage; une douce fraîcheur se faisait sentir; l'air était embaumé par les fleurs des *cestrum* (en brésilien-portugais *cuarana* ou *coirana*), dont les feuilles froissées répandent une odeur si fétide; la nature entière était plongée dans cette immobilité qui rend si délicieuses les soirées des tropiques, et l'on n'entendait d'autre bruit que celui des eaux qui frappaient les rochers.

en français *oug*. D'après tout ceci et l'opinion que j'ai professée plus haut, il est évident qu'il serait mieux d'écrire *Iguaçú* avec Pizarro qu'*Hyguassú*, comme je l'ai fait. Cependant je dois faire observer que les Brésiliens ont sans doute cru peindre le son d'*ĭ* par *hy*, car ils s'accordent à faire entrer cette orthographe à la fin des mots composés, comme *jacuhy, arassuahy, capivarhy, sapucahy, piauhy,* etc.; ainsi, si j'ai eu tort d'écrire *Hyguassú*, j'ai pourtant été conséquent en adoptant cette orthographe tant pour *hy* que pour *guassú*. Je ne puis m'empêcher de désirer que quelque Brésilien instruit tire enfin l'orthographe nationale de l'incertitude où elle a été jusqu'à présent. Cela exigerait sans doute une étude approfondie du guarani; mais les travaux de Pizarro ont prouvé que l'on peut espérer des Brésiliens toutes les recherches qui intéressent leur pays.

Il existe plusieurs *ports* (*portos*) ou lieux de passage depuis l'origine de l'Arassuahy jusqu'à son embouchure. Tous les trois ans, les péages des *ports* de toutes les rivières se mettent à l'enchère à Villa Rica, et c'est un des revenus de la province. Les péages de l'Arassuahy étaient, lors de mon voyage, affermés quatre mille cruzades. Au *Porto do Defunto Rosario*, où je passai cette rivière, on payait quatre *vintēis* d'or (près d'un franc) par cheval ou mulet, et deux *vintēis* par personne, ce qui est réellement un droit énorme. Ordinairement les cultivateurs font un abonnement avec le fermier; il est défendu à tout autre qu'aux abonnés de passer ailleurs qu'aux *ports*, et ceux qui enfreignent ce réglement sont condamnés à une forte amende. Quant à moi, mes passe-ports et la considération que l'on voulait bien m'accorder partout m'exemptèrent du péage.

Au-delà de Boa Vista da Barra do Calhaŏ, j'avais côtoyé la rive gauche de l'Arassuahy; mais après le passage du Porto do Defunto Rosario, je me trouvai sur la rive droite. Jusqu'à Agua Suja le chemin est à peu près parallèle à la rivière. Les bords de celle-ci présentent un étroit cordon de verdure (26 juin 1817), des habitations éparses et des terrains cultivés; mais quand la route s'éloigne de la rivière, on ne voit plus ni maison, ni culture.

Agua Suja, chef-lieu d'une paroisse [1], est situé au

---

[1] Suivant l'auteur des *Memorias historicas do Rio de Janeiro*, vol. VIII, p. 2da, Agua Suja fut fondé en 1728, et

pied d'une colline, à l'endroit où un ruisseau appelé également *Agua Suja* (eau sale) se jette dans l'Arassuahy. Ce village est principalement formé d'une rue qui s'étend au-dessous du confluent, le long de l'Arassuahy, et qui, formant un coude, remonte un peu sur le bord de l'Agua Suja. La rue est étroite et pavée. Les maisons sont généralement petites, basses et carrées ; toutes sont couvertes en tuiles ; la plupart sont bâties en *adobes ;* elles ont peu de fenêtres, et les toits, s'avançant beaucoup au-dessus des murs des maisons, rendent la rue un peu sombre. Outre cette dernière, deux églises et quelques maisons éparses s'élèvent sur le penchant du petit morne qui domine la plus grande partie du village. Dans le temps des pluies, le ruisseau d'Agua Suja est assez large ; mais, lors de mon voyage, ce n'était qu'un filet d'eau qui coulait entre des quartiers de rochers. L'Arassuahy était beaucoup plus considérable ; mais ses eaux avaient une couleur rouge, due aux terres délayées des lavages de Chapada.

érigé en paroisse en 1729 ; ce village est situé par le 16° 36' lat. et le 335° 35' long., à huit l. nord-quart-nord-est de Villa do Fanado ; et l'on y compte 95 feux et 760 habitans. Le même auteur ajoute que la paroisse d'Agua Suja s'étendait autrefois jusqu'au Jiquitinhonha ; que c'est de son territoire qu'a été détachée la nouvelle paroisse de S. Miguel ; mais qu'il reste encore à Agua Suja, pour succursale, le village de Sucuriú, ou, comme il écrit, *Sucruyú,* qui en est éloigné de deux lieues ; et qu'enfin la population du ressort actuel de la paroisse d'Agua Suja s'élève à 7500 individus.

Comme tant d'autres, le village d'Agua Suja a été bâti par des chercheurs d'or. Ils construisaient des digues, pour resserrer les eaux de l'Arassuahy, et lavaient le sable aurifère dans la partie du ruisseau qu'ils avaient mise à sec. Aujourd'hui il n'y a plus dans le village et ses environs d'hommes assez riches pour se livrer à ce genre de travail, et l'on y a renoncé. La plupart des maisons d'Agua Suja appartiennent à des cultivateurs qui n'y viennent que le dimanche; aussi les trouvai-je presque toutes fermées. Le maïs réussit assez bien dans les environs d'Agua Suja, lorsque les sécheresses ne sont pas trop fortes. Quant aux cotonniers, ce canton leur est moins favorable que le pays des *catingas,* parce que le terrain est ici plus élevé, et que la température y est moins chaude. Ce qui fait vivre la plus grande partie des habitans d'Agua Suja et des alentours, c'est la fabrication des couvertures et des grosses toiles de coton. Par commande, on fait aussi dans ce village des serviettes ouvrées assez fines; mais elles sont d'un prix exorbitant. Chaque particulier fabrique sa toile chez lui, et, comme dans tout le pays, il n'y a à Agua Suja aucune manufacture.

Je fus logé dans une jolie maison qui appartenait au *juiz de fóra* de Villa do Fanado; et de la galerie de cette maison, je pouvais juger parfaitement la position charmante du village. Il est baigné, comme on l'a vu, par l'Arassuahy. Un peu avant de recevoir le ruisseau d'Agua Suja, la rivière décrit un coude, et elle semble bornée dans son cours par des collines escarpées couvertes de bois. Vers le confluent du ruisseau, les eaux de l'Arassuahy forment une cascade très-basse, et s'échappent avec bruit entre des rochers noirs. Enfin de l'autre côté de la rivière, en face du village, s'élèvent des collines boisées, sur le penchant desquelles on voit quelques maisons.

Quand je sortis d'Agua Suja, je fus environné par des musiciens qui avaient à leur tête la bannière du Saint-Esprit. Ils chantaient les louanges du *Senhor Cavalheiro*, titre que l'on voulait bien me donner, et ils me demandèrent quelque chose pour une fête analogue à celle que j'avais vue à S. Domingos. Je fis ma petite offrande; et mon muletier, le bon Silva, observa très-judicieusement qu'aucune aumône ne pouvait être mieux employée.

Après avoir quitté Agua Suja, je traversai des bois dépouillés de feuilles, qui pouvaient encore se mettre au rang des *catingas;* et ensuite je montai sur un morne très-élevé, où la végétation change peu à peu, et devient enfin celle des *campos*. Ce fut avec un extrême plaisir que je revis des fleurs et des arbrisseaux qui n'étaient pas entièrement dépouillés de feuilles.

J'arrivai bientôt à Chapada, et je logeai encore chez le curé de ce village, qui me reçut aussi bien que la première fois. Je ne pouvais être mieux placé pour m'instruire des différences qui, sur certains points, existent entre le diocèse de Marianna et celui de Bahia, auquel sont soumises, comme je l'ai dit, les Minas Novas[1].

[1] Des *constitutions* destinées à régir le diocèse de Bahia

Il paraît que la simonie n'est pas aussi généralement répandue dans l'archevêché de Bahia, où j'étais alors, qu'elle l'est dans le diocèse de Marianna, et, la première fois que j'entendis la messe dans les Minas Novas, je fus frappé de la décence avec laquelle le prêtre la célébra; bien différent en cela d'un si grand nombre de ses confrères, qui s'acquittent du même devoir avec une rapidité que l'on serait tenté de prendre pour le résultat d'une gageure[1]. Dans le diocèse de Bahia, la portion congrue des curés n'est que de cinquante mille reis; mais comme ceux de Minas Novas reçoivent la leur de l'administration de la province des Mines, ils ont été assimilés pour leurs appointemens aux autres curés de la même province[2]. Les concours pour les cures continuent à avoir lieu dans l'archevê-

furent donuées à ce diocèse en l'anéé 1707 par l'archevêque D. Sebastião Monteiro da Vide.

[1] La décence dont je fais ici l'éloge n'était-elle point particulière à l'ecclésiastique qui l'observait?

[2] Au commencement des découvertes, les dîmes, dans toutes les conquêtes des Portugais, furent abandonnées à la couronne, qui se chargea de soutenir le clergé. (South.) Les portions congrues des curés n'étaient originairement que de 35 mille reis; mais, par un ordre du roi (*carta regia*) du 23 novembre 1608, elles furent pour la plupart élevées à 50 mille reis, et un autre ordre, du 16 février 1718, porta à 200 mille reis les appointemens des curés de Minas Geraes et Saint-Paul. (Piz.) — Cette note et celle de la page précédente peuvent servir à jeter du jour sur ce qui a été dit sur le même sujet dans le chapitre X du premier volume.

ché de Bahia; mais pour peu qu'une cure soit bonne, on la sollicite, et les sujets présentés au roi, par suite du concours, ne sont jamais nommés. Dans le diocèse de Bahia, les prêtres ne paient point de provisions pour dire la messe, comme dans celui de Marianna; mais ils en paient pour confesser et pour prêcher. Comme Chapada, S. Domingos, Villa do Fanado ne sont pas éloignés de beaucoup moins de 150 lieues de la ville de Bahia; il serait difficile que les archevêques vinssent y donner la confirmation. Ne pouvant se transporter pour administrer ce sacrement dans toutes les parties de leur vaste diocèse, ils délèguent à cet effet de simples prêtres qui les remplacent. En général, à cause de l'embarras des localités, on a accordé aux évêques du Brésil des pouvoirs beaucoup plus étendus que n'en ont ceux du Portugal.

Je me rappelle qu'étant à Chapada, je me trouvai sur la place publique, au moment où l'on sonnait l'*angelus*, et je vis pratiquer un usage qui est général dans tout ce pays. Lorsque la cloche se fait entendre, chacun s'arrête, se découvre, applique ses mains l'une contre l'autre et fait sa prière. Cet acte terminé, on salue ceux que l'on connaît et l'on continue à vaquer à ses affaires. Le même usage s'observe dans l'intérieur des maisons, toutes les fois que l'on sonne l'*angelus*.

Je n'ai pas dit ce qu'était devenu le Botocudo Firmiano, depuis qu'on me l'avait amené au Quartel de Teixeira. Étant à S. Domingos, j'avais congédié Raimundo; mais l'Indien, tout occupé d'un cheval que j'avais acheté pour lui, avait peu songé à son compagnon. Ce pauvre Firmiano avait tout le caractère des hommes de sa race. Comme les enfans, il imitait ce qu'il voyait faire; comme eux il avait des caprices, et voulait être servi dès qu'il avait parlé; sans cesse il demandait du sucre, et il boudait lorsqu'on lui en avait refusé. Quand mon domestique Prégent restait par-derrière, il trouvait un très-grand plaisir à le faire galoper. Le jour de mon arrivée à Chapada, il se mit à trotter devant nous, et, quand il fut hors de notre vue, il se cacha dans des broussailles pour nous faire peur ensuite lorsque nous passâmes.

Je fus obligé de rester deux jours à Chapada, parce qu'on n'avait pu trouver mes mulets, qui avaient été lâchés dans la campagne. En quelques endroits il existe des pâturages enclos; mais, dans beaucoup d'autres, il n'y en a point, et l'on est obligé de laisser les mulets paître en liberté. Ordinairement ils s'éloignent peu de l'endroit où on les a conduits, et quelquefois je les ai vus revenir d'eux-mêmes vers nous pour recevoir leur ration ordinaire de maïs; mais lorsqu'il y a dans la troupe une bête qui n'est pas encore accoutumée à aller avec les autres, il est assez ordinaire qu'elle s'écarte, et elle est presque toujours suivie par quelques-uns de ses nouveaux compagnons.

J'arrivai enfin à Villa do Fanado, après avoir voyagé dans un espace de 13 lieues sur le territoire de quatre paroisses. Il faut que jadis ce canton reculé fût bien abondant en or, pour qu'on y ait fondé un aussi grand nombre de villages sur une étendue de terrain si peu considérable. Cependant, depuis que l'agriculture a remplacé dans ce pays les recherches des mineurs, tout a dû nécessairement y prendre une face nouvelle. La culture des terres établit une égalité de fortune qui ne saurait être le résultat du travail aventureux des mineurs. Il n'y a pas dans le *termo* de Minas Novas autant de particuliers riches que dans beaucoup d'autres parties de la province; mais aussi il y existe moins de misère. On n'y voit point, comme autour de Villa Rica, des villages presque abandonnés et des *fazendas* qui tombent en ruines. Les colons y sont habillés d'étoffes assez grossières; mais ils ne portent pas de vêtemens en lambeaux, et comme les toiles de coton sont ici à bon marché, et qu'un grand nombre d'habitans en fabriquent dans leur propre maison, les nègres eux-mêmes sont mieux vêtus qu'ailleurs [1]. Cependant, il faut le dire, un obstacle s'oppose à l'aisance des habitans de cette contrée; c'est l'usage où l'on est de tout vendre à crédit. Les chevaux, les esclaves s'achètent à plusieurs années de terme; le vendeur qui court des chances ne veut se défaire de sa denrée qu'à des prix qui en surpassent la valeur réelle; l'acheteur se laisse séduire par de trompeuses espérances; empressé de posséder, il songe peu à l'avenir, et il accorde sans peine le prix qu'on lui demande; mais souvent l'esclave ou les bestiaux meurent avant que le nouveau propriétaire en

---

[1] Tout ceci est surtout applicable aux parties du *termo* de Minas Novas qui avoisinent le plus le chef-lieu. On verra que le Sertão a d'autres habitudes.

ait retiré quelque profit, et il est obligé d'abandonner ce qu'il possède, quand le moment de payer arrive. Dans chaque village il existe ordinairement un homme riche, qui vend ainsi à crédit des marchandises à tous ses voisins, et qui les met par là dans une entière dépendance. L'acheteur peu aisé n'ose rien refuser à celui qui est, pour ainsi dire, devenu l'arbitre du sort de sa famille, et cette domination est d'autant plus fâcheuse que celui qui l'exerce est trop souvent un aventurier sans éducation, qui s'est enrichi par des moyens honteux.

Il ne faut pas croire, au reste, que l'usage d'accorder de longs crédits soit particulier au *termo* de Minas Novas. Parmi les premiers habitans de la province des Mines, il dut y avoir un grand nombre d'aventuriers sans fortune. Lors de la découverte, l'or était si commun dans les environs de Villa Rica et ailleurs, qu'avec un travail facile on était assuré de pouvoir s'enrichir en peu de temps. Les mineurs qui avaient déjà travaillé et qui possédaient quelque chose, ne devaient donc faire aucune difficulté de vendre à des termes très-éloignés aux nouveaux venus ou à ceux que quelques circonstances avaient rendus moins heureux, sachant bien que les débiteurs ne pouvaient rien faire perdre à leurs créanciers. Telle est probablement l'origine des longs termes que l'on accorde aux acheteurs dans la province des Mines. Cependant il n'est pas impossible que le discrédit dans lequel était tombé, lors de mon voyage, le papier-monnaie appelé *bilhetes* d'*estracção real*, ait amené un changement favorable. Le peu de confiance qu'on avait dans les billets, et la crainte d'être un jour forcé de les recevoir, faisait qu'à Tijuco, Villa do Principe, etc., on vendait déjà beaucoup moins à crédit, et il est à espérer que l'on aura fini par renoncer à l'ancienne habitude.

Pendant que j'étais absent de Villa do Fanado, on y avait, comme à Villa do Principe, célébré la fête du couronnement du roi[1]. On avait élevé un théâtre, fait des costumes, joué des opéras et donné des tournois (*cavalhadas*). Chacun, suivant ses moyens, avait contribué aux dépenses, et il n'en avait pas coûté un denier à l'administration. Les paroles et la musique des opéras avaient été composées dans la ville même ; mais en ce pays il n'est point extraordinaire de trouver des compositeurs de musique ; et le moindre village a les

---

[1] La reine Marie Ire mourut le 16 mars 1816; mais le roi Jean VI ne fut couronné à Rio de Janeiro que beaucoup plus tard. On a dit, prétend un voyageur, que le roi ne voulut point être couronné jusqu'à ce que les prêtres eussent déclaré que sa mère était sortie du purgatoire. « Sur ce « point, ajoute le même voyageur, les ecclésiastiques ne fu- « rent malheureusement point d'accord ; car ceux de la cha- « pelle royale assurèrent que la princesse jouissait de la béa- « titude céleste, tandis que ceux de la *Candelaria* soutinrent « chaudement qu'elle n'était point encore purifiée. » Je n'ai jamais entendu parler de telles extravagances, et je ne conçois pas que l'on ait pu s'amuser à les imprimer. Celui à qui le public en est redevable n'était cependant dépourvu ni de sens, ni d'esprit ; mais comme il était sourd, m'a-t-on dit, et qu'il ne savait point le portugais, il aurait dû se défier davantage de ce qu'il croyait entendre.

siens qui s'exercent principalement sur des messes et sur des hymnes pour les fêtes solennelles et celles des patrons.

Sous le nom de *danber* on m'avait beaucoup vanté une certaine résine purgative; mais on ne m'avait pas fait connaître à quel végétal elle était due. Pendant que j'étais à Villa do Fanado je crus découvrir ce petit secret. Une dame de cette ville, qui s'occupait de médecine domestique, me cita une plante très-connue dans le pays, et dont les racines, assure-t-on, fournissent une substance résineuse et purgative aussi efficace que le mercure pour la guérison des maladies vénériennes. Comme cette dame ajouta que la plante portait le nom de *dambré*, je ne doutai pas que ce ne fût elle qui fournissait ce mystérieux *danber*, dont on m'avait tant fait l'éloge. La même dame m'envoya un pied de *dambré* muni de ses racines; il n'avait malheureusement ni fleurs ni fruits; cependant je crus reconnaître que la plante appartenait à la famille des rubiacées. La racine est grosse comme le petit doigt, elle a l'odeur de l'*anthoxanthum odoratum*, et son goût est celui de la même plante avec un mélange d'amertume. Les tiges grêles qu'elle produit sont ordinairement droites; mais elles tombent sur la terre quand elles s'élèvent à plus de deux ou trois pieds. Peut-être, au reste, le *dambré* est-il identique avec la rubiacée que l'on appelle ailleurs *raiz de frade*, et que je considère comme un *chiococca*. On voit que j'ai aussi eu à me plaindre de cette espèce de fatalité qui, comme le dit M. de Humboldt, semble s'opposer à ce que les voyageurs puissent reconnaître avec certitude les végétaux les plus utiles, tandis qu'ils accumulent dans les herbiers une foule d'espèces qui ne servent qu'à alimenter la curiosité des botanistes.

Après avoir passé quatre jours à Villa do Fanado, je partis de cette ville le 8 juillet 1817. Le *juiz de fóra* m'avait encore reçu dans sa maison, et j'avais été comblé par lui et par son ami São Payo de nouvelles marques d'attention et d'amitié. J'étais attendri en me séparant de ces deux hommes recommandables; en général, il m'était impossible de m'accoutumer à l'idée de ne plus revoir ceux qui m'avaient si bien accueilli; et où n'étais-je pas reçu de la manière la plus aimable!

CHAPITRE XI.

ROUTE DE VILLA DO FANADO AU SERTÃO PAR PIEDADE, ARASSUAHY ET LES FORGES DE BOM FIM.

Idée générale du pays que traverse l'auteur après avoir quitté Villa do Fanado. — Village de *Piedade*; sa situation; ses rues, ses maisons; son histoire; productions. — *Vareda*. — Exposition de la tête et des mains de deux meurtriers. — *Fazenda* de *Culão*. Rivière d'Itamarandiba. *Pari*, espèce de piége pour prendre le poisson. — Singulière végétation des *queimadas*. — Orangers du Brésil. Manière de manger et de peler les oranges. — Encore quelques mots sur Firmiano. — Village d'*Arassuahy*. — Forges de *Bom Fim*. — Exemple de gaspillage. — *Fazenda* de *Roça do Contrato*. — Gallinacées qu'on devrait tâcher d'accoutumer à la domesticité. — *Barbados*. Courtes réflexions sur les nègres. — *Pé do Morro. Carrapatos.* — Pays charmant. — L'auteur passe le Jiquitinhonha et entre dans le Sertão. — Il s'égare et couche sur le bord d'un ruisseau.

De Villa do Fanado je me dirigeai à peu près vers le sud-sud-est, et marchant dans un espace de 26 lieues, parallèlement au cours de l'Arassuahy, je me rendis à S. João, et de là aux forges de *Bom Fim*. Ce fut le chemin de Villa do Fanado à Villa do Principe que je suivis, du moins en partie, dans le cours de ce voyage[1].

---

[1] Itinéraire approximatif de Villa de Fanado aux forges de Bom Fim :

De Villa do Fanado à Piédade. . . . . 3 l.

Le pays que je parcourus, peu éloigné de celui que j'avais traversé entre S. João et Alto dos Bois, lui est généralement analogue. Ce sont encore des collines terminées par des plateaux couverts de *carrascos*, et des pentes où les herbes sont parsemées d'arbres tortueux et rabougris. Le sol et la végétation offrent sans doute diverses nuances, mais on sent qu'il serait impossible de les peindre toutes.

Je retrouvai au milieu des *carrascos* la même mimose, les mêmes *hyptis*, enfin la composée à feuilles de bruyère, que l'on appelle *alecrim do campo*, et qui alors était couverte de fleurs. A cette époque fleurissait encore la charmante malvacée à corolles tantôt roses et tantôt d'un rouge foncé, que l'on nomme *rosa do campo*; et je reconnus qu'elle devait être considérée comme une des espèces caractéristiques des *carrascos* [1]. D'ailleurs les plantes étaient en général plus ou moins desséchées, et les arbres, ainsi que les

	Report.......	3
De Piedade à Vareda...............		3
—	Culão.............	4
—	Jozé Caetano de Mello........	4
—	S. João (village)...........	4
—	As Gangoras............	4
—	Arassuaby (village).........	4
—	Bom Fim (forges)...........	2
	Total........	28 leg.

[1] *Pavonia rosa campestris*, Aug. Saint–Hil. Jus. Camb. Ce que je dis ici prouve que la localité indiquée pour

arbrisseaux, commençaient à perdre leurs feuilles[1]. La sécheresse va toujours en augmentant jusqu'au mois de septembre; dans le courant d'août, les arbres et les arbrisseaux se dépouillent entièrement de leur feuillage; mais, immédiatement après, il en naît de nouvelles; les plantes se couvrent de fleurs, et les principaux fruits sont déjà mûrs vers les mois de novembre et de décembre.

Dans les bois vierges des bords du Jiquitinhonha, j'avais trouvé quelques insectes; mais, lorsque je fus sorti de ces grandes forêts, je n'aperçus pas un seul coléoptère, et les papillons eux-mêmes étaient devenus très-rares[2]. Ceci prouve que les insectes ont besoin de fraîcheur et d'humidité, et chacun sait, au reste, que chez nous, à la suite des étés très-secs, on ne rencontre dans les terrains arides aucun de ces petits animaux.

Depuis que j'avais quitté la 7ᵉ division, je m'étais sans cesse rapproché des sources du Jiquitinhonha et de celles de l'Arassuahy; par conséquent, le pays était devenu chaque jour plus élevé, et la température avait dû nécessairement changer peu à peu. Le 11 de juillet, étant au village de S. João, j'éprouvai un froid sensible, et le lendemain, chez le capitaine Jozé Caetano de

---

cette plante dans le *Flora Brasiliæ*, etc., est loin d'être unique.

[1] Notes du 13 juillet.

[2] Note du 9 juillet. Il est clair que tout ceci devint plus vrai encore à mesure qu'avança la saison des sécheresses.

Mello, je me chauffai avec plaisir. Le 15 juillet, un froid très-vif se fit sentir lorsque j'étais aux forges de *Bom Fim*, et l'on fut obligé d'allumer un brasier.

Entre le village de *Piedade* et la *fazenda* de *Gangoras*, le pays que je traversai est presque désert et peu cultivé. Je passai deux journées de suite sans rencontrer un seul voyageur.

La température froide de la région des *carrascos* et la terre rouge où se montre ce genre de végétation, n'admettent guère la culture du cotonnier ; mais on en serait probablement bien dédommagé si l'on se livrait davantage à l'éducation des bestiaux, auxquels l'herbe des pays découverts est en général très-favorable. Dans les lieux où l'on recueille beaucoup de coton, on élève peu de bétail, non-seulement parce que les bêtes à cornes sont friandes de la feuille du cotonnier, mais encore parce qu'elles peuvent facilement faire tomber les graines en passant auprès des tiges de l'arbrisseau. Cependant les emballages obligent les cultivateurs de coton de consommer une très-grande quantité de peaux de bœufs, et il me semble que, pour leur en fournir, les *fazendeiros* de la région des *carrascos* qui ont si peu de chemin à faire jusqu'au pays des *catingas*, devraient tâcher d'entrer en concurrence avec les colons du Sertão ou Désert. A la vérité, à cause de leurs terres imprégnées de salpêtre, ces derniers peuvent se dispenser de donner du sel à leurs bestiaux ; mais d'un autre côté les chaleurs excessives, qui font tant de mal dans le Sertão, ne sont point à redouter dans le pays élevé des *carrascos*[1].

Je vais entrer à présent dans quelques détails. On les trouvera bien arides sans doute ; mais il n'en n'est pas de l'intérieur du Brésil comme de l'Europe. Dans nos contrées, peuplées depuis tant de siècles, tout est empreint de diversité. Ici c'est un monument historique, là une manufacture, ailleurs un palais où tout respire la magnificence ; le moindre village se présente avec des souvenirs, et l'on a partout l'image du travail, du mouvement et de la vie. Dans l'intérieur de l'Amérique, au contraire, règnent le silence et l'uniformité. Le naturaliste trouve sans doute une grande variété dans les détails ; mais le voyageur qui se contenterait

---

[1] Je vis très-peu de vaches entre Villa do Fanado et Bom Fim. A la vérité, le propriétaire de *Vareda*, lieu situé à 3 l. de Villa do Fanado, me dit qu'il y avait un grand nombre de bestiaux autour de sa demeure ; mais sans doute cet homme jugeait par comparaison, car j'aperçus à peine quelques vaches errant çà et là dans les pâturages voisins de son habitation. J'ai déjà dit (voy. plus haut, p. 25) que l'on donnait pour cause de la rareté du bétail dans les *carrascos*, les vols auxquels il est exposé et la cherté du sel. On m'assura en outre à Gangoras, *fazenda* voisine du village d'Arassuahy, que si l'on n'élevait pas au milieu des *carrascos* un plus grand nombre de bêtes à cornes, c'était parce qu'on craignait qu'elles n'allassent fourrager les terres des voisins. Pourquoi n'entourerait-on pas les pâturages de cette contrée, puisqu'on a bien su recourir à ce moyen aux environs de S. João d'El Rey, ainsi qu'on pourra le voir dans ma deuxième ou dans ma troisième Relation?

d'observer l'ensemble, succomberait bientôt sous le poids de l'ennui. La vue d'un bois vierge le transporterait d'abord d'admiration; mais s'il était obligé de passer vingt jours dans une forêt, il maudirait ces arbres gigantesques, et soupirerait après nos campagnes dont la végétation est à la vérité si mesquine, mais qui sont si riantes et si animées. Que serait-ce s'il était obligé de parcourir pendant des mois entiers des *campos* qui réalisent le supplice qu'un génie infligea à une femme légère, celui de traverser éternellement des plaines couvertes d'herbes, et où l'œil avide de changement cherchait en vain quelque objet sur lequel il pût se reposer! « Le voyageur, dit M. d'Es-
« chwege, n'a souvent rien à écrire sur son journal;
« ses heures s'écoulent les unes comme les autres, sans
« qu'il puisse rien découvrir qui indique l'industrie
« ou le goût des habitans.... On ne marche point au
« Brésil sur des chemins tracés avec art; on ne traverse
« point des campagnes cultivées. Les sentiers tortueux,
« étroits et souvent dangereux, qu'il faut parcourir à
« travers des forêts ou des *campos* dépouillés d'ar-
« bres, vous endorment par leur monotonie, et les
« *fazendas* que l'on rencontre de loin en loin se res-
« semblent tellement dans leur construction que la
« description de l'une d'entre elles rend inutile celle
« de toutes les autres. Une position agréable n'est
« point ce qui a décidé ceux qui les ont construites;
« l'avantage de jouir d'un courant d'eau, est la seule
« chose à laquelle on ait eu égard. Les jardins sont
« plantés sans goût, et, en un mot, tout ce qui peut

« rendre la vie agréable a été négligé. Dans ce pays,
« les occupations scientifiques perdent même de leur
« charme, parce que celui qui s'y livre ne peut com-
« muniquer avec personne qui le comprenne, et qu'il
« ne trouve nulle part des écrits qui entretiennent ses
« connaissances. » (*Journ. von Bras.*, I, p. 4.)

Après avoir quitté Villa do Fanado, je montai et descendis d'abord des mornes pierreux dont le sommet avait peu de largeur. La végétation y était analogue à celle que j'avais déjà observée dans de pareils terrains, et elle présentait de petits arbres rabougris et tortueux, rapprochés les uns des autres, entremêlés quelquefois d'arbrisseaux à tige grêle et plus souvent de sous-arbrisseaux et d'herbes. Je fis deux lieues sur ces mornes pierreux; je traversai ensuite deux plateaux couverts de *carrascos*, et j'arrivai au village de *Piedade*.

Ce village, situé à trois lieues de Villa do Fanado, n'est qu'une succursale de la paroisse dont cette ville est le chef-lieu. Il s'étend sur une pente douce au pied d'un morne; sa forme est celle d'un triangle, et il se compose d'une rue fort large et de quelques autres latérales plus courtes et plus étroites. L'église est bâtie à l'entrée du village dans la partie la plus élevée. Les maisons, au nombre de quatre-vingt-quatorze, sont petites, mais assez bien entretenues, construites en *adobes*, couvertes en tuiles, et, lors de mon voyage, elles avaient été nouvellement reblanchies [1].

[1] Peut-être y a-t-il dans les rues latérales des maisons

AU BRÉSIL.

Le village de Piedade, qui peut avoir une soixantaine d'années (en 1817), manqua d'abord d'eau, et alors sa population était très-peu considérable. Cependant on a fini par y amener un ruisseau qui a procuré les moyens de faire des *adobes* et de cultiver de petits jardins ; le nombre des maisons s'est accru, et l'on a été obligé d'augmenter l'église, qui ne suffisait plus à la population actuelle.

Il n'y a point de lavages dans les environs de Piedade. Les maisons de ce village appartiennent à des cultivateurs qui ne les habitent que le dimanche, et qui trouvent un débit facile de leurs denrées à Villa do Fanado. Le froment qui se consomme dans cette ville est en grande partie vendu par les cultivateurs des environs de Piedade ; mais, comme tant d'autres agriculteurs brésiliens, ils se plaignent beaucoup de la rouille (*ferrugem*)[1]. On compte, auprès du même village, douze sucreries plus ou moins importantes ; les colons du pays élèvent aussi beaucoup de pourceaux,

qui ne sont pas bâties avec des *adobes* ni couvertes en tuiles, ni en aussi bon état que les autres.

[1] J'ai de la peine à croire que le blé, transporté du Portugal en Amérique, n'ait pas éprouvé quelques modifications dans ses caractères. Il serait intéressant d'observer quelles ont pu être ces modifications sous les diverses latitudes et dans les différens sols, de chercher quels remèdes on pourrait apporter à l'altération des qualités, si tant est qu'elles se soient altérées, et comment on reproduirait artificiellement les améliorations que la nature peut avoir offertes sans le secours de l'art. Jusqu'à présent, il faut l'avouer, les botanistes ont beaucoup trop

et ils commencent à cultiver le coton avec assez de succès. Cependant, quoiqu'il n'y ait pas cent ans que ce pays soit habité, on se plaint déjà de ce que les terres se fatiguent, et j'avais aussi entendu faire la même plainte à S. Domingos, où l'on ne cultive guère que depuis vingt-cinq ans. Tels sont les inconvéniens d'un système d'agriculture qui consiste à demander sans cesse à la terre, sans presque rien lui rendre.

Qu'on ne s'étonne point, je le répète, si je donne autant de détails sur de simples villages. Après avoir quitté Villa do Fanado, je voyageai plus de trois mois sans apercevoir une ville. Au-delà de Piedade, je ne trouvai plus de village qu'après cinq journées de chemin, et, pour en rencontrer un autre, je fis ensuite neuf journées (environ 27 *legoas*). Dans un pays désert, on sent que le moindre hameau a autant d'importance qu'en ont chez nous de très-grandes villes. D'ailleurs, à mesure que la population augmentera, ceux de ces faibles villages qui sont heureuse-

---

négligé les plantes qui intéressent le plus notre espèce, pour courir après l'honneur futile de faire des divisions et des subdivisions nouvelles, et d'attacher les lettres initiales de leurs noms aux noms souvent barbares qu'ils donnaient aux plantes. L'heureuse direction que prend les esprits doit faire espérer que la science s'ennoblira par des observations de plus en plus philosophiques et par des applications utiles. Si mon inimitable ami, M. le D^r. Dunal, peut terminer les recherches qu'il avait commencées sur les variétés du blé et de la vigne, on verra combien de science et de philosophie on peut faire entrer dans ce genre de travail.

ment situés deviendront plus considérables. S. Miguel da Jiquitinhonha, Alto dos Bois, les chétifs villages des bords du Rio de S. Francisco seront sans doute un jour d'importantes cités; et il est essentiel pour l'histoire de constater leur état actuel. Comme les maisons des villages du Brésil, celles de Rome primitive ne furent autre chose, pour la plupart, que des espèces de cages construites avec des branches d'osier, dont les intervalles étaient remplis de terre; un humble chaume couvrait leurs toits, et Rome est devenue la maîtresse du monde.

Entre Piedade et l'habitation de Vareda, qui en est à trois lieues, et où je passai la nuit, on traverse deux plateaux couverts de *carrascos* parsemés de petits arbres. Sur les pentes, les arbrisseaux sont plus rapprochés qu'en d'autres endroits, et les fonds au contraire présentent moins d'arbrisseaux et sont plus herbeux.

A peu de distance de Vareda, je passai, sur le sommet d'un morne, devant deux poteaux élevés, auprès desquels était une petite croix; et, sur chaque poteau, je vis une tête d'homme, au-dessous de laquelle on avait attaché deux mains. J'appris que ces têtes étaient celles de deux nègres qui avaient assassiné leur maître; ils avaient été exécutés à Tijuco, et l'on avait exposé leur tête et leurs mains dans le lieu même où ils avaient commis leur crime. Il paraît au reste que ce genre de châtiment est en usage partout; car auprès de *Catonio, fazenda* du Sertão, où je m'arrêtai plus tard, et dont le maître avait été assassiné par un esclave, on avait également exposé sur un poteau la tête du meurtrier. Il est à espérer, qu'en donnant au Brésil une législation nouvelle, l'on renoncera à une coutume barbare, qui associe pour ainsi dire au châtiment les parens et les amis de la victime, obligés d'avoir sans cesse sous les yeux les restes de celui dont le crime les a livrés à de cruels regrets.

Au-delà de Vareda, le chemin devient extrêmement difficile, et passe sur une suite de mornes très-pierreux où, au milieu de grandes herbes, s'élèvent çà et là des arbres rabougris. Plus loin, on arrive à la rivière d'Itamarandiba qui, dans cet endroit, a peu de largeur, et que j'avais déjà vue en allant à Alto dos Bois. L'on passe cette rivière sur un pont en bois assez bien construit. Ses bords présentaient une végétation plus fraîche et plus vigoureuse que celle des alentours ; ce fut là que, pour la première fois depuis le commencement de mon voyage, je recueillis une araliée, et en général à cette époque je ne trouvais guère de fleurs avec quelque abondance que sur le bord des ruisseaux. Dans toute cette journée, je ne vis ni une habitation, ni un champ cultivé ; je ne rencontrai pas un voyageur, je n'aperçus pas même le moindre bétail ; sur le sommet des mornes, je ne découvrais qu'une immense étendue de *carrascos* ou de terrains parsemés de petits arbres ; rien ne me rappelait la présence et les travaux de l'homme ; partout régnait la monotonie et l'immobilité des déserts ; la sécheresse était extrême ; il n'y avait presque plus de fleurs, et aucun insecte, aucun oiseau ne répandait un peu de vie dans ces tristes solitudes.

Le surlendemain du jour où j'avais quitté Piedade, je fis halte à une habitation assez considérable, bâtie sur les bords de l'Itamarandiba qui, dans cet endroit, n'est déjà plus qu'un ruisseau. Le propriétaire de la *fazenda* de *Culāo*, c'est ainsi que s'appelle cette métairie, élève quelques bêtes à cornes, et il cultive des haricots et du maïs qui lui rend cent cinquante pour un.

Il existe de l'or dans l'Itamarandiba, mais on ne s'occupe point à l'extraire. Les poissons qu'on pêche dans cette rivière, près la *fazenda* de Culāo, sont le *piabanha*, le *piampára*, le *piaú*, le *traira*, le *curmatãn* et le *lambari*.

Je ne puis m'empêcher de parler ici d'une manière de prendre le poisson très-usitée dans l'intérieur du Brésil, et que j'observai, si je ne me trompe, pour la première fois dans la rivière de S. Miguel. A un endroit où il existe une petite chute d'eau, on avait fait barrer tout le lit de la rivière, à l'exception d'un espace d'environ trois pieds. Là, au-dessous de la chute, on avait établi, dans l'eau même, une longue manne dont le fond était fait avec des perches rapprochées les unes des autres, et relevées au-dessus de l'eau du côté opposé à la chute. Le poisson, qui suivait le cours de la rivière, tombait dans la manne, et, arrêté d'un côté par l'extrémité relevée de celle-ci, ne pouvant de l'autre remonter la chute, il restait à la disposition du pêcheur. On sent que ce genre de piége appelé *pari* ne tend à rien moins qu'à détruire en peu de temps le poisson des rivières, et on le prohiberait certainement dans un pays où il serait possible de faire observer quelque police'.

Après être sorti de la *fazenda* de Culão, je traversai un immense plateau de trois lieues de longueur. Au bas de ce plateau, je retrouvai le véritable chemin de Villa do Fanado à Villa do Principe, que j'avais quitté un peu avant d'arriver à Culão; bientôt je montai sur un second plateau long d'une lieue, et je parvins à l'habitation de M. Jozé Caetano de Mello, qui me reçut aussi bien que la première fois.

Sur les *taboleiros* dont je viens de parler, je vis plusieurs endroits où le feu avait été mis tout récemment. Quelques plantes fleurissaient déjà au milieu des cendres, et ce qui me parut fort remarquable, c'est qu'aucune d'elles ne se retrouvait dans les portions de pâturages que le feu n'avait point consumées. Ces plantes étaient une radiée, une acanthée, un *hyptis* et deux amaranthacées. On verra par la suite que, pour procurer aux bestiaux une herbe plus fraîche et plus tendre, on met le feu aux pâturages et qu'on donne aux *campos* nouvellement incendiés le nom de *queimadas*. A peine l'herbe a-t-elle été brûlée, qu'on voit sortir de la terre des plantes naines dont les feuilles sont généralement mal développées,

---

' Dans la rivière de l'Ergue et dans celle de l'Hérault, on construit, avec l'*arundo donax*, des engins appelés *canis* qui ont beaucoup de rapport avec les *paris* des Brésiliens; mais on a soin que ces canis n'embrassent pas le lit tout entier de la rivière.

et qui bientôt donnent des fleurs. Ces plantes appartiennent à des espèces qui, quand elles ne sont contrariées par aucune circonstance, fleurissent à une époque différente, s'élèvent davantage et prennent un autre aspect. Ayant souvent observé des *queimadas* dans mon troisième voyage, je pourrai revenir un jour sur la végétation de ces pâturages récemment incendiés, et chercher à expliquer le phénomène que je viens d'exposer d'une manière succinte. J'engagerai en attendant les botanistes qui décrivent les plantes du Brésil d'après des herbiers, à faire des efforts pour rapprocher des véritables espèces les singuliers avortons que produisent les *queimadas*, et à ne pas céder à la puérile vanité de les indiquer avec des noms nouveaux comme espèces distinctes.

Je fis halte pour la seconde fois au village de S. João (voy. p. 27). A une lieue de ce village, je quittai le chemin qui mène à Penha, pour me rendre à la *fazenda* d'As Gangoras, et de là, comme je l'ai dit, aux forges de Bom Fim. Le jour où je quittai S. João, je passai, au bas d'un plateau, le ruisseau d'*Itacarambi Pequeno* qui se jette dans l'Arassuahy. Plus loin, le pays devient plus inégal; les mornes, ayant moins d'étendue, n'offrent plus de vastes plateaux à leur sommet, et ils sont généralement couverts d'herbes, au milieu desquelles s'élèvent, de distance en distance, des arbres un peu tortueux de quinze à vingt-cinq pieds.

Entre S. João et la *fazenda* d'*As Gangoras* [1], où

[1]. *Gangoras* est, je crois, synonyme du mot *manjola*. On

je passai la nuit, je ne rencontrai que deux habitations. D'après ce qu'on me dit, il y en a un assez grand nombre dans ce canton, mais elles sont situées dans des fonds, auprès de ces bouquets de bois vierges qui sont de tous côtés entourés d'espaces découverts et qu'on nomme *capões*. On cultive avec succès dans les environs de Gangoras le maïs, la canne à sucre, le café et le manioc.

La saison où l'on se trouvait alors était celle des oranges. Rien ne m'avait paru si triste que les orangers, tant que les fruits encore verts ne s'étaient point distingués du feuillage. Mais je trouvai que ces arbres produisaient un effet charmant dans le voisinage des habitations, lorsque les oranges mûres contrastèrent par leur jaune doré avec le vert obscur des feuilles. On cultive dans le Brésil plusieurs variétés d'orangers. Il n'est peut-être pas au monde de fruit plus délicieux que les *selectas*[1] de Rio de Janeiro, qui ont une écorce lisse et épaisse, et qu'on obtient par greffe. On peut citer encore les *embigudas* de Bahia, dont le sommet découvert laisse voir les diverses loges. Les *tangerinas pequenas* et *grandes*, espèces à peau fine et à pulpe rougeâtre, méritent aussi d'être indiquées. Enfin, je ferai encore mention de la variété d'oranger la plus commune, qui porte le nom de *laranjeira da China*, et se plante depuis Bahia et

doit se rappeler que la *manjola* a été décrite ailleurs (vol. I, p. 106).

[1] Il faut écrire *selecta*; mais on prononce *seleta* ou, si l'on veut, *celeta*, comme on l'a imprimé quelque part.

AU BRÉSIL.

sans doute depuis la rivière des Amazones jusqu'à Rio Grande do Sul inclusivement [1]. On cultive encore au Brésil le citron doux (*limão doce*)[2] et plusieurs sortes de limettes (*lima*)[3] ; mais ces fruits me paraissent mériter peu d'estime. L'oranger amer (*citrus vulgaris*, Riss. — DC.), dont les Brésiliens n'emploient le fruit qu'en confiture, est devenu chez eux sauvage ou presque sauvage, et, si l'on ne savait pas si bien que les orangers sont originaires de l'Asie, le nom de *laranjeira da terra* (oranger du pays), appliqué à cette même espèce depuis Bahia jusqu'à Rio Grande do Sul, pourrait faire penser qu'elle est indigène de l'Amérique. Cependant, si les Portugais avaient apporté au Brésil

---

[1] Pizarro (vol. VII, p. 101.) distingue trois sous-variétés de *tangerinas* sous les noms suivans : *da China, da India* et *da terra* ou *Boceta*; et il ajoute qu'on reconnaît ces sous-variétés à la manière dont elles se ramifient, à leur feuillage et à leurs fruits plus grands ou plus petits, couverts d'une écorce plus ou moins épaisse. Le même auteur admet deux sous-variétés de *laranjas da China*, l'une à écorce et pulpe plus blanche, l'autre rouge en dedans et en dehors. — Les différentes variétés dont je viens de parler, savoir, *selectas, embigudas, tangerinas* et *da China*, avec la variété qui produit les *laranjas secas* et qui est de Bahia, doivent être rapportées au *citrus aurantium*, Riss. — DC. (Voyez *Flor. Bras. mer.* I, p. 338). — Je présume aussi que c'est au *C. aurantium* qu'appartient la *turanja* qui m'est inconnue.

[2] Variété du *citrus limonium*, Riss. — DC. (Voyez *Flor. Bras. mer.* I, p. 339.)

[3] *Citrus limetta*, Riss. — DC.

l'oranger amer, son fruit y aurait sans doute conservé le nom de *laranja agra* qu'il a en Portugal et à Madère, et personne n'aurait probablement songé à nommer un arbre qu'on aurait fait venir d'Europe *oranger indigène (laranjeira da terra)*. N'est-il donc pas vraisemblable, contre l'opinion des botanistes modernes, que l'oranger amer n'est que le type primitif des orangers à fruits doux, et que des graines de ces derniers, nées d'elles-mêmes, auront reproduit ce même type dans plusieurs endroits du Brésil, d'où sera venu naturellement le nom d'*oranger indigène*? Un fait milite peut-être encore en faveur de cette opinion, c'est que le fruit de l'oranger amer est plus doux sous le climat chaud de Bahia et de Rio de Janeiro que sous la température beaucoup plus froide de Rio Grande do Sul, ce qui tend à prouver que cet arbre est susceptible d'être modifié, suivant les influences auxquelles il est soumis[1].

Quoi qu'il en soit, les Mineiros ont coutume de servir les oranges coupées par quartiers en même temps qu'ils servent les autres mets; on mange des haricots, du riz ou tout autre chose, et en même temps on prend des quartiers d'oranges dans un plat qui en est rempli. Ce mélange paraîtra bizarre à ceux qui ne l'ont point essayé,

---

[1] Pizarro (*Mem. hist.*, vol. VII, p. 100) dit qu'il existe à Rio de Janeiro trois qualités (sous-variétés) de *laranjas da terra*; l'une très-douce, une autre aigre-douce, et la troisième très-acide. L'existence de ces trois sous-variétés tend, ce me semble, à confirmer encore ce que j'avance; car on voit ici un retour gradué vers le type primitif.

mais il est réellement très-agréable. Les Brésiliens pèlent les oranges en enfonçant de la main gauche une fourchette dans le fruit, en assujétissant ainsi ce dernier, et enlevant l'écorce tout autour avec le couteau qu'ils tiennent de la main droite. Ils font cette opération avec beaucoup de vivacité; mais on sent qu'ils doivent laisser à l'écorce des portions de la pulpe [1].

A environ une lieue et demie de Gangoras, je passai par l'habitation de *Sobrado*, l'une des plus grandes et des mieux tenues du *termo* de Minas Novas. A Sobrado, la végétation change de nature, et ce sont des bois que l'on apperçoit de tous les côtés sur les mornes. Il me fut impossible de découvrir la cause d'un tel changement, car le terrain ne me parut point avoir éprouvé de variation, et les mornes n'étaient pas moins élevés que ceux où j'avais passé auparavant. Au reste, les bois voisins de Sobrado diffèrent beaucoup des forêts vierges; ils n'ont ni le même aspect ni la même hauteur; ils n'offrent aucune continuité, mais ils sont disposés par bouquets, et entremêlés de *carrascos* plus ou moins hauts et d'espaces simplement herbeux. Sur plusieurs côtes pierreuses, je revis, entre Gangoras et le village d'Arassuahy, cette singulière composée à tige laineuse (*lychnophora*) que j'avais déjà trouvée près de Capellinha, et que l'on appelle ici *canella d'ema* (jambe d'autruche), nom que l'on donne ailleurs à des *vellozia*.

[1] On m'a assuré que cette manière de peler les oranges n'était point générale.

Comme il n'est peut-être pas inutile de faire connaître les développemens successifs du caractère et de l'intelligence du Botocudo Firmiano, je dirai de temps en temps quelques mots sur ce jeune homme. Il n'y avait pas un mois qu'il avait quitté son pays, et déjà il était parfaitement accoutumé à notre manière de vivre. Il se montrait docile, assez gai et d'un caractère doux; mais il était très-paresseux et fort gourmand. Habitué à se nourrir de viande, il ne voulait point manger de haricots; sans cesse il lui fallait du sucre, et un jour il se mit à pleurer, parce qu'il trouvait que Prégent ne lui en donnait pas une portion suffisante. Il aimait toujours beaucoup son cheval, et il en prenait un très-grand soin. Étant à Villa do Fanado, il nous dit qu'il voyait bien que le soldat Raimundo l'avait trompé, puisqu'il ne venait pas le rejoindre comme il l'avait promis; mais cette réflexion ne lui inspira pas la plus légère tristesse.

Le jour que je quittai la *fazenda* de Gangoras, je fis halte au village d'*Arassuahy*[1]. Je m'arrêtai à une auberge, ce qui ne m'était pas arrivé depuis longtemps, et je fus installé avec mes gens dans des chambres étroites et sans croisées. Des appartemens de ce genre ne sont pas au reste particuliers à cette hôtellerie. Dans toute la contrée, les maisons qui n'ont point été bâties par des hommes riches, sont généralement

---

[1] Il ne faut pas confondre ce village avec *Nossa Senhora de Bom Successo e Almas de Arassuahy*, paroisse de la justice de *Barra*, au confluent du *Rio das Velhas*.

divisées en petites cellules où l'on a de la peine à pouvoir se retourner[1].

Le village d'Arassuahy est une succursale de Villa do Fanado qui en est éloigné de vingt-six lieues. Il est situé dans un fond et dominé par des mornes dont la végétation maigre communique à tout le paysage un air de tristesse. Au-dessous du village, coule la rivière dont il a emprunté le nom et qui, dans cet endroit, sépare le *termo* de Minas Novas de celui de Villa do Principe. Les maisons d'Arassuahy forment les deux côtés d'un carré long; elles sont construites avec une terre d'un gris cendré, petites, couvertes en tuiles, et elles ont des fenêtres très-étroites. L'église, dont l'extérieur est joli, se trouve placée à une distance à peu près égale des deux rangs de maisons, et, devant elle, est une petite terrasse entourée d'une balustrade en bois. Presque toutes les maisons d'Arassuahy appartiennent à des cultivateurs qui n'y viennent que les dimanches et les jours de fête; et, pendant les jours ouvrables, le village reste désert.

Le canton où Arassuahy se trouve situé, est certainement un des plus élevés de la province; car il avoisine les sources de la rivière qui donne son nom au village. A l'époque où je parcourais ce pays, l'air devenait très-frais au coucher du soleil; mais aussitôt que cet astre se montrait sur l'horizon, il s'opérait un chan-

---

[1] J'ai parlé ailleurs (vol. I, p. 128) de chambres que l'on donne aux voyageurs sur la route de Rio de Janeiro à Villa Rica et qu'on appelle *casas* d'*escoteiro*. On a deux fois imprimé à tort *casa* d'*escuteiro*. *Escoteiro* vient d'*escote* (écot).

gement dans la température. Pendant deux jours le temps resta couvert, et alors il ressemblait à celui de nos journées d'octobre. Les environs d'Arassuahy me parurent avoir beaucoup d'analogie avec ceux de Penha pour leur élévation et la nature de leur sol. Ces deux villages au reste ne peuvent guère être éloignés de plus de quatre à cinq lieues; et, le jour où je vins faire halte à Arassuahy, je découvris les hautes montagnes voisines de Penha.

Je profitai de mon séjour à Arassuahy, pour aller à Itangua rendre au *capitão mór* Meirelles des malles que je lui avais empruntées. Dans la province des Mines, toutes les classes de la société montrent une politesse pleine de bienveillance; mais jusqu'alors je n'avais trouvé le ton de la bonne compagnie que dans la famille du *capitão mór*. Les dames qui en faisaient partie ne se cachaient point, elles avaient l'usage du monde, et leur conversation était agréable. Cependant, comme presque toutes les Brésiliennes que j'avais vues auparavant, les dames d'Itangua avaient cette voix rauque, que fait probablement contracter aux femmes de ce pays l'habitude de commander à des esclaves.

De retour à Arassuahy, je partis bientôt pour les forges de *Bom Fim*, qui en sont éloignées de deux lieues et qui appartiennent au capitaine Manoel Jozé Alves Pereira. Je passai bientôt dans des fonds couverts de bois. En plusieurs endroits, on avait brûlé les arbres, et ils avaient été remplacés par cette grande fougère que je n'avais pas vue depuis que j'avais quitté Villa do principe. En général, dans les environs des forges, les mornes n'offrent point à leur sommet de larges *chapadas*, ils finissent par des crêtes que couvrent des graminées parsemées de petits arbres; et les pentes, ainsi que les fonds, sont revêtus de bois. Ceci prouve la vérité de ce que j'ai dit ailleurs, que les *campos* sont principalement dûs à la forme des hauteurs; car, vers Bom Fim, l'élévation du sol, prise dans son ensemble, doit être la même que du côté de S. João, où l'on voit des campagnes découvertes, mais où les vallées sont moins profondes et où les plateaux ont une étendue très-considérable.

Après avoir eu si souvent sous les yeux l'image affligeante de la misère et de l'apathie, j'éprouvai, comme je l'ai dit ailleurs [1], une véritable jouissance en contemplant, aux forges de Bom Fim, le spectacle de l'industrie et du travail. Ces forges sont certainement le plus bel établissement que j'aie vu dans la province des Mines, et l'on ne saurait leur comparer celles que j'avais visitées précédemment auprès d'Itabira. C'est le capitaine Manoel Jozé qui, lui-même, dirige ses forges jusque dans les moindres détails, et toujours il se montre supérieur à ses travaux. La maison qu'il habite avec sa famille a été bâtie très-récemment (écrit en 1817), et tout y annonce la richesse. Sous un hangar immense sont placés deux martinets et les fourneaux à la catalane destinés à fondre le

---

[1] Voyez l'*Introduction à l'Histoire des Plantes les plus remarquables*.

fer. Les soufflets sont mis en mouvement par l'eau, et M. Manoel Jozé prétend qu'il doit la supériorité du fer qu'il fabrique à la manière dont il conduit son feu. Le métal se travaille dans l'établissement même, et l'on en fait des haches, des cognées et des fers de chevaux. On va chercher le minerai à une montagne située à une lieue des forges; mais des voitures, traînées par des bœufs, peuvent arriver jusqu'à la mine. C'est de la surface même de la terre que l'on extrait le minerai qui est d'un grain fort gros et doit rendre beaucoup. Le capitaine Manoel Jozé possède plusieurs lieues de bois; il obtient son charbon en suivant les procédés usités en Europe, et il a calculé que celui qui, fait d'après l'ancienne méthode, se vendait, vers 1817, 2 pataques (4 fr.) le panier à Rio de Janeiro, ne lui revenait qu'à 30 reis (env. 18 cent.)[1]. Lors de mon voyage, M. Manoel Jozé faisait creuser un étang pour tenir en réserve l'eau nécessaire à ses forges; et je ne pus m'empêcher de témoigner ma surprise de ce que, dans un établissement où tout paraissait si bien combiné, on n'avait pas encore admis l'usage de la brouette.

Le capitaine assurait qu'il pouvait fondre par jour 40 ou 50 arrobes de fer; mais il ajoutait qu'il n'en

---

[1] M. de Freycinet, dans son savant ouvrage (*Voyage de l'Uranie*), a indiqué les bois que l'on regarde à Rio de Janeiro comme les plus propres à faire du charbon. L'on m'a assuré aux forges de Gaspar Soares, que celui que l'on faisait avec des troncs de palmier pétillait, éclatait avec force, et était fort dangereux pour les ouvriers.

eût pas trouvé le débit, à cause du défaut de chemins et de communications. S'il était possible de rendre l'Arassuahy navigable au-dessus d'Agua Suja, les forges de Bom Fim, déjà si florissantes, deviendraient extrêmement productives. Ce sont elles au reste qui fournissent aujourd'hui (1817) une grande partie du fer qui se consomme dans les Minas Novas et dans les environs de Tijuco, ville peu éloignée.

Cet établissement emploie quatre-vingts individus, dont une partie se compose d'esclaves. Lorsque le capitaine commença à travailler, il ne voulait avoir pour ouvriers que des hommes libres; mais il ne put exécuter ce projet. Les hommes libres qui sont pauvres ont, dans ce pays, des moyens trop faciles de vivre sans rien faire, pour se résigner aisément au travail pénible des forges. Le capitaine n'est parvenu à en fixer quelques-uns dans son établissement, qu'en leur faisant des avances, en leur donnant des habillemens, et en les traitant presque comme ses égaux.

Quand j'allai visiter la mine de fer du capitaine, j'eus encore sous les yeux une preuve de cet esprit de gaspillage et d'incurie qui ne caractérise que trop les habitans de ce pays. Un grand nombre de beaux arbres avaient été abattus et étaient restés sur la terre. Les oisifs du pays, me dit le capitaine, vont se promener dans les forêts, et, quand ils découvrent un nid d'abeilles, ils coupent l'arbre pour avoir le plaisir de manger un peu de miel.

J'avais eu le projet, comme je l'ai déjà dit, de me rendre de Bom Fim à Villa do Principe; mais mon hôte me fit observer que, si je tardais à partir pour le Sertão, je pourrais être surpris dans cette contrée par les grandes eaux, qui rendraient mon voyage extrêmement difficile. Je manquais de beaucoup de choses, et mes fonds étaient épuisés ; le capitaine pourvut à tout ; il me fit acheter du plomb, des vêtemens et les autres objets dont j'avais besoin ; il me fit faire des planches pour conserver mes échantillons de plantes desséchées, et m'avança de l'argent contre un billet sur mon correspondant de Rio de Janeiro. Il est impossible d'exercer l'hospitalité d'une manière plus aimable que ne le fit à mon égard le capitaine Manoel Jozé. Plein de gaité et de bienveillance, cet homme excellent n'a rien d'affecté dans sa politesse, et l'on voit qu'il oblige parce qu'il aime à obliger.

Je me liai à Bom Fim avec le beau-frère de mon hôte, M. FRANCISCO LEANDRO PIRES. Ce jeune homme, sans autre maître que son père qui était Portugais, sans avoir jamais conversé avec aucun Français, était cependant parvenu non-seulement à traduire notre langue, mais encore à l'écrire et à la parler un peu. On verra au reste que M. Francisco Leandro n'était pas le seul jeune homme de Tijuco qui eût de la facilité pour l'étude et du goût pour l'instruction.

Accompagné de cet excellent ami, je partis de Bom Fim pour me rendre à une habitation qui appartenait à son père, et qui porte le nom de *Roça do Contrato*. Cette habitation, située à deux lieues des forges, sur les bords de l'Arassuahy, avait été créée par un des anciens fermiers du District des Diamans, lorsque le gouvernement donnait encore à bail l'extraction de cette précieuse pierre. Deux cents nègres avaient été placés sur les terres de l'habitation, et ils y cultivaient du maïs et des haricots pour la nourriture des esclaves employés à la recherche des diamans. On avait appelé *contrato dos diamantes*[1] la ferme diamantine, et de là était venu le nom de *Roça do Contrato*, plantation de la ferme.

La position de cette *fazenda* est fort agréable. Elle est entourée de mornes, mais, comme ceux-ci s'élèvent par une pente très-douce, ils laissent voir une assez grande étendue de pays. Outre l'Arassuahy, un petit ruisseau coule près de l'habitation, et contribuerait à l'embellir, si l'on voulait tirer parti de ses eaux; mais ce n'est que pour arroser le potager qu'on profite de ce ruisseau, divisé en rigoles qui passent entre les carrés. Des choux sont au reste le seul légume que l'on cultive dans ce potager comme dans beaucoup d'autres. La demeure du maître et les bâtimens d'exploitations sont disposés autour d'une cour carrée. Parmi ces bâtimens, est une sucrerie dont le moulin est mis en mouvement par le moyen de l'eau, et où j'eus encore l'occasion d'admirer des roues à la fois légères et solides. Ici, et dans toutes les sucreries du voisinage, les fourneaux sont bâtis de manière à pouvoir se chauffer en dehors; mode de construction qui offre l'avantage de diminuer beaucoup la chaleur du

---

[1] Je reviendrai sur ce sujet dans la seconde partie de cette Relation.

local où sont les chaudières, et d'empêcher que la fumée, obscurcissant l'air, ne gêne le travail des ouvriers.

Il y avait à Roça do Contrato un petit colombier qui, me dit-on, donnait beaucoup de pigeons. Il est étonnant que les cultivateurs de ce pays ne se ménagent pas plus souvent cette ressource alimentaire, et cependant ils le pourraient avec d'autant plus de facilité, qu'ici il n'est pas nécessaire, comme en France, de donner du grain aux pigeons, pendant une partie de l'année. En général, je ne me rappelle pas d'avoir vu élever dans les *fazendas* d'autres volailles que des poules. Combien cependant ne serait-il pas à désirer qu'on accoutumât à la domesticité quelques-unes de ces nombreuses et excellentes gallinacées qui habitent les forêts du Brésil. On a déjà vu que le *mutúm*[1] (hocco; *crax alector*) était susceptible de s'apprivoiser. J'eus aussi l'occasion d'observer, dans la maison du commandant Julião, deux *jacús* (*penelope*) qui étaient entièrement privés, et dont le gloussement, plus faible que celui des poules, lui était d'ailleurs presque semblable. En faisant des essais pour accoutumer à la basse-cour, soit les *jacús*, soit les *jacutingas*, les *macucos*, ou les *mutúms*, il est à croire qu'on finirait par trouver quelque espèce qui ajouterait à nos jouissances et à la richesse du cultivateur[2].

---

[1] Le mot guarani est *mytu*. Voyez *Tesoro*, etc.

[2] Si les Brésiliens n'élèvent que des poules, du moins j'en ai vu dans leur pays plusieurs variétés assez remarquables.

Après avoir passé un jour à *Roça do Contrato*, je me séparai des bons et aimables Pires, dont le ton excellent m'avait donné l'idée la plus favorable de la société de Tijuco, où ces jeunes gens s'étaient formés. En quittant Bom Fim, j'avais suivi le chemin du Sertão, pays qui commence à environ dix lieues des forges [1]; je repris la même route, et je me dirigeai vers le nord.

Pendant quelque temps, je traversai des *capoeiras* qui avaient remplacé des bois vierges, et, pour la première fois, depuis Villa do Principe, je revis le *capim gordura*. J'appris que, dans les alentours de *Rio Preto* et de *Rio Manso*, villages très-voisins, cette graminée couvrait seule de vastes étendues de terre, et je suppose que ces *campos* artificiels se confondent

---

Mawe a déjà dit quelques mots (*Travels*, p. 70) de ces coqs élancés et sveltes, que l'on appelle *musicos* à cause de leur voix longuement prolongée. Une sorte de poule a aussi attiré mon attention par ses formes rabougries; enfin je ferai encore mention des *sapateiras* qui ont les jambes et les doigts entièrement couverts de plumes.

[1] Itinéraire approximatif des forges de Bom Fim au Sertão ou Désert :

De Bom Fim à Roça do Contrato. . . . . 2 l.
—   Barbados, environ. 3
—   Pé do Morro (hameau). 3
—   Le Jiquitinhonha, environ. 2
                              Total. . . . . . 10 leg.

Obs. Peut-être serait-il possible de ne point passer par Roça do Contrato, et, par là, d'abréger le chemin.

avec ceux mêmes de Villa do Principe, ville qui n'est éloignée que de seize ou dix-sept lieues de Rio Preto. Quoi qu'il en soit, il est clair que, lors de mon voyage, le canton de Roça do Contrato, ou, si l'on veut, le 17° 40′ environ était la limite nord du *capim gordura;* et il sera curieux de rechercher, dans quelques années, si cette plante ambitieuse a fait des progrès vers le nord, ou si elle s'est arrêtée au point au-delà duquel je ne l'ai plus rencontrée.

C'est en montant, par une pente assez douce, un des mornes qui dominent la *fazenda* de Roça do Contrato, que je traversai les *capoeiras* dont j'ai parlé tout à l'heure. Cependant elles cessèrent tout à coup, et firent place à des *campos* de graminées entremêlées d'arbres rabougris. La nature du terrain était restée la même; nous n'avions point monté d'une manière très-sensible, et, cette fois-ci encore, je ne pus découvrir aucune raison du changement qui s'était opéré. Un peu plus haut, le sol devint très-pierreux, et, au sommet du morne, j'observai plusieurs espèces de ces arbrisseaux laineux (*lychnophora*) dont on emploie le duvet à faire des matelas. Toutes ont des rameaux courbés comme des candélabres, et chargés, à leur extrémité seulement, d'une touffe de feuilles très-serrées. L'une de ces espèces, qui a des feuilles étroites et linéaires, ressemble absolument à nos jeunes pins d'Écosse.

Ayant descendu le morne par une pente très-pierreuse, et fait environ une lieue, je me trouvai sur la rive gauche de l'Arassuahy; et comme j'avais toujours suivi la rive droite jusqu'au village appelé aussi Arassuahy, il est clair que j'avais tourné les sources de la rivière. Après avoir longé celle-ci pendant quelque temps, je la quittai, et je traversai à gué la petite rivière de *Rio Preto*, qui se jette dans la première à peu de distance du gué. Revenu sur les bords de l'Arassuahy, je ne m'en éloignai plus. Là sa largeur est peu considérable, et, de distance à autre, des rochers noirs, qui s'élèvent de son lit, produisent de petites cascades. Ses rives ne sont point escarpées; mais, à quelque distance, s'élèvent des montagnes inégales dont le bas est couvert de bois et le haut couronné d'herbes. Çà et là on rencontre sur les bords de la rivière des habitations et des terrains cultivés. Quoique pauvres, les habitations sont assez bien tenues, et quelques-unes forment d'assez jolies paysages; mais comme la plupart de ceux que j'avais vus dans la province de Minas, ces paysages ont un aspect grave et sauvage, dû au peu de mouvement qui les anime, à la verdure généralement sombre des arbres, et à la présence des montagnes.

La *fazenda* où je fis halte le jour que je quittai Roça do Contrato s'appelle *Barbados*, et, comme tout le canton où elle est située, elle emprunte ce nom d'un ruisseau qui se jette dans l'Arassuahy.

Cette habitation, qui a quelque importance et d'où dépend un petit moulin à sucre, appartenait à un nègre libre. C'est la seule fois que j'aie vu, dans le cours de mes voyages, une propriété aussi considérable entre les mains d'un noir. L'infériorité naturelle des Africains et celle à laquelle les condamne leur position sociale, s'opposent à ce qu'ils puissent acquérir des richesses, et si d'heureuses circonstances les rendait possesseurs de quelque fortune, il faudrait, pour la conserver, qu'ils luttassent sans cesse contre leur propre imprévoyance et l'astuce des hommes de notre race [1].

Il me semble voir encore, dans la cour de la *fazenda* de Barbados, un vieux blanc dont la tête était couverte de cheveux argentés, dont la figure était sé-

---

[1] On a écrit que les nègres affranchis de Rio de Janeiro ressemblaient, sous beaucoup de rapports, aux Juifs d'Europe, qu'ils trafiquaient, trompaient, s'enrichissaient comme eux, et que la plupart affectaient un luxe qui éclipsait quelquefois celui de leurs anciens maîtres. Je ne saurais m'empêcher de considérer ces assertions comme peu conformes à une parfaite exactitude. Les négresses libres de la capitale revendent communément de petites marchandises au détail, et sont ce que l'on appelle *quitandeiras* : les nègres affranchis vivent du travail de leurs mains; ils exercent les métiers qu'ils peuvent savoir, et trop souvent ils se livrent à la fainéantise et au vagabondage. On assure, à la vérité, que, surtout dans la province de Mato Grosso, l'on a vu des négresses affranchies, natives de la Côte d'Or, acquérir de la fortune; mais, comme l'on sait, les nègres de la Côte d'Or deviennent au Brésil de plus en plus rares. Ces nègres sont spécialement vantés pour leur intelligence, et, si je ne me trompe, ils ont l'angle facial plus droit que celui des autres Africains qui se vendent au Brésil; leurs traits sont moins grossiers, et diffèrent moins de ceux de la race caucasique.

vère, et qui s'appuyait sur un bâton. Cet homme, vêtu à peu près comme un mendiant, donnait, à l'aide d'un papier écrit à la main, des leçons de lecture à deux épais négrillons, les fils du propriétaire de la métairie. Les élèves se tenaient debout avec l'air de la crainte; le maître était assis; il se servait de son bâton pour inculquer sa science aux deux jeunes garçons, et le père de ceux-ci invitait l'instituteur à ne pas être trop indulgent.

Immédiatement après avoir quitté Barbados, je montai sur un morne élevé, très-pierreux. De l'autre côté de ce morne, on entre déjà sans doute dans le bassin du Jiquitinhonha, et le pays présente un autre aspect que celui où j'avais voyagé jusqu'alors. Le sol est beaucoup moins inégal, et l'on découvre une immense étendue de vastes plateaux peu élevés, couverts d'herbes et de petits arbres, et coupés de vallées peu profondes.

Après avoir traversé deux de ces plateaux, je découvris, sur le penchant du morne que termine le dernier d'entre eux, une vue extrêmement agréable. J'aperçus une très-grande vallée ou plutôt une plaine où des bouquets d'arbres s'élevaient çà et là du milieu des pâturages. La couleur grisâtre des graminées presque desséchées, faisait ressortir le vert gai de quelques plantations de cannes à sucre, et un groupe d'habitations répandait de la variété dans le paysage.

Ce petit hameau où je ne tardai pas à arriver, et qui se compose de trois propriétés assez importantes, s'appelle *Pé do Morro* (pied de la montagne), nom qui semble indiquer l'entrée du bassin du Jiquitinhonha. Celle des trois habitations où je fis halte sert d'auberge aux voyageurs, et, placée sur la route du Sertão à Bahia, elle est très-fréquentée. A Pé do Morro, la terre est d'un rouge obscur, et la poussière salit le linge et les habits. Ce hameau est à peu près sur la limite du *termo* de Villa do Principe et de celui de Minas Novas.

Il y avait plusieurs jours que j'étais fort tourmenté par les *carrapatos* (*ricinus*). Depuis que j'avais été si incommodé de ces animaux à Villa do Principe, ils avaient sensiblement grossi, et, dans le même paquet, on en trouvait de différentes tailles; ce qui prouverait, si l'on en pouvait douter, que les *grandes* et les *miudos* ne forment qu'une seule espèce. Il faut qu'il y ait, dans ce pays, une immense quantité de ces insectes; car il est impossible d'aller, sans en être couvert, dans un endroit où paissent les mulets.

Le canton que l'on traverse en quittant le hameau de Pé do Morro est inégal, sans être montueux; il est très-varié, et, quoique désert et inculte, il rappelle l'aspect de certains pays cultivés. Tantôt le sol simplement couvert de graminées, présente un pâturage herbeux; tantôt, parmi les herbes, il s'élève çà et là des arbres assez droits et de grandeur médiocre, qui produisent à la vue un effet semblable à celui de ces vergers que l'on plante chez nous au milieu des prairies; ailleurs, ce sont des bouquets de bois qui rappellent ces petites garennes connues sous le nom de remises; quelquefois, enfin, une veine de terre plus humide donne naissance à des arbrisseaux et à de petits arbres qui, disposés sur une même ligne, ressemblent à nos haies vives, quand elles ont été long-temps abandonnées. De loin en loin, des flaques d'eau desséchées donnent l'idée de nos étangs. Partout règne une étonnante diversité d'herbes, d'arbres et d'arbustes. Ce canton doit être délicieux, lorsque toutes ces plantes sont en fleurs, que les gazons n'ont point encore perdu leur verdure, et que de petits lacs disséminées çà et là répandent de la variété dans le paysage.

Après avoir parcouru, dans un espace d'environ deux lieues, le pays charmant que je viens de décrire, je montai sur la crête d'un morne pierreux, d'où je découvris le Jiquitinhonha, qui fait mille détours dans une vallée profonde. Bientôt je descendis le même morne, dont la végétation est celle des *campos* d'arbres rabougris, et j'arrivai sur les bords de la rivière diamantine. Comme elle était fort basse, probablement à cause de la sécheresse, je la passai à gué dans un endroit où elle avait une largeur médiocre; et alors je me trouvai dans le Sertão dont le Jiquitinhonha fait ici la limite, comme il est aussi, dans cet endroit, celle des *termos* de Villa do Principe et de Minas Novas.

Il était déjà tard, et le chemin ne m'avait pas été bien indiqué; à la vérité, je voyais une maison dans le lointain, mais j'ignorais de quel côté de la rivière elle pouvait être située. J'arrivai sur le sommet d'un morne aride et pierreux, où croissent seulement des *lychnophora* et quelques graminées éparses; de là je découvrais une immense étendue de pays;

mais aucune habitation, aucun champ cultivé ne s'offrait à mes regards. Je suivis un sentier, espérant qu'il me conduirait à quelque maison, mais je n'en trouvai point; la nuit me surprit, et je m'arrêtai sur le bord d'un ruisseau. La lune était si brillante, que sa lumière me suffit pour écrire mon journal. A une grande distance, j'apercevais, sur le sommet d'un morne, les feux qu'on avait allumés dans quelques *carrascos*, et qui produisaient un effet admirable; et plus loin encore je découvrais une faible lueur qui indiquait assez quelque habitation. La crainte du froid m'empêcha de faire dresser mon hamac : mes couvertures et ma capote étendues sur mes malles me servirent de lit.

CHAPITRE XII.

TABLEAU GÉNÉRAL DU SERTÃO.

Étendue et limites du Sertão. — Végétation; aspect du pays; chaleur, sécheresse. — Par qui le Sertão fut peuplé. — Paresse de ses habitans; leur indigence; ils croient aux sorciers; moyens d'améliorer leurs mœurs; leur politesse; pureté de leur langage; leur facilité pour apprendre. — Culture; ce que l'on pense dans le Sertão sur l'usage de la farine de maïs. — Or. — Salpêtre. Grottes salpêtrées. Description de l'une d'entre elles. Dent de mastodonte. Manière de faire le salpêtre. Exportation de cette substance. Utilité des terres salpêtrées pour le bétail. — Éducation des bestiaux. *Curral*. — Vachers. Leur vêtement. *Retiros*. Nourriture des vachers. Fruits sauvages. — La sécheresse, les tatous et les chauve-souris, ennemis du bétail. — Exportation des bestiaux; prix des bœufs. — Cuirs. — Éducation des chevaux. Détails singuliers sur les étalons et les jumens. Instinct de ces dernières. Maladie pédiculaire des chevaux. — Les habitans du Sertão vont toujours à cheval. — Leur goût pour la chasse. Manières de chasser. — Tannage des peaux. — Commerce. Rareté de la monnaie. — Liste des quadrupèdes du Sertão. — Le *seriema*, grand oiseau. — Insectes. — Conclusion.

Le nom de *Sertão*[1] ou *Désert* ne désigne point une division politique de territoire; il n'indique qu'une

[1] C'est à tort que l'on a écrit en allemagne *Certão*, et que j'ai moi-même admis cette orthographe dans mes ouvrages de botanique. On s'est trompé bien davantage lorsque, dans un savant ouvrage sur les végétaux, on a fait du Sertão une

sorte de division vague et conventionnelle déterminée par la nature particulière du pays et surtout par la faiblesse de sa population. Le Sertão comprend, dans les Mines, le bassin du Rio de S. Francisco et celui de ses affluens [1], et s'étend depuis la chaîne qui continue la Serra da Mantiqueira ou du moins à peu près depuis cette chaîne jusqu'aux limites occidentales de la province. Il embrasse, au sud, une petite partie de la *comarca* du Rio das Mortes, à l'est, une immense portion des *comarcas* de Sabará et du Serro do Frio, et enfin, à l'ouest, toute la *comarca* de Paracatú située à l'occident du S. Francisco. Cette immense contrée forme ainsi à peu près la moitié de la province des Mines, et s'étend environ depuis le 13° degré jusque vers le 21° lat. [2]; mais il ne faut pas croire que le Ser-

province sous le nom de *Cartao*. — Plusieurs provinces, et toutes, peut-être, ont leur *sertão*, qui en est la partie la plus déserte. Les *sertões* de Minas, Bahia, Fernambouc sont des pays découverts, et le *sertão* de la province d'Espirito Santo offre d'épaisses forêts. Il paraît même qu'une seule province peut avoir plusieurs *sertões*, car, outre celui de Bahia, voisin du *sertão* des Mines, les forêts désertes qui s'étendent à l'ouest du littoral du côté de Belmonte sont encore un *sertão*. (Voyez le *Voyage de M. le prince de Neuwied.*)

[1] Le commencement des rivières qui viennent de l'est n'est pas toujours compris dans le Sertão : Sabará sur le *Rio das Velhas* ne fait point partie du Désert.

[2] Au midi, le village de *Formiga*, à 7 l. de la ville de *Tamanduá*, est considéré comme étant situé à l'entrée du

tão soit borné à la seule province de Minas Geraes ; il se prolonge dans celles de Bahia et de Fernambouc, et la province de Goyaz, à laquelle il se rattache, n'est elle-même qu'un immense désert.

Quoique les diverses parties du Sertão de Minas aient entre elles beaucoup d'analogie, on sent néanmoins qu'elles doivent offrir des différences suivant les latitudes, l'élévation du sol, etc. Je décrirai, dans mon troisième voyage, la partie du Sertão qui s'étend à l'ouest du S. Francisco. Ici, je me contenterai de tracer le tableau de la partie orientale, celle que je parcourus lors de mon premier voyage ; me dirigeant d'abord au nord-nord-est, c'est-à-dire de Pé do Morro à *Salgado*, remontant ensuite le Rio de S. Francisco jusqu'à *Pedras dos Angicos*, et gagnant le District des Diamans par les villages de *Coração de Jesus* et *Curmatahy* dans la direction du sud-sud-est ou à peu près dans cette direction.

Cette partie du Sertão présente, comme je l'ai dit ailleurs [1], un terrain ondulé, peut-être coupé de quelques montagnes, et parsemé de marais. Des *catingas*

Sertão ; mais, ainsi que je l'ai dit, il est difficile qu'il n'y ait pas du vague dans cette division qui n'est le résultat d'aucun acte public. Peut-être y a-t-il surtout du vague dans la limite tout-à-fait septentrionale. Pour faire du Sertão des Mines une division aussi naturelle que possible, il faut, je crois, la faire commencer, du côté du sud, aux sources du S. Francisco, et, du côté de l'est, à la chaîne occidentale.

[1] Voyez l'*Introduction à l'Histoire des Plantes les plus remarquables du Brésil et du Paraguay*.

croissent en divers endroits et en particulier sur les bords du Rio de S. Francisco. Le majestueux palmier appelé *bority* embellit les marais. Enfin, sur une immense partie du sol, s'étendent des pâturages au milieu desquels sont épars çà et là des arbres tortueux et rabougris, à écorce fendillée et à feuilles assez ordinairement dures et cassantes qui ont le plus souvent la forme de celles de nos poiriers [1].

Ceux qui parlent du Sertão assurent qu'il ressemble à un jardin, et cette comparaison est même devenue une sorte de proverbe. Je conçois, en effet, que ce pays puisse avoir l'aspect qu'on lui attribue, lorsque les gazons ont toute leur verdure, et que ces arbres et ces arbustes si nombreux, si variés, sont couverts de fleurs souvent si brillantes; cependant, quelque fleuri qu'il soit, un jardin planté à peu près sur le même modèle dans un espace de plusieurs centaines de lieues, fatiguerait enfin par sa monotonie. Mais quel ennui ne doit pas éprouver celui qui, comme moi, parcourt le Sertão dans le temps des sécheresses, lorsque les pâturages ont perdu leur fraîcheur, et que la plupart des arbres sont dépouillés de leurs feuilles. Alors une chaleur irritante accable le voyageur; une poussière incommode s'élève sous ses pas, et quelquefois même il ne trouve pas d'eau pour étancher sa soif. C'est toute la tristesse de nos hivers avec un ciel brillant et les feux de l'été.

Selon ce qui m'a été dit, les premiers habitans du

---

[1] Voyez l'*Introduction* citée plus haut.

Sertão oriental furent des Paulistes qui avaient pris la fuite après la défaite du *Rio das Mortes*[1]. Ils trouvèrent le pays habité par des tribus indiennes; ils les détruisirent, et quelques-uns se mélangèrent avec leurs faibles restes. Des chercheurs d'or, trompés dans les espérances qu'ils avaient conçues, s'arrêtèrent sans doute aussi dans le Sertão pour n'avoir pas la fatigue de retourner sur leurs pas. Enfin, je suis persuadé que cette contrée déserte a souvent servi d'asile à des criminels poursuivis par la justice. On ne doit donc pas s'étonner si, dans l'origine, une telle population se montra peu soumise aux ordres du gouvernement. Il fut un temps où les meurtres étaient, dit-on, très-fréquens dans le Sertão; mais la chaleur du climat, et surtout la mollesse qu'elle amène avec elle, ont adouci les mœurs, et depuis une vingtaine d'années les assassinats sont devenus plus rares. Au reste, ce n'est jamais pour voler qu'on assassine; c'est pour satisfaire sa haine, sa vengeance ou bien sa jalousie.

[1] Il est bien clair que cette tradition ne saurait se rapporter à toute l'étendue du Sertão; car, suivant Southey (*Hist. of Braz.*, vol. III, p. 84), le combat de Rio das Mortes eut lieu en 1708, et Pizarro, après avoir dit expressément que le district d'*Itacambira* fut découvert en 1698 par divers Paulistes, dont le capitaine s'appelait Miguel Domingos, ajoute qu'on donna connaissance des mines de ce district, l'année 1707, au gouvernement de Bahia, Luiz Cesar de Menezes. On verra même plus bas que je regarde le vieux Fernando Dias Paes comme le premier qui forma un établissement à Itacambira, et cet établissement peut avoir été fait vers 1670, mais tout semble prouver qu'il n'eut absolument aucune suite.

La population actuelle du Sertão est presque tout entière composée d'hommes de couleur. Il n'y avait, lors de mon voyage, que deux hommes blancs dans le village de *Contendas*, et je n'en aperçus qu'un seul pendant les quatre jours que je passai dans celui de *Coração de Jesus*.

La paresse des habitans du Sertão est peut-être plus grande encore que celle des autres Mineiros. Leur physionomie décèle déjà leur indolence, et l'on retrouve l'expression de ce défaut dans tous les mouvemens de leur corps. Au reste, la chaleur du climat n'invite que trop les hommes de ce pays à s'abandonner à l'oisiveté. L'éducation des bestiaux, à laquelle ils se livrent, exigeant peu de travail, favorise leur penchant à la nonchalance, et la mauvaise nourriture qu'ils prennent trop souvent, doit contribuer encore à leur ôter leur énergie. Ils font cuire, sans y mettre du lard, mais seulement avec quelques morceaux de vache salée, les haricots noirs qui sont l'aliment le plus ordinaire des Brésiliens de l'intérieur, et tous les propriétaires ne sont même pas assez riches pour joindre de la viande à leurs haricots. Pendant la saison où les vaches mettent bas, c'est-à-dire depuis la fin d'août jusqu'au mois de janvier, un grand nombre de *Sertanejos*[1] ne vivent guère que de lait mêlé avec de la farine de manioc, et souvent même les habitans du Sertão n'ont d'autre nourriture que des fruits sauvages.

L'indigence est la compagne ordinaire de la paresse.

[1] Nom qu'on donne aux habitans du Sertão.

Aussi, malgré les avantages que présente leur pays, les habitans du Désert sont-ils d'une pauvreté extrême[1]. Dans un espace d'environ vingt lieues, entre la *fazenda* de *S. Eloi* et celle appelée *Riacho de S. Lourenço*, je ne vis dans la campagne que des chaumières en partie ruinées. Des hommes natifs, ou de quelque autre partie du Brésil ou bien du Portugal, viennent quelquefois former, dans le Sertão, des établissemens considérables, et profitent des nombreuses ressources qu'offre cette contrée; mais leurs enfans sont élevés dans l'indolence, défaut que le désordre suit toujours; ils ne calculent point; ils dissipent l'héritage paternel; les plus belles *fazendas* tombent bientôt en ruines, et rarement on voit les fortunes passer à la troisième génération.

Il n'est pas étonnant que des hommes qui vivent dans la pauvreté et l'isolement, soient ignorans et superstitieux. On a, dans tout le Sertão, une très-grande foi aux sortiléges, et cette croyance sert à enrichir des fripons que la police devrait punir, si dans ce pays il y avait une police. Celui des sorciers qui, lors de mon voyage, avait le plus de réputation, était un nègre libre qui habitait un village dépendant du *termo* de Minas Novas. Malgré le préjugé généralement établi contre sa couleur, on allait le consulter de très-loin, et le nègre rusé achetait des esclaves, et se formait une habitation excellente.

[1] On sent que je ne parle ici qu'en général. On verra, par exemple, qu'à mon entrée dans le Sertão, je passai par une *fazenda* qui rapportait de 5 à 8 mille cruzades.

Tout ce qui précède prouve au reste que si les Sertanejos ne commettent plus de grands crimes, et que si, en les énervant, la chaleur du climat a adouci leurs mœurs, ils ont réellement peu gagné du côté de la civilisation. L'atonie qui succède à l'agitation de la fièvre n'est pas de la santé. Le peuple du Désert est actuellement bon, hospitalier, compatissant, pacifique, mais ces vertus ne sont chez lui que le résultat du tempérament, et il s'y abandonne sans effort et comme par instinct. Étrangers aux idées élevées et aux combinaisons généreuses, presque étrangers même à l'exercice des facultés intellectuelles [1], les Sertanejos mènent une vie animale et ne sortent guère de leur apathie que pour se plonger dans les voluptés les plus grossières [2]. Une instruction solide, religieuse et mo-

---

[1] Je pourrais citer de bonnes gens chez lesquelles je fis halte, et qui, à toutes mes questions, ne répondirent guère que ces seules paroles : *He conforme*, c'est selon.

[2] Pour montrer que le portrait que je fais ici n'a rien d'exagéré, je ne crois pouvoir mieux faire que de citer deux voyageurs qui ont montré une grande modération, et un sentiment trop rare des convenances. « Partout on nous fit, « dans le Sertão, disent Spix et Martius, une réception « aussi amicale que dans le reste du pays des Mines; mais « combien les habitans de ces lieux déserts nous parurent « différens des hommes qui, à Villa Rica et ailleurs, nous « avaient montré tant de politesse et de sociabilité!... Le Ser- « tanejo est un enfant de la nature, sans instruction, comme « sans besoins,... qui n'a de respect ni pour lui-même, ni « pour ceux qui l'entourent,... et qui a perdu la délicatesse

rale, pourrait seule les tirer de cette espèce d'hébêtement, élever leur âme et les rendre à la dignité d'homme. Mais dans l'état actuel des choses, une telle instruction ne pourrait guère leur être communiquée que par le clergé. Or, on a vu ailleurs combien peu le clergé des Mines en général s'occupait de l'instruction des fidèles; et il est facile de sentir que l'on doit attendre moins de zèle encore de quelques ecclésiastiques disséminés dans un pays désert où ils sont éloignés de toute surveillance, où ils n'ont aucun *decorum* à garder, où enfin il est difficile que les exemples des laïques ne réagissent pas sur la conduite des pasteurs. Malgré les réglemens, un curé du Sertão que je pourrais citer refusait de placer un desservant dans une succursale éloignée de plus de dix lieues du chef-lieu de la paroisse, et permettait seulement aux habitans d'entretenir un chapelain à leurs frais, mais pourvu que celui-ci ne confessât qu'en danger de mort. Le curé lui-même venait entendre ses ouailles dans le temps de Pâques; mais chaque fidèle qui se présentait était obligé, quel que fût son âge, de donner une pataque; et lorsque, dans le courant de l'année, on appelait le pasteur pour confesser un malade, il ne faisait pas payer son voyage moins de 4000 reis (25 fr.). Dans

« du sens moral; cependant il est bon, compatissant, désin-
« téressé, ami de la paix... Le manque d'occupations intel-
« lectuelles le porte au jeu et à l'amour physique, et il se
« montre insatiable de cette volupté à laquelle l'excite son
« tempérament et la chaleur du climat..... La jalousie est
« presque la seule passion qui le conduise à des crimes. »

une autre succursale que je pourrais citer encore, la simonie était poussée beaucoup plus loin. Lorsque les fidèles voulaient avoir la messe, il fallait qu'ils la fissent célébrer à leurs frais; cependant le pasteur se réservait la confession pascale qui se payait une pataque; mais comme le chef-lieu de la paroisse était éloigné de vingt-deux lieues de la succursale, le curé ne se donnait pas même la peine de faire le voyage; il déléguait un autre prêtre pour le remplacer et partageait avec lui les bénéfices [1]. A l'ombre de ces abus, j'ai vu une grossière incrédulité se glisser jusque dans le Désert; si l'on n'y prend garde, elle achèvera d'abrutir des hommes qui ont un si grand besoin de morale et de civilisation, et ils finiront par tomber dans un état pire que celui des Indiens [2]. Mais puisqu'une instruction solide serait

---

[1] Un écrivain allemand a fait un portrait affreux, et peut-être trop vrai, des prêtres de la partie occidentale et déserte de la province des Mines. Je m'abstiendrai de citer ce portrait; j'en ai dit assez pour prouver combien il est important que les supérieurs ecclésiastiques bien intentionnés jettent enfin un regard sur un peuple qui a si grand besoin d'instruction et de bons exemples. Ainsi que je le dirai dans ma troisième Relation, j'ai été témoin, en passant à Goyaz, du bien infini qu'avait produit dans cette province un ecclésiastique étranger qui, à l'amabilité, réunissait des vertus que l'on n'était point accoutumé à voir chez les prêtres du pays.

[2] Comme on le verra dans ma troisième Relation, et comme je l'ai déjà dit dans l'*Introduction à l'Histoire des Plantes*, *etc.*, il est dans la province de Goyaz des descendans de Portugais qui, réfugiés dans les déserts, y perdent jusqu'aux

le seul remède au mal; puisque ce remède ne peut venir que du clergé, et que, dans l'état actuel des choses, on ne peut guère l'attendre de lui, il est clair que c'est dans le clergé qu'il faudrait, avec prudence, chercher à introduire quelque réforme. Suivant le conseil si utile qui a été donné par un magistrat de Rio de Janeiro, il faudrait d'abord diviser des évêchés plus grands que bien des royaumes [1]; il faudrait ensuite qu'une coupable parcimonie n'empêchât point le gouvernement de multiplier les paroisses [2]; il faudrait ôter aux curés la nomination des desservans; donner plus de science au clergé, et, comme je l'ai dit, exiger des

élémens de la civilisation; les idées religieuses, l'habitude de contracter des unions légitimes, la connaissance de la monnaie et l'usage du sel.

[1] M. l'abbé Pizarro dit que le deuxième évêque de Marianna, Joaquim Borges de Figueiroa, et le troisième, Bartholomeu Manoel Mendes dos Reis, mangèrent à Lisbonne les revenus de leurs évêchés. Il est facile de sentir qu'un tort aussi grave ne devait pas peu contribuer à augmenter le relâchement; mais de tels abus ne sauraient se renouveler aujourd'hui.

[2] « Au commencement de la découverte, dit un écrivain « estimable, la dîme fut accordée à la couronne du Portu- « gal, qui se chargea de soutenir le clergé;..... et peut-être « les paroisses ne sont-elles pas divisées autant qu'elles le « devraient, parce que l'érection d'une paroisse nouvelle « coûte quelque chose au trésor public. » Comment peut-on laisser subsister dans leur intégrité des paroisses qui, comme celles de Salgado, Barra, Itacambira, Morrinhos, ont jusqu'à 40, 45, 80 et même 100 lieues de longueur?

pasteurs qu'ils cathéchisassent les enfans et fissent le dimanche des instructions aux fidèles rassemblés [1].

Une telle réforme serait d'autant plus désirable que, si les Sertanejos croupissent dans l'ignorance, ce sont les circonstances où ils se trouvent qu'il faut en accuser, et non un défaut naturel d'intelligence. Il est surprenant que des hommes qui vivent si loin des villes et qui communiquent si peu les uns avec les autres, aient conservé tant de politesse et un langage aussi pur [2]. Quelques mois de leçons suffisent très-souvent pour enseigner aux enfans la lecture et l'écriture, et, malgré le peu de modèles que les gens de ce pays ont sous les yeux et l'absence totale de ressources pour apprendre quoi ce soit, quelques-uns montrent une industrie et un goût pour les arts mécaniques qui mériteraient des encouragemens.

Dans le Sertão comme dans les autres parties de la

[1] Le respectable Antonio do Desterro, évêque de Rio de Janeiro, avait ordonné, en 1773, qu'avant la messe paroissiale on fît une lecture instructive d'une demi-heure; la même chose a été plus d'une fois recommandée par D. Jozé Joaquim Justiano de Mascarenhas Castello Branco et par l'évêque actuel; mais les pasteurs ont trop souvent négligé d'exécuter les ordres de ces prélats.

[2] Je n'étais dans le Sertão que depuis treize jours lorsque j'écrivais ceci; mais je ne me rappelle pas qu'aucune observation l'ait démenti depuis. Ce que je dis sur l'intelligence des Sertanejos, leur facilité pour apprendre, le goût de plusieurs d'entre eux pour les arts mécaniques, m'a été communiqué par un fonctionnaire qui habitait le pays, sans y être né, et qui peut-être est l'homme le plus éclairé et le plus spirituel que j'y aie rencontré, M. le curé de Contendas.

province des Mines, on ne cultive la terre que dans les lieux où elle a produit des bois. Cependant les *fazendas* de ce pays n'ont point nécessairement une existence éphémère, comme celles des *Geraes*, car les plateaux produiront toujours d'excellentes herbes pour nourrir les bestiaux, et l'on ne voit ni la fougère, ni le *capim gordura* s'emparer des terrains défrichés. A la vérité, la terre est susceptible de se fatiguer, et quand elle a rapporté un certain nombre de fois, elle ne donne plus autant ; mais si alors on la laisse reposer une douzaine d'années, et qu'on laisse aux *capoeiras* le temps de s'élever et de devenir *capoeirões*, le sol recommence à produire avec la vigueur qu'il avait eue d'abord. Au reste, les habitans de l'intérieur du Sertão ne plantent guère que pour leur consommation. Un végétal qu'ils cultivent beaucoup, et que l'on ne voit point dans les alentours de Villa Rica, c'est le manioc. A la farine de blé de Turquie, les Sertanejos préfèrent celle de la racine de manioc, parce qu'ils pensent généralement que la première est trop échauffante pour ceux qui habitent un pays aussi brûlant que le leur ; ils assurent que le maïs occasionne chez eux des maladies de peau, telles que la gale, la lèpre et l'éléphantiasis, et ceux même qui ont du maïs en abondance ne l'emploient que pour la nourriture des mulets, des cochons et des poules [1].

---

[1] Les notes qui m'ont servi à tracer ce tableau du Sertão, ont été successivement recueillies en différens endroits de la vaste contrée que je cherche à faire connaître. Je place le contenu de ces notes dans un tableau général, parce qu'elles

On assure qu'il existe de l'or en plusieurs endroits du Sertão, mais on ne l'extrait nulle part [1].

Le salpêtre est, pour ce pays, une richesse beaucoup plus réelle. Cette substance se trouve dans une grande partie du Désert, et il est permis indistinctement à tous les particuliers de fouiller des terres salpêtrées quelque part que ce soit. J'ai entendu un riche *fazendeiro* se plaindre de ce qu'on privait ainsi les colons d'une des productions de leur sol, et de ce qu'on exposait leurs propriétés à des dégradations. A la vérité, ajoutait le même *fazendeiro*, la loi veut que ceux qui fouillent des terrains salpêtrés indemnisent les colons du tort qu'ils leur causent; mais comme ceux qui s'occupent de ce travail sur les propriétés d'autrui sont presque toujours des gens pauvres, l'indemnité se paie très-rarement. Il existe dans tous les environs du village de *Coração de Jesus* un grand

---

sont présentées dans le journal de mon voyage d'une manière générale, et qu'elles ne sont contredites ni par mes souvenirs ni par d'autres notes subséquentes.

[1] M. Martius dit (*Reis.*, p. 510) que les Sertanejos s'occupent quelquefois de la recherche de l'or qui se présente çà et là, et même des diamans; mais ce savant n'a sans doute voulu parler que de l'entrée du Désert dans la direction de S. Domingos et dans le voisinage de l'Itacambiruçú. On sait en effet qu'en 1707 on donna avis au gouvernement de Bahia de l'existence de mines d'or dans le district d'Itacambira (Piz.); on sait aussi qu'il existe des diamans dans la rivière d'Itacambiruçú et dans la Serra de S. Antonio qui en est peu éloigné.

nombre de grottes d'où l'on extrait des terres salpêtrées. Les alentours du village de Formigas ont aussi fourni beaucoup de salpêtre ; mais actuellement les salpêtrières de ce canton sont presque épuisées. On reproche au reste à ceux qui tirent les terres salpêtrées des grottes où elles se trouvent, d'avoir mis fin eux-mêmes à ce genre de production, en ne rejetant jamais dans les cavernes les terres qu'ils en ont extraites.

Je profitai de mon séjour à Formigas pour aller voir une grotte d'où l'on tirait du salpêtre, probablement la seule du pays qui, à cette époque, fournissait encore cette substance. Après avoir traversé, dans un espace d'environ une lieue, des *catingas* absolument semblables à celles de la 7e division, j'arrivai à une maisonnette appelée *Lagoinha*, dont le maître était le propriétaire de la caverne. On me fit monter dans un de ces chars à bœufs en usage dans le pays, et bientôt j'arrivai à des rochers qui sont disposés par couches horizontales, et forment une espèce de muraille perpendiculaire au sol. Tout-à-fait au-dessous de ces rochers, est l'entrée de la caverne. Avant que les hommes eussent commencé à y travailler, elle avait déjà été creusée par la nature dans un espace d'environ trente pas de longueur sur huit ou dix de large. Lors de mon voyage, il y avait trois ans que l'on tirait des terres salpêtrées de cette caverne, et elle se prolongeait très-avant sous le roc, en formant diverses sinuosités. Je pénétrai jusqu'à l'endroit où étaient parvenus les travailleurs, marchant presque toujours courbé, et allant quelquefois à quatre pattes. Le rocher sert de voûte à cette galerie ; partout la terre est très-fortement salpêtrée; mais d'ailleurs je ne vis rien qui me parût digne d'attention. La posture qu'on est obligé de prendre dans la caverne ne permet pas qu'on tire la terre dans ces grandes sébiles appelées *bateas*, qui sont en usage dans le pays. On se sert donc de chariots extrêmement petits, qui ressemblent à des jouets d'enfans, et qui sont faits sur le modèle des grands chars à bœufs. Ce qui me parut très-digne de remarque, c'est que les fils du propriétaire de la grotte travaillaient eux-mêmes à l'extraction du salpêtre. Les plus âgés fouillaient la terre et conduisaient le char à bœufs destiné à la transporter; les plus jeunes prenaient cette terre dans des sébiles et la chargeaient dans le char. Les travailleurs se plaignaient beaucoup d'une petite mouche qui les incommodait extrêmement. La caverne était aussi, à ce qu'il paraît, l'asile d'une quantité considérable de très-grandes chauve-souris; mais comme on venait de leur faire la chasse, je n'en aperçus aucune.

Il serait à désirer que quelque géologiste visitât avec soin les grottes du Désert. Il y trouverait probablement des ossemens fossiles, car on m'avait donné à Villa do Fanado une dent de mastodonte, qui est actuellement au muséum de Paris, et qu'on m'avait dit avoir été trouvée dans un terrain salpêtré du Sertão. Je ne sais trop même si l'on ne me parla pas d'ossemens gigantesques découverts dans cette contrée [1].

---

[1] Depuis que ce chapitre a été écrit, je vois, par l'ouvrage de MM. Spix et Martius, qu'ils ont rempli le vœu que je

Après être sorti de la caverne, je retournai à la maison de celui à qui elle appartenait, et là je vis la manière dont se fabrique le salpêtre. On commence par déposer les terres salpêtrées dans de grands troncs

formais. Les géologues ne liront probablement pas sans intérêt la description que ces savans ont donnée de la caverne voisine de Formigas que l'on a appelée *Lapa Grande*, et où ils ont trouvé des ossemens de tapirs, de coatis, d'onces et de megalonyx. Il paraîtrait, au reste, que le Lapa Grande n'était plus exploitée quand elle fut visitée par MM. Spix et Martius. — Avant ces voyageurs, Casal, dans sa *Corografia Brazilica*, imprimée en 1817, avait déjà parlé des ossemens fossiles trouvés en grand nombre dans plusieurs provinces du Brésil. Il dit qu'à la fin du siècle dernier on découvrit, dans le *termo* de la ville du Rio das Contas, une carcasse qui, quoique endommagée, occupait un espace de plus de trente pas ; que les côtes avaient une palme et demie de large ; que les jambes étaient de la grandeur d'un homme de moyenne stature ; qu'une dent molaire, sans ses racines, pesait quatre livres, et qu'il fallut toutes les forces de quatre hommes pour détacher la machoire inférieure (voyez *Cor.*, I, p. 78). — On lit aussi dans le dernier ouvrage de M. d'Eschwege, que, visitant les grottes de *Bem Vista*, entre Formiga et *Bambuhy*, vers l'entrée du Sertão, dans la *comarca* de S. João d'El Rey, il y trouva un fragment d'os fossile qui vraisemblablement avait appartenu au bras d'un homme. Le même écrivain ajoute que, sans parler des fossiles, on voit, à la surface même des grottes, beaucoup d'ossemens épars d'hommes et d'animaux, et que lui en particulier trouva un crâne humain. (*Bras. Neue Welt*, I, p. 37.)

d'arbres, et à travers ces terres on fait filtrer de l'eau. Les troncs sont appuyés aux deux extrémités sur des pièces de bois dont l'une est un peu plus basse que l'autre, ce qui facilite l'écoulement de l'eau. Celle-ci, chargée de salpêtre, passe par un trou pratiqué à la partie inférieure des troncs d'arbres, et s'écoule dans des troncs beaucoup moins grands que les premiers. D'un autre côté, on dépose aussi des cendres dans des troncs creusés, et l'on fait également filtrer de l'eau au travers. Cette eau prend une teinte obscure, on en mêle une petite quantité avec l'eau salpêtrée, et il se forme un nuage qui se précipite. Tant que cette espèce de précipitation a lieu, on continue le mélange; mais on l'interrompt aussitôt que le nuage cesse de se précipiter. Alors on met l'eau salpêtrée sur des fourneaux, et on la fait évaporer jusqu'au point de cristallisation. Parvenue à ce point, on la tire des fourneaux; on la passe à travers une chausse, et on la dépose dans des cristallisoirs qui sont encore des troncs évidés. La cristallisation s'opère d'un jour à l'autre; cependant comme les cristallisoirs présentent peu de surface, on est obligé de faire cristalliser en plusieurs fois l'eau qu'on y a versée. Les premiers cristaux enlevés, on en laisse d'autres se former à leur place, et l'on continue ainsi jusqu'à ce que toute la cristallisation soit opérée. Pour achever le travail, on lave les cristaux, et l'on obtient un salpêtre blanc comme la neige et d'une bonne qualité.

Quand on veut expédier le salpêtre, on le met dans des sacs de cuir brut, qui forment un carré long et qui sont aplatis. Cette marchandise se transporte à Rio de Janeiro et à Villa Rica, villes qui possèdent chacune une fabrique de poudre établie par le gouvernement. C'est, dans la capitale, l'administration elle-même qui fixe le prix du salpêtre, et très-vraisemblablement il en est de même à Villa Rica [1]. A l'époque de mon voyage, les habitans de *Coração de Jesus* se plaignaient beaucoup de la modicité du prix de cet article, modicité qui sans doute avait pour cause la paix générale nouvellement conclue [2].

Ce qui rend très-précieux les terrains salpêtrés du Sertão, c'est qu'ils remplacent, pour le bétail, le sel qu'on est forcé de lui donner dans les autres parties de

---

[1] Dans l'intérieur de la province des Mines, il est une foule de gens qui fabriquent de la poudre en contrebande; et, par des mesures mal combinées, le gouvernement semble encourager encore cette contrebande dangereuse. Voici du moins comment s'exprime à cet égard M. le baron d'Eschwege, qui, si je ne me trompe, était inspecteur de la fabrique de poudre de Villa Rica : « Le roi s'est réservé le monopole de « la poudre; il la paie 300 reis la livre à ceux qui la fa- « briquent à Villa Rica, et il la revend 320 reis (2 fr.). La « poudre de contrebande, qui est aussi bonne que celle du « roi, se vend pour un prix moitié moindre et est fort re- « cherchée, tandis que la poudre royale, amoncelée dans « les magasins, perd de sa qualité, et représente un capital « qui ne rapporte rien. » (*Bras. Neue Welt*, I, p. 40.)

[2] Suivant d'Eschwege, en 1816, le salpêtre des grottes de Bem Vista se vendait, à Rio de Janeiro, 4600 reis l'arrobe. (*Bras. Neue Welt*, I, p. 37.)

la province des Mines et dans celle de S. Paul[1]. A cet avantage, ce pays joint encore, comme on l'a déjà vu, celui de posséder des pâturages immenses; aussi les bêtes à cornes et les chevaux peuvent-ils être considérées comme sa principale richesse.

Les vaches du Sertão ont des mamelles extrêmement petites; d'ailleurs elles appartiennent à une très-belle race, et sont remarquables surtout par la grandeur de leurs cornes. On en élève une variété qui est absolument dépourvue de cet ornement : ces vaches sans cornes portent le nom de *mochas*.

Dans ce pays, comme dans le reste de la province, les bestiaux passent toute l'année dans les champs; on ne les fait point garder, et tel colon n'a que deux esclaves, qui possède plusieurs milliers de vaches. Pour reconnaître les bestiaux qui lui appartiennent, chaque propriétaire les marque avec un fer rouge. On attend pour faire cette opération que l'animal ait atteint l'âge de trois ans, et l'on prétend qu'avant cet âge elle serait nuisible. Ce qui, au reste, rend facile le soin des vachers (*vaqueiros*), c'est que les bêtes à cornes adoptent un endroit fixe pour s'y reposer, et elles choisissent toujours le bord des marais et les lieux humides. Dans la saison de la sécheresse, le bétail se réfugie au fond des bois; mais vers le mois de septembre on met le feu aux pâturages, un gazon fin se montre bientôt, et alors les vaches, sortant de leur retraite, vont brouter l'herbe nouvelle[2].

[1] V. l'*Introd. à l'Hist. des Plantes les plus remarq.*, etc.
[2] Il s'en faut que ce soit uniquement dans le Sertão que

A *S. Eloi*, qui n'est au plus qu'à dix lieues de la limite du Sertão, et probablement dans tout le canton où est située cette belle *fazenda,* les vaches commencent à donner des veaux dès l'âge de deux ou trois ans ; elles entrent en chaleur dans les mois de janvier ou de février, elles mettent bas depuis septembre jusqu'en janvier, et elles ne donnent guère qu'une chopine de lait par jour; la plupart d'entre elles ne portent que tous les deux ans, et l'on estime qu'il n'y a à peu près que le tiers des vaches d'un troupeau qui produisent chaque année. Ailleurs, ces animaux commencent à mettre bas vers la fin d'août. Dans les environs de Formigas, où il existe des *catingas,* et probablement partout où se rencontrent des bois de cette nature, les vaches sont moins souvent stériles qu'à S. Eloi, et elles donnent environ deux bouteilles de lait par jour.

Pendant une partie de l'année, les vachers se bornent à aller de temps en temps dans les pâturages, et à examiner s'il ne manque pas quelque bête, et s'il y en a de malades ou de blessées. A l'époque où les vaches donnent leurs veaux, les soins des vachers deviennent plus nécessaires, et c'est tous les jours qu'ils visitent le troupeau. Aussitôt que les veaux sont nés, on les amène à la *fazenda,* on les attache à des pieux dans de grands parcs appelés *currál* (plur. *curraes*), et l'on met de l'herbe devant eux. Chaque soir, les

l'on mette le feu aux pâturages. Ceux qui ont été ainsi récemment incendiés, portent le nom de *queimadas.* (Voyez ce qui en a déjà été dit au chap. XI de ce volume.)

vaches reviennent d'elles-mêmes à la *fazenda* pour donner à téter à leurs veaux; on détache ceux-ci, quand ils ont pris le lait de leurs mères, et on enferme les vaches à leur tour. Les veaux, quoique libres, s'éloignent peu, et le lendemain on les rattache sans peine; alors on rend la liberté aux vaches, mais ce n'est qu'après avoir tiré leur lait, réservant un pis pour les veaux qui, de cette manière, tettent deux fois par jour. On a l'attention d'examiner l'état de la cicatrice ombilicale de ces derniers, parce qu'il y naît très-souvent des vers qui pourraient causer la mort de l'animal; et l'on fait périr ces insectes avec du mercure doux. Le vacher caresse beaucoup les veaux; il les accoutume à ses soins, les apprivoise, et ce n'est que quand ces jeunes quadrupèdes mangent sans crainte l'herbe qui leur est présentée, qu'on les laisse aller dans la campagne. Lorsque ensuite le vacher va visiter son troupeau, les veaux le reconnaissent, et quelques années plus tard on n'a aucune peine à prendre ces animaux, soit pour les vendre, soit pour les châtrer.

En général, on n'aime point à confier l'emploi de vacher à des esclaves, parce que ceux qui le remplissent vivent le plus souvent loin des yeux du maître. Les vachers sont assez ordinairement les enfans du propriétaire lui-même, ou bien des hommes libres auxquels on abandonne le tiers du produit des troupeaux. On se plaint généralement du peu de fidélité de ceux qui sont chargés des soins du bétail.

C'est toujours à cheval que les vachers vont dans la campagne, et comme ils sont sans cesse obligés de traverser des bois remplis d'épines, ils ont un costume particulier qui a aussi été adopté, pour les jours ouvrables, par la plupart des cultivateurs du Sertão. Le vêtement complet se fait avec du cuir de cerf (*veado*) tanné des deux côtés; et c'est celui de l'espèce appelée *mateiro* qu'on emploie ordinairement, parce qu'aucune autre espèce n'a la peau aussi forte. Une veste ronde, un pantalon auquel tiennent les souliers, un petit chapeau, et enfin une sorte de cuirasse appelée *guardapeito*, composent l'habillement du vacher. Le *guardapeito* est percé, à l'une des deux extrémités, d'un large trou à travers duquel on passe la tête; cette pièce se trouve ainsi appuyée sur les épaules; elle couvre toute la partie antérieure du corps, et on la fixe autour de celui-ci à l'aide d'une ou deux courroies qui, cousues d'un côté, viennent de l'autre retrouver un bouton, en passant derrière le dos. Souvent, pour économiser le cuir, on ne met pas de fond au pantalon, et c'est la selle qui seule garantit le caleçon. Le chapeau est fait de cuir de bœuf et ordinairement recouvert d'un cuir de cerf; rond et très-bas, il prend la forme de la tête, et l'on donne peu de largeur à ses bords, pour qu'ils ne soient pas rencontrés par les branches des arbres [1].

[1] M. le prince de Neuwied, à qui l'on doit des détails intéressans sur l'éducation du bétail dans le Sertão de Bahia, dit que, dans les Minas Geraes, les *fazendas* sont entourées de fossés et de haies, et que les vachers n'y portent pas de vêtemens de cuir. Ces assertions sont, comme l'on voit, tout-à-fait inexactes pour le Sertão de Minas; mais, ainsi que j'aurai occasion de le dire dans ma deuxième ou

Très-souvent les *currâes* sont placés à quelque distance des *fazendas*. A l'époque où les vaches et les jumens mettent bas, les vachers vont s'établir auprès de ces parcs, dans une cabane qu'on appelle *retiro*, et qu'on peut comparer aux *chalets* de la Suisse et aux *burons* de l'Auvergne. La plupart du temps les vachers n'emportent avec eux aucune provision; ils vivent de lait frais, de lait caillé mélangé avec du miel, et de plusieurs espèces de fruits sauvages, qui se succèdent à peu près pendant toute la saison de la nourriture des veaux et des poulains. Ces fruits sont plusieurs espèces d'ARATICÚ (*anona*), le GUABIROBA (*psidium*)[1], plusieurs sortes d'ARAÇÁ (*psidium*), le JABUTICABA (fruit qui pousse sur le tronc d'une myrtée[2]), plusieurs espèces de MURICI (malpi-

---

troisième Relation, elles sont plus vraies pour les environs de S. João d'El Rey et pour le canton de *Rio Grande*, canton de la *comarca* du Rio das Mortes où l'on élève beaucoup de bêtes à cornes, et qui a été confondu d'une manière étrange avec la province de Rio Grande do Sul.

[1] Peut-être prononce-t-on *gabiroba*; mais il faut certainement dire *guabiroba*, car on trouve le mot *guabiro* dans le *Tesoro de la lengoa Guarani* comme désignant un fruit connu.

[2] Le *jabuticabeira*, arbre qui rapporte les *jabuticabas*, a été appelé *myrtus cauliflora* dans le docte et intéressant ouvrage de M. Martius; mais je soupçonne que plusieurs espèces voisines ont été comprises sous la dénomination de *jabuticabeira*. On a vu (vol. I, p. 270) qu'il y avait à Itabira de Mato dentro des *jabuticabeiras* à fruits noirs et à fruits jaunes, et, si ma mémoire est fidèle, il est une espèce que l'on désigne sous le nom de *jabuticabeira branca*, ou du moins dont le fruit s'appellerait *jabuticaba branca*. J'ai

ghiée), le GIQUI, le HUMBÚ (*spondias tuberosa*, Arr. ex Mart.), le GENIPAPO (*genipa americana*, L.), le BORITY (palmier, *mauritia vinifera*, Mart.), le MANGABA (apocynée, *hancornia speciosa*, Gom.), deux espèces de goyaves, plusieurs sortes de BACOPARÍ (sapotée), le GUARIROBA (palmier, *cocos oleracea*, Mart.), le PITOMBA (*sapindus edulis*, Saint-Hil. Jus. Camb.), le MUTAMBA (*guazuma ulmifolia*, Aug. de Saint-Hil.), le MARMELADA; l'ANDAIÁ (palmier), le CAGAITEIRA (*myrtus dysenterica*, Mart.), plusieurs sortes d'INGAS (légumineuses), le JATOBA [1] (légumineuse), le BORULÉ [2] (urticée) [3].

à peine besoin de dire que le nom du fruit dont il est ici question n'est point *jabuticabo*, comme on l'a écrit dans une savante relation où l'*o* a peut-être été, au reste, substitué à l'*a* final par une simple faute d'impression. C'est peut-être aussi à l'imprimeur qu'il faut s'en prendre, si, dans une liste de fruits brésiliens imprimée dans le même ouvrage, on trouve *araras* pour *araçá* (*psidium*), *cambunca* pour *cambucá*, *gurmichamo* pour *grumichama* (*myrtus brasiliensis*). Dans ma seconde Relation, je donnerai quelques détails sur les *jabuticabas* et les *mangabas*.

[1] Comme je l'ai dit dans le premier volume de cet ouvrage, le savant M. Martius rapporte le *jatoba* à l'*hymenœa courbaril*, L.; mais je serais tenté de soupçonner que le *jatoba* du Sertão n'est pas celui des bois vierges.

[2] *Borulea campestris*, N. Les fleurs de ce genre sont monoïques. Les mâles sont éparses sur l'involucre. La femelle, qui est unique, se trouve placée dans l'involucre même. Le fruit est un faux-drupe à peu près gros comme une petite cerise et d'une couleur vermillon ou, peut-être, pour être exact, d'un vermillon un peu jaunâtre.

[3] Quelques-uns de ces noms indiquent seulement, je crois,

Les parcs auxquels on donne, comme je l'ai dit, le nom de *currál,* sont faits avec de gros pieux de bois brut qui s'élèvent d'environ trois ou quatre pieds au-dessus du sol, et sont fort rapprochés les uns des autres. Ils sont ordinairement divisés en trois ou quatre compartimens, l'un pour les vaches, un autre destiné aux jumens et aux poulains, un troisième, plus petit, réservé pour les poulains seulement; souvent enfin un quatrième où l'on enferme les vaches peu apprivoisées qui ont de la peine à se laisser traire.

Si le Sertão est, sous beaucoup de rapports, un pays très-favorable à l'éducation des bêtes à cornes, il faut convenir cependant qu'elles y sont exposées à un fléau qui souvent leur est très-préjudiciable; ce fléau, c'est la sécheresse.

Lors de mon voyage, on se plaignait que, depuis plusieurs années, il était mort par cette cause un grand nombre de bestiaux; il paraît qu'on en perdit beaucoup en 1817, et pendant l'année 1814, qui avait

---

l'arbre qui porte le fruit; ainsi, l'on doit dire, si je ne me trompe, *coco de bority, coco d'andaiá.* Je serais porté à penser que d'autres noms désignent tout à la fois le fruit et le végétal qui le portent. Peut-être, dans quelques cas, n'y a-t-il de nom que pour le fruit, parce qu'on s'inquiète peu de la plante qui le produit. Quoi qu'il en soit, *mamelada* et *cagaiteira* sont de tous les noms cités les seuls portugais. *Araçá* et *araticú* sont certainement guaranis. Je soupçonne que *mutamba* et *pitomba* ont une origine africaine. Quant aux autres noms, ils ne peuvent guère être qu'indiens, mais je ne saurais dire à quel idiome ils appartiennent.

été bien plus sèche encore que 1817, des milliers de bêtes à cornes furent enlevées à leurs propriétaires. Il existe à Formigas quelques puits qui conservent de l'eau durant toutes les saisons ; on en trouve aussi quelques-uns sur la route de Bahia ; mais, d'après ce qu'on m'a dit, il n'y en a plus dans le reste du Sertão. Il est inconcevable cependant que l'on néglige une ressource qui pourrait empêcher des pertes si considérables ; mais il y a des habitans qui aiment mieux aller chercher de l'eau à une lieue[1] que de se donner la peine de creuser un puits. Non-seulement la sécheresse de 1814 fit périr beaucoup de bestiaux, mais encore elle occasiona une famine. Les hommes se nourrissaient de miel et de fruits sauvages, et, aussi imprévoyans que les Indiens, ils abattaient les arbres pour avoir leurs fruits.

Les propriétaires de bêtes à cornes ont aussi beaucoup à se plaindre des tatous. Ces petits quadrupèdes creusent la terre de tous les côtés ; leurs trous, cachés sous l'herbe, ne sont point aperçus des bestiaux, et ces derniers s'y cassent les jambes.

Les bêtes à cornes ont dans le Sertão un ennemi bien plus cruel encore, ce sont les chauves-souris. Elles sucent le sang du bétail, l'épuisent et le font périr. Ces animaux ont été la cause de la ruine et de l'abandon d'un grand nombre de *fazendas*[2].

---

[1] Il est à croire qu'ils n'ont pas besoin de prendre une telle peine dans le temps des pluies.

[2] J'ai souvent reconnu sur mes mulets les morsures des

C'est principalement pour la province de Bahia que se vendent les bestiaux. Ceux qui conduisent les troupeaux de bœufs jusque dans cette province ont coutume de les faire marcher une journée, et de les laisser paître le lendemain. Lors de mon voyage, un bœuf se vendait 3,000 reis (18 fr. 75 c.) dans les environs du village de *Pedras dos Angicos*, et probablement le prix ne s'élevait pas beaucoup plus haut dans tout le reste du Désert.

chauves-souris aux traces du sang qui avait coulé. Le Brésil n'est pas, au reste, le seul pays où les mulets sont exposés aux attaques des chéiroptères. « Dans les *llanos* de l'Amé-
« rique espagnole, dit M. de Humboldt, des chauves-souris
« monstrueuses se cramponnent comme des vampires sur le
« dos des mulets; elles sucent leur sang et leur occasionnent
« des plaies purulentes où s'établissent les hippobosques,
« les moustiques et une foule d'autres insectes à aiguillon. »
Il faut ajouter encore que ce ne sont pas uniquement les animaux qu'attaquent les chauves-souris; elles sucent également le sang des hommes pendant leur sommeil. On a, je le sais, révoqué en doute ce dernier fait; mais, tout récemment encore, il vient d'être confirmé par un célèbre navigateur. « Les hommes eux-mêmes, dit le savant M. de Frey-
« cinet, les enfans surtout, ne sont pas toujours à l'abri des
« attaques nocturnes de ces êtres difformes et malfaisans, et
« c'est au gros orteil qu'ils s'attachent. » Je n'ai point, il est vrai, entendu parler de cette préférence des chauves-souris pour l'orteil; mais comme les Brésiliens dorment généralement les pieds nus avec un caleçon ou un pantalon, il est facile de concevoir que les chéiroptères suceurs de sang doivent fréquemment s'attacher à leurs pieds.

Ce n'est pas seulement de l'éducation des bêtes à cornes que s'occupent les Sertanejos; ils font encore un grand nombre d'élèves de chevaux. Les *fazendas* les plus importantes possèdent de cent cinquante à deux cents jumens, et les étalons sont dans la proportion d'un pour environ vingt-cinq à trente femelles (*lote*). Lorsque celles-ci entrent en chaleur, chaque étalon se forme lui-même une espèce de sérail, et l'on donne le nom de *pasteur des jumens* au chef de chacun de ces troupeaux. Un pasteur ne souffre point qu'un autre étalon aille sur ses brisées. L'on assure généralement aussi que jamais un étalon ne couvre pour la première fois les jumens nées de lui, et qu'en les mordant il les oblige à s'éloigner; mais, ajoute-t-on, lorsqu'une jument a déjà mis bas, son père l'admet sans difficulté dans le troupeau dont il est le pasteur. En général, les jumens mettent bas depuis la fin d'août jusqu'au mois de janvier, et elles entrent en chaleur huit ou quinze jours après être devenues mères. Pendant toute la saison de la monte, qui dure environ cinq mois, les étalons conservent leurs troupeaux réunis : quand l'époque de la monte est entièrement passée, le troupeau se sépare ordinairement; cependant quelquefois il reste réuni toute l'année. On ne fait travailler ni les jumens, ni les étalons, et ils paissent en liberté dans la campagne.

L'éducation des chevaux demande plus de soins que celle des bêtes à cornes. Tous les trois jours on amène les poulains au *currál*, pour examiner l'état de la cicatrice ombilicale. Comme les chevaux sont plus délicats que le bétail, les vachers vont chaque jour les visiter dans les bois, pour examiner s'ils n'ont pas quelques blessures, pour accoutumer les jeunes bêtes à la vue de l'homme et pour les apprivoiser. Ainsi élevés, les poulains se laissent approcher sans peine, quand on veut commencer à les monter; et presque toujours on peut les prendre sans être obligé de recourir au lacet. On commence ordinairement à faire travailler les chevaux à l'âge de deux ans à deux ans et demi. Lors de mon voyage, un bon cheval de cet âge ne se vendait à Formigas que 10,000 reis (62 fr. 50 c.), et probablement le prix n'était pas plus élevé dans tout le reste du Sertão.

Les jumens qui vivent au milieu des *catingas* du Rio de S. Francisco donnent une marque d'instinct qui mérite d'être citée. Elles creusent la terre avec leurs pieds; elles mettent ainsi des racines à découvert; elles les arrachent ensuite avec leurs dents, et elles en font leur nourriture[1]. Moi-même j'ai eu sous les yeux dans le Sertão un exemple de l'espèce d'intelligence que le besoin de se soustraire à la faim peut inspirer aux animaux. J'ai vu un bœuf s'approcher d'une plantation de ricin, courber avec sa bouche une tige qui était

[1] Dans les *llanos* de l'Amérique espagnole, les mulets donnent une preuve d'instinct à peu près analogue. « Un « végétal de forme sphérique et portant de nombreuses canne- « lures, le *melocactus*, dit M. de Humboldt, renferme, sous « son enveloppe hérissée, une moelle très-aqueuse. Le mulet, « à l'aide de ses pieds de devant, écarte les piquans, appro- « che ses lèvres avec précaution, et se hasarde à boire le suc « rafraîchissant. »

parvenue à la hauteur prodigieuse d'environ 25 pieds, et la faire glisser entre ses dents pour arriver au sommet de la plante, qui seul portait des feuilles.

Une maladie pédiculaire atteint assez communément les chevaux dans la province des Mines en général, et surtout dans le Sertão. D'innombrables pous s'attachent à ces animaux, et font tomber leurs poils, lorsqu'on n'emploie pas à temps les remèdes nécessaires. Un de ceux dont on fait usage est le tabac pilé avec de l'eau-de-vie de sucre et de l'huile de ricin. Pendant deux jours on frotte le cheval malade avec cette espèce d'onguent; les insectes meurent, et ensuite on lave l'animal avec de l'eau de savon. Les pous qui attaquent les chevaux sont de deux sortes, les uns plus grands, qu'on appelle simplement *piolhos*, et les autres, plus petits, qui portent le nom de *muquims*, et qui, se glissant sous l'épiderme, font tomber les poils [1].

On ne doit pas s'étonner si, vivant dans un pays brûlant où les chevaux ont fort peu de valeur, les Sertanejos ne vont point à pied. Le cultivateur le plus pauvre monte à cheval pour faire la moindre course, et il ne sort jamais sans avoir un fusil. Ce n'est point par la nécessité de se défendre que les Sertanejos res-

---

[1] C'est à S. Miguel de Mato dentro que l'on m'a donné ce renseignement sur la distinction des pous des chevaux, mais j'ignore si les deux espèces sont connues dans toute la province. Au reste, si les *piolhos* ne font point tomber les poils, ce que je ne puis dire avec certitude, il est bien clair que les *muquims* existent dans le Sertão, puisque la maladie pédiculaire y fait tomber les poils des chevaux.

tent ainsi toujours armés, mais pour tuer le gibier qu'ils peuvent rencontrer dans leurs vastes déserts[1].

Les habitans du Sertão vont beaucoup à la chasse des bêtes sauvages, et principalement des cerfs, dont ils emploient, comme je l'ai dit, la peau pour se couvrir. Il y a, dans ce pays, des chasseurs qui vivent une partie de l'année à peu près de la même manière que les Indiens. Ils quittent leur maison, n'emportant avec eux que leur fusil, de la poudre, du plomb et du sel; ils s'enfoncent dans les bois, se nourrissent du gibier qu'ils tuent, et ne reviennent quelquefois qu'au bout de plusieurs mois, chargés de la peau des quadrupèdes qu'ils ont privés de la vie.

L'espèce de chasse à l'affût dont j'ai parlé ailleurs[2], est fort en usage dans ce pays. J'ai connu un propriétaire aisé de *Salgado* qui aimait beaucoup cette chasse. Il savait dans quels endroits les bêtes fauves venaient boire pendant la nuit ou manger des fruits sauvages. Il faisait attacher un hamac dans quelque

[1] Outre leur fusil, les Sertanejos, comme beaucoup d'autres Mineiros, portent encore à leur ceinture, ou dans une de leurs bottes, un grand couteau sans charnière (*faca*), qui leur est indispensable pour couper le cuir, les lianes, etc. C'est sans doute cet usage qui a fait dire que les Brésiliens étaient ordinairement armés d'un stylet. Peut-être aussi a-t-on pris pour un stylet la petite épée (*espadim*) que les hommes d'une certaine classe portent à Rio de Janeiro comme un ornement, et qui, je crois, n'a jamais été tirée contre personne.

[2] Voyez plus haut le chapitre V de ce volume.

arbre voisin, et là il attendait le gibier pour le tuer [1].

Il existe dans le Sertão un grand arbre de la famille des légumineuses qu'on appelle *tamburi* [2]. Ses feuilles ailées ont des folioles arrondies, et son bois est très-propre à faire des planches. Cet arbre porte des légumes réniformes, noirs, longs de plus de deux pouces, larges de plus d'un pouce et ondulés sur les bords. Les chasseurs construisent de petites cahuttes dans le voisinage des *tamburis;* ils s'y cachent, et, comme les cerfs sont très-friands du fruit de cet arbre, on tue un grand nombre de ces animaux, quand ils viennent chercher leur nourriture favorite.

On a adopté dans le Sertão une manière assez singulière de chasser les espèces de cerfs qui vivent dans les *campos*. On se met à quatre pattes, et souvent même les chasseurs quittent leurs habits pour effrayer moins ces

---

[1] Comme on l'a déjà vu par l'exemple du curé de Villa do Principe, et comme on le verra bientôt par celui du curé de Contendas, les blancs, dans la province des Mines, se livrent à la chasse aussi bien que les mulâtres; et il en est probablement de même dans toutes les parties du Brésil. On a dit à la vérité qu'à Rio de Janeiro les seuls hommes de couleur s'occupaient de cet exercice, et que les blancs en général croiraient en s'y livrant s'assimiler aux nègres; mais il n'en est réellement pas ainsi. Les blancs de Rio de Janeiro chassent sans aucune honte, et j'ai moi-même accompagné à la chasse un homme qui était le frère du propriétaire ou co-propriétaire lui-même d'une des plus belles habitations de la province.

[2] Peut-être est-il mieux d'écrire *tamboril*.

animaux et les approcher de plus près. Il m'avait été assuré que, pour mieux tromper les cerfs, ceux qui les chassent à quatre pattes tenaient à la main une branche de verdure; mais cette circonstance est entièrement fabuleuse.

Les Sertanejos ont toujours chez eux beaucoup de peaux de bêtes sauvages, par exemple, de singes, de chevreuils, de jaguars, et sur les bords du Rio de S. Francisco, ainsi que d'autres rivières, celles de deux espèces de loutres [1]. Chaque *fazendeiro* tanne lui-même les peaux des vaches et des bœufs dont il mange la chair et celles des animaux qu'il tue à la chasse. Auprès de la plupart des habitations, on voit des cuirs de bœuf attachés entre quatre grands pieux, de manière à former un peu la poche. Ces cuirs servent à l'opération du tannage et s'appellent *bangués*. Lorsqu'on veut tanner des peaux, en enlevant leurs poils, on les fait tremper pendant environ six jours dans un *bangué* où l'on a mis de l'eau et de la cendre, et chaque jour on a soin de les remuer et de les manipuler. Cette première opération fait tomber les poils. Quand elle est achevée, on lave les peaux dans une eau courante pour ôter toute la cendre, et on les laisse tremper pendant vingt-quatre heures. On les reporte ensuite dans les *bangués*, où on les arrange de la manière suivante. On y met d'abord une peau, puis un lit d'écorce qui est resté dans l'eau pendant un certain temps, puis une deuxième peau, puis un lit d'écorce, et

---

[1] Le *lontra* et l'*ariranha* des Sertanejos.

ainsi de suite, jusqu'à ce que le *bangué* soit rempli. On renouvelle plusieurs fois les lits d'écorce avant que les peaux soient tannées, ce qui, pour celles des bœufs, n'a souvent pas lieu avant deux ou trois mois. Cette opération terminée, on lave avec soin les cuirs que l'on a apprêtés, et on les tend. Lorsqu'ils commencent à sécher, on les détend, on les bat, on les tend une seconde fois et on les laisse sécher entièrement. Quand on veut conserver les poils d'un cuir, on le met dans le tan, sans l'avoir fait tremper auparavant dans la lessive alcaline. On n'emploie pas indifféremment pour le tannage la cendre de tous les arbres : on préfère dans le Sertão celle de l'*angico* légumineuse, du *pao pobre* (euphorbiacée), de l'*embirassu*, du *fruta de lobo* (*solanum lycocarpum*, N.[1]), etc. Dans d'autres parties de la province des Mines que le Désert, on se sert, pour tanner, de l'écorce de la *canna fistula* (*cathartocarpus brasiliana*, Jacq. ex Mart.), de celle du *murici* (malpighiée), de celle du *barbatimão* (*acacia adstringens*, Mart.). Au lieu de *bangués*, plusieurs *fazendeiros* emploient des troncs d'arbres creusés, et ce n'est même qu'à défaut de troncs d'arbres que l'on fait un usage aussi commun des *bangués*. Au reste, la méthode que je viens d'indiquer n'est pas exactement la même pour tous les colons ; quelques-uns laissent tremper leurs cuirs plus longtemps dans la cendre, d'autres les laissent tremper plus long-temps dans l'eau, etc., etc.

[1] *Sol. lycocarpum*; parcè aculeatum ; caule arboreo; foliis sinuatis ; fructu maximo tomentoso ; tomento deciduo.

Les cuirs que l'on n'emploie pas dans le pays même, se vendent soit pour Minas Novas, où l'on s'en sert pour faire des sacs à mettre le coton (*bruacas*), soit pour les autres parties de la province, où ils sont employés à faire des chaussures. Ce sont des mulets qui transportent cette marchandise comme toutes les autres. On charge les cuirs sur les côtés de la bête de somme, et l'on a soin d'en mettre à droite et à gauche une quantité égale.

On voit, par tout ce que j'ai dit plus haut, que le Sertão possède plusieurs articles d'exportations. Cependant ce sont deux simples villages, Formigas et Santa Luzia, près Sabará, qui peuvent être considérés comme les points les plus importans de cette vaste contrée. Ce qui prouve combien peu l'argent circule dans ce pays, c'est l'extrême difficulté que l'on a pour s'y procurer de la monnaie ; souvent même j'ai été obligé de me passer des choses dont j'avais besoin, parce qu'on ne pouvait trouver de quoi me rendre. Comme on ne tire point d'or des terres du Sertão, les billets, dits de *bilhetes de permuta*, n'y ont aucun cours. On n'y compte pas non plus par *vintēis* d'or, comme dans les parties aurifères de la province, mais par *vintēis* de vingt reis, ainsi que cela se pratique à Rio de Janeiro et dans une foule d'autres endroits.

Un grand nombre de mammifères habitent les vastes solitudes du Sertão. Mes faibles moyens ne me permettaient pas de former des collections qui occupent autant de place que celles de quadrupèdes. Ainsi j'ai été sous ce rapport de peu d'utilité pour l'histoire naturelle [1]. Cependant je vais donner ici une liste qui est le résultat des renseignemens que j'ai recueillis, et qui, faisant connaître par leurs noms vulgaires les mammifères du Sertão, facilitera, je l'espère, aux zoologistes les moyens de se les procurer. Ces mammifères sont : les quadrumanes, appelés GUARIBAS (*mycetes ursinus*, Humb. ex Spix), et SAOÏH (*callitrix sciurea*, Cuv. ex Spix, et probablement *jacchus penicellatus*, Geoff.); — quatre espèces d'ONÇAS, dont la première, ONÇA PINTADA, est le véritable jaguar; dont deux autres, TIGRES et CANGUÇUS, ne sont aussi, à ce que j'ai présumé, que des variétés du *felis onça* [2]; enfin dont la quatrième, SUÇUARANA, a été rapportée par le prince de Neuwied et par M. Spix au coguar (*felix concolor*, L.); — quatre espèces de chats sauvages (GATOS DO MATO), qui sont le MOURISCO VERMELHO (*f. eyra*, Az. ex Spix) et le MOURISCO PRETO dont le poil est uni, le PINTADO et le MARACAYA [3] qui ont le pelage tacheté; — le GUARÁ que l'on compare au loup d'Europe (*canis campestris*, Neuw. ex Spix); — deux espèces de RAPOSA [4], l'une dite DO

[1] J'ai pourtant déposé à mon arrivée cent vingt-neuf quadrupèdes au muséum de Paris, sans parler de quelques-uns envoyés précédemment.

[2] D'après ce que dit Spix, il ne m'est plus guère permis d'en douter.

[3] M. le prince de Neuwied rapporte cet animal au *felis pardalis* L., et écrit, conformément à la véritable orthographe guarani, *mbaracaya*.

[4] *Raposa* est en portugais le nom du renard.

campo et l'autre do mato (*canis azaræ*, Neuw. ex Spix); — le cachorro do mato, mots qui signifient le chien des bois; — le papamel do mato (*felis mellivora*, Ill. suivant Olfers; *mustela barbara*, L. suivant Spix); — deux espèces de coati, celles dites mondé (*nasua solitaria*, Neuw. ex Spix), et de bando. — Les espèces de cerfs (veados) sont au nombre de six, savoir : les mateiros (*cervus rufus*, Ill. ex Spix), catingueiros (*cerv. simplicicornis*, Ill. ex Spix), campeiros (*cerv. campestris*, F. Cuv. ex Spix), camocicas, galheiros, suçuaparas : les deux dernières espèces sont, dit-on, propres au Sertão, et les suçuaparas en particulier habitent les bords du Rio de S. Francisco; le camocica, qui n'a pas plus de deux à deux pieds et demi, est fort rare, et peut-être même son existence mérite-t-elle d'être mieux constatée. Il faut encore ajouter trois espèces de pachydermes ordinaires, Cuv. (porcos do mato), savoir : les caitetús, ou taitetús (probablement le *dicotyles torquatus*, Cuv.), queixados verdadeiros et queixados tiriricas[1]; — le mocó, petite espèce dont je parlerai ailleurs (*cavia rupestris*, Neuw.); — le cutia (probablement le *dasyprocta aguti*, Ill.); — l'ouriço-cacheiro, hérisson dont les pointes sont noires et blanches (*hystrix insidiosa*, Licht. ex Spix);— quatre espèces de tatous, savoir : canastra (*dasypus gigas*, Cuv.), verdadeiro (*d. novemcinctus*, L. ex Spix), péba (*d. gilvipes*, Ill. ex Spix) et bola (*d. tricinctus*. Ill. ex Spix); — les fourmilliers

---

[1] Je n'oserais garantir l'exactitude de ce dernier nom.

appelés TAMANDUÁ MIRIM et BANDEIRA (*myrmecophega jubata* et *tetradactyla*, L.); — les COELHOS, nom que l'on donne en Portugal au lapin ordinaire [1]; — quatre espèces de quadrupèdes amphibies, les PACAS (probablement l'une des espèces, ou peut-être les deux espèces appelées par F. Cuvier *coelogeny brunea* et *rufa*), le CAPIVARA, le LONTRA et l'ARIRANHA [2]; — le GUAXINÍM (*procyon cancrivorus*. Ill. ex Spix), petit animal carnivore; — le RATO D'ESPINHA (rat épineux), qui a les poils ou du moins une partie d'entre eux rudes et piquans; — deux espèces ou probablement deux variétés de PREÁ (cobaye, Cuv.), dont une est rougeâtre; — plusieurs espèces de rats; — deux espèces ou variétés d'ANTA (tapir), dont une plus petite porte le nom de XURÉ [3]; — deux espèces de sarigue, l'une appelée SAROHÉ, et l'autre, rayée de noir et de blanc, appelée GAMBÁ; — enfin le JARITATACA (la mouffette, *mephitis fœda*, Ill.). Ce dernier est un petit quadrupède qui s'introduit dans les *fazendas* pour manger la volaille, et qui, comme l'on sait, lance une liqueur extrêmement puante. A Boa Vista da Barra do Calhao, un de ces animaux avait lâché la liqueur fétide dans une petite chambre où j'entrai. On avait lavé; on avait

---

[1] Je ne saurais dire si les Sertanejos reconnaissent une seule ou plusieurs espèces de *coelhos*. Le *coelho* ou l'un des deux, s'il y en a plus d'un, ne peut être que le *tapeti* (*lepus brasiliensis*, L.).

[2] Très-probablement deux espèces ou variétés du genre *lutra*.

[3] M. Spix considérait le *xuré* comme une espèce distincte.

fait des fumigations; plusieurs jours s'étaient écoulés, et cependant l'odeur se faisait sentir encore d'une manière très-désagréable.

Ce serait sortir de mon sujet que de citer les oiseaux qui animent et embellissent les solitudes du Sertão. Je ne puis cependant m'empêcher de dire un mot du *seriema* [1], grande gallinacée que l'on rencontre très-communément dans les *campos* de cette vaste contrée, et qui ressemble à une petite autruche. La première fois que je vis cet oiseau, son plumage et la vitesse de sa course me le firent prendre de loin pour un jeune chevreuil. Le chant des *seriemas* est un gloussement qui ressemble à celui du dinde, mais qui est plus grave, plus aigre et beaucoup moins précipité. Ces oiseaux vont ordinairement deux ou trois ensemble; ils font leur nid dans les arbres, et ne pondent que deux œufs [2].

Le temps des insectes est dans le Sertão de courte

---

[1] Le *cariama* des naturalistes. Voyez sur cet oiseau un mémoire de M. le prince de Neuwied dans la collection de l'Académie de Bonn.

[2] On m'assura, lorsque j'étais à Contendas, que les *emas* font, plusieurs ensemble, des trous dans le sable, y pondent leurs œufs et les laissent couver par le soleil. Les œufs d'*avestrús* (autruche) que j'ai vus moi-même à peu de distance de l'Uruguay, étaient simplement placés par terre sur un peu d'herbe. L'*avestrús* de Rio Grande et l'*ema* de Minas Geraes seraient-elles deux espèces différentes? et faudrait-il par conséquent admettre dans le Brésil deux sortes d'autruche (*churi* des Guaranis)?

durée, et il était passé à l'époque de mon voyage. Mais, si j'en puis juger par une collection qui m'a été envoyée par M. le curé de Contendas, les entomologistes trouveraient dans cette contrée des espèces très-curieuses.

J'ai peint le Sertão tel qu'il est aujourd'hui, et les détails de mon voyage achèveront de le faire connaître. Avec le temps cette contrée cessera d'être déserte. Vivant sous un climat chaud, et ayant par conséquent peu de besoins, ses habitans ne montreront sans doute jamais l'activité des peuples septentrionaux de l'Europe ou de l'Amérique boréale ; mais, devenus plus nombreux, ils ne pourront plus rester dans la même indolence. Le Sertão connaîtra des ressources nouvelles, et en même temps il lui restera toujours de gras pâturages, des terres fertiles, et un fleuve qui, navigable dans une immense étendue, établira d'utiles communications entre le pays et l'Océan.

CHAPITRE XIII.

VOYAGE DANS LE SERTÃO DEPUIS SON ENTRÉE JUSQU'AU VILLAGE DE FORMIGAS INCLUSIVEMENT.

Commencement du Sertão. — *Taióba.* — *Bority*, palmier; ses usages. — *Fazenda* de *Ribeirão*; forges, jardins; la vigne rapporte souvent deux fois l'année; culture. — *Fazenda* de *S. Éloi*; ameublement; usage de prendre le thé; jardin; singulière variété de chou. — Village de *Bom Fim.* — Usage qu'ont les propriétaires de former des boutiques dans les villages. — Vent. — Firmiano. — *Pindaiba*. L'auteur se laisse aller au découragement. — Mauvaise qualité de l'eau. — Village de *Formigas*; son commerce; culture des alentours; mauvaise réputation des habitans. Procession. Canne de *Pereira*.

Voulant me rendre au village de Contendas, je suivis dans le Désert à peu près la direction du nord-nordest; et au-delà de Contendas, marchant encore dans la même direction, je parvins au Rio de S. Francisco, le plus grand fleuve de la province des Mines et l'un des plus remarquables de tout le Brésil [1].

[1] Itinéraire approximatif depuis l'entrée du Sertão du côté de Pé do Morro, jusqu'au Rio de S. Francisco; en passant par S. Eloi, Formigas et Contendas.

Du Jiquitinhonha à Taióba (chaumière), environ. 61.½
— Ribeirão (*fazenda*)...... 2
8.½

AU BRÉSIL.

J'ai dit que le jour où j'étais entré dans le **Sertão** (le 25 juillet 1817), je m'étais égaré, et que j'avais été forcé de coucher en plein air sur le bord d'un ruisseau. Le froid fut beaucoup moins sensible qu'il n'avait été depuis Villa do Fanado jusqu'aux forges de Bom Fim, ce qui tient à ce que, sans doute, le pays est bien moins élevé.

M'étant mis en route, je me dirigeai vers le lieu où

	Report.	8 $\frac{1}{2}$
Du Ribeirão à	S. Éloi (*fazenda*).	4
—	Veados (en plein air).	2 $\frac{1}{2}$
—	Pindaiba (lieu abandonné).	4
—	Formigas (village).	3
—	Veados (chaumière) environ. . . .	3
—	Caiçara (habitation).	2 $\frac{1}{2}$
—	Riachão (habitation).	4
—	Riacho de S. Lourenço (chaumière).	3 $\frac{1}{2}$
—	Contendas (village).	4
—	Tamanduá (petite habitation). . .	3
—	Tapera (chaumière).	3 $\frac{1}{2}$
—	Capão do Cleto, *fazenda* sur le bord du Rio de S. Francisco.. . .	5
	Total.	50 $\frac{1}{2}$ leg.

Obs. Comme je m'étais égaré entre le Jiquitinhonha et Taióba, il serait possible qu'il y eût réellement moins de six lieues et demie d'une halte à l'autre; peut-être aussi pourrait-on se rendre du Jiquitinhonha à Ribeirão sans passer par Taióba.

la veille j'avais aperçu une lumière. Je suivis le chemin où j'étais déjà, et après avoir traversé le ruisseau près duquel j'avais passé la nuit, je montai sur un vaste plateau. Je traversai d'abord des *carrascos* entremêlés d'arbres tortueux; mais tout-à-fait sur le sommet du morne, je ne trouvai plus qu'un pâturage, composé presque uniquement de graminées parmi lesquelles croissaient à peine quelques sous-arbrisseaux. Là, un horizon immense s'offrit à mes regards, mais je n'apercevais aucune habitation, aucune trace de culture; c'était partout la solitude la plus profonde. De tous les côtés je découvrais des mornes arrondis, peu élevés, dont la forme était presque toujours la même, et où des rochers nus se montraient çà et là au milieu des herbes desséchées. Sur le revers du morne, la végétation changea encore, et je retrouvai des *carrascos;* mais ils n'étaient point entremêlés d'arbres tortueux, et ils m'offrirent les mêmes plantes que ceux de Minas Novas.

Au pied du morne, je me trouvai dans une vallée assez agréable. Un ruisseau l'arrose, et il est bordé d'arbres et d'arbrisseaux très-serrés, dont la verdure était alors extrêmement fraîche. En m'écartant un peu de ce ruisseau, j'arrivai, après avoir fait quatre lieues, à une chaumière appelée *Taióba*[1], où vivaient une mulâtresse et sa famille. C'était la seule maison que

---

[1] Taióba vient peut-être des mots guaranis *tayaó*, chou, et *ibá*, arbre; l'arbre aux choux, peut-être quelque espèce de palmier.

j'eusse vue pendant toute la journée, et elle était à peine assez grande pour loger les propriétaires. Mon hôtesse me dit qu'il y avait beaucoup d'habitans dans son voisinage; mais ces colons sont, comme elles, des malheureux qui habitent de pauvres chaumières que leurs mains ont bâties, et probablement la bonne mulâtresse, jugeant par comparaison, croyait ses voisins plus nombreux qu'ils ne sont réellement.

Ce pays serait incontestablement très-favorable aux recherches botaniques, car j'y vis un nombre prodigieux de plantes différentes; mais la sécheresse avait tout dévoré, et je trouvai peu d'espèces en fleurs.

Ce fut le jour où je fis halte à la chaumière dont j'ai parlé tout à l'heure, que je vis pour la première fois l'élégant palmier appelé *bority*, si commun dans les marais du Désert[1]. Son tronc, qui peut s'élever jusqu'à la hauteur de cinquante-cinq pieds, est égal dans toute sa longueur, et revêtu d'une écorce d'un gris foncé; ce tronc ne porte point, comme cela arrive chez d'autres espèces, la base des feuilles tombées; mais la place que celles-ci occupaient sur sa surface y est seulement indiquée par des zones circulaires, éloignées les unes des autres d'environ trois pouces. Le *bority* se termine par une touffe large et arrondie de feuilles en éventail qui sont nombreuses, lisses, luisantes et d'un vert foncé : quatre ou cinq d'entre elles,

---

[1] C'est le *mauritia vinifera*, Mart. J'avais écrit *buriti*, comme M. Martius; mais je crois qu'il est mieux d'adopter l'orthographe consacrée par M. Pizarro.

flétries et desséchées, pendent le long de la tige. Le pétiole de ces feuilles est glabre, long de cinq pieds, trigone, et peut avoir un pouce sur chaque face. Le limbe de la feuille est entier et plissé à sa base; ses deux côtés rapprochés forment une sorte de cornet; et à environ un demi-pied de son origine, il se divise en un grand nombre de lanières, larges d'un pouce, longues de quatre pieds, droites dans les feuilles nouvelles, pendantes chez les anciennes. Les panicules fructifères sont également pendantes, et atteignent jusqu'à neuf ou dix pieds; leurs rameaux sont simples, alternés et disposés sur deux rangs. J'ai seulement vu des fruits qui étaient tombés par terre, et comme ils étaient desséchés, je ne puis décrire que leur forme extérieure : ils avaient la grosseur d'une pomme d'api; ils étaient arrondis et couverts d'écailles rousses, rhomboïdales, obtuses, lisses et dirigées de haut en bas.

Le *bority* est, sans contredit, un des arbres les plus utiles. Ses feuilles servent à couvrir les maisons, et forment une toiture qui dure très-long-temps. On tire les fibres de ces mêmes feuilles pour faire de petites cordes. Comme je le dirai ailleurs, on fait des portes avec les pétioles. Le fruit se mange et sert à engraisser les pourceaux. Le tronc est rempli d'une moelle dont on fait une sorte de confiture, qui est un objet de commerce pour les habitans des bords du Rio de S. Francisco. Enfin ce même tronc fournit une liqueur qu'on dit très-agréable : pour l'obtenir, on choisit les individus les plus gros; par une inconcevable imprévoyance on les abat, et l'on pratique dans leur tige des trous par où la liqueur s'écoule.

A deux lieues de Taióba, des terres plus boisées et meilleures que celles que je venais de traverser, m'annoncèrent la *fazenda* de *Ribeirão* (torrent), où je passai la nuit. C'est certainement une des plus considérables de celles que j'avais vues depuis Villa do Principe, et l'étendue des bâtimens qui en font partie, l'air d'aisance qui y règne, me frappèrent d'autant plus que les alentours n'offrent que des déserts.

L'habitation de Ribeirão dépend de la paroisse d'*Itacambira*, qui en est éloignée de huit lieues, et qui est comprise dans le *termo* de Minas Novas. Cette habitation appartenait à M. Jozé Vieira de Matos, qui, après avoir eu un emploi assez important dans l'administration des diamans, avait renoncé à sa place pour passer tranquillement à la campagne le reste de ses jours. Quoique je n'eusse pour lui aucune lettre de recommandation, il me reçut très-bien, me combla de politesses, et voulut me faire accepter des provisions quand je me séparai de lui.

De l'habitation de M. Vieira dépendait une sucrerie dont les fourneaux s'allumaient en dehors. Ce propriétaire recueillait du coton; on le filait chez lui, et l'on en fabriquait dans sa maison des toiles plus ou moins fines, dont étaient vêtus sa famille et ses esclaves. On forgeait dans l'habitation même le fer dont on avait besoin. Enfin M. Vieira élevait des moutons pour faire des étoffes avec leur laine, et il assurait qu'excepté le sel, il n'avait besoin de rien acheter. M. Vieira n'était pas, au reste, le seul colon qui fît faire chez lui autant de choses; beaucoup de *fazendeiros* veulent que leurs esclaves apprennent des métiers, et par ce moyen ils peuvent se passer des ouvriers du dehors.

On pouvait fondre environ une arrobe à la fois dans la petite forge de M. Vieira. C'était une chute d'eau qui, mettant l'air en mouvement, produisait l'effet d'un soufflet. Le fourneau était construit dans un fond; une dalle amenait l'eau au-dessus d'un tuyau vertical, le liquide se précipitait dans le tuyau, et l'air, sans cesse refoulé, s'échappait par un tuyau latéral plus petit pour aller activer le feu de la forge.

Le jardin de la *fazenda* de Ribeirão était incontestablement le plus vaste et le mieux tenu qui se fût offert à mes regards depuis que j'étais dans la province des Mines. On n'y voyait point, à la vérité, comme dans les jardins d'Europe, des bosquets et un parterre fleuri. Là, tout avait l'utilité pour but. C'étaient des allées de diverses sortes d'orangers, un long berceau de vignes, un quinconce de cafiers, un autre de pêchers, quelques plantes médicinales, des carrés de différentes espèces de légumes, une plantation de bananiers où l'on ne marchait point comme ailleurs sur des débris de feuilles et de tiges; un petit champ de blé, un autre de seigle, enfin des figuiers et des *jabuticabeiras* (myrtée), disposés avec régularité. Un ruisseau d'une eau pure, qui se divisait entre les carrés de légumes, y entretenait la fraîcheur et accélérait la végétation. Ce jardin avait un mérite bien rare pour ce pays, celui de l'ordre : presque partout ailleurs, les orangers, les bananiers, les cafiers sont plantés sans la moindre symétrie, suivant le caprice des nègres auxquels on abandonne ce travail.

Lors de mon passage à Ribeirão, la vigne n'avait presque plus de feuilles. Elle les perd en juin et en juillet; de nouveaux bourgeons se développent au mois d'août, et en janvier les raisins commencent à mûrir. Souvent, dans ce pays, la vigne produit des fruits deux fois pendant l'année, une fois en janvier, comme je viens de le dire, et la seconde fois dans la saison de la sécheresse, avant de perdre ses feuilles.

M. Vieira me fit boire de l'eau-de-vie excellente, qui avait été faite avec des oranges. Pour obtenir cette sorte d'eau-de-vie, on pile les oranges ; on en exprime ainsi le jus; on y mêle du sucre ou du miel ; on laisse fermenter la liqueur, et ensuite on la distille à deux fois différentes [1].

Quand les pluies ont leur durée ordinaire, le maïs la canne à sucre, les haricots et le manioc réussissent très-bien aux alentours de Ribeirão. Le maïs rend deux cents pour un dans les bois vierges, et cent cinquante

---

[1] On a aussi essayé, à Rio de Janeiro, de faire du vin d'orange; et en particulier feu M. le comte Hogendorp, aide de camp de Napoléon, réfugié au Brésil, s'était beaucoup occupé de ce genre de fabrication. « Après avoir épluché les « fruits, dit M. de Freycinet, et en avoir retiré avec soin « toutes les parties amères, on les soumet à une forte pres-« sion afin d'en extraire le jus. Pour une barrique de suc, on « ajoute environ cent livres de sucre grossier; puis on laisse

dans les *capoeiras*. Le riz se plante sur le bord des ruisseaux dans les terrains inondés. C'est l'espèce sans barbe que cultivent les agriculteurs de ce canton.

Je demandai à M. Vieira pourquoi l'on voyait si peu de bestiaux dans la campagne, et il me répondit, comme le propriétaire de *Gangoras,* que cela venait de ce que les habitations étaient trop rapprochées. Elles sont trop rapprochées dans un pays où l'on peut faire dix lieues portugaises sans en découvrir aucune !

Après avoir quitté la *fazenda* de *Ribeirão,* je me rendis à celle de *S. Éloi,* qui en est éloignée de quatre lieues. La route traverse trois plateaux couverts les uns de *carrascos* et les autres de graminées entremêlées d'arbres tortueux et rabougris. Ce jour-là je vis encore moins de plantes en fleurs que les jours précédens, et la sécheresse me parut plus grande. Les oiseaux étaient rares ; cependant un grand nombre de merles noirs faisaient entendre dans les fonds un chant très-agréable [1].

J'avais une lettre de recommandation pour le propriétaire de S. Éloi, M. le capitaine Pedro Verciani; personne ne m'avait accueilli avec plus de cordialité

« fermenter le tout pendant quinze jours : passé ce temps,
« on ferme le tonneau, et on ne tire la liqueur au clair que
« deux mois après. Ce vin est agréable, et ressemble un
« peu, pour le goût, à celui de Malaga. » (*Voyage de l'Uranie. — Historique,* vol. I, p. 231.)

[1]. On les appelle *merlo;* mais je ne puis assurer que ce soient de véritables merles.

qu'il ne m'en témoigna, et je passai un jour dans sa maison.

La *fazenda* de S. Éloi ne me parut point inférieure à celle de Ribeirão. Ces deux habitations n'étaient peut-être pas les plus belles que j'eusse vues dans la province des Mines, mais peut-être étaient-elles les mieux tenues. M. Verciani retirait tous les ans cinq à huit mille cruzades de sa propriété; mais ce revenu lui était uniquement fourni par ses bestiaux et par sa sucrerie; car sa *fazenda* était trop éloignée de Tijuco et de Villa do Fanado, pour qu'il ne fût pas obligé de se borner à cultiver le manioc, le maïs et les autres grains pour la consommation de sa famille et celle de ses esclaves.

A peu près tout ce qui annonce l'aisance dans ces contrées lointaines se retrouvait à S. Éloi. Comme chez tant d'autres *fazendeiros*, je ne vis, il est vrai, chez le capitaine Pedro, ni tentures, ni secrétaires, ni commodes, ni armoires; l'on prenait ses repas assis sur des bancs de bois, et enfin, hors de table, l'on n'avait pour siéges que des tabourets couverts de cuir. D'ailleurs on me fit manger dans de très-belle argenterie. On me donna à laver dans une grande cuvette d'argent, et les essuie-mains à jour étaient garnis d'une large dentelle; le lit dans lequel je couchai était sans rideaux comme tous ceux de ce pays, mais il avait un très-beau couvre-pieds de soie; les draps, d'une toile de coton très-fine, étaient garnis de dentelles, et le traversin avait été également garni à ses deux extrémités de dentelles et de rubans. Le capitaine Verciani me fit prendre le thé; je le prenais également chez le curé de Villa do Principe, chez le capitaine Manoel Jozé, et il paraît que cet usage est généralement répandu parmi les gens aisés à Tijuco et dans les alentours.

Le jardin de M. Verciani n'était qu'un potager, mais c'était déjà beaucoup pour ce pays; et jusqu'à Curmatahy, village situé près du district des Diamans, je ne me rappelle point d'avoir vu d'autre jardin, même de cette espèce, dans les diverses parties du Sertão que j'ai parcourues.

Le chou était encore chez le capitaine Pedro le légume favori. J'en observai dans son jardin une variété fort singulière : des nervures de la feuille s'élevaient çà et là des ramifications verticales, et ces ramifications ressemblaient à de petits arbres. La chicorée, la laitue, l'ognon, étaient aussi cultivés à S. Éloi, et j'y vis encore une belle planche de fraisiers, ainsi qu'un petit champ de *capim d'Angola* (panicum guineense), destiné pour un cheval que l'on nourrissait à l'écurie.

Les plantes que l'on cultive en grand dans les environs de S. Éloi sont celles que l'on cultive aussi auprès de Ribeirão. Dans les années où le manque d'eau se fait sentir, le maïs ne donne que cinquante pour un; mais on est dédommagé par les récoltes de manioc, plante qui supporte mieux la sécheresse.

Pendant tout le temps que je passai chez le capitaine Verciani, la maîtresse de la maison ne se montra point; cependant, tandis que nous mangions, je voyais un minois féminin s'avancer doucement à travers la porte entr'ouverte; mais aussitôt que je jetais les yeux de ce côté, la dame disparaissait. C'est par une curiosité semblable que les femmes cherchent à se dédommager du peu de liberté dont on les laisse jouir.

A deux lieues de la *fazenda* de S. Éloi, je trouvai le petit hameau de *Bom Fim*, qui se compose d'une église et d'une quarantaine de maisons disposées à peu près sans ordre. A l'exception d'une d'entre elles, qui appartenait à M. Verciani, toutes étaient fermées, et je présume qu'elles avaient pour propriétaires des cultivateurs qui sans doute n'y venaient que le dimanche. Dans sa maison de Bom Fim, M. Verciani avait une boutique où l'on trouvait de la quincaillerie, de la mercerie, des étoffes ; et un commis était chargé de vendre ces marchandises pour le compte du maître. Un grand nombre de cultivateurs riches suivent cet exemple. Ils restent dans leurs *fazendas*, et ont dans les villages voisins, des boutiques où ils placent des agens.

Alors régnait un vent qui m'avait déjà fort incommodé pendant que j'arrangeais mes plantes. Ce vent s'établit chaque année dans ce pays, et il se fait sentir pendant les mois très-secs de juin, juillet et août[1].

---

[1] Voici ce que disent MM. Spix et Martius de la direction des vents qui règnent à Contendas, et probablement dans les parties hautes du Sertão qui ne sont pas très-éloignées de ce village : « Pendant la saison des eaux, le vent vient prin-
« cipalement du nord..... Le vent du nord-ouest amène le
« plus souvent des pluies bienfaisantes pour la végétation ;
« celui du nord-est cause du mauvais temps, du froid et des
« tempêtes. Les vents du sud-ouest, du sud et du sud-est

Firmiano continuait à m'accompagner, et ne songeait plus à ses bois. Toujours fort glouton, il prenait de l'embonpoint. Il montrait de la gaîté, et parlait beaucoup du plaisir de voir Rio de Janeiro. Lorsqu'il était encore à la 7e division, il avait déjà appris le portugais; il l'entendait assez bien, et il le parlait même un peu, mais en lui donnant la prononciation de sa propre langue.

Après avoir passé Bom Fim, j'allai coucher, à une demi-lieue de ce village, sur le bord d'un ruisseau.

Le lendemain, je montai par une pente pierreuse sur un morne élevé, dont le sommet forme un plateau inégal, qui nous conduisit jusqu'à l'endroit appelé *Pindaiba* [1]. Sur ce plateau croissent des graminées,

« sont encore plus funestes; ils sont accompagnés de tem-
« pêtes sans pluies, et deviennent quelquefois des ouragans
« qui déracinent les arbres, détruisent les plantations et
« tuent beaucoup d'animaux. » (*Reis*, I, p. 526.)

[1] Selon Martius, les Sertanejos désignent sous les noms de *pindaiba, embira, pimenteira do Sertão* ou *da terra*, l'arbre que j'ai appelé *xylopia grandiflora* (*Flora Bras. mer.*, I, p. 40). Je ne connais point les fruits de cet arbre; mais M. Martius assure qu'ils réunissent à un arome très-agréable quelque chose de piquant, et qu'ils sont carminatifs. Quoi qu'il en soit, le nom de *pindaiba*, que l'on donne encore au *guatteria villosissima*, Auguste de Saint-Hilaire, et au *xylopia sericea*, vient sans doute des mots guaranis *pindá*, hameçon, et *ĭbá*, arbre, ou plus probablement encore de *pindaĭ*, perche à prendre le poisson, et *ĭbá*, arbre.

d'autres herbes, et de loin en loin quelques arbres plus ou moins tortueux. La vue que je découvris presque toute la journée était d'une étendue immense, mais en même temps d'une fatigante monotonie. C'étaient éternellement des mornes peu élevés et arrondis, et de petites vallées où croissent des bouquets de bois. D'ailleurs aucune habitation, pas la moindre culture, point de bestiaux, et dans toute la journée je ne rencontrai que deux enfans. Tout était desséché; je n'apercevais pas la moindre fleur, et je n'étais distrait ni par le bourdonnement d'un insecte, ni par le chant d'un oiseau. La chaleur était excessive, et, pendant tout le voyage, mes gens ne proférèrent pas une seule parole. J'avais déjà observé qu'après avoir couché dehors, nous avions tous éprouvé une forte irritation nerveuse. En arrivant à Pindaïba, ceux qui m'accompagnaient étaient tristes, fatigués, de mauvaise humeur, et je ne me trouvais pas moi-même dans une meilleure disposition. Le découragement s'empara de moi; je sentais vivement combien il était douloureux de vivre isolé comme je l'étais, et je gémissais d'être privé des douceurs de l'amitié.

On compte quatre lieues et demie de Bom Fim à Pindaïba, où je couchai aussi en plein air [1]; et l'on éva-

---

[1] Nous fûmes assez heureux pour n'être troublés dans ces bivouacs par aucune bête féroce; mais MM. Spix et Martius racontent qu'ayant fait halte en plein air, à quelques lieues de Formigas, ils reçurent la visite d'un ou deux jaguars (*felis onza*, L.).

lue à trois lieues la distance de ce dernier endroit à *Formigas,* qui fut le terme de la journée suivante. Je ne vis encore, pendant ces trois lieues, ni habitations, ni culture; mais je rencontrai plusieurs caravanes de mulets chargés de cuirs et de salpêtre.

Dans les différentes parties de la province où j'avais passé auparavant, j'avais trouvé l'eau abondante et de la meilleure qualité [1]. Le pays que je parcourais alors n'a pas été si bien favorisé. Il n'y a point d'eau entre Veados près Bom Fim et Pindaiba, ni entre ce lieu et Formigas; et celles de Pindaiba ont un goût saumâtre très-désagréable.

Le village de Formigas, succursale de la paroisse d'*Itacambira* [2], est situé à l'entrée d'une plaine, à quatre journées de Villa do Fanado, à cinquante lieues de Tijuco, et à plus de deux cents lieues de Bahia et de Rio de Janeiro. Un des deux embranchemens de la route de Tijuco à Bahia passe par Formigas. Ce village, qui peut comprendre aujourd'hui (1817) deux cents

[1] Étant dans les Minas Novas proprement dites, j'avais noté, comme une chose digne de remarque, qu'entre les *fazendas* de Boa Vista et de Piauhy, seulement éloignées l'une de l'autre de 4 1/2 l., je n'avais passé qu'un ruisseau.

[2] Casal et Pizarro écrivent *Itucambira*; mais il est incontestable que l'on prononce, dans le pays d'*Itacambira,* comme ont écrit MM. Spix et Martius, et, si nous remontons à l'origine, il ne faudrait, je crois, ni *Itucambira* ni *Itacambira,* mais *Tucambira.* En effet, on lit, dans la singulière histoire de Fernando Dias Paes, que cet aventurier octogénaire forma un établissement à *Tucambira,* mot qui, soit

maisons et plus de huit cents âmes, est certainement un des plus jolis que j'eusse vus dans la province des Mines ; mais il n'a quelque importance que depuis que l'on a commencé à fabriquer du salpêtre dans le pays, ce qui, lors de mon voyage, ne datait guère que d'une huitaine d'années. La plupart des maisons sont bâties autour d'une place régulière qui forme un carré long, et qui, par son étendue, serait digne des plus grandes villes. Cette place, ouverte du côté par lequel on arrive quand on vient de Tijuco et de Villa do Principe, n'a par conséquent que trois faces, et c'est une des plus petites qui manque. L'église est située au fond de la place, très-près de celui des deux petits côtés qui a été bâti; mais elle ne correspond malheureusement pas au milieu de ce côté, et elle est un peu oblique, ce qui nuit à la régularité de l'ensemble. Outre la place

---

dit en passant, ne me paraît pas signifier, comme on l'a cru, gorge de toucan ; mais qui vient évidemment de *tūcá berá*, toucan qui brille. Or, on ne retrouve plus d'endroit qui s'appelle Tucambira, et il me semble, d'après l'itinéraire de Fernando Dias, que son Tucambira ne peut être que l'Itacambira actuel, ou peut-être la Serra d'Itacambiruçu. L'habitude de mettre *i* devant les mots indiens qui commencent par *t*, aura probablement fait dire Itucambira, puis Itacambira, comme si le mot était un des composés d'*itá*, pierre. Dans mon troisième Voyage, je consultai, sur l'étymologie d'Itacambira, un Espagnol du Paraguay, très-instruit dans la langue guarani, et son opinion fut que ce mot venait d'*itaacábi*, qui signifie une montagne divisée en deux branches ; mais cet Espagnol était très-probablement étranger à l'histoire du Brésil.

dont je viens de parler, il y a encore à Formigas quelques rues parallèles à deux des côtés de la place elle-même. Les maisons sont presque toutes petites, à peu près carrées, basses et couvertes en tuiles. Trois ou quatre ont un premier étage; quelques-unes sont construites avec des *adobes,* les autres avec de la terre et des perches croisées. Les fenêtres sont petites, carrées, peu nombreuses, fermées par un simple volet[1]. On voit dans le village une auberge, plusieurs *vendas*, et enfin quelques boutiques où l'on vend des étoffes et de la quincaillerie[2].

Formigas est, comme je l'ai dit dans le chapitre précédent, un des points principaux de la partie orientale du Sertão, et il s'y fait un commerce important de bestiaux, de salpêtre, de cuirs et de pelleteries. Les bêtes à cornes et les chevaux s'achètent pour Bahia; le salpêtre va à Rio de Janeiro et à Villa Rica; enfin une partie des cuirs se consomme à Formigas même pour l'emballage du salpêtre, et l'autre partie s'envoie à Minas Novas, où l'on en fait des sacs propres

---

[1] Il ne faut pas s'étonner si, dans des contrées aussi désertes et aussi éloignées de nos manufactures, l'usage des carreaux de vitre est encore inconnu, puisque cet usage n'est pas même général en Europe. Dans la Valachie, ce sont le plus souvent des vessies de cochon qui tiennent lieu de carreaux. (V. la *Relation de l'Ambassade russe à Constantinople en* 1793, p. 278.)

[2] Il est clair, d'après tout ceci, que l'on n'a pas donné une idée juste de Formigas, en peignant ce lieu comme un très-petit village composé de quelques rangées de huttes.

à mettre le coton. Quant aux pelleteries, les alentours mêmes de Formigas en fournissent peu actuellement : les marchands du pays qui en font le commerce, les tirent des environs du Rio de S. Francisco. Le centre de ce négoce est aujourd'hui à Santa Luzia près Sabará, d'où l'on fait des expéditions pour Rio de Janeiro. Les articles de fabrique européenne, les vins, etc., qui se vendent à Formigas pour la consommation du canton même, et celle d'une partie du Sertão, se tirent principalement de Bahia, parce que c'est à cette place que le pays fournit le plus de marchandises. On tire aussi divers objets européens de Rio de Janeiro, en échange du salpêtre, et de Santa Luzia, lieu d'entrepôt, en échange des pelleteries.

Il existe aux environs de Formigas, des *fazendas* importantes par le nombre de bestiaux qu'on y élève. Plusieurs colons possèdent des sucreries, et le maïs, les haricots, le manioc se cultivent avec succès dans ce canton. La sécheresse ne permet pas aux agriculteurs de s'occuper beaucoup du riz. On assure que les alentours de Formigas sont très-favorables à la culture du coton, et je n'en doute nullement, car la chaleur y est très-forte, et le terrain a du rapport avec le sol de Minas Novas; cependant on ne se livre point à ce genre de culture; ce qui tient peut-être à ce que la paresse est extrême, et à ce qu'il faudrait, à cause des bestiaux, former des clôtures autour des plantations de cotonniers.

Les habitans de Formigas ont la plus mauvaise réputation sous le rapport de la probité. Avant que j'arrivasse, on m'avait engagé partout à ne pas laisser mes mulets dans le voisinage des maisons, de peur qu'ils ne fussent volés. Presqu'en entrant dans le village, mon muletier, Silva, dit très-haut que je voyageais avec un passe-port du roi, et que si mes bêtes de somme étaient enlevées, il n'y aurait point de pardon pour les voleurs. Personne ne toucha aux mulets; mais différens petits effets nous furent dérobés, ce qui jusqu'alors ne nous était arrivé nulle part.

Je me trouvai à Formigas le premier dimanche du mois (3 août 1817), et j'y assistai à une procession qui, là, comme dans toutes les églises de la province des Mines, se fait à pareil jour en l'honneur de la vierge. Cette procession était précédée par la croix, qu'accompagnaient deux enfans portant chacun au bout d'un bâton une lanterne de papier ouverte par le haut, et dans laquelle était une bougie. La croix était suivie par les hommes rangés sur deux files. Après ces derniers, venait l'image de la Vierge placée sur un brancard, dont les porteurs avaient dans une de leurs mains un bâton fait en manière de béquille. L'officiant marchait derrière le brancard, tenant un crucifix, et il était accompagné de deux hommes qui étaient revêtus d'un de ces manteaux de camelot (*opa*), où les manches sont remplacées par de simples trous, et que certains laïcs ont coutume d'avoir dans les cérémonies de l'église. Pendant la procession on chanta, suivant la coutume du pays, le *pater* et dix *ave* en portugais; après chaque *ave*, on sonnait une petite cloche; les fidèles s'arrêtaient, se mettaient à genoux, et l'on entonnait un *glo-*

ria patri également en portugais. La procession fit le tour de la place et d'une partie de l'église, et elle rentra ensuite; suivant l'usage, on célébra une messe basse, et ensuite tout le peuple chanta le *salve*. Si je n'avais entendu que ce chant dans la province des Mines, je n'aurais certainement pas été tenté de donner tant d'éloges aux dispositions des Mineiros pour la musique, car jamais rien de plus discordant n'avait frappé mes oreilles.

L'église de Formigas, trop petite pour la population actuelle du village, est peu ornée à l'intérieur, et a trois de ses côtés entourés extérieurement par une galerie. Dans le sanctuaire sont trois autels, deux latéraux et celui du milieu. Les statues des saints ont sur la tête une auréole d'argent qui se met et s'ôte à volonté. Cette auréole est un croissant surmonté de rayons droits et massifs qui produisent un assez vilain effet. Formigas n'est pas, au reste, le seul endroit où ce genre d'ornement soit en usage; je l'avais déjà remarqué dans toutes les autres églises de la province.

C'est surtout le dimanche, lorsqu'un grand nombre d'individus se trouvent réunis dans les villages, qu'il est facile d'observer les costumes. Je ne trouvai rien de particulier dans celui des habitans de Formigas. J'ajouterai seulement à ce que j'ai dit ailleurs sur ce sujet, qu'en général les Mineiros portent les cheveux presque ras, et n'en gardent qu'une touffe au-dessus du front. Parmi les gens du peuple il est assez d'usage de laisser croître au milieu de cette touffe une très-longue mèche, que l'on passe par-dessus le sourcil, derrière une des deux oreilles.

J'avais été reçu à Formigas par un jeune homme qui me combla d'honnêtetés. Il me donna une canne faite avec un très-joli bois qu'on appelle *pereira*. Ce bois est celui d'un grand arbre qui, à ce qu'il paraît, se trouve principalement dans les forêts ; il est léger et en même temps d'une contexture tellement fine qu'on n'en aperçoit ni les veines, ni les pores. Sa couleur est d'un blanc jaunâtre, et on le prendrait pour de l'ivoire qui commence à perdre sa blancheur.

CHAPITRE XIV.

SUITE DU VOYAGE DANS LE SERTÃO. — VILLAGE
DE CONTENDAS.

Angico, arbre qui produit de la gomme. — *Veados*. — *Cayçára*. — Batraciens. — Peinture de la campagne. — *Riachão*. — *Riacho de S. Lourenço*. — Marais. — Village de *Contendas*. Salubrité. Fécondité des femmes. Maladies. Manière de guérir les maladies vénériennes. Lèpre. Abeilles. Histoire d'une tortue. — Peinture d'un marais. — *Cabeçudo*, palmier. — *Macauba*, palmier; ses usages. — *Pao pobre*, arbre à semences huileuses. — *Sucuriú*, serpent. — Encore Firmiano. — Peinture des changemens qui s'opèrent dans le pays aux approches du *Rio de S. Francisco*.

Après avoir quitté Formigas, je traversai les bois dépouillés de verdure où j'avais déjà passé pour aller voir la salpêtrière dont j'ai donné la description dans l'avant-dernier chapitre.

Parmi les arbres de ces *catingas*, j'en remarquai un que l'on nomme *angico*, du tronc duquel transsude une gomme mucilagineuse, absolument semblable à la gomme arabique pour le goût et pour la transparence [1]. Les gens du pays emploient cette gomme avec succès

[1] Je répète ici les propres expressions dont je me suis servi dans mon journal; mais je dois dire que je n'avais sous les yeux aucun objet de comparaison.

dans les maladies de poitrine. L'arbre, quand je l'observai, avait perdu presque toutes ses feuilles; cependant, quelques-unes desséchées, qu'il conservait encore, me firent penser qu'il appartenait au genre *mimosa*, L. Ces feuilles sont longues d'environ un demi-pied, et deux fois ailées; leurs axes généraux et particuliers sont pubescens, et leurs folioles très-nombreuses, larges de moins d'une ligne, longues de deux, sont rapprochées et supportées par un très-court pétiole pubescent comme les axes.

J'avais fait une lieue et demie dans les *catingas* dont je viens de parler, quand le terrain changea; il prit une couleur rougeâtre, et la végétation changea avec lui. Aux *catingas* succédèrent des graminées parsemées d'arbres tortueux et rabougris, et je remarquai que quelques-uns d'entre eux commençaient à produire des bourgeons. Cependant la sécheresse était toujours extrême, les fleurs très-rares, et la poussière insupportable comme elle l'avait été tous les jours précédens.

Je fis halte à un groupe de pauvres maisonnettes où la terre, qui se détachait des murs, laissait pénétrer de tous les côtés le jour, le vent et la poussière. Là, je fus reçu par de bons cultivateurs simples, embarrassés, mais qui, malgré leur indigence, ne voulurent rien accepter pour ma nourriture.

En me rendant de *Veados* (les cerfs), le lieu dont je viens de parler, à *Cayçára*[1], qui en est éloigné de deux

---

[1] *Cayçára*, dans le *Diccionario Portuguez e Brasiliano* (dic-

lieues et demie, je passai sur des mornes un peu moins élevés que ceux où j'avais voyagé les jours précédens. Sur l'un d'eux, les arbres rabougris, au lieu d'être entremêlés de graminées menues comme celles d'Europe, l'étaient de touffes d'une espèce de bambou à tige naine, droite, haute de trois pieds, grosse comme le tuyau d'une plume[1]. Ce n'était pas, au reste, la première fois que j'observais cette variété de *campo;* elle se rencontre dans les terrains les plus rouges, et elle s'était déjà offerte à moi sur plusieurs plateaux de Minas Novas.

Étant à Formigas, ou dans les environs, j'entendis une espèce de crapaud, dont la voix imitait exactement le bruit du tourne-broche. Rien n'est en général plus varié que le coassement des crapauds de ce pays,

tionnaire de la *lingoa geral*), est indiqué comme la traduction du mot portugais *arraial*. Je présume que ce dernier mot signifie ici *camp* et non *village*.

[1] Cette espèce s'appelle, je crois, *taquari.* En général, les Brésiliens ne donnent pas le même nom à tous les bambous. Le mot *taquára* désigne l'espèce commune ou peut-être plusieurs espèces confondues ensemble. J'ai longuement parlé du *taquarassú*, l'espèce la plus grande; j'ai aussi décrit une forêt de *taboca,* et non *toboca* comme on l'a imprimé, par erreur, dans le premier volume de cet ouvrage (pag. 97). J'ajouterai ici que l'on désigne sous le nom de *cruciama* un bambou à tige pleine, et, en effet, il était convenable d'avoir un mot pour indiquer les bambous de ce genre, car le mot guarani *taquá* signifie proprement des cannes creuses.

et je suis persuadé qu'un naturaliste qui s'occuperait de l'histoire des reptiles trouverait dans la province des Mines un grand nombre d'espèces nouvelles de batraciens.

Pour donner une idée du pays que je traversai entre Cayçára et *Riachão*, qui en est à quatre lieues, je ne crois pouvoir mieux faire que de copier mon journal. « Des collines peu élevées comme celles où j'avais passé « le jour précédent; un pays qu'il faut plutôt appeler « inégal que montueux; des *campos* d'arbres rabou- « gris; point de plantes en fleurs; une extrême séche- « resse, beaucoup de poussière; des marais de peu « d'étendue, au bord desquels je trouvai des cavalles « et quelques bêtes à cornes; point d'habitations, « point de culture, personne dans les chemins, un « véritable désert. »

Je ne trouvai à Riachão qu'une très-petite *fazenda* dont les bâtimens tombaient en ruines. Là, comme autour de Formigas et de toutes les habitations où je m'étais arrêté depuis quelque temps, les plantes dépouillées de feuilles étaient souillées par la poussière, et dès que l'on touchait une branche avec ses habits, l'on pouvait être sûr d'être couvert de *carrapatos*.

A trois lieues et demie de Riachão, je fis halte à la pauvre chaumière appelée *Riacho de S. Lourenço*, qui tombait de tous côtés, mais où je fus très-bien accueilli. Les portes de cette chaumière étaient faites avec des pétioles de feuilles de *bority*, mis les uns à côté des autres, et réunis par le moyen de deux morceaux de bois passés transversalement dans leur épaisseur, l'un en haut et l'autre en bas. Ces portes ressemblaient à nos jalousies; et, comme l'on voit, elles ne pouvaient arrêter les efforts des voleurs, ni même empêcher la fraîcheur et le vent de pénétrer dans l'intérieur de la maison.

La plupart des agriculteurs des alentours de Riacho de S. Lourenço ont à peine trois ou quatre vaches, et les gens les plus riches n'en possèdent pas plus de cent. On ne cultive que pour ses besoins ; cependant il existe dans ce canton quelques petites sucreries. Chaque année les colons, voisins de Riacho de S. Lourenço, vont à *S. Rumão*, ou d'autres endroits sur les bords du Rio de S. Francisco, pour faire leur provision de sel, denrée qui, comme je le dirai ailleurs, vient des salines situées sur le territoire de la province de Fernambouc. Dans le canton de Riacho on n'élève point de cochons, et, tandis que les habitans des autres parties de la province se livrent beaucoup à l'éducation de ces animaux, je crois qu'en général on s'en occupe fort peu dans le nord du Sertão.

Entre Riacho de S. Lourenço et le village de *Contendas*, qui en est éloigné de quatre lieues, il existe plusieurs endroits marécageux. Dans la partie la moins élevée de ces marais, les *boritys* sont entremêlés d'arbrisseaux très-rapprochés, à tige élancée, à feuilles du plus beau vert, et ces végétaux forment ensemble une espèce de muraille de verdure, qui, s'étendant d'un bout du marais à l'autre, contrastait à l'époque de mon voyage, avec les arbres presque dépouillés des *campos* environnans.

Avant d'arriver à Contendas on descend peu à peu, et l'on traverse un bois d'une étendue assez considérable. Depuis plusieurs jours j'apercevais dans les *campos* un assez grand nombre de perroquets; mais nulle part je n'en avais vu autant que dans les bois dont je viens de parler. Ils faisaient entendre un ramage tellement bruyant, que je pourrais le comparer au bruit confus produit par la foule au milieu des plus grandes villes.

En arrivant à Contendas, je remis au curé, M. Antonio Nogueira Duarte, des lettres que j'avais pour lui. C'était un homme spirituel, fort gai, et qui avait quelque instruction. Je passai plusieurs jours chez lui, et je ne puis parler sans reconnaissance des bontés qu'il eut pour moi.

Le village de Contendas se compose uniquement d'une douzaine de maisons bâties sur un morne isolé d'où la vue s'étend au loin. Placé au milieu d'une espèce de plate-forme qui termine le morne, l'église est petite et me parut assez mal entretenue. Tout le pays environnant est boisé, et depuis que j'étais dans le Désert, je n'avais pas encore vu une aussi grande étendue de terrain couverte de bois. A l'époque de mon voyage, les arbres de ces bois, qui étaient des *catingas* comme tous ceux du Sertão, avaient perdu leurs feuilles, et les herbes étaient desséchées jusque sur les bords du ruisseau qui coule au-dessous du village.

Contendas n'est qu'une simple succursale. Le chef-lieu de la paroisse, dont ce village fait partie, est *Mor-*

rinhos, autre village qui possède, m'a-t-on dit, une des plus belles églises de la province des Mines, et qui est situé sur les bords du Rio de S. Francisco. Si les curés ont choisi Contendas pour leur résidence, c'est que Morrinhos est un lieu très-mal sain.

La paroisse de Morrinhos, sinon tout entière, du moins en partie, dépend de la *comarca* de Villa do Principe et de la petite justice de *Salgado*, où sont des *juges ordinaires* [1]. Cette paroisse, divisée en sept succursales, a environ cent lieues portugaises en longueur, et soixante-dix en largeur, et elle ne contient pas plus d'onze mille habitans [2]. Il est à présumer, au reste, que cette faible population augmentera rapidement, car les mariages sont, dans ce pays, d'une extrême fécondité [3]. Rien n'est plus commun que de

---

[1] Ce que j'écris ici est le résultat de l'examen attentif des renseignemens que j'ai pris. Je ne chercherai point à les concilier avec l'article de M. Pizarro sur Morrinhos.

[2] Un mot oublié dans mon journal m'empêche de dire bien positivement si ce chiffre indique les habitans en général ou simplement les communians; cependant je n'hésite guère à croire qu'il s'agit des habitans en général, car les enfans se trouvent compris dans les états de population dressés par les curés.

[3] On peut, ce me semble, appliquer aux femmes du Sertão, ce que dit Barrow de celles du Cap de Bonne-Espérance. « L'histoire d'un jour est celle de toute leur vie; elles « ne parlent et n'entendent parler de rien, sinon que tel ou « tel est sur le point de partir pour faire un voyage à la « ville; que tel autre va se marier; que les *Boschisman* ont

rencontrer des pères de douze, quinze enfans et même davantage, et le curé m'a assuré qu'il avait dans sa paroisse une femme qui, après avoir eu dix-huit fils, comptait à l'âge de 85 ans, deux cent treize enfans, petits enfans et arrière petits-enfans [1].

L'air de la succursale de Contendas est tellement pur, les maladies y sont si peu communes, et la fécondité des femmes y est si grande, comme on l'a déjà vu, que, pour quarante naissances, on ne compte

« volé le bétail de tel autre, ou que les sauterelles ont dé-
« voré leur blé. Les jeunes gens n'ont, pour se récréer, au-
« cun de ces rassemblemens en usage dans les campagnes en
« Europe; ils ne connaissent ni les foires, ni la danse, ni
« la musique, ni aucun amusement quelconque. C'est peut-
« être à cette vie inactive que les femmes doivent leur éton-
« nante fécondité. On regarde une famille comme peu nom-
« breuse, quand elle n'est composée que de six ou sept
« enfans; il n'est pas rare d'en trouver dont le nombre s'é-
« lève jusqu'à douze et même vingt. » (*Voyage en Afrique*, vol. I, p. 147.) A la cause que Barrow assigne ici à la fécondité, je crois qu'il faut ajouter encore, pour les femmes du Cap comme pour celles du Sertão, l'espèce d'engourdissement dans lequel les unes et les autres laissent languir leurs facultés intellectuelles.

[1] Ce que je dis ici de la fécondité des femmes du Sertão est entièrement confirmé par MM. Spix et Martius. Je ne sais s'il existe au Brésil quelque province où les femmes soient généralement moins fécondes que dans les parties tempérées de l'Europe; mais ce qui est certain, c'est qu'on ne doit pas, comme on l'a fait, étendre cette assertion à tout le Brésil.

que deux morts. Au reste, on en peut dire à peu près autant de toutes les parties découvertes du Sertão, qui n'avoisinent pas le Rio de S. Francisco et les rivières qui s'y réunissent.

Les maladies les plus communes dans la succursale de Contendas et les autres parties élevées et sèches du Désert, sont l'hydropisie, les pleurésies, et ces paralysies subites appelées *ar* ou *stupor*, qui résultent des transitions rapides du chaud au froid, transitions qui se font sentir chaque jour au coucher du soleil [1]. Les phthisies pulmonaires sont à peine connues des habitans de ce pays, et la petite vérole ne l'est pas davantage. Le curé de Contendas m'a raconté que cette dernière maladie s'était déclarée chez un étranger arrivé depuis peu de temps dans sa paroisse, mais qu'elle ne s'était communiquée à personne, et, ce qui est fort remarquable, on m'avait raconté un fait analogue, à Villa do Fanado.

Les maladies vénériennes sont communes dans cette

---

[1] Pison avait déjà donné, en 1648, des détails sur le *stupor* (*De Med. Bras.*, lib. I, cap. IV), et voici comment s'expriment sur cette singulière maladie deux médecins modernes, MM. Spix et Martius : « Les Sertanejos appellent *ar* ou *stu-*
« *por* des attaques subites de paralysie qui sont assez com-
« munes après des transpirations arrêtées et qui peuvent
« devenir très-sérieuses. Quelquefois, témoins de ces para-
« lysies aux bras, à la langue, aux orteils, nous ne fûmes
« pas moins effrayés de la violence du mal, que surpris de
« la promptitude avec laquelle nous le faisions céder à l'u-
« sage d'un bain chaud, à celui de quelques sudorifiques

contrée comme dans toute la province ; mais on assure qu'on peut les guérir avec des racines sudorifiques et purgatives sans le secours du mercure. Un remède que l'on vante beaucoup, et que M. Nogueira Duarte m'a dit avoir administré plusieurs fois avec le plus grand succès, est une espèce de bouillon que l'on fait avec la chair du serpent à sonnettes. Le malade boit ce bouillon le soir avant de se coucher, il sue très-abondamment, et se trouve guéri. Il n'est pas nécessaire d'employer la chair fraîche du serpent ; fait avec l'animal desséché, le breuvage produit un effet également salutaire. Ce n'est pas, au reste, uniquement dans le Sertão que l'on attribue une telle efficacité à ce genre de remède. Les colons des environs de Villa do Principe prétendent que des bouillons faits avec les espèces de serpens les plus venimeux, tels que le *jararacassú* (*bothrops Neuwiedii*, Spix) et le *surucucú* (*bothrops surucucú*, Spix), guérissent parfaitement le mal vénérien. Un cultivateur du Serro do Frio m'a assuré que trois de ces bouillons avaient suffi pour rendre la santé à un de ses nègres chez lequel le mal était invétéré.

Il y a peu de *morfeas* (espèce d'éléphantiasis) à Contendas et probablement dans toutes les parties hautes du Désert [1]; mais une autre maladie de peau, qu'on ap-

« employés avec persévérance, à un sinapisme ou à des fric-
« tions ammoniacales. » (*Reis,* I, 528.)

[1] On peut écrire tout à la fois *morfea*, *morfeya* et *morphea* (voy. Mor., *Dic.*, II); mais j'ignore quelle est l'étymologie de ce nom. J'ai donné une description abrégée de cette maladie, vol. I, p. 185; mais la suppression de quelques mots

pelle *lepra*, n'y est point rare. Elle ne produit pas de protubérances comme le *morfea*; mais elle forme sur tout le corps une croûte qui en gêne beaucoup les mouvemens, tombe quelquefois, mais reparaît ensuite. Ceux qui sont attaqués de la lèpre éprouvent une faim presque continuelle. Cette maladie, avec laquelle on vit souvent fort long-temps, mais dont il n'est point rare de guérir, est attribuée aux fruits très-échauffans que les habitans pauvres mangent avec excès, et l'on pourra être tenté d'admettre la réalité de cette cause, si l'on se rappelle ce que j'ai dit de l'effet que produisent sur les Botocudos les cocos et les *sapucaias* (fruits d'une espèce de *lecythis*). On prétend aussi que les Sertanejos, qui mangent habituellement du poisson assaisonné avec du miel sauvage, sont très-sujets à avoir la lèpre.

Il ne faut pas s'étonner si les habitans du Sertão emploient le miel comme aliment. Il existe dans cette contrée, dans la province des Mines en général, et probablement dans toutes les parties chaudes du Brésil, un grand nombre d'espèces différentes d'abeilles qui fournissent un miel très-limpide et exempt de cet arrière-goût désagréable qu'a celui de l'Europe. On considère ce miel comme très-médicinal, et il se vend quatre pataques (8 f.) les trois bouteilles. Plusieurs des

a ôté son véritable sens au trait le plus frappant de cette description. Il a été imprimé : *d'énormes verrues déforment entièrement le visage des personnes atteintes de cette maladie, et souvent les yeux se distinguent à peine de ces hideuses protubérances.* Il fallait : *les yeux se distinguent à peine au milieu de ces hideuses protubérances.*

abeilles de la province des Mines font leur nid dans la terre; un plus grand nombre le construit dans les arbres. Aucune d'elles n'a d'aiguillon; cependant une espèce qu'on nomme *tataira*, laisse, à ce qu'on assure, échapper par l'anus, une liqueur brûlante, et c'est ordinairement la nuit qu'on lui enlève son miel. Les espèces appelées *uruçú boi, sanharó, burá bravo, chupé, arapuá* et *tubi*, se défendent quand on les attaque; mais il paraît qu'elles n'ont pas plus d'aiguillon que les autres, et qu'elles se contentent de mordre. Ceux qui cherchent le miel des abeilles abattent ordinairement les arbres où elles se logent, et détruisent sans pitié les œufs et les nymphes. Quelques-uns pourtant scient la partie de l'arbre où ces insectes ont fait leur nid, et la suspendent horizontalement au-dessous du toit de leur maison. On a imaginé du côté de Sabará un moyen de multiplier les abeilles qui a parfaitement réussi. Pendant qu'elles sont aux champs, on tire de la ruche quelques-uns des gâteaux qui contiennent les nymphes et les œufs, et on les met dans une ruche nouvelle qu'on a soin de parfumer avec de l'encens. Une partie des abeilles adoptent la nouvelle ruche, et celle-ci se remplit bientôt de miel et de cire. Au reste, toutes les espèces d'abeilles ne peuvent pas s'enlever pour être placées près des maisons; la plupart abandonnent leur demeure lorsqu'on les transporte, et il n'en est, m'a-t-on assuré, que trois espèces qui s'accoutument à cette sorte de domesticité. Les abeilles de Minas Geraes et probablement d'une grande partie du Brésil, sont extrêmement familières ; elles viennent se poser sur les mains, sur le visage, et se laissent prendre sans peine [1]. La plupart d'entre elles ont une odeur agréable qu'elles empruntent des fleurs sur lesquelles elles vont chercher leur nourriture. Le plus grand ennemi de ces insectes si innocens et si utiles, est sans doute l'homme; mais ils en ont encore un très-grand nombre d'autres, principalement plusieurs sortes d'oiseaux et de petits lézards : les tatous en particulier détruisent les espèces qui font leur nid dans la terre. Les abeilles connues dans le Sertão, sont les MANDAÇAYA, JATAI, MONDURI, URUÇU, URUÇU BOI, BURÁ MANSO, BURÁ BRAVO, SANHARÓ, IRATI, SETE PORTAS, MUMBUCA, MARMELADA, CHUPÉ, ARAPUÁ, TATAIRA, TUBÍ [2]. Celles qui font le meilleur miel

[1] On verra, dans ma troisième Relation, combien je fus incommodé, sur la route de Goyaz à Saint-Paul, par une petite espèce d'abeille qui était sans cesse sur mon visage et entrait dans mes oreilles.

[2] MM. Spix et Martius, qui ont donné quelques détails sur les abeilles du Sertão, ne font point mention de l'espèce appelée *tubí*; mais en revanche ils en nomment plusieurs autres dont je n'ai point entendu parler, savoir : *munbubinha, mandaguira, cabeça de latão, caga fogo, vamos embora, cabiguara, abelha de cupím, preguiçoso grosso, fino* et *mosquito*. Les mêmes savans distinguent en outre l'*uruçú* en *uruçú de chão, de pao, boi* et *pequeno*; l'abeille *jatai* en *grande* et *pequeno*; *marmelada* en *preta* et *branca*, *mondurí*, en *preto, vermelho, legitimo, mirim* et *papaterra*. Quant au *porá* des mêmes savans, ce n'est certainement que le *burá* dont la prononciation allemande aura fait changer l'orthographe. — Les mots

sont les *jataí, mondurá, mandaçaya, marmelada* et *uruçú;* les espèces qui en donnent la plus grande quantité sont les *uruçú* et *mumbuca*. La cire des abeilles du Brésil est noirâtre, et jusqu'à présent on a inutilement essayé de la rendre blanche [1]; cependant on l'emploie pour faire de ces petites bougies menues qui se plient et se mettent dans la poche [2].

Aux détails dans lesquels je suis entré sur les abeilles, la lèpre, etc., détails que je recueillis pendant mon séjour à Contendas, j'ajouterai le récit d'un fait qui me fut raconté dans ce village, et qui peut-être ne sera pas sans intérêt pour les naturalistes. Deux tortues de terre avaient été envoyées à M. Nogueira Duarte.

---

sete portas (sept portes), *marmelada* (marmelade), *cabeça de latão* (tête de cuivre jaune), *caga fogo* (excrément de feu), *vamos embora* (allons-nous-en), *preguiçoso grosso, fino* et *mosquito* (le paresseux gros, menu et moustique), sont portugais. Les autres noms sont indiens. *Sanharó* écrit *cañaró* dans le *Tesoro de la lengua guarani* veut dire abeille rouge; *tataira* vient évidemment de *taturá*, mot qui désigne aussi une abeille rouge; *urucú* signifie vermillon; *mondorí* est simplement une abeille; *yraitï* signifie cire; *mômbucá*, faire sortir une chose; *tobí*, aigu; enfin *munbubinha* vient peut-être de *mombú*, percer. (Voy. *Tes. leng. guar.*)

[1] On verra cependant, dans mon voyage à Goyaz, qu'un homme de *Villa Boa* avait obtenu du succès par des blanchimens réitérés. La cire qu'on emploie généralement au Brésil vient d'Afrique. Elle n'est pas très-blanche, mais sa qualité est excellente.

[2] Il n'est question dans tout cet article que des insectes ap-

L'une d'elles mourut en route. L'autre arriva, et on lui fit quelques marques sur le corps. Peu de jours après on cessa de la voir, et on la crut perdue. Cependant, sept ans plus tard, on la retrouva sur le bord du Rio de S. Francisco, et c'était précisément à l'endroit où on lui avait fait passer ce fleuve pour la transporter à Contendas.

Après avoir quitté Contendas (15 août), je traversai encore des *campos*, et pendant quelque temps je suivis une vallée, qui doit être délicieuse dans la saison des fleurs. Les collines qui la bordent sont couvertes d'arbres rabougris, épars çà et là ; et ceux de la vallée, plus grands et plus rapprochés, offrent le même as-

---

pelés vulgairement dans les Mines *abelhas*. Je crois que le *polystes lecheguana* dont j'ai parlé dans ma relation d'un empoisonnement, etc. (voy. l'*Histoire des Plantes les plus remarquables*, etc.), n'appartient point à cette province, au moins je n'ai aucun souvenir d'y avoir entendu parler de cette espèce. Dans tous les cas, il est vraisemblable que l'on n'y donnerait pas au *lecheguana*, qui a un aiguillon, le nom d'*abelha*. — MM. Spix et Martius disent (*Reis.* 553) que les divers miels du Sertão présentent entre eux de grandes différences, et que quelques-uns sont un véritable poison, tels que celui de l'abeille *munbubinha* dont la couleur est verte et qui purge violemment. Les Sertanejos, ajoutent les mêmes savans, ont observé que le miel de la même sorte d'abeille est nuisible et utile dans les différentes saisons de l'année, selon qu'il a été recueilli sur telle ou telle espèce de plante. Ceci confirme entièrement ce que j'ai écrit dans le récit de mon empoisonnement par le miel de la guêpe *lecheguana*.

pect que ces arbres fruitiers que l'on voit dans les prairies de quelques provinces de France. Le chemin n'est qu'un sentier tortueux ; mais des gazons le bordent à droite et à gauche, et, de chaque côté, les arbres ne commencent guère qu'à sept à huit pieds du sentier, comme s'ils eussent été plantés par la main des hommes. Cependant la vallée finit par devenir un vaste marécage, dont le milieu présente un cordon d'arbres serrés, du vert le plus agréable. De distance en distance, des groupes de *boritys* s'élèvent au milieu du marais ; ils sont très-rapprochés les uns des autres, et les lanières, tantôt droites, tantôt pendantes de leurs feuilles en éventail, forment des masses épaisses d'un vert luisant et foncé. Un ou deux individus, plus grands que les autres, se montrent orgueilleusement au-dessus de ces touffes, et semblent des rois entourés de leurs sujets. Des troupes d'aras aux ailes bleues, à la poitrine dorée (*psittacus ararauna*), vivent au milieu de ces palmiers pour en manger les fruits, et partagent cet asile avec une autre espèce moins commune, qui est entièrement bleue et ne va que par paire (*psittacus hyacinthinus*) [1].

Le *bority* n'est pas le seul palmier qui croisse dans

---

[1] Le *psittacus hyacinthinus* est le véritable *ararauna* des Brésiliens, et, au contraire, le *psittacus ararauna* des naturalistes, qui a le ventre jaune, est connu au Brésil sous le nom de *canindé* ou *arara azul*. A la vérité, c'est l'ara à ventre jaune que Marcgraff appelle *ararauna*; mais cet auteur s'est certainement trompé. En effet, *ararauna*, dans la lan-

le Sertão. Avant même d'arriver à la *fazenda* de S. Éloi, j'avais déjà vu une espèce qu'on appelle *cabeçudo* (*cocos capitata*, Mart. 114, t. 78, 79), et je la rencontrai en grande abondance jusqu'à mon arrivée au village de Contendas.

Une autre espèce très-élégante, le *macauba* (*acrocomia sclerocarpa*, Mart. p. 66, t. 56), se trouve tout à la fois dans le Désert et dans quelques autres parties de la province des Mines. Ses tiges, parfaitement droites, peuvent avoir trente-cinq à quarante pieds de haut, et un pied et demi de diamètre. Elles sont revêtues, dans toute leur longueur, de grandes écailles embriquées, triangulaires, épineuses, qui ne sont autre chose que la base persistante des pétioles et qui tombent quand l'arbre devient vieux. Celui-ci se termine par une large touffe de feuilles nombreuses, ailées, ovales-alongées, arquées, pliées en gouttière et d'un vert luisant. Le pétiole et l'axe des feuilles sont parsemés d'épines. Le fruit, qui est rond, d'un vert rougeâtre, lisse et luisant, peut avoir un pouce et demi de diamètre. Sous une écorce compacte, dure, épaisse d'environ une ligne, à peu près de la consistance de celle de la grenade, se trouve une pulpe d'un jaune tirant sur le vert, épaisse d'à peu près cinq

gue des Indiens, signifie *ara noir*, et il est bien évident que, dans aucun pays, on n'a pu donner le nom de *noir* à un oiseau qui a le dos d'un bleu d'azur avec le ventre d'un jaune doré, tandis que ce même nom s'applique très-bien aux teintes uniformes et foncées du *ps. hyacinthinus*.

lignes, chanvreuse, un peu gluante; et enfin dans la pulpe est un noyau gros comme une petite noix, un peu anguleux, noirâtre, extrêmement dur, épais de deux lignes, et revêtu intérieurement d'une pellicule jaunâtre. A l'intérieur du noyau se voit une petite amande blanche, d'un très-bon goût, revêtue d'un tégument roussâtre. Dans les environs de Santa Luzia et ailleurs, on tire de la pulpe du fruit du *macauba* une huile abondante, qui sert à éclairer et à faire du savon, et de l'amande on extrait une autre huile bonne à manger [1].

Le *macauba* me conduit naturellement à parler du *pao pobre*, ou *puta pobre*, qui a aussi des semences oléagineuses, et que l'on peut considérer comme l'un des arbres les plus utiles du Sertão. Lors de mon voyage, cet arbre était dépouillé de ses feuilles, mais ses fruits trigones, très-obtus au sommet, lisses, divisés en trois loges monospermes, presque semblables enfin à ceux du *palma christi*, me font croire que la plante appartient à la famille des euphorbiacées, et ce qui achève de me confirmer dans cette opinion, c'est que l'huile du *pao pobre* a une vertu purgative. Cette huile que l'on brûle et dont on fait du savon, s'obtient d'ailleurs de la même manière que celle du ricin.

M. Nogueira Duarte m'accompagna jusqu'à l'habita-

[1] La propriété qu'a le fruit du *macauba* de donner de l'huile, rend ce palmier extrêmement remarquable; car, s'il existe une foule de semences oléagineuses, l'olivier est, à ma connaissance, le seul arbre dont le péricarpe ait été signalé jusqu'ici comme fournissant de l'huile.

tion de *Tamanduá*[1], qui est située à cinq lieues du village de Contendas, et me donna, avant de me quitter, un *seriema* qu'il venait de tuer, et qui fait à présent partie de la collection du muséum de Paris. Malgré la distance des lieux, j'ai encore eu des rapports avec cet excellent ami, et deux fois j'en ai reçu des plantes desséchées.

Entre Tamanduá et la petite habitation de Tapera (maison ruinée), qui en est éloignée de trois lieues et demie, j'eus encore à me plaindre beaucoup de la chaleur et de la sécheresse. Quand je trouvais quelques plantes en fleurs, c'était presque uniquement dans les endroits marécageux, où cependant presque tous les végétaux étaient aussi brûlés.

Les marais de ce canton où il y a le plus d'eau, servent de repaire à des *sucurys* ou *sucuriús* (*boa murina*, L. ex Spix et Mart.), ces énormes serpens qui atteignent trente à quarante palmes, mais qui, je pense, sont aujourd'hui moins nombreux qu'autrefois. Les Mineiros ne craignent point de livrer des combats à ces monstres, et ils en sortent victorieux. On tanne la peau du *sucuriú*, qui est épaisse et couverte de larges écailles, et l'on s'en sert pour couvrir des malles, pour faire des bottes et des housses de chevaux [2].

[1] *Tamanduá* est le nom du fourmillier. Il ne faut pas confondre l'habitation dont il s'agit ici avec la petite ville de *Tamanduá* qui est située à l'entrée du Sertão dans la *comarca* du Rio das Mortes, et dont je parlerai dans ma troisième Relation.

[2] N'ayant pas été assez heureux pour voir le *sucuriú* vi-

A cette époque, il y avait environ deux mois que Firmiano m'accompagnait ; il était fort gai, très-docile, et devenait beaucoup moins paresseux. C'était lui qui séchait le papier que j'employais pour mes plantes, et il commençait à avoir beaucoup de petites attentions. A Contendas il avait très-souvent amusé le curé par ses grâces sauvages ; il se couchait sans cérémonie sur le même lit que lui ; il venait régulièrement à l'heure du dîner, et il en mangeait très-gaîment sa

vant, je ne crois pouvoir mieux faire que de traduire ici, sans pourtant les garantir, les détails qui ont été donnés sur ce reptile par deux savans voyageurs. « Au rapport de
« M. Nogueira Duarte, disent Spix et Martius, le *sucuriú*
« atteint quelquefois une si grande longueur, qu'on peut
« le prendre pour la tige renversée d'un palmier. Il n'a
« point de venin ; mais il est redoutable par son extrême
« force. Quant il veut attaquer quelque animal, il roule sa
« queue autour d'un arbre ou d'un rocher, s'élance rapide-
« ment sur sa proie, lui broie les os dans ses replis, et l'a-
« vale lentement par une sorte de succion. De vieux serpens
« affamés ont attaqué un cavalier et son cheval ou même des
« bœufs, et ont avalé ces derniers animaux jusqu'à leurs
« cornes, qui tombaient quand le corps du bœuf était consom-
« mé... Plusieurs Sertanejos nous ont rapporté qu'ils avaient
« trouvé dans l'estomac d'un *sucuriú* de quarante pieds un
« chevreuil et deux cochons sauvages... Souvent nous avons
« eu l'occasion de voir de ces serpens qui étaient roulés
« comme des câbles sur le bord des lacs. On peut faire, sans
« danger, la chasse à ces animaux, parce qu'ils sont stu-
« pides, paresseux et craintifs..... C'est pendant l'engour-
« dissement de plusieurs semaines qui succède à leur repas

part. Le muletier Silva lui montrait à prier ; mais malheureusement il lui faisait réciter de si longues formules qu'il était difficile que rien restât dans sa mémoire.

A quelque distance de Tapera, j'entrai dans des *catingas* absolument semblables à celles de Minas Novas, et j'y retrouvai le *barrigudo*, l'*imburana* (*bursera leptophloeos*, Mart.), et l'*imbirassú*. J'avais eu trop souvent à me plaindre de l'absence des insectes;

« qu'on les attaque avec le plus de sûreté. La chair du *su-*
« *curiú* ne peut se manger, mais on emploie sa graisse dans
« différentes maladies, telles que la phthisie..... » (*Reis*, p. 522.) Le boa dont il s'agit ici est identique avec celui que M. de Humboldt dit avoir vu nager dans l'Orénoque (*Tableaux*, I, p. 187); cependant M. de Humboldt assure que le boa qu'il a observé entoure sa victime d'une humeur visqueuse, et MM. Spix et Martius n'admettent point ce fait pour ce qui regarde le *sucuriú*. Ce qui bien certainement doit être rejeté comme une fable, c'est l'existence de ces griffes, à l'aide desquelles des écrivains de diverses nations ont prétendu que le *sucuriú* se cramponnait avant de se jeter sur sa proie. Quoi qu'il en soit, il est clair que c'est le *sucuriú* que Casal a appelé *sucuriúba*, nom que, suivant M. le prince de Neuwied, le reptile qui nous occupe porte réellement à Belmonte. Je ne sais trop si l'on n'a pas confondu quelquefois le *sucuriú* avec le *giboya*; mais, d'après M. de Neuwied, il paraît que ce sont deux espèces entièrement différentes, quoique toutes les deux appartiennent également au genre *boa*. Le serpent dont l'historien français du Brésil a fait une description romanesque sous le nom de *liboïa* (Alphonse de Beauchamp, *Histoire du Brésil*, t. I, p. 76), n'est évidemment autre chose que le *sucuriú* des Mineiros.

mais dans les *campos* qui succédèrent aux *catingas* dont je viens de parler, et qui avaient aussi peu de feuilles qu'elles, je vis de grandes sauterelles vertes et bleues qui s'élançaient par troupes nombreuses d'un arbre à un autre.

A environ deux ou trois lieues de la *fazenda* appelée *Capão do Cleto*, je descendis par une pente rapide dans une vaste plaine. La chaleur devint plus forte encore que les jours précédens; le ciel n'offrait plus cette teinte pure et brillante que j'avais admirée tant de fois, mais il était chargé de vapeurs rougeâtres. Près d'un *retiro*, situé à une demi-lieue de *Capão*, la végétation changea tout à coup; la terre, crevassée, était encore d'une extrême sécheresse, mais il était évident qu'elle avait été naguère couverte d'eau; deux plantes épineuses, que je n'avais rencontrées nulle part, formaient çà et là de larges buissons : l'une me parut identique avec cette mimose à fleurs jaunes et odoriférantes, que l'on cultive à Rio de Janeiro sous le nom d'*esponjeira*[1]; l'autre était une espèce de *bauhinia* à très-petites feuilles et à fleurs verdâtres (*bauhinia inundata*, N.[2]). Ces végétaux n'avaient point perdu leur verdure comme les arbres des *catingas*, et la mimose offrait une multitude de fleurs dorées au milieu de son feuillage d'un vert obscur. Quelques es-

---

[1] *Acacia farnesiana*.
[2] Son nom vulgaire est *unha de gato*. M. Martius, peut-être avec raison, croit cette espèce distincte des *bauhinia*, et l'appelle *perlebia bauhinioïdes*.

pèces de petits oiseaux qui jusqu'alors ne s'étaient point offerts à mes regards, voltigeaient sur les arbrisseaux. Tout annonçait l'influence d'une cause que je ne découvrais point encore : enfin j'arrivai à l'habitation de Capão do Cleto sur le bord du Rio de S. Francisco, et je reconnus que les changemens qui venaient de me frapper étaient dus au voisinage du fleuve.

CHAPITRE XIV.

LE RIO DE S. FRANCISCO.

Le Rio de S. Francisco; sa source; son embouchure; lieux situés sur ses bords entre Salgado et la mer; ses inondations périodiques; maladies qu'elles causent; histoire du cours de l'année sur les bords du S. Francisco; les *piranhas* (poisson diable); poisson sec du Rio de S. Francisco. — Histoire des premiers établissemens qui se firent dans les environs de *Capão do Cleto*. — Courtes Réflexions sur le croisement des Indiens avec les autres races. — Lacs voisins du S. Francisco; description d'un de ces lacs.

Le Rio de S. Francisco doit son origine à la magnifique cascade appelée *Cachoeira da Casca d'Anta* (la cascade de l'arbre connu sous le nom de *casca d'anta*, le *drymis granatensis* des botanistes), qui tombe environ par le 20° 40′ de la *Serra da Canastra*, montagne située dans la partie orientale de la *comarca* du Rio das Mortes [1]. Tant qu'il coule dans

---

[1] Je décrirai dans mon troisième Voyage la cascade *da Casca d'Anta*, dont aucun ouvrage, à ma connaissance, n'a parlé jusqu'ici. J'ai vu cette cascade tomber de la montagne; mais je dois convenir que je n'ai pas observé le point où ses eaux s'échappent de la terre. C'est, au reste, de nos jours seulement que l'on a commencé à avoir des idées un peu précises sur les sources du S. Francisco. Autrefois, dit l'historien du Brésil, on croyait généralement que le S. Fran-

la province des Mines, il reçoit dans son lit un grand nombre de rivières, dont plusieurs sont en partie navigables. Au-dessus du *Rio das Velhas*, l'une d'entre elles, qui a son confluent à cinquante-neuf lieues sud du village de Salgado, la navigation du Rio de S. Francisco est souvent embarrassée par des rochers; mais il est parfaitement navigable depuis le Rio das Velhas jusqu'au lieu appelé *Vargem Redonda*, dans un espace de trois cent quarante lieues (deux cents lieues de Salgado à *Joazeiro*, et cent quarante lieues de Joazeiro à Vargem Redonda). Là se trouve une immense *cachoeira*, celle

cisco sortait d'un lac fameux, sur les bords duquel on plaçait la ville imaginaire de *Manoah*, et l'on prétendait que les naturels du pays portaient des ornemens d'or. On fit donc des tentatives pour arriver aux sources du fleuve, et, à cet effet, on forma des expéditions dans toutes les capitaineries du Brésil. Cependant ces efforts n'eurent point le succès désiré, car si l'on remonta le S. Francisco à une distance considérable de l'Océan, en 1810, Southey ignorait encore dans quels lieux commence cette rivière, et il supposait qu'elle pouvait naître des mêmes montagnes que le Paraguay et le Tocantins (*Hist. of Braz.*, I, p. 534). — Obs. Depuis que tout ce qui précède a été écrit, je trouve la phrase suivante dans le dernier ouvrage de M. d'Eschwege : « Auprès de la *fazenda da Casca d'Anta*, on arrive à un ro- « cher taillé à pic qui a certainement plus de mille pieds, et « appartient à la Serra da Canastra : là, s'échappe d'une pro- « fonde entaille une des principales sources du Rio S. Fran- « cisco qui forme une cascade digne d'être vue. »

de *Paulo Affonso*, et, dans un intervalle de vingt-six lieues, la navigation reste impraticable. Elle recommence ensuite, et n'est plus interrompue jusqu'à l'Océan. Du point où le fleuve redevient navigable, jusqu'à *Villa do Penedo*, ville de la province de Fernambouc, on compte trente lieues, et ensuite environ sept lieues de cette ville à la mer. L'embouchure du fleuve, qui est difficile et embarrassée par des bancs de sable [1], se trouve par le 10° 50' lat. sud [2].

[1] Les détails que je viens de donner sur le cours et l'embouchure du Rio de S. Francisco, m'ont été communiqués par M. le capitaine Serrão, homme recommandable, qui avait descendu le fleuve avec des barques chargées de coton. Je dois avertir, au reste, que les distances indiquées ci-dessus n'ont point été mesurées et ne sont qu'approximatives. — J'ajouterai encore ici quelques renseignemens curieux que j'emprunte à un savant naturaliste. « La hauteur du Rio de S. Francisco, « au passage de Pará près du confluent du Parapéba, est, « dit M. Martius d'après d'Eschwege, de 1777 pieds par.; « de là aux cataractes de Pirapora, le fleuve s'abaisse de « 94 pieds; et quelques milles allemands plus loin, vers le « nord, il n'est plus élevé que de 1602 pieds au-dessus de « l'Océan. Depuis cet endroit, le courant perd beaucoup de « sa rapidité, et, aux frontières des provinces de Bahia et de « Fernambouc, les courbures deviennent de plus en plus « nombreuses. Joazeiro est situé à 936 pieds au-dessus de la « mer; ainsi, dans un espace de 9 degrés de Pará à Joazeiro, « le niveau du fleuve s'abaisse d'environ $6\frac{1}{2}$ pieds par mille « allemand ou deux lieues de France. » (*Reis.*, p. 785 et 786.)

[2] Voyez Pizarro.

Sur la rive gauche du Rio de S. Francisco, on voit, à trente lieues de Salgado, le village de *Carunhanha*, qui a été bâti sur la limite de la province des Mines et de celle de Fernambouc. De Carunhanha jusqu'à la mer, la même rive appartient tout entière à la dernière des deux provinces, et l'on y trouve successivement la ville de *Rio Grande* ou *Barra do Rio Grande; S. Antonio* où sont des salines; la ville de *Pilão Arcado* qui possède d'autres salines très-importantes; le village de *Cabrabo* ou peut-être *Quebróbó; Villa da Assumpção*, petite ville qui est habitée par des Indiens depuis long-temps civilisés, et que gouvernent deux juges, l'un indien et l'autre portugais; *Porto da Vargem Redonda* situé près de la *cachoeira* de Paulo Affonso; *Porto das Piránhas;* enfin Villa do Penedo jusqu'où remontent les petits bâtimens appelés *sumacas*. En partant de Salgado, la rive droite du S. Francisco offre d'abord le village de Morrinhos, qui est encore dans la province des Mines. Viennent ensuite *Malhada* et *Paratica*, autres villages déjà situés dans la province de Bahia, et qui, comme Morrinhos, n'ont pas plus de douze à vingt maisons. A Malhada est un *registro*[1], où les marchandises qui entrent dans la province de Minas paient en raison de leur poids, comme cela a lieu au *registro* de

---

[1] Dans le chapitre IV du premier volume, on trouvera *rezistro*. C'est une erreur que je m'empresse de relever ici, quoiqu'elle ait déjà été corrigée dans un *errata*. Le véritable mot est *registro* ou *registo*.

Mathias Barbosa[1]. Au-delà de Malhada[2] se trouvent *Villa d'Urubú;* les villages de *Xiquexique*, de *Centocé*, de Joazeiro; la petite ville de *Santa Maria*, située dans une île près de la *cachoeira*, et habitée par les Indiens civilisés; enfin *Villa da Propiá*, située vis-à-vis de Villa do Penedo.

A l'exception de ces deux dernières villes, tous les lieux que j'ai cités plus haut comprennent très-peu d'habitans. A mesure que l'on descend le S. Francisco, ses deux rives deviennent plus sèches et plus sablonneuses, et depuis les limites de la province des Mines jusqu'à la mer, il ne se jette dans le fleuve que cinq rivières[3].

A Capāo do Cleto, où je vis le S. Francisco pour la première fois, il peut avoir la même largeur que la Loire devant Orléans; mais quoique dans la saison de la sécheresse où l'on était alors, ce fleuve soit guéable en plusieurs endroits, je n'aperçus dans son lit aucun banc de sable. Ses eaux ont un cours lent et majestueux, et ne sont point sans cesse arrêtées par des rochers, comme celles du Jiquitinhonha. La vallée où elles coulent s'étend de chaque côté à environ une ou deux lieues de leur lit, et se trouve encaissée entre deux pla-

[1] Voyez le volume premier, p. 90.
[2] Voy. sur l'insalubrité de Malhada ce qu'ont écrit MM. Spix et Martius.
[3] A l'exception peut-être de ce que je dis sur l'établissement d'un *registro* à Malhada, je dois encore à M. Serrāo les détails que je donne ici sur les villes et villages situés sur les deux bords du Rio de S. Francisco.

teaux, auxquels les habitans donnent le nom de *Serra*.

Dans la saison des pluies, qui commence vers la fin de septembre et dure jusqu'au mois de janvier, la rivière grossit peu à peu; elle finit par déborder, et dans les endroits où la Serra n'en est pas très-rapprochée, les eaux s'étendent jusqu'à une lieue et même davantage. A Capão do Cleto, elles couvrent une demi-lieue de terrain, c'est-à-dire qu'elles vont jusqu'à ce *retiro* où j'avais reconnu que la végétation changeait de nature. La rive gauche, plus élevée que la droite, est généralement moins exposée aux débordemens[1]. C'est ordinairement à la fin de décembre que l'inondation est arrivée au point le plus élevé. La terre reste inondée

---

[1] Je ne saurais dire à quelle distance de la source du S. Francisco commence l'inondation de ce fleuve, ni si elle s'étend jusqu'à son embouchure; cependant un passage du *Brasilien Neue Welt* de d'Eschwege prouve que l'inondation se fait déjà sentir au *Porto de S. Miguel*, qui doit être situé, je pense, entre les 19° et 20° de lat. S.; et il paraît, d'après un article du *Journal* du même auteur, que le pays des salines est encore inondé. — Pizarro dit (*Mem. hist.*, vol. VIII, p. 2da, p. 68) *qu'on a vu le S. Francisco s'étendre à plus de six lieues de son lit et quelquefois bien davantage, comme cela arriva en l'année 1773, où les eaux du fleuve se répandirent à plus de vingt lieues.* S'il en est ainsi, il est clair qu'il est des endroits où la *Serra* est moins rapprochée que je ne le dis ici, ou bien que le fleuve ne coule pas partout dans une vallée encaissée. On sent que les renseignemens que j'ai recueillis, quoique pris sur les lieux, ne sauraient pourtant s'appliquer à toute l'étendue du fleuve.

pendant un mois et quelquefois davantage. Peu à peu les eaux se retirent; elles s'écoulent dans le fleuve, et, au mois d'avril, la terre n'offre plus qu'un limon fangeux. Les matières animales et végétales en putréfaction corrompent l'air; et alors commencent les maladies qui règnent tous les ans sur les bords du Rio de S. Francisco, et qui les rendent si redoutables.

Des fièvres intermittentes attaquent les habitans de cette contrée; elles leur laissent souvent des obstructions qui conduisent au tombeau les individus d'un tempérament faible, et quelquefois elles prennent un caractère de malignité qui les rend très-dangereuses. Les enfans et les étrangers sont plus exposés à ces fièvres que les adultes et ceux qui sont nés dans le pays. Cependant il y a des personnes qui, nées dans le pays même et douées d'un tempérament robuste, sont malades régulièrement chaque année. Un vomitif pris après cinq ou six accès est considéré par les Sertanejos comme le remède le plus efficace. En général, toute la population des bords du Rio de S. Francisco a un air de langueur et un teint jaunâtre qui ne s'observent pas chez les habitans des autres parties de la province [1].

[1] Les bords du Parannan, rivière qui coule dans la province de Goyaz, sont, dit-on, beaucoup plus malsains encore que ceux du Rio de S. Francisco; et les étrangers qui ne s'abstiennent pas des femmes pendant les cinq ou six premiers mois de leur séjour dans le pays, s'exposent à être enlevés par la maladie, comme ceux qui, arrivant sur la côte d'Angola, ne veulent point se soumettre à la même tempérance.

Vers la fin de juin, l'humidité a déjà entièrement disparu; l'eau ne se conserve que dans des lacs, et l'on peut habiter sans inconvénient les bords de la rivière. Les terrains qui ont coutume d'être inondés portent le nom d'*alagadiços*, et sont généralement indiqués par les deux plantes épineuses dont j'ai déjà parlé, le *bauhinia* à petites feuilles et la mimose à fleurs odorantes. Cependant bientôt la sécheresse se fait sentir; les arbres et les arbrisseaux perdent leur feuillage, les herbes se flétrissent, et l'on ne voit plus de fleurs que sur quelques arbres, qui, comme nos amandiers et nos pêchers, fleurissent avant d'avoir des feuilles. Les mois d'août et de septembre sont les plus chauds de toute l'année. Alors la surface de la terre n'offre plus qu'une poussière fine qui brûle la plante des pieds; une vapeur rougeâtre obscurcit l'air [1]; les sables qui bordent le fleuve réfléchissent les rayons du soleil, et ils échauffent encore l'atmosphère. Vers la fin d'août et au commencement de septembre, on met le feu aux herbes des pâturages. C'est l'époque à laquelle les pluies commencent [2]. D'abord elles sont peu abondantes; mais à peine est-il tombé de l'eau pendant quelques jours, que les champs reverdissent, et bientôt toutes les plantes sont couvertes de fleurs. Il ne faut pas croire que les pluies tombent pendant plusieurs mois sans interruption : elles durent trois, qua-

---

[1] Ces vapeurs, dont j'ai déjà parlé à la fin du chapitre précédent, seraient-elles simplement le résultat de l'incendie des pâturages?

[2] Quelquefois la sécheresse se prolonge jusqu'en octobre.

tre, huit ou quinze jours; puis viennent des intervalles de plusieurs jours de beau temps. On cite comme très-extraordinaire une année où il plut durant quarante jours.

L'inondation ne survient pas tout à coup, mais il se passe dix à quinze jours entre le moment où elle commence et celui où elle s'arrête, et les nombreux bestiaux que l'on élève sur les bords du S. Francisco ne sont jamais surpris brusquement par le fleuve. Construites sur de petites éminences, les habitations n'ont rien à craindre des inondations, et forment alors des îles au milieu d'une immense étendue d'eau. Pendant les débordemens, les colons communiquent entre eux avec des pirogues. Ils se servent aussi de ces frêles nacelles pour aller à la recherche des bêtes à cornes qui, étant restées sur de petites collines, finiraient par être submergées; ils forcent ces animaux à se jeter à la nage, et ils leur font gagner la terre ferme [1].

[1] On a fait, dans une relation moderne, une effrayante énumération des dangers qui attendent le navigateur dans ces courses. « Il conduit avec peine sa nacelle vacillante à tra-
« vers les courans, sans cesse exposé au danger d'être jeté
« sur le sommet d'un rocher ou d'un arbre, ou de voir des
« troncs renversés passer par-dessus sa barque. Des serpens
« monstrueux et des caïmans se cramponnent dans la na-
« celle, et y montent pour se reposer. Le navigateur appro-
« che-t-il d'un arbre, des amas de fourmis s'y laissent tom-
« ber, et, tandis qu'il cherche à se débarrasser d'elles, un
« tigre ou un serpent à sonnette saute dans la barque. S'il
« cherche à échapper, en se jetant dans l'eau, il court le

Dans ces voyages, les bestiaux sont exposés à la rencontre d'un ennemi redoutable, le poisson qu'on appelle *piránha* (poisson-diable, *myletes macropomus*, Cuv. ex Spix). Ce beau poisson atteint à peine deux pieds de longueur; mais il va par bandes, et a les mâchoires armées de dents triangulaires et tranchantes. Lorsqu'un animal ou un homme tombe dans l'eau, il est ordinairement attaqué dans l'instant même par les *piránhas*. Leur morsure est tellement prompte et si vive qu'on la sent aussi peu que la coupure d'un rasoir; c'est du moins ce que m'assura le propriétaire de Capão, qui, étant tombé dans un marais, avait été mordu par des poissons-diables en deux endroits différens. Les *piránhas* habitent en très-grand nombre non-seulement le S. Francisco, mais encore les lacs fangeux (*lagoas*) qui sont si nombreux sur ses bords, et où l'eau séjourne toute l'année. La chair de ces poissons est ferme et d'un goût très-délicat; leurs arêtes n'ont point cette ténuité qui rend tant d'autres espèces désagréables à manger. On prend les *piránhas* avec le filet ou des lignes dormantes auxquelles on met pour appât un morceau de viande. Ces poissons ont une telle voracité, qu'ils se laissent prendre par la

« risque d'être mis en pièces par des nuées de *piránhas*. Par-
« vient-il enfin à ses bestiaux abandonnés, il les trouve affai-
« blis par la faim, etc..... » J'avouerai bien franchement que l'on ne m'a point fait une si terrible peinture, et que l'on m'a tout simplement parlé du mal que peuvent causer les *piránhas*, dont je vais parler tout à l'heure.

chair d'autres individus de leur espèce, et l'on assure même qu'ils se mangent entre eux.

Outre les *piránhas*[1], on trouve encore en abondance dans le S. Francisco plusieurs sortes différentes de poissons délicats. Étant au bord de la rivière, vis-à-vis le *Porto do Salgado*, je rencontrai deux enfans qui pêchaient à la ligne. Je leur demandai s'ils voulaient me vendre les poissons qu'ils avaient pris; ils me les offrirent, et, quoique couverts de haillons, ils refusèrent mon argent, en me disant qu'il leur suffirait de jeter leur ligne dans l'eau pour faire une nouvelle pêche. On met sécher au soleil le poisson du Rio de S. Francisco, principalement les *surubys* et les *dourados*. J'ai mangé de ce poisson sec, et l'ai trouvé infiniment supérieur à la morue de Terre-Neuve, que l'on préfère pourtant dans ce pays, sans doute parce qu'elle y est plus rare. Le poisson sec du Rio de S. Francisco s'exporte des environs de Salgado pour l'intérieur de la province des Mines; mais c'est, à ce qu'il paraît, en petite quantité. Les poissons qui habitent le fleuve sont principalement le *dourado* et le *suruby* dont j'ai déjà parlé, le *matrinchān*, le *pacú*, le *piau*, le *traira*, le *mandy*, le *jondiá*, le *curvina*, l'*acari*[2], le *piabanha*, le *curma-*

---

[1] J'ai fait préparer deux *piránhas* sur les bords du Rio de S. Francisco, et elles doivent se trouver au Muséum de Paris.

[2] Je crois me rappeler que l'on distingue deux sortes d'*acari*, le *branco* et le *preto*. J'ai déposé l'une des deux au

tan[1]. Cette dernière espèce ne se prend presque jamais à l'hameçon.

Ce fut, comme je l'ai dit, à Capão do Cleto que j'admirai pour la première fois le Rio de S. Francisco.

Muséum de Paris : elle est fort remarquable par ses écailles adhérentes qui forment une sorte de cuirasse.

[1] On est souvent très-embarrassé pour l'orthographe des noms brésiliens de lieux, d'animaux et de plantes, qui ont été si peu écrits. Consulter l'étymologie indienne serait peut-être le moyen le plus sûr de ne pas s'égarer ; mais cela n'est probablement pas toujours praticable, et d'ailleurs il y a des cas où l'usage doit l'emporter sur l'étymologie elle-même. La prononciation n'est pas non plus un guide parfaitement sûr, car non-seulement elle peut varier suivant les lieux, mais encore il est des sons que l'orthographe portugaise ne rend pas toujours d'une manière bien fixe ; ainsi, l'*e* a souvent le son de l'*i*, l'*o* celui de l'*u*, etc. Quoi qu'il en soit, je crois qu'il faut, pour la manière de rendre les sons par les lettres, se rapprocher autant que possible de l'unité, et, dans ce cas, les Brésiliens me paraissent avoir le droit de guider les étrangers, toutes les fois que le bon sens ne contrarie pas trop leur orthographe. Me conformant à la prononciation, j'avais écrit, dans mes notes, *cruvina* et *grumatan*; mais, d'après le principe que je viens d'admettre, je crois devoir sacrifier cette orthographe pour emprunter celle de M. Pizarro. Ce sont certainement les mots que cet historien-géographe et moi nous écrivons *suruby* et *curvina*, que M. Martius a écrit *sorubim* et *gorubina*. Quant au mot *piau*, je l'écris comme ce dernier, et non *piao*, ainsi que l'a fait l'auteur des *Memorias*; parce qu'il ne serait pas conséquent de mettre *piao*, tandis que *piauhy*, qui en est un composé, est adopté généralement.

Je fus reçu avec hospitalité par le propriétaire de Capão, M. le capitaine Cleto, et je passai quelques jours dans sa maison.

M. Cleto descendait d'un des paulistes qui les premiers vinrent se fixer sur les bords du fleuve au-dessus et au-dessous de Capão. Ceux-ci ne faisaient point partie des bandes qui prirent la fuite au combat du Rio das Mortes. C'étaient deux cousins, Mathias Cardoso et Manoel Francisco de Toledo, hommes puissans, qui, après avoir tué un *ouvidor,* s'enfuirent de leur patrie avec leur famille et leurs esclaves. Ils trouvèrent dans les environs de Capão une peuplade indienne, celle des *Chicriabas* ou *Xicriabas;* ils lui firent d'abord la guerre, mais ensuite ils traitèrent avec elle, et conclurent la paix. Le roi accorda aux deux cousins la propriété de l'une et l'autre rive du Rio de S. Francisco dans toute l'étendue qu'ils pourraient parcourir pendant un jour en s'embarquant sur le fleuve, et de plus il donna à l'un des cousins le titre de *mestre de camp des Indiens* pour deux générations. Mathias Cardoso et Manoel Francisco de Toledo avaient, à ce qu'il paraît, réduit un grand nombre d'Indiens en esclavage, comme cela se pratiquait alors; ils se servirent de ces malheureux pour former des *fazendas* et pour bâtir plusieurs églises, entre autres celle de Morrinhos dont j'ai déjà parlé[1]. Ce fut la suppression de l'esclavage des Indiens qui porta le premier coup aux

---

[1] Je diffère avec un écrivain très-estimable, M. l'abbé Pizarro, sur la fondation de Morrinhos; mais j'ai cru devoir.

deux familles. Peu à peu elles vendirent leurs immenses possessions, et leur descendant, le capitaine Cleto, ne me parut avoir qu'une fortune médiocre. Il ignorait en quelle année Cardoso et Toledo étaient arrivés sur les rives du S. Francisco; mais il avait trouvé dans des papiers de famille une lettre datée de 1712, qu'un des cousins écrivait à l'autre des bords mêmes du fleuve. Aujourd'hui l'on ne voit plus d'Indiens dans les alentours de Capão. Les descendans de ceux qui jadis habitaient ce pays se sont retirés ailleurs, mais toujours sur le bord du fleuve, et ils ont bâti un aldea qui porte le nom de *S. João dos Indios* [1]. Ces Indiens se sont alliés avec des nègres et des métis; cependant, à l'époque de mon voyage, ils réclamaient du roi le privilége d'être jugés par l'un d'entre eux, privilége que la loi n'accorde, je crois, qu'aux véritables Indiens. Au reste, quoique les hommes qui résultent de tels croisemens soient bien inférieurs aux individus de notre race, le mélange des Indiens avec les nègres et les mulâtres libres doit être encouragé, ainsi que je l'ai dit ailleurs, comme le plus sûr moyen de conserver à la population et d'y incorporer ce qui existe encore des peuplades indiennes [2].

m'en tenir à des renseignemens pris dans le pays même, chez un homme grave, descendant d'un des premiers fondateurs.

[1] Il est situé à 16 l. nord de Salgado. Piz.

[2] Ce n'est pas seulement à S. João dos Indios qu'il existe des Chicriabas, ou du moins des descendans mélangés de cette peuplade. On verra, dans ma troisième Relation, qu'en revenant de Goyaz pour me rendre à S. Paul, je passai,

Je voulais, au bout de deux jours, quitter le capitaine Cleto; mais il était déjà fort tard quand on parvint à réunir mes mulets, qui se dispersaient davantage depuis qu'ils ne trouvaient plus que de l'herbe desséchée. Mon hôte m'engagea à passer encore la journée chez lui, et il fallait tant de courage pour se mettre en route par l'excessive chaleur qu'il faisait, que je consentis sans peine à différer mon départ.

Malgré cette chaleur, j'allai herboriser sur le bord d'un de ces lacs qui conservent de l'eau après que le fleuve est rentré dans son lit, et qui sont si nombreux dans cette contrée. Ce lac pouvait avoir une demi-lieue de tour. Ses eaux fangeuses et blanchâtres exhalaient une odeur marécageuse; il était entouré de ces mimoses à fleurs odorantes, ainsi que de ces *bauhinia* à petites feuilles dont j'ai déjà parlé; et la terre était desséchée et crevassée jusque sur ses bords. Dans toutes les parties du lac où l'eau était basse, on voyait en grande abondance la plante à belles fleurs bleues disposées en épis à laquelle on donne le nom de *golfo*, et que l'on dit médicinale (*pontederia?*). Une prodigieuse quantité de *piránhas* bondissaient dans les eaux, et de nombreuses tribus d'oiseaux aquatiques nageaient sur leur surface ou se

---

non loin de la belle cascade de *Fornas*, par le village de *Santa Anna*, habité par des Indiens chicriabas dont la langue paraît être singulièrement systématique. (Voyez ce que j'ai déjà dit à ce sujet dans l'*Introduction à l'Histoire des Plantes les plus remarquables*, etc.)

promenaient sur leurs bords. C'étaient des jabirus, des bandes de plusieurs espèces de canards, des hérons blancs, des hérons gris, etc. Au milieu de ces oiseaux se faisait distinguer la belle espèce connue dans le pays sous le nom de *culhereira* (*platalea ayaya*, L.). Son corps est d'un rose tendre, qui devient plus foncé à l'extrémité des ailes ; sa queue est plus courte que ces dernières ; son long cou est revêtu d'un duvet blanc ; la partie supérieure de la tête, dépourvue de plumes, est simplement recouverte d'une peau d'un vert jaunâtre, et le bec assez long a absolument la forme d'une spatule. Mon domestique Prégent tua un individu de cette espèce ; il tua aussi un de ces échassiers qu'on nomme dans le pays *guarauna*[1], et enfin un de ces grands hérons gris qu'on appelle *socó boi* (héron bœuf), parce qu'ils surpassent les autres espèces en force et en grandeur.

Auprès du lac dont je viens de parler, je vis un grand arbre qui est un de ceux dont on mange les fruits dans le Sertão et qu'on appelle *quiruiri* (*myrtus quiruiri*, N.). Il est touffu ; ses rameaux sont très-rapprochés, commencent à cinq ou six pieds de terre et forment une large tête arrondie. Cet arbre, qui ap-

---

[1] Il m'a semblé que l'on prononçait, dans le pays, *carauna* ; mais ce ne peut être que *guarauna*, oiseau noir, nom que cette espèce doit à sa couleur. J'en ai rapporté un ou plusieurs individus qui doivent se trouver au Muséum de Paris. Je pense que les ornithologistes les auront rapportés au genre *ibis*.

partient à la famille des myrtées, a cinq pétales roses, dix étamines, et un ovaire à cinq loges dont chacune renferme deux semences. On m'a dit que le fruit était rouge et avait le diamètre d'un gros grain de plomb.

CHAPITRE XV.

DÉPART DE CAPÃO DO CLETO. — VILLAGE DE SALGADO.

Départ de Capão. — Culture dans les *catingas* du S. Francisco. — Village de *Pedras de baixo*; sa situation; ses maisons; son église; état d'abandon. — Pâturages incendiés. — L'auteur couche sur les bords du S. Francisco et passe ce fleuve. — *Porto do Salgado*. — Village de Salgado, justice et chef-lieu de paroisse; sa fondation; sa position; terres des alentours; commerce important avec les salines; aisance des habitans; ameublement d'une maison; conséquences de la révolte de Fernambouc; salubrité de Salgado. — Herborisation. Vieillards exerçant la médecine. *Tipi*. L'auteur est sur le point d'être mordu par un serpent à sonnettes. — Le vautour-roi.

Je quittai Capão do Cleto pour me rendre à Salgado, qui est situé plus bas de l'autre côté du Rio de S. Francisco. Le chemin ne s'étend pas sur le bord même du fleuve; cependant il lui est parallèle. Jusqu'au village de *Pedras de baixo*, je traversai quelquefois des terrains couverts des deux plantes épineuses dont j'ai déjà parlé; et, de temps en temps, j'apercevais au milieu de ces terrains des lacs habités par un grand nombre d'oiseaux aquatiques, au milieu desquels se distinguaient toujours les hérons blancs, les jabirus et les spatules.

Au-delà des terrains inondés que couvrent généralement la mimose odorante et le *bauhinia inundata*[1], commencent des *catingas* qui s'étendent jusqu'aux plateaux. La terre qui leur donne naissance est grise, un peu sablonneuse, légère, absolument semblable à celle des *catingas* de la 7ᵉ division. Échauffée par un soleil ardent, elle convient parfaitement à la culture du cotonnier, et tous ceux qui ont essayé cette culture ont été récompensés de leur travail par les plus heureux succès. Il est seulement nécessaire de prendre des précautions contre les bestiaux très-nombreux sur les bords du Rio de S. Francisco[2]. Le sol des *catingas*, voisines de ce fleuve, est encore propice au maïs et aux haricots, lorsque la sécheresse n'est pas trop forte. Dans les lieux qui ne sont point inondés pendant la saison des eaux, on sème le maïs, comme ailleurs, au mois de septembre; mais dans les terrains inondés, les semailles se font quand les eaux se sont retirées. Les haricots peuvent se planter vers la fin de septembre, lorsqu'on choisit un lieu que les eaux ne couvrent jamais, et alors on fait la récolte en janvier: ces haricots s'appellent *feijões de janeiro*. Il est, m'a-t-on assuré, quelques endroits arrosés par des ruisseaux où l'on peut planter des haricots toute l'année. Non-seulement ce pays est favorable à l'agriculture; mais il

---

[1] J'ignore quelles sont les limites australes et septentrionales de ces plantes.

[2] Ceci est probablement applicable à toutes les *catingas* du Sertão. Voyez ce que je dis sur le même sujet aux chapitres XIII et XVI de ce volume.

en existe peu qui soient plus avantageusement placés pour le débit de toutes les denrées. En effet le coton peut s'expédier pour Fernambouc et Bahia par le Rio de S. Francisco, et les haricots, ainsi que le maïs, peuvent être échangés contre le sel qu'on apporte du pays des salines, situé sur le bord du fleuve, et où la sécheresse excessive s'oppose à la culture des grains. Cependant la paresse est telle dans le canton de Capão que les terres en culture y sont fort rares; il est très-peu de personnes qui plantent à la fois un *alqueire* de maïs, et pendant les cinq lieues qu'il faut faire pour se rendre de chez le capitaine Cleto à Pedras de baixo, je ne vis ni un champ ni une seule habitation.

Pedras de baixo[1], où je fis halte, n'est composé que d'une douzaine de chaumières qui tombent en ruine et sont assez écartées les unes des autres; mais depuis que je voyageais dans la province des Mines, je n'avais encore vu aucun lieu situé plus agréablement. Le S. Francisco coule majestueusement au-dessous du village; il a ici la même largeur qu'à Capão, mais dans le lointain il paraît prendre une étendue plus considérable. En face du village, la rive gauche du fleuve, beaucoup plus basse que la rive droite, et inondée dans la saison des pluies, est couverte d'*esponjeiras*, qui, de loin, ressemblent à nos oseraies. Derrière ces terrains bas s'élève une chaîne de petites montagnes,

---

[1] M. Pizarro écrit *Nossa Senhora da Conceição das Pedras de Maria da Cruz;* mais ce nom n'est pas celui que j'ai entendu employer dans l'usage habituel.

et les pirogues qui suivent le cours du fleuve, celles qui le remontent lentement, répandent dans le paysage le mouvement et la vie [1].

La plupart des maisons de Pedras ont un enclos fait avec des *cactus*, qui sont plantés les uns à côté des autres, et présentent un aspect remarquable. Au milieu du village et sur une petite plate-forme soutenue par un mur en briques, est une fort jolie église, bâtie également en briques et très-bien construite. D'un côté de l'église, sont deux añones antiques (Vulg. *fruta de conde, annona reticulata*, L.) qui entrelacent leurs branches, et autour desquels on a disposé les briques de la plate-forme, de manière qu'ils puissent être plus facilement arrosés par les eaux pluviales.

Ce ne sont point les habitans actuels du village de Pedras qui auraient pu construire leur église, eux qui sont trop pauvres ou trop négligens pour entretenir leurs misérables chaumières. Ce joli temple fut bâti il y a 92 ans (écrit en 1817), par ces Paulistes qui, les premiers, vinrent s'établir dans ce canton. Il paraît que, dans l'origine, le village de Pedras fut plus riche et beaucoup plus peuplé qu'aujourd'hui. Comme il est un peu élevé au-dessus du fleuve, il n'est point inondé pendant la saison des eaux, et probablement les fièvres n'y sont pas très-communes [2]; sa position est extrême-

---

[1] Entre autres bois avec lesquels se font les pirogues, je citerai le *vinhatico* et le *tamburi*.

[2] Pizarro dit positivement que ce lieu est sain.

ment favorable pour le commerce; les terres du voisinage sont, comme je l'ai dit, très-propres à la culture; la rivière abonde en poissons délicats; enfin la campagne offre aux bestiaux de gras pâturages, et elle est couverte de cerfs et d'un grand nombre de gallinacées excellentes à manger. Comment est-il possible qu'on ait abandonné ce lieu charmant? Cela ne peut s'expliquer que par l'inconstance naturelle à l'homme; il n'est jamais content sur la terre; et s'il ne change pas sans cesse, c'est peut-être parce qu'il lui est impossible de changer.

Entre Pedras de baixo et le *Porto do Salgado,* qui en est éloigné de deux lieues et demie, la sécheresse me parut encore plus grande que les jours précédens, et je trouvai les *esponjeiras* elles-mêmes dépouillées de feuilles.

Dans plusieurs endroits, on avait mis tout récemment le feu aux herbes des *catingas.* C'est, comme je l'ai dit, un usage assez général dans les parties de la province qui offrent des *campos* naturels, de brûler les pâturages vers la fin d'août ou le commencement de septembre. Le feu consume rapidement les herbes desséchées, mais il n'attaque pas leurs racines; les gemmes cachées sous la terre trouvent un engrais dans les cendres des anciennes tiges, et ne sont point gênées dans leur croissance par des amas de feuilles. Il est à remarquer que s'il arrive, par quelque accident, que le feu prenne aux *campos* avant le mois de septembre, les plantes ne repoussent point.

Je fis halte sur le bord du Rio de S. Francisco, à

l'espace du hameau où l'on traverse le fleuve pour se rendre à Salgado. Ce hameau se compose d'une demi-douzaine de cabanes qui tombent en ruines et dont la plupart sont abandonnées. Le Porto do Salgado, que j'apercevais de l'autre côté de la rivière, ne se présente pas non plus avec l'apparence de la richesse. Cependant l'ensemble du paysage offre un aspect très-agréable. En cet endroit le fleuve coule avec une extrême lenteur et ressemble à un beau lac; les chaumières du Porto, éparses sur la rive gauche, sont entremêlées d'arbrisseaux qui avaient conservé leur feuillage, et enfin l'horizon est borné par des collines. Le coucher du soleil fut admirable; du côté de l'occident, le ciel était du plus beau pourpre que j'eusse jamais vu; la rivière réfléchissait cette brillante couleur; un calme profond régnait dans la nature; quelques pirogues semblaient voler sur les eaux et n'en ridaient pas même la surface.

Je passai la nuit couché sur mes malles auprès d'une de ces cabanes abandonnées dont j'ai parlé plus haut. Je ne m'étais établi dans aucune d'elles, parce que les puces pénétrantes sont en général très-nombreuses dans les maisons qui ne sont point habitées; mais si j'évitai ces animaux désagréables, je fus fort contrarié par la poussière dont la terre était couverte.

Peu après mon arrivée sur le bord du S. Francisco, j'avais fait porter au capitaine Jozé Antonio Serrão, l'un des principaux habitans de Salgado, une lettre de recommandation que le curé de Contendas m'avait donnée pour lui. Le lendemain au matin, le capitaine m'envoya chercher par l'un de ses amis. Je laissai sur la rive droite du fleuve mes mulets et João Moreira, et je passai la rivière avec Silva, Prégent, le Botocudo et tout mon bagage.

Le *Porto do Salgado* n'est qu'un faible hameau où l'on aborde pour se rendre au village, et où l'on embarque les marchandises qui s'expédient par le fleuve[1]. Le capitaine Serrão avait envoyé des chevaux pour moi et pour Prégent, et un chariot pour transporter mes malles. Nous montâmes à cheval ; nous traversâmes un *campo* formé d'arbres rabougris, d'arbrisseaux et d'herbes épaisses, qui doit être charmant pendant la saison des pluies ; et après avoir fait une lieue, nous arrivâmes au village de Salgado.

Salgado ou *Brejo do Salgado*[2] est le chef-lieu d'une paroisse qui a quarante lieues de longueur, sur vingt[3] de large, dont la population se monte à huit mille âmes, et qui s'étend sur le bord du S. Francisco jusqu'à la rivière de *Carunhanha*[4], limite des pro-

[1] Je crois que le hameau où j'avais couché, et qui est situé sur la rive droite, a aussi le nom de *Porto do Salgado* ; ou, pour mieux dire peut-être, le *Porto* se compose de l'un et l'autre hameau. C'est ce qui semble résulter d'un passage de l'auteur des *Memorias historicas*.

[2] *Nossa Senhora do Brejo do Salgado*, Piz.

[3] Trente-huit lieues, selon Pizarro.

[4] Cette rivière prend sa source dans les déserts de Goyaz. On a aussi écrit *Carynhanha*, et l'on trouve tout à la fois dans Pizarro *Carunhanha*, *Carynhanha* et *Carinhanha*. Cela prouve combien l'orthographe des noms propres brésiliens a

vinces de Minas Geraes et de Fernambouc. Cette paroisse comprend deux succursales, S. João dos Indios, dont j'ai déjà parlé, et *S. Caetano de Japoré;* elle appartient à l'évêché de Fernambouc, et se trouve par conséquent située à cinq cents lieues de la résidence épiscopale. Pour ce qui regarde le civil, Salgado a long-temps dépendu de Sabará qui en est éloigné de cent cinquante lieues ; mais à présent ce village fait partie de la nouvelle *comarca* de Paracatú créée en 1815 [1]. Salgado n'est point un chef-lieu de *termo*, cependant on y a établi deux juges ordinaires [2], ce qui a valu à cette

peu de fixité, et doit rendre indulgent pour les fautes dans lesquelles peuvent, à cet égard, tomber les étrangers.

[1] Voyez Pizarro.

[2] Ayant à présent sous les yeux des notes que j'ai prises au Brésil, mais qui n'étaient point entre mes mains lors de la rédaction de mon premier volume, je crois devoir rectifier ou éclaircir ici ce que j'ai dit dans ce premier volume sur la nomination des *juizes ordinarios*. — Les juges ordinaires se changent chaque année, mais les nominations ne se font que tous les trois ans ; ainsi, il faut qu'à chaque élection on nomme les magistrats qui doivent être successivement en fonction pendant trois ans. A l'époque de l'élection, ceux des citoyens qui ont le droit de voter vont tour à tour donner, de vive voix, leur vote à *l'ouvidor*, et nomment de cette manière six électeurs. Ceux-ci se réunissent deux par deux, et chaque réunion (*pauta*) remet à *l'ouvidor* une liste qui désigne pour chaque année deux juges et les membres de la *camara* (*camaristas*). Dans les trois listes, *l'ouvidor* choisit les individus qu'il préfère ; il écrit sur trois morceaux de papier séparés le nom de deux juges et des *camaristas;* il renferme chaque morceau de papier dans une boule de cire ; on met ensuite les trois boules de cire dans un coffre à trois clés avec les

bourgade la qualification de *julgado* (justice) qu'on donne encore à d'autres villages tels que S. Rumão et Barra, qui jouissent du même avantage que le Brejo do Salgado. C'est une mesure sage que d'établir des justices dans les lieux très-éloignés des villes, et qui sont trop peu importans pour mériter un autre nom que celui de village, mais où l'on peut espérer de trouver des hommes capables d'exercer les fonctions de juges. Cependant le Brésil a été gouverné jusqu'à présent d'une manière si peu fixe et si peu homogène, que, tandis qu'on a refusé le titre de ville à Salgado, on a été jusqu'à l'accorder dans la province de S. Paul, à une réunion misérable de vingt-deux maisons.

On attribue à Salgado plus de cent ans d'existence, et ce furent encore des Paulistes qui jetèrent les fondemens de cette bourgade. Elle doit son nom à l'un de ses premiers habitans, et non, comme on pourrait le croire, à la qualité un peu saumâtre de ses eaux [1], ou au commerce de sel qui s'y fait aujourd'hui.

---

listes fournies par les électeurs, et, pour chaque année, on fait tirer au sort une des boules par un enfant. Les électeurs nomment le juge des orphelins en même temps que les juges ordinaires et les *camaristas*; mais comme le premier reste en fonction pendant trois ans, il n'est pas nécessaire de prendre pour sa nomination des précautions aussi minutieuses. Les seuls citoyens qui aient le droit de voter, sont ceux qui ont été eux-mêmes juges ordinaires ou *camaristas*, ou bien qui comptent parmi leurs ascendans ou ceux de leurs femmes quelqu'un qui ait occupé une de ces places.

[1] Telle est cependant, je ne dois pas le dissimuler, l'opinion d'un écrivain extrêmement estimable, M. Jozé de

Quatre-vingts maisons écartées les unes des autres la composent tout entière. Les plus jolies, qui appartiennent à des cultivateurs aisés du voisinage, sont construites autour d'une petite place à peu près carrée; et, au milieu de celle-ci, l'on voit le poteau surmonté d'une sphère qui indique l'existence d'une justice. Sur un des côtés de la place, a été bâtie l'église, qui est jolie et assez grande. L'on découvre derrière le village un *campo* très-étroit entremêlé de marais, et au-delà s'élèvent de petites montagnes presque entièrement formées de couches de pierres horizontales et souvent à pic, au milieu desquelles croissent des arbres. De tout cet ensemble il résulte un paysage très-agréable.

Les montagnes contre lesquelles Salgado est, pour ainsi dire, adossé, sont celles qui dessinent la vallée du Rio de S. Francisco. Au-delà du village, la plaine s'avançant au milieu d'elles, forme une espèce d'anse où le terrain est entièrement cultivé, et où l'on voit de tous les côtés des habitations qui, la plupart, possèdent des sucreries. Depuis Rio de Janeiro, je n'avais pas encore vu une étendue aussi considérable de terrain en culture.

Les terres des environs de Salgado, où se font les

Souza Azevedo Pizarro e Araujo. Il dit positivement que le pays a été nommé *Brejo do Salgado*, parce qu'il est arrosé par un ruisseau dont les eaux sont saumâtres. Il ajoute que ces eaux revêtent d'une couche pierreuse les objets qu'on y laisse plongés, qu'elles sont stomachiques, désobstruantes, digestives, et qu'elles guérissent ou diminuent les goîtres.

plantations, sont les plus basses et les plus humides. On ne les laisse pas reposer plus d'une année; il y pousse de l'herbe, on la brûle, et sans employer d'engrais on recommence à planter. Les propriétés de ce pays sont tellement estimées, que, tandis qu'une lieue carrée de terrain sur les bords du S. Francisco ne vaut que cent ou deux cent mille reis (625 ou 1250 fr.), un quart de lieue de bonne terre situé près de Salgado ne se vend pas moins de cinq cent mille reis (3125 fr.)[1].

Autrefois l'on cultivait le coton dans le voisinage de Salgado. Les marchands venaient le chercher filé ou tissu en toiles grossières, et ils apportaient en échange les objets dont les habitans avaient besoin. Aujourd'hui les cotonniers ne se plantent plus aux alentours de Salgado, mais un autre genre de commerce a pris la place de celui du coton. A environ

[1] Je pense qu'il n'est pas absolument sans intérêt de comparer ces prix avec ceux de quelques-unes de nos terres en France. On peut évaluer à 60 fr. l'hectare des plus mauvaises terres de la Sologne, pays renommé pour sa stérilité; par conséquent, il suffirait de 52 hectares de ces terres pour acquérir un quart de lieue carrée à Salgado, le pays le plus cultivé peut-être de la province des Mines, et, pour ces 52 hectares, on aurait environ de 3 à 5 lieues carrées sur les bords du S. Francisco. En vendant un seul arpent des bonnes terres de la Beauce, évalué à 1200 fr., on pourrait devenir propriétaire d'une ou deux lieues sur les bords du S. Francisco. Enfin, l'on acquerrait plus de deux à quatre lieues carrées sur le même fleuve, avec un hectare planté en muscat dans le canton de Lunel ou celui de Frontignan.

cent trente lieues du village, les deux rives du Rio de S. Francisco présentent de vastes terrains imprégnés de sel. Les hommes de ces contrées savent l'extraire, et en font un objet important de négoce[1]. Leurs terres, sablonneuses et très-sèches, ne produisent presque aucune des denrées les plus nécessaires à la vie ; ils manquent également de maïs, de haricots, de sucre, etc. ; mais ils chargent sur des barques et des pirogues la substance qui fait leur richesse ; ils remontent le fleuve, laissent leur sel dans les villages situés sur les rives du Rio de S. Francisco, prennent en échange les denrées dont ils ont besoin, et vont ainsi jusqu'au confluent du Rio das Velhas. Il paraît même que la valeur du sel vendu de cette manière sur les bords du fleuve par les marchands des salines, est plus considérable que celle des objets de retour, et qu'ils emportent encore de l'argent. Quoi qu'il en soit, ce n'est pas seulement pour leur propre consommation que les habitans de Salgado et de S. Rumão achètent le sel ; chaque année l'on va de Formigas, de Contendas, etc., faire sa provision de sel dans ces bourgades, et c'est également là que se fournit une grande partie de la province de Goyaz. Le sucre et l'eau-de-vie sont les principaux objets que Salgado donne en échange aux marchands de sel, et il est facile de sentir quels avantages doit retirer de ce commerce un lieu qui, pour la culture, forme dans le Désert une sorte d'oasis.

L'aisance règne parmi les habitans de Salgado. Il

[1] M. d'Eschwege (*Journ.* I, p. 222) et M. Martius (*Reis,*

paraît que plusieurs d'entre eux ont un assez grand nombre d'esclaves, et mon hôte en particulier en possédait soixante et dix. Le bien-être porte naturellement à la joie, aussi remarquai-je beaucoup plus de gaîté à Salgado qu'ailleurs. On s'y rassemblait le soir pour jouer aux cartes ou au *gamão*[1]. On faisait de la musique qui n'était point mauvaise, et l'on répétait même, lors de mon passage, une pièce de théâtre qui devait être bientôt représentée.

L'aisance est accompagnée chez nous de jouissances multipliées, et se manifeste par une foule de signes extérieurs; mais il n'en est pas de même de ces contrées lointaines, où le défaut d'industrie et la difficulté des communications ont empêché le luxe de pénétrer; et la maison d'un propriétaire riche du Désert de Minas, transportée en France, y serait prise pour la demeure d'un homme de la condition la plus médiocre. J'ai déjà décrit l'humble ameublement d'une habitation à laquelle se rattachait un revenu de huit à dix mille cruzades; je ne puis guère supposer au capitaine Serrão un capital de moins de 200 mille francs, et l'on va voir combien l'intérieur de sa maison était modeste. C'était l'une des principales du village de Salgado; cependant elle n'avait qu'un rez-de-chaussée, et le toit servait de plafond. Dans la principale pièce qui formait la salle, on ne voyait d'autres meubles que

---

p. 557 et suiv.) ont donné des détails curieux sur les salines du S. Francisco.

[1] Espèce de jeu de trictrac.

des bancs de bois, quelques tabourets recouverts de cuir, une longue table immobile sur laquelle on mangeait, et une grande cruche pleine d'eau, où chacun, lorsqu'il avait soif, allait puiser avec un coco de cuivre garni d'un long manche. Dans tout ce pays où la chaleur force de boire très-souvent, la grande cruche est d'un usage presque général; mais on a si peu d'idée des commodités de la vie, que le coco en cuivre peut être considéré comme une marque d'opulence; il ne se rencontre que dans la maison des gens un peu aisées; ailleurs on se sert tout simplement du fruit même du cocotier. D'autres signes de richesse se voyaient encore, il faut pourtant l'avouer, dans la chambre où m'avait fait coucher le capitaine Serrão : c'étaient un très-beau couvre-pied de soie et quelques chaises de canne qui pouvaient être considérées comme un très-grand luxe, car elles venaient probablement de Bahia; et avant d'arriver à Salgado, elles avaient dû faire plus de 200 lieues [1].

Si le commerce de Salgado est ordinairement dans un état prospère, il n'en est pas moins vrai qu'à l'époque de mon voyage, il souffrait beaucoup d'un événement politique qui avait fait au Brésil une grande sensation, la révolte de Fernambouc. A la vérité, on

[1] On ne doit pas s'étonner, au reste, du peu de magnificence qu'on voit dans le Désert, lorsqu'on sait ce qu'étaient à la même époque les maisons de la capitale du Brésil. Le lecteur peut consulter ce qu'a écrit, sur ce sujet, un célèbre navigateur, M. de Freycinet. (Voyez *la Relation historique du Voyage de l'Uranie.*)

permettait aux personnes munies de passe-ports de sortir de la province des Mines; mais comme il était défendu d'y entrer, les habitans des salines ne quittaient plus leur pays; ils avaient cessé d'apporter du sel sur les bords du fleuve, et les propriétaires de Salgado et de S. Rumão restaient embarrassés de leurs denrées. On avait établi sur les bords du Rio de S. Francisco un poste de gardes nationaux (*milicianos*) à cheval, et l'on avait formé une ligne qui correspondait de ce poste jusqu'à Villa Rica. Lors de mon voyage, tous les chevaux du pays étaient déjà ruinés, et l'on se voyait obligé d'avoir recours aux mulets. Tout cela se faisait avec une régularité, avec une soumission que je ne me lassais point d'admirer. Puisse ce peuple porter le même esprit dans la conservation des institutions libres qu'il a acquises depuis cette époque !

La position de Salgado n'est pas seulement avantageuse pour l'agriculture et le commerce, elle est encore très-favorable à la santé. Comme les eaux du S. Francisco ne se répandent point dans les environs de ce village, ses habitans ne sont pas sujets aux fièvres qui font de si cruels ravages en d'autres endroits voisins du fleuve, et un auteur estimable assure que l'on trouve à Salgado beaucoup de centenaires. Ce sont sans doute ces avantages réunis qui ont attiré tant de blancs à Salgado : il ne m'était pas arrivé depuis longtemps d'en voir un aussi grand nombre.

Je profitai de mon séjour à Salgado pour faire quelques herborisations dans ses alentours. Entre le village et les mornes qui s'élèvent derrière lui, je trouvai plus de plantes en fleurs que je n'en avais vu depuis long-temps sur l'autre rive du S. Francisco; mais je fus moins heureux dans d'autres promenades, qui à la vérité furent très-courtes. Quoique la terre fût un peu moins sèche que de l'autre côté du fleuve, à peine apercevais-je de loin en loin quelques plantes fleuries. Cependant il est à observer que, sans qu'il fût tombé une seule goutte de pluie, il y avait déjà dans les *campos* plusieurs arbres rabougris qui s'étaient revêtus de feuilles nouvelles, tels, par exemple, que le *cagaiteira* (*myrtus dysenterica* Mart.), le *raiz de tiú*, arbre laiteux et purgatif (*jatropha opifera* Mart.), l'*unha de anta* (légumineuse, etc.) Ceci prouve que si les pluies accélèrent le retour de la végétation chez les arbres qui perdent leur feuillage, elles ne sont pas indispensables pour amener ce retour, et qu'il peut être le résultat de causes qu'il nous est impossible de déterminer.

J'eus occasion de me promener avec un homme qui m'indiqua plusieurs plantes usuelles. Dans cette contrée où il n'y a point de médecins, on trouve dans un grand nombre de villages des vieillards qui s'appliquent à connaître les végétaux utiles, qui recueillent les traditions de leurs devanciers, font quelquefois des expériences, et donnent des conseils aux malades.

Parmi les plantes médicinales que l'on me montra pendant mon séjour à Salgado, je citerai un sous-arbrisseau que l'on nomme *tipí*. On m'assura que sa racine était excellente contre les douleurs internes, mais il me fut impossible de savoir de quelles douleurs il s'agissait. Ce qu'il y a de certain, c'est que cette racine a, comme la tige, le même goût que quelqu'une de nos crucifères les plus stimulantes [1].

Dans une de mes herborisations, je m'étais arrêté, pour cueillir une plante, auprès d'une touffe épaisse de graminées desséchées ; et là, j'entendis un bruit semblable à celui que ferait du sable jeté sur du papier. Ce bruit cessait un instant, mais recommençait ensuite ; je m'avisai de remuer les herbes, en secouant avec la main les tiges les plus élevées, et chaque fois que je répétais ce mouvement, le même son se faisait entendre avec plus de vivacité. J'étais sur le point d'enfoncer la main dans la touffe de graminées ; mais la prudence m'arrêta. Je pris une branche sèche, et au premier coup que je donnai sur l'herbe, je distinguai très-bien, quoiqu'il commençât à faire un peu nuit, un animal grisâtre qui s'élevait au-dessus de la touffe par un mouvement d'ondulation. Je ne pus douter alors que ce ne fut un serpent à sonnettes, et il était évident que le bruit qui avait frappé mon oreille était celui qu'avait fait le reptile en agitant sa queue.

[1] Pison (lib. IV, p. 115) fait aussi mention d'une plante médicinale appelée *tipi*, et dit que, de son écorce, on tire un mucilage dont on frotte avec succès les membres des adultes qui éprouvent des douleurs vagues aux articulations. Pison ne décrit point le *tipi*, et se contente de dire que c'est un arbrisseau, *frutex arborescens* ; mais ces mots suffisent pour prouver que le *tipi* n'est point une *aroïde sans feuilles*, comme l'avait pensé le célèbre Jussieu. (*Dic. Nat.*, vol. LIV, p. 391.)

C'est ainsi que par un peu de prudence j'échappai à une mort presque certaine.

Peu de jours avant mon arrivée à Salgado, mon hôte avait perdu un de ces oiseaux appelés *urubú rey* (le vautour-roi), dont on raconte tant de merveilles. Il était très-privé, et refusait la viande salée ou cuite. Quoique je n'aie pas vu cet animal, je ne saurais douter qu'il appartînt au roi des vautours de Buffon (*sarcoramphus papa* Dum.). Quoi qu'il en soit, on prétend dans les Mines que l'*urubú rey* s'attache à une troupe de grands vautours noirs, et que ceux-ci lui accordent une sorte de supériorité. On ajoute que ces derniers ne touchent jamais à une bête morte avant que leur chef en ait goûté ; que le vautour-roi commence par manger les yeux, et que les autres vautours se mettent ensuite à dévorer le corps. Les naturalistes n'ont pas besoin d'être mis en garde contre ces fables, qui, au Brésil, ont fait douter à quelques personnes de l'existence, pourtant bien certaine, de l'*urubú rey*.

CHAPITRE XVI.

CONTINUATION DU VOYAGE DANS LE SERTAO.

Départ de Salgado. — Caïmans. — Un passereau. — Singes. — L'auteur s'égare dans des *catingas*. — *Riàchāo de Canà Brava*, habitation. *Fazendas de dous Verdes*. — Quadrupède appelé *mocŏ*. — Usage pénible pour les voyageurs. — *Pedras dos Angicos*, village ; sa situation et ses habitans. — Fourmilion. — L'auteur abrège son voyage dans le Sertão. — Premières pluies. — *Logrador*, petite habitation. Sucre. Coton. Hospitalité. *Campos* incendiés. — *Canoas*, habitation. Charrue. — *Macauba*, habitation. Mangeurs de terre. — *Rancharia*, habitation. — *Piauhy*, rivière. Pont brûlé. — *Santa Clara*, habitation. — Observation sur la végétation des palmiers.

SALGADO, où j'avais trouvé l'hospitalité la plus aimable, fut le terme de mon voyage dans la partie septentrionale du Sertão. Je quittai ce village le 29 août 1817 pour me rendre dans le District des Diamans [1],

[1] Itinéraire approximatif de Salgado au District des Diamans, en passant par les villages de Pedras dos Angicos et Coração do Jesus :

De Salgado à Pedras de baixo, village. . . . . . 3 l. ½
— Capão do Cleto, habitation. 5
— Riachão de Cana Brava, hab. 6
                                            14 ½

et jusqu'à Capão, je suivis le chemin par où j'avais passé quelques jours auparavant. Des arbres, qui alors n'avaient point encore de fleurs, en étaient déjà ornés à l'époque de mon retour, et quelques-uns qui s'étaient revêtus de feuilles d'un vert tendre, faisaient paraître les autres plus nus et plus desséchés. Cependant la chaleur était insupportable, et je regrettais sans cesse d'avoir entrepris le voyage du Désert, dans une saison où je me fatiguais extrêmement, sans être dédommagé par d'importantes récoltes; où mes mulets mouraient de faim dans les pâturages entièrement brû-

	Report........	14 l. ½
De Riachão, à	Pedras dos Angicos, village.	2
—	Logrador, habitation......	5
—	Canoas, id.........	3
—	Macauba, id.........	3
—	Rancharia, id.........	3
—	Santa Clara, id.........	3
—	Coração de Jesus, village...	4
—	S. Bento, habitation......	3
—	Buraco, id........	3 ½
—	Boa Vista, chalet........	3
—	Fazenda do Negro, habitation.	3
—	Sucuriú, chalet.........	5
—	Catonio, habitation.......	6
—	Curmataby, village......	5
—	Serviço dos Diamantes do Rio Pardo, première exploitation diamantine..........	6
	Total.........	72 legoas.

lés, et où j'avais à supporter la mauvaise humeur de mes gens dont les nerfs étaient, comme les miens, agacés par la soif et par l'ardeur du soleil.

Dans un lac voisin de Capão, mes domestiques aperçurent beaucoup de caïmans. Sans doute ils appartenaient à l'espèce appelée dans les Mines *jacaré de papo amarello* (caïman à gorge jaune), espèce qui se trouve dans le Sertão, et qui passe pour être plus dangereuse que l'autre espèce [1].

Nous revîmes à Capão un animal bien différent de ces monstres. C'était un oiseau charmant qui appartient à la famille des passereaux (Cuv.), et que nous avions rencontré pour la première fois, quand nous étions entrés dans les *alagadiços* ou terrains inondés

---

[1] M. l'abbé Correa da Serra avait déjà dit que, suivant des voyageurs portugais, le *jacaré* du nord du Brésil n'était pas absolument le même que celui du midi; ce qui signifierait qu'outre le *crocodilus sclerops*, Cuv., il y aurait encore au Brésil une autre espèce de caïman, ou du moins que le *crocodilus sclerops* présenterait dans cette contrée deux formes dictinctes. — On a écrit récemment qu'il existait au Brésil des lézards de quatre à cinq pieds de longueur, de forme hideuse qui se tiennent ordinairement sur le bord des rivières. Cette description me semble ne convenir qu'au *jacaré*; mais lorsqu'on ajoute que la chair de ces mêmes animaux est blanche, délicate, savoureuse et fort recherchée sur les tables brésiliennes, il paraîtrait qu'on a appliqué au *jacaré* ce qui ne convient qu'au *tiú* (*teiuguaçu*, Marcg.; *tupinambis monitor*, L.), lézard que mangent réellement les Brésiliens, mais qui n'atteint point les dimensions indiquées.

pendant la saison des pluies. Cet oiseau, gros comme notre moineau franc, a les ailes et la queue noires, le dessus du corps gris, le dessous blanc, et la tête, ainsi que la gorge, du rouge le plus beau. Il est très-familier, et vient en troupes manger les grenailles dans le voisinage des habitations. Ce qui est fort remarquable, c'est qu'à une lieue ou deux du Rio de S. Francisco, on cesse déjà de l'apercevoir.

J'eus aussi le plaisir de voir plusieurs individus de cette espèce de ouistiti dont le poil est mêlé de gris et de blanc, et qui porte de chaque côté de la tête une longue touffe de poils noirs redressés. Ces jolis petits singes sautent légèrement d'un arbre à l'autre, et quand ils sont par terre, ils s'élancent par bonds avec beaucoup de vivacité [1].

De Capão do Cleto, je me rendis, en deux jours, au village de *Pedras dos Angicos*, qui en est éloigné de huit lieues, et se trouve également sur la rive droite du Rio de S. Francisco. Tantôt le chemin traverse des *alagadiços*, et tantôt il passe par des bois qui, chaque année, perdent leurs feuilles. Je commençai par voyager dans des *alagadiços*. Les endroits les plus bas n'y offraient guère d'autre plante que le *bauhinia* et la mimose épineuse, qui caractérisent les lieux inondés; ailleurs où le sol s'élevait un peu, ces arbrisseaux étaient entremêlés de grands arbres, et çà et là étaient des intervalles d'une étendue assez considérable, couverts seulement d'herbes alors entièrement dessé-

---

[1] Ce ne peut être que le *jacchus penicellatus*, Geoff.

chées. Quelquefois le chemin suit la limite des terrains inondés, et l'on a d'un côté les deux arbrisseaux épineux dont j'ai parlé tout à l'heure, et de l'autre des *catingas*. Sur le bord de celles qui touchent ainsi aux *alagadiços*, je ne cessai point d'apercevoir çà et là quelques arbres couverts d'un feuillage nouveau; mais à environ une lieue ou deux de Capão, j'entrai dans l'intérieur d'un bois, où je ne découvris plus un seul brin d'herbe qui ne fût brûlé par l'ardeur du soleil. Nulle part je n'avais vu une pareille sécheresse; la chaleur avait encore augmenté depuis la veille; nous étions couverts de poussière, accablés de fatigue, et nous mourions de soif.

Le chemin, auquel on donne le nom pompeux de route royale (*estrada real*), est si peu fréquenté, que nous finîmes par le perdre, et nous arrivâmes au milieu des *catingas* à un grand espace vide. Là se croisaient une multitude de sentiers; mais tous nous parurent l'ouvrage des bêtes à cornes, et dans aucun nous ne découvrîmes de traces de chevaux. Nous craignions d'être obligés de coucher dans le bois, sans avoir une goutte d'eau pour nous désaltérer, et de trouver le lendemain presque mourans nos mulets, déjà très-fatigués par le manque de pâturages. Mes gens étaient de la plus mauvaise humeur, et déjà j'avais été forcé de quitter le ton de douceur que j'avais coutume de prendre en leur adressant la parole, lorsque le chant d'un coq frappa nos oreilles. Silva et moi nous descendîmes de cheval; nous nous dirigeâmes à travers les épines vers le lieu où le coq s'était fait entendre, et nous parvînmes à une misérable chaumière construite sur le bord du Rio de S. Francisco. Là, je pris un guide; mais comme l'habitant de cette contrée, même le plus pauvre, ne sait point aller à pied, nous fûmes obligés d'attendre que notre nouveau compagnon eût sellé et bridé son cheval. Cet homme nous remit dans notre chemin, et bientôt nous arrivâmes à un ruisseau fangeux, auprès duquel je retrouvai quelque verdure, et où de nombreux oiseaux de différentes espèces, principalement des perroquets, étaient venus chercher un peu d'eau et de fraîcheur. Cependant il fallut rentrer dans de tristes *catingas*, et enfin nous parvînmes à *Riachão de Cana Brava* (ruisseau de la canne sauvage), où nous passâmes la nuit. Pendant la journée nous avions fait six lieues, et cependant nous n'avions vu sur la route que deux chalets, dont l'un était abandonné; nous n'avions aperçu aucune habitation, aucune trace de culture, et nous n'avions rencontré aucun voyageur. Mon pauvre Prégent avait beaucoup souffert de la soif, et il avait la fièvre quand nous arrivâmes à Cana Brava; je ne me portais guère mieux que lui, et j'eus beaucoup de peine à changer mes plantes de papier.

Ici, et probablement dans une grande partie des terrains situés sur les bords du Rio de S. Francisco, on élève un nombre de bestiaux encore plus considérable que dans les parties hautes du Sertão. Cependant il paraît que la sécheresse en fait périr beaucoup, et en plusieurs endroits je vis les ossemens de ceux qui avaient succombé. Les *fazendas* du S. Francisco, que l'on doit naturellement considérer comme les meilleures, sont donc celles que l'on appelle *de dous verdes* (de deux verts), et qui, réunissant des *catingas* et des *brejos*, offrent toute l'année de l'herbe fraîche. Le nom de *brejo* se donne aux lieux bas et humides situés sur les bords des sources et des ruisseaux, et c'est là que dans les *fazendas de dous verdes* les bêtes à cornes vont chercher leur pâture, lorsque le soleil a desséché les herbes des *catingas*.

Un peu avant d'arriver au village de *Pedras dos Angicos*, je passai dans un endroit où il y avait beaucoup de grandes pierres, et j'y vis une prodigieuse quantité de *mocós*, petit quadrupède que je n'ai point aperçu ailleurs que dans le Sertão. Cet animal, qui appartient au genre *cavia*, Ill., peut avoir sept à huit pouces de longueur; sa chair est bonne à manger; il habite en société les fentes de rochers, il se nourrit de feuilles, et quoiqu'il coure avec une grande promptitude, il s'éloigne peu de sa demeure. Quand il s'arrête, il montre une sorte de gentillesse, et regarde à droite et à gauche, comme pour voir ce qui se passe. Son cri ressemble à celui du cochon d'Inde [1].

Si entre Capão do Cleto et Riachão de Cana Brava, nous avions souffert de la soif, nous eûmes le lendemain, Prégent et moi, à nous plaindre de la faim.

---

[1] Le *mocó* a été décrit par M. Fréd. Cuvier sous le nom de *kerodon*, d'après un ou plusieurs individus que le Muséum de Paris a reçus de moi. M. le prince de Neuwied l'a décrit de son côté sous le nom de *cavia rupestris*.

Nous ressentant sans doute encore des fatigues de la veille, nous avions peu mangé avant de quitter Cana Brava. L'homme qui nous reçut à Pedras dos Angicos était trop hospitalier pour permettre que nous fissions chez lui notre cuisine à part. Mais il existe dans ce pays un usage cruel. On n'offre jamais rien au voyageur qui arrive; on le reçoit très-bien sans doute, mais il faut qu'il attende patiemment l'heure des repas du maître de la maison. Ainsi, le jour que j'arrivai à Pedras dos Angicos, je fus obligé de me contenter jusqu'à la nuit du chétif déjeûner que j'avais fait le matin, et d'un peu de biscuit que je tirais de ma poche à la dérobée pour n'être pas aperçu de mon hôte. Je ne sais pas, à la vérité, ce qu'on pourrait offrir ici à un homme qui se présente sans être attendu, car l'on n'a ni pain, ni fruits, ni fromage, ni viandes froides.

Le village de *Pedras dos Angicos* (pierres des *angicos*, légumineuse dont j'ai parlé p. 361) dépend encore de la paroisse de Morrinhos, et est situé sur une petite plate-forme, qui s'élève d'une vingtaine de pieds au-dessus du Rio de S. Francisco. Il doit son nom de *Pedras* à des rochers qui soutiennent la plate-forme où il a été bâti, et qui se montrent sur le bord du fleuve. Celui-ci coule majestueusement au bas du village; il se perd dans un immense lointain, et, sur sa rive gauche, sont des *catingas* peu élevées, qui forment un cordon de verdure. Une telle position est agréable sans doute; mais d'ailleurs Pedras dos Angicos ressemble plus à un aldea d'Indiens qu'à un village d'hommes de notre race. Sur le devant de la plate-forme, on a construit une petite église, et autour d'elles sont disposées sans ordre une vingtaine de chaumières. Les habitans de cette espèce de hameau passent leur vie dans la misère et l'indolence, et ils mourraient de faim sans la pêche, qui, sur les bords du Rio de S. Francisco, est si abondante et si facile.

Le jour que j'arrivai à pedras dos Angicos, j'eus occasion d'observer un insecte que j'avais déjà rencontré dans la province des Mines, et qui, à en juger par ses mœurs, doit être un *formicaleo*. Comme le fourmilion, cet insecte se creuse un cône dans les lieux où l'on trouve le sable le plus fin. Plusieurs fois, mais inutilement, j'avais essayé de prendre ces petits animaux en passant la main au-dessous de leur gîte. Près de Pedras dos Angicos, je m'avisai de placer un brin de paille au milieu d'un cône, et je vis l'insecte jeter du sable avec sa tête par-dessous le brin de paille, afin de le repousser contre la paroi de sa demeure.

J'avais d'abord eu l'intention de suivre le S. Francisco jusqu'au confluent du Rio das Velhas, dans un espace de trente-sept lieues, à partir de Riachão de Cana Brava : mais comme je trouvais à peine deux ou trois plantes chaque jour, que mes gens et moi nous nous fatiguions inutilement, et que mes mulets eux-mêmes souffraient beaucoup de la sécheresse, je me décidai à ne pas aller plus loin que Pedras dos Angicos, et à prendre un chemin qui me conduisît directement jusqu'à Tijuco. Je dois regretter cependant de n'avoir pas vu le village de *Barra*, qui est situé au confluent du Rio das Velhas, et qui, étant plus près que Salgado et S. Rumão, de Tijuco, Villa do Principe, Villa Rica, reçoit un plus grand nombre de caravanes, et fait un commerce important avec le pays des salines. Peut-être dois-je aussi regretter de n'avoir pu visiter la justice de S. Rumão, qui se trouve sur la rive gauche du S. Francisco, à douze ou quinze lieues de Pedras dos Angicos, et qui appartient à l'évêché de Fernambouc, dont la juridiction s'étend plus loin encore [1].

Il peut y avoir vingt-une lieues de Pedras dos An-

[1] Voici ce que dit l'abbé Pizarro sur S. Rumão qu'il serait peut-être mieux d'écrire S. Romão : « Près du village actuel « est une île qui a une demi-*legoa* de long, et où, suivant une « tradition constante, il y eut jadis un aldea d'Indiens. Ceux- « ci furent défaits par les Portugais vers le commencement « du siècle dernier, et, comme cet événement eut lieu le jour « de S. Rumão (très-probablement Saint-Romain), ce nom « a été donné à l'île, au village actuel et à tout le district au- « quel ils appartiennent. Même avant l'année 1720, S. Ru- « mão était déjà le chef-lieu d'une justice qui faisait partie « de la *comarca* de Sabará; mais aujourd'hui cette justice se « trouve comprise dans la *comarca* de Paracatú. Pendant « long-temps, le village dont il s'agit n'avait été qu'une suc- « cursale de Paracatú, ville éloignée de cinquante lieues; « mais, en 1804, il fut érigé en chef-lieu de paroisse. Les « revenus curiaux de cette paroisse nouvelle montent à « 1,500,000 reis (plus de 9 mille francs), et elle comprend « dans le village même deux succursales (*capellas filiaes*), « celles de *N. S. do Rozario* et de *S. Francisco*, et, hors du « village, celles de *S. Domingos*, *das Flexas* et *da Conceição* « *de Morrinhos do Urucuia*. Pour empêcher la contrebande

gicos jusqu'au premier village que je rencontrai ensuite, celui de Coraçao de Jesus. Dans cet intervalle, que je parcourus en six jours, en suivant à peu près la direction du sud-est, je traversai le plus souvent des *campos* parsemés d'arbres rabougris, et j'eus encore à me plaindre de la chaleur, du manque d'insectes et de la disette de plantes.

Pendant la nuit que je passai à Pedras dos Angicos, le tonnerre se fit entendre ; il tomba même un peu de pluie, et lorsque je me levai, l'air était frais et le temps couvert. Durant toute la journée, le soleil ne parut

« de l'or et des diamans, des patrouilles parcourent le dis-
« trict et font des recherches sévères. S. Rumão, situé par
« le 15° 15′ lat. et 339° 9′, comprend 200 maisons et 1300
« habitans. Les inondations du S. Francisco y occasionnent
« tous les ans des fièvres et nuisent à la fécondité de la terre.
« Cependant celle-ci rapporte encore tout ce qui est néces-
« saire pour la nourriture des habitans. Le melon d'eau et
« autres fruits semblables réussissent ici parfaitement ; la
« canne y donne d'excellent sucre ; les *campos* nourrissent de
« nombreux troupeaux et de bon gibier, et les rivières sont
« très-poissonneuses. Un commerce considérable se fait à
« S. Rumão, et ce lieu peut être considéré comme un entre-
« pôt pour le commerce des pelleteries. Un grand nombre de
« barques et de pirogues chargées de sel remontent des sa-
« lines de Bahia et de Fernambouc jusqu'à S. Rumão, et là,
« des caravanes viennent chercher cette denrée, pour la ré-
« pandre dans les provinces des Mines et de Goyaz. » A tout ceci j'ajouterai seulement que la population actuelle entière ou presque entière de S. Rumão se compose, selon ce qui m'a été dit, d'hommes de couleur.

point; nous eûmes le bonheur de voir la pluie continuer par intervalles, et nous n'éprouvâmes aucune fatigue. Ces pluies ne furent qu'un avant-coureur éloigné de la saison des eaux; mais si je ne me trompe, nous n'en avions pas vu tomber d'autres depuis que nous avions quitté S. Miguel de Mato dentro, ou peut-être Itabira, c'est-à-dire depuis environ six mois.

En sortant de Pedras dos Angicos, j'entrai dans des *catingas* différentes de celles que j'avais vues jusqu'alors. Les arbres qui les composent sont menus, droits, très-rapprochés, et elles ressemblent à nos taillis de dix à douze ans. Des feuilles couvraient la terre; cependant les arbres eux-mêmes en portaient encore un très-grand nombre qui étaient entièrement desséchées, comme en ont, pendant les premiers mois de l'hiver, nos chênes et nos charmes. Le sol qui donne naissance à ces *catingas*, beaucoup plus grandes que les *carrasqueinos* de Minas Novas, est plus sablonneux et moins gris que celui des *catingas* ordinaires. Tout à coup il devint encore plus sablonneux, la végétation changea brusquement, et aux *catingas* succéda un *campo* d'arbres rabougris, entremêlés de sous-arbrisseaux fort rapprochés. Auprès d'une habitation appelée *Mocambó*[1], située à deux

---

[1] *Mocambó* est certainement un mot africain, et ne peut signifier qu'un village. On lit dans l'Histoire du Brésil que, lorsque des nègres fugitifs créèrent, dans la province de Fernambouc, cette singulière république de *Palmares*, qui dura trois générations et fut détruite en 1695, ils donnèrent à leurs postes militaires ou villages le nom de *mocambós*. Peut-

lieues de Pedras dos Angicos, la terre redevint grisâtre, et les *catingas* ordinaires reparurent. C'est ainsi que les différences de végétation coïncident ordinairement avec celles qu'offre la nature du sol.

Dans le voisinage de Mocambó, il existe plusieurs petites maisons autour desquelles je trouvai des plantations de manioc, arbrisseau qui, comme je l'ai dit, est abondamment cultivé par les Sertanejos, et qui réussit bien dans les endroits secs[1].

Après Moçambó, j'eus le plaisir de revoir des *campos* dont tous les arbres n'étaient pas entièrement privés de leur feuillage. En général, les arbres des *campos* ne sont pas ordinairement aussi dépouillés que les *catingas*. Pendant que quelques-uns restent sans feuillage, d'autres reprennent leur verdure, et chez le plus grand nombre, des feuilles repoussent immédiatement après que les anciennes se sont détachées.

être des nègres marrons formèrent-ils jadis quelque hameau au lieu où est aujourd'hui l'habitation dont je parle ici.

[1] Le manioc est encore une de ces plantes dont l'examen philosophique doit être recommandé aux botanistes qui voudront bien ne pas dédaigner les espèces utiles à l'homme. Marcgraff et Pison ont donné sur le manioc les renseignemens les plus précieux, et nous devons à M. Martius d'avoir indiqué les principales variétés qui croissent dans le Sertão, et que l'on nomme, dit-il, *mandiocca sutinga de galho, sutinga de agulhada, saracura, branca* et *tiriciri*. Je parlerai, dans ma deuxième Relation, de la culture du manioc, de la manière de fabriquer la farine que l'on tire de ce végétal, et je dirai aussi quelque chose de la patrie du manioc.

Le *campo*, absolument sans feuilles que j'observai le jour de mon arrivée à Capão, fait une exception à la règle générale; mais par la suite j'eus occasion de remarquer encore des exceptions semblables dans des terrains qui tenaient le milieu entre ceux des *campos* ordinaires et des *catingas*.

La petite *fazenda* de *Logrador* (le trompeur), où je fis halte le jour que je quittai le village de Pedras, est située dans un fond, et entourée de collines très-peu élevées, couvertes de *catingas*. Un ruisseau coule près de cette habitation, mais alors la sécheresse l'avait presque tari.

Les propriétaires de Logrador n'étaient que de pauvres mulâtres; cependant ils possédaient une petite sucrerie. La canne réussit très-bien dans le Sertão, quand on choisit pour la planter des lieux humides, et que la sécheresse ne devient pas trop forte. Comme je l'ai déjà fait remarquer pour la canne de Minas Novas, pays également très-sec, la canne du Sertão contient plus de parties sucrées que celle qui a été produite par les terrains où pousse le *capim gordura* et la grande fougère (*pteris caudata*). Entre Salgado et le canton de Logrador, et sans doute aussi beaucoup plus près de la source du fleuve, les cultivateurs trouvent un débit facile de leur sucre pour le pays où sont situées les salines.

Le coton réussit parfaitement dans les *catingas* qui entourent Logrador, comme il réussirait sans doute, ainsi que je crois l'avoir dit, dans tous les autres bois de même nature. Lorsque la population augmentera, et que les terres seront plus divisées, la culture des cotonniers généralement établie dans les *catingas*, sera pour le pays une source de richesses qui compensera la diminution des bestiaux, si, comme cela est vraisemblable, on est alors forcé d'en élever un nombre moins considérable.

Les habitans de Logrador me donnèrent à souper; ils me firent également déjeûner avant mon départ, et, quoiqu'ils fussent peu aisés, ils ne voulurent rien recevoir de moi. Ce qui donne un mérite de plus à l'hospitalité que l'on trouve dans ce pays chez les gens les moins riches, c'est qu'elle est toujours accompagnée d'un air de satisfaction qui débarrasse le voyageur de toute espèce de gêne, et ce dernier serait presque tenté de croire que c'est lui qui oblige ses hôtes.

Entre Logrador et *Canoas*, qui en est éloigné de trois lieues, et où je passai la nuit, je traversai plusieurs *campos* où l'on avait mis le feu pour reproduire des pâturages. Cette opération se fait principalement dans le voisinage des *fazendas*, parce que les propriétaires éloignent le moins possible leurs bestiaux et leurs bêtes de somme.

J'avais pris les devans sur ma caravane, et voulant me reposer un instant, j'entrai dans une petite maison habitée par une vieille mulâtresse. On me fit asseoir; on me débarrassa de mon chapeau et de mon portefeuille; on m'offrit du sirop sortant du moulin à sucre, et tout cela se fit avec une politesse pleine de bienveillance.

La *fazenda* de Canoas (les pirogues) où je fis halte, paraissait avoir eu de l'importance; mais, ainsi que tant d'autres, elle était alors mal entretenue. Comme dans les grandes sucreries, c'était l'eau qui faisait ici tourner le moulin à sucre. Les gens pauvres, au contraire, qui possèdent de petites sucreries, ne se servent que de bœufs pour mettre leurs moulins en mouvement, et ils laissent ces derniers exposés aux injures de l'air.

Je ne veux point oublier de dire qu'auprès du moulin à sucre de Canoas, je vis une charrue brisée, la première qui se fût offerte à mes regards depuis que je voyageais dans la province des Mines. Elle avait sans doute été construite par quelque Européen qui aura tâché d'introduire dans cette contrée les pratiques de sa patrie, mais ses efforts auront échoué contre la routine et une paresse dont la cause première est le défaut de besoins.

Autour de *Macauba*, habitation où je passai la nuit après avoir quitté *Canoas*, et près d'une petite maison que je vis sur la route, l'herbe des *campos* avait été brûlée, et déjà un gazon fin et d'un vert tendre commençait à se montrer au milieu des cendres noires.

La *fazenda* de Macauba est située à trois lieues de Canoas, et tire probablement son nom de quelques palmiers [1] qu'on voit autour d'elle. Elle avait eu sans doute ses instans de prospérité; mais, comme celle de

---

[1] *Macauba* (*acrocomia sclerocarpa*, Mart.).

Canoas, elle n'annonçait plus, lors de mon passage, qu'une triste décadence. Je n'y vis que des mulâtres malades, et l'un d'eux me raconta qu'il avait gagné la fièvre dans une habitation voisine du Rio de S. Francisco, en buvant de l'eau d'un de ces lacs fangeux dont j'ai déjà parlé. Un autre de ces malades était jaune et très-maigre. On me dit qu'il s'était mis à manger de la terre, et l'on regarde comme le signe d'une mort prochaine cette espèce de passion qui n'est pas extrêmement rare dans ce pays [1].

Sur le bord du S. Francisco, le sol est parfaitement uni, et sa pente insensible. Depuis Pedras dos Angicos jusqu'à Macauba, le terrain m'avait également offert

[1] M. le prince de Neuwied a fait connaître les tristes effets que la géophagie produit sur la côte. MM. Spix et Martius donnent aussi des détails très-curieux sur cette fâcheuse maladie, et ils vont beaucoup plus loin que moi, car ils disent qu'elle est très-répandue dans les parties élevées du Sertão. L'on sait déjà quels résultats funestes la géophagie eut pour les Machaculis, et l'on verra plus tard, dans la relation de mon troisième Voyage, combien elle occasionne de maux dans le midi de la province de S. Paul et dans celle de Sainte-Catherine. En attendant que cette Relation paraisse, je vais citer ici ce que je dis à ce sujet dans mon *Introduction à l'Histoire des Plantes les plus remarquables du Brésil et du Paraguay*. « A Parannagua, Guaratuba, et
« plus au midi dans la province de Sainte-Catherine, on
« trouve une foule d'hommes et de femmes qui ont le goût
« bizarre de manger de la terre. Ils donnent la préférence
« à celle qui est tirée des habitations de termites, et font
« aussi un très-grand cas des morceaux de pots cassés; les

peu de mouvement; mais à une faible distance de cette habitation, je trouvai le pays plus montueux. Parvenu sur le sommet d'un morne peu élevé, je découvris une vue fort étendue, mais extrêmement uniforme. C'étaient de tous les côtés des collines terminées par des plateaux plus ou moins longs, et couvertes d'arbres rabougris; la présence de l'homme ne se manifestait nulle part: partout la nature sauvage et de vastes solitudes.

A trois lieues de Macauba, je fis halte à la *fazenda* de *Rancharia*, qui était habitée par une famille de blancs, ce qui dans ce pays est une véritable rareté.

A un demi-quart de lieue de Rancharia, je passai la rivière de *Pacuhy* [1], qui prend sa source à environ

---

« jeunes personnes surtout sont friandes de certains vases
« légèrement parfumés, qui viennent de Bahia, et elles les
« brisent pour s'en régaler ensuite. Ce goût devient une telle
« passion, qu'on a vu des esclaves, que l'on avait muselés,
« se traîner dans la poussière pour pouvoir en aspirer quel-
« ques particules. Cependant les infortunés qui sont attaqués
« de cette maladie singulière, maigrissent peu à peu, lan-
« guissent, se dessèchent, et finissent par mourir. » A la vérité, M. de Humboldt raconte, d'après un religieux espagnol, que les Ottomaques mangent de la terre sans en être incommodés; mais les citations nombreuses réunies par l'illustre Prussien, prouvent que l'exemple des Ottomaques doit être considéré comme une exception, et que l'habitude d'avaler de la terre est généralement fatale à ceux qui s'y livrent.

[1] De *ï*, eau, rivière, et *pacú*, espèce de poisson.

dix-huit lieues de cet endroit, du côté de Formigas, et qui se jette à douze lieues plus loin dans le S. Francisco. Le Pacuhy a peu de largeur ; à l'époque de mon voyage il avait également peu de profondeur : mais il paraît qu'il en acquiert beaucoup dans le temps des pluies. Les poissons qu'on y pêche se retrouvent tous dans le S. Francisco. En 1816, on passait encore le Pacuhy sur un pont en bois, dont l'année suivante il n'existait déjà plus que quelques vestiges ; le feu avait été mis aux *catingas* qui bordent la rivière, les flammes gagnèrent le pont, et il fut brûlé. La méthode d'incendier ainsi les pâturages desséchés, a causé plus d'une fois des accidens fâcheux ; le feu s'étend, il atteint les bâtimens d'exploitation, et il les consume. On m'apprit à Rancharia que la grange de l'excellent curé de Contendas venait d'être détruite de cette manière.

Après avoir passé le Pacuhy, j'allai faire halte à l'habitation de *Santa Clara,* qui en est éloignée d'environ trois lieues, et qui, comme Canoas et Macauba, tombait en décadence. Cette *fazenda* appartenait à une veuve, qui me fit servir à manger, me fit donner une grande chambre, mais que je n'aperçus point.

Dans la pièce où je couchai, il y avait un petit oratoire, comme j'en avais déjà vu dans un très-grand nombre d'autres maisons. Ces oratoires ne sont autre chose que de petites niches d'environ deux ou trois pieds que l'on pratique dans la muraille, et qui se ferment avec deux battans à la manière de nos armoires. La niche renferme une petite image de la Vierge, que l'on orne de son mieux, qu'on entoure de fleurs, et devant laquelle on prie. Aux forges de Bom Fim, l'oratoire était dans le salon, la niche était fermée par un rideau de damas, et des deux côtés étaient des vases dans lesquels on avait soin de mettre des bouquets.

Le jour que j'arrivai à Santa Clara, je fis une observation que je consignerai ici, parce qu'elle me paraît jeter quelque jour sur la végétation, peut-être trop peu connue, de la belle famille des palmiers. Dans plusieurs vallées marécageuses où je retrouvai le *bority*, je remarquai que les individus les plus bas, pour peu qu'ils s'élevassent au-dessus de la terre, avaient constamment la grosseur des individus les plus grands. Ainsi les tiges variaient par la hauteur, mais ne variaient point par leur diamètre, et les *boritys*, qui n'avaient pas une tige à peu près égale en circonférence aux pieds les plus élevés, offraient seulement des touffes plus ou moins larges de feuilles sessiles. J'abandonne ces faits aux physiologistes qui voudront s'occuper de l'histoire si intéressante des monocotylédones; cependant, je ne saurais m'empêcher de faire observer que ce que je viens de dire tendrait à prouver qu'il est deux époques dans la vie des palmiers, et peut-être en est-il de même de quelques autres endogènes, comme semblerait le démontrer la manière dont croît le bananier et la coupe longitudinale de sa tige.

Des arbres rabougris et presque dépouillés de feuilles, au milieu desquels en étaient cependant quelques-uns qui s'étaient revêtus d'une verdure nouvelle; des herbes entièrement desséchées par le soleil; çà et là des intervalles où l'on avait mis le feu et où quelques graminées commençaient à poindre au milieu des cendres noires ; voilà ce qui s'offrit à mes regards dans un espace de quatre lieues, entre S. Clara et le village de *Coracão de Jesus* : d'ailleurs une chaleur très-forte ; point de fleurs ni d'insectes, à peine quelques oiseaux ; aucune habitation, point de culture, aucun voyageur.

CHAPITRE XVII.

LES VILLAGES DE CORAÇÃO DE JESUS ET DE CURMATAHY. — FIN DU VOYAGE DANS LE SERTÃO.

Le village de *Coração de Jesus*; sa situation; son origine; sa population; combien ce village offre peu de ressources; mœurs de ses habitans. — Firmiano tombe malade; regrets de ce jeune homme. — Idée générale du pays qui s'étend entre Coração de Jesus et Curmatahy. — Peinture des vallées voisines de Coração. — Excrémens des bestiaux qui mangent de la terre salpêtrée. — *S. Bento*, chaumière. Maux que causent les *dizimeiros*. — *Buraco*, petite habitation. — *Retiro de Boa Vista*. Insectes malfaisans. — *Fazenda do Negro*, habitation. Humilité des mulâtres devant les blancs. — *Retiro de Sucuriú*. — *Fazenda de Catonio*. — Pâturages incendiés. — Village de *Curmatahy*; montagnes et ruisseau du même nom. — L'auteur s'égare en revenant de visiter une cascade. — Il entre dans la *Serra de Curmatahy*, limite du District des Diamans; il est surpris par un orage, et couche sur un rocher. Il arrive à la première exploitation diamantine.

Le village de *Coração de Jesus* (cœur de Jésus), situé à dix lieues de Formigas, n'est qu'une succursale de la paroisse de Barra, qui en est éloignée de quatorze lieues. Il a été bâti sur un morne peu élevé que des vallées entourent de toutes parts, et qui est dominé par d'autres mornes. Trente ou quarante maisons composent tout le village : pour la plupart, elles ont été construites sur le milieu du plateau qui termine le morne, et elles forment une rue fort large, régulière, mais très-courte. Quoique généralement couvertes en tuiles, ces maisons sont bien loin d'être belles; on n'a fait entrer dans leur structure que de la terre rouge et des morceaux de bois transversalement croisés par des bambous; elles sont petites, et l'on n'a pas même le soin de les bien entretenir. L'église, que l'on achevait lors de mon voyage, a été placée à une des extrémités de la rue et à égale distance des deux rangs de maisons; ses proportions sont petites, mais elle sera jolie.

Coração de Jesus paraît devoir son origine à un sentiment religieux. Les cultivateurs du voisinage, trop éloignés des lieux où il existait des prêtres pour pouvoir remplir leurs devoirs de chrétiens, fondèrent ce village. Ils n'eurent d'abord qu'une église couverte en chaume; mais, peu à peu, des legs et les aumônes des fidèles permirent d'élever un temple qui convint mieux à la dignité du culte, et l'on commença, en 1792, celui dont on achevait l'intérieur en 1817. Quand il ne se trouve pas dans le village d'ecclésiastique pour y dire la messe, presque toutes les maisons sont fermées; il n'y en a pas plus de sept qui soient habitées toute la semaine, et ce sont des ouvriers et des femmes de mauvaise vie qui les occupent[1]. De là il résulte que Coração de Jesus n'offre absolument aucune ressource, même pour les besoins les

---

[1] Ce que je dis ici de la population permanente de Coração de Jesus n'est point particulier à ce village, mais peut être appliqué à tous ceux du Sertão et de Minas Novas.

plus urgens de la vie. On n'y voit pas une seule boutique; l'on ne peut s'y procurer ni riz, ni haricots, ni viande, ni eau-de-vie, et les ouvriers ne vivent qu'en se faisant payer en nature par les agriculteurs pour lesquels ils travaillent. Comme il n'y avait pas dans le Sertão de menuisiers assez habiles pour faire les boiseries de l'église, on en avait fait venir des environs de Villa do Fanado, et je fus témoin des plaintes amères qu'ils adressèrent un jour à l'un des administrateurs de la fabrique, parce qu'ils ne trouvaient rien à acheter, que les colons du voisinage ne leur envoyaient rien, et qu'ils étaient réduits à manger du maïs simplement cuit dans de l'eau. On aurait bien voulu faire quelque chose pour eux, mais on était réellement dépourvu de tout, parce que les *fazendeiros* cultivent à peine pour leurs besoins et ceux de leur famille.

Ces menuisiers auraient cependant mérité un meilleur sort; car leurs ouvrages étaient dignes des plus grands éloges. Les boiseries de l'église, l'autel et le tabernacle n'eussent certainement pas été mieux travaillés dans une ville de France de dix à douze mille âmes, ce qui confirme ce que j'ai déjà dit plusieurs fois de l'habileté des ouvriers mineiros.

Le menuisier qui avait entrepris les ouvrages de Coraçao de Jesus était le fils de M. Vieira, mon hôte de Santa Rita, qui était également venu dans le Sertão pour prendre part aux travaux de l'église. Ce dernier, ayant rencontré Prégent, sut que j'étais établi dans une maison qui n'était pas encore achevée, et il m'en procura une autre plus commode, dont le propriétaire était absent. Le fils ne se montra pas moins obligeant que son père; car, malgré la pénurie où il se trouvait lui-même, il m'apporta un plat de viande et de riz.

J'eus à me féliciter d'avoir échangé mon premier gîte contre une maison plus agréable; car je fus contraint de rester à Coração de Jesus plus long-temps que je n'aurais désiré. Quand j'arrivai dans ce village, le *tocador* João Morreira se plaignait beaucoup du mal de tête; Prégent, qui devenait d'une maigreur extrême, avait eu envie de vomir pendant toute la journée; et enfin l'Indien, qui, la veille, s'était blessé en montant à cheval, était tourmenté par une fièvre très-forte. Ce jeune homme avait déjà eu de la fièvre quelques jours auparavant, et comme les Botocudos, qui passent leur vie dans des forêts épaisses, sont généralement sensibles à la chaleur, j'avais attribué à celle du Sertão l'incommodité du pauvre Firmiano. Il eut du délire pendant la nuit qui succéda au jour de mon arrivée à Coração; je me décidai à lui faire prendre un vomitif; il rendit beaucoup de bile, resta long-temps assoupi, et nous ne pûmes nous remettre en route qu'au bout de cinq à six jours.

Il serait difficile de se figurer l'ennui que j'éprouvai pendant cet intervalle de temps. Firmiano me donnait une vive inquiétude; Silva était d'une humeur insupportable, et je ne trouvais personne dont la conversation pût me distraire un instant. A tous les désagrémens qu'il fallait essuyer vint se joindre un mal de dents qui augmenta encore l'irritation nerveuse dont j'étais sans cesse tourmenté, et qui était le résultat de la sécheresse, de l'extrême chaleur et des contrariétés. Je maudissais ce voyage du Sertão, si fatigant, si pénible, et qui m'avait fait perdre un temps si précieux.

Mon séjour à Coração de Jesus me permit du moins d'observer avec détail la manière de vivre des habitans de ce village. Là, comme en plusieurs autres endroits, on n'aperçoit personne, on n'entend aucun bruit tant que le jour dure. Mais à peine le soleil est-il couché, que tout s'anime; on sort de la langueur où l'on est resté plongé pendant la journée; on cause, on se promène, on prend sa guitare, on chante, on danse des *batuques*. Jusqu'à une heure du matin, ou même plus tard, celui qui a envie de dormir est troublé par les intarissables conversations qui se font dans la rue ou sur le seuil des portes, par les battemens de mains des danseurs et par les sons de la guitare, à laquelle on ne fait presque jamais répéter, durant des heures entières, que trois ou quatre notes éternellement les mêmes. Au lever du soleil, tout le monde est debout, et l'on travaille; mais quand la chaleur vient, on s'engourdit, on s'étend, et l'on s'endort.

L'ignorance de ces bonnes gens est telle, que je ne pouvais tirer d'eux aucun renseignement, et qu'ils ne surent même pas m'indiquer le chemin de Curmatahy, village par où je devais passer pour me rendre à Tijuco[1].

---

[1] J'ai déjà dit dans un autre chapitre que tous les habitans de Coração de Jesus étaient des mulâtres, et que je n'y avais

A Coração de Jesus, comme ailleurs, nous excitions vivement la curiosité. On venait nous voir travailler, on s'établissait dans la chambre où nous étions logés, et les enfans comme les hommes restaient des heures entières sans remuer et sans rien dire, occupés à me regarder écrire ou à contempler mon domestique qui transportait des plantes d'une feuille de papier dans une autre. Au reste, ce climat est si chaud, que l'indolence des habitans me paraît excusable. Je travaillais sans cesse; mais il ne fallait rien moins qu'un sentiment d'honneur et l'amour du devoir pour me déterminer à me mettre à l'ouvrage. D'ailleurs, j'avais déjà fait à Rio de Janeiro l'expérience du mal que l'oisiveté cause dans ces climats, et la crainte de l'espèce d'hébêtement où elle plonge était encore une raison pour me la faire éviter.

Pendant que j'étais à Coração, je vis dans la rue un homme qui, tenant un sabre, en poursuivait un autre

vu qu'un seul blanc. C'était un excellent homme qui avait été long-temps employé comme *feitor* dans le District des Diamans, qui avait fait deux voyages à Angola en qualité de supercargue, et qui, ayant fini par se marier dans le Sertão, menait une vie pauvre et misérable. On sent que cet homme devait avoir quelques idées de plus que ses voisins; mais, si ma mémoire est fidèle, il ne demeurait pas dans le village; je crois me rappeler aussi que je ne le vis qu'à la fin de mon séjour à Coração de Jesus, et je ne pus par conséquent profiter beaucoup de sa conversation et de ses bons offices. Ce fut peut-être lui qui m'indiqua le chemin de Curmataby.

seulement armé d'un bâton. Dans l'instant, chacun sortit de sa maison avec un sabre, et l'on sépara les combattans. Il était impossible, au reste, qu'il y eût une autre police dans ce village que celle que les habitans faisaient eux-mêmes; le commandant demeurait à plus de six lieues du côté de Curmatahy, et la médiocrité de sa fortune ne permettait pas qu'il eût une grande prépondérance; le juge ordinaire faisait sa résidence au village de Barra, et enfin le *capitão mór* vivait à une distance énorme, au Morro de Gaspar Soares. D'après cela, il n'est pas surprenant que les propriétaires eussent à se plaindre de vols de bestiaux. A peu près sûrs de l'impunité, comment les fainéans qui habitent les villages ne voleraient-ils pas; et s'ils ne volaient point, comment subsisteraient-ils?

Lorsque Firmiano fut en état de se mettre en route, j'eus enfin le bonheur de quitter Coração de Jesus. Au moment de mon départ, le blanc dont j'ai déjà eu occasion de parler disait au Botocudo, en me montrant: « Voilà votre père. — Bah, mon père! répondit l'Indien. — Ne suis-je plus ton père? m'écriai-je. — Ne parlons pas de père, répartit ce pauvre garçon, cela me rend malade. » Alors sans doute l'image de celui auquel il devait le jour s'était présentée à son esprit, et il s'était livré tout entier à ses premières affections et aux souvenirs de son enfance.

Entre Coração de Jesus et Curmatahy, dans un espace de vingt-huit lieues, je traversai un pays désert, à peu près inculte, toujours ou presque toujours montueux ou inégal. Je revis des vallées marécageuses, de tristes *catingas* et des *campos* parsemés d'arbres rabougris. La sécheresse continuait à être excessive, et j'eus encore à déplorer l'absence des fleurs.

Les mouvemens de terrain que j'observai, en me rendant de Coração à la *fazenda* de *S. Bento*, qui en est éloignée de trois lieues, me firent paraître le pays moins monotone. Plus d'une vallée me frappa par l'aspect qu'elle présentait. Le feu avait été mis récemment aux herbes qui couvraient les collines environnantes, et l'on n'y apercevait encore aucune feuille nouvelle : les herbes de la vallée, au contraire, commençaient déjà à pousser; une rangée de *boritys* de différentes hauteurs s'élevait au milieu de ces tapis de gazon extrêmement fin, et les palmiers, ainsi que l'herbe naissante, contrastaient par leur verdure avec la terre noire et rougeâtre des collines dépouillées.

Sur un des plateaux que je traversai, je remarquai des *carrascos* qui couvraient un terrain de très-peu d'étendue. C'étaient, autant que je puis me le rappeler, les premiers que j'aperçusse depuis Taióba, et je ne crois pas en avoir revu depuis, pendant les cinq années environ que j'employai encore à parcourir le Brésil; ce qui prouve combien ce genre de végétation est peu commun, du moins dans la partie moyenne et les provinces méridionales de ce vaste empire [1]. Je

---

[1] Dans les montagnes des pays de forêts vierges, il existe des bois auxquels on donne aussi le nom de *carrascos*, et qui se composent d'arbrisseaux rapprochés à tiges allongées et grêles. Il est clair que ce n'est point de ces *carrascos*, dus

dois même faire observer qu'au milieu des *carrascos* qui existent entre Coração de Jesus et S. Bento, je ne retrouvai plus la mimose qui caractérise généralement ce genre de végétation (*M. dumetorum*). Les arbrisseaux, hauts d'un ou deux pieds, qui composaient ces *carrascos*, étaient pour la plupart d'autres légumineuses qui venaient de se revêtir d'un feuillage nouveau, et dont la verdure semblait d'autant plus fraîche, que tous les arbres environnans étaient alors entièrement desséchés.

Ce jour-là et le suivant, je vis plusieurs de ces trous où les bestiaux vont manger la terre salpêtrée (*barreiros*). Les excrémens qu'ils avaient laissés autour de ces trous ne présentaient absolument que de la terre sans mélange d'aucune autre substance.

La *fazenda* de S. Bento, où je fis halte le jour que je quittai Coração de Jesus, n'est qu'une pauvre chau-

à la maigreur du terrain, qu'il est ici question. Je ne veux parler dans ce moment que des *carrascos* de pays découverts, ceux qui caractérisent les plateaux de Minas Novas. En allant de Tijuco au *Serviço de Curallinho*, dans le District des Diamans, je passai aussi par un lieu où les arbrisseaux, rapprochés les uns des autres, formaient des bois nains semblables aux *carrascos*; mais je n'y trouvai ni la mimose, ni l'anonée, etc., qui sont si communes dans les *carrascos* de Penha et de S. João; ainsi les *carrascos* du District des Diamans n'appartiendraient pas non plus à la végétation de Minas Novas, et, effectivement, le pays où ils naissent est entièrement différent de celui qui s'étend entre Penha et Villa do Fanado.

mière dans laquelle je fus reçu par un vieillard et par des enfans couverts de haillons. C'étaient, me dit mon hôte, les fermiers de la dîme (*dizimeiros*) qui l'avaient réduit à cet état de misère. Ils ne demandent que tous les trois ans ce qui doit leur revenir; ils trouvent les denrées que le cultivateur avait mises de côté pour eux mangées par les insectes, et alors ils exigent de l'argent. Mais comment pourrait-on leur en donner dans un pays où l'on ne cultive que pour soi et où il n'y a ni commerce ni débouchés? Le *dizimeiro* poursuit en justice le malheureux colon; la dette de celui-ci augmente, et souvent il finit par abandonner sa propriété. Aucun cultivateur ne se plaint de la dîme; mais tous voudraient la payer immédiatement après la récolte, comme la justice l'exige; et il est inconcevable que la clameur publique n'ait pas encore fait ouvrir les yeux à l'administration sur un objet d'une aussi haute importance (écrit en 1817)[1].

De S. Bento, j'allai chercher un autre gîte à *Buraco* (trou), habitation misérable qui appartenait au commandant de Coração de Jesus. La maison du maître n'était qu'une pauvre chaumière, et je n'eus pas même l'avantage de pouvoir y loger. Le propriétaire était absent, et un vieux nègre qu'il avait laissé chez lui m'établit dans une petite case qui servait sans doute d'abri à un de ses camarades absent comme le maître; mais, au reste, j'étais depuis

---

[1] Dans une autre partie de mes Voyages, je donnerai sur la dîme des développemens plus étendus.

long-temps accoutumé aux gîtes les plus tristes.

Après avoir quitté Buraco, je suivis pendant longtemps la vallée très-large où cette *fazenda* est située. La vallée offrait un mélange de *catingas* et de *campos* également presque dépouillés de verdure. Tout était desséché par l'ardeur du soleil, et, pendant la journée entière, je ne trouvai qu'une seule plante que je ne possédasse pas encore. Dans la vallée dont je viens de parler, la chaleur fut presque aussi forte que sur les bords du S. Francisco, et j'en souffris d'autant plus que, depuis plusieurs jours, j'endurais un mal de dents qui m'avait privé plus d'une fois du sommeil et qui augmentait l'irritation de mes nerfs.

Étant sorti de la vallée, je passai successivement les deux petites rivières de *S. Lamberto* et de *Trairas*, dont la première, qui reçoit les eaux de la seconde, va se jeter dans le *Jaquitahy* ou *Jequetahy*, l'un des affluens du S. Francisco. Enfin, après avoir fait trois lieues depuis Buraco, j'arrivai à un *retiro*, celui de *Boa Vista*, qui n'était qu'une misérable cabane, et où je fus reçu par une négresse décrépite.

Ayant écrit mon journal, je voulus herboriser autour de la chaumière, et je me rendis avec mes gens à un endroit où l'on avait fait du salpêtre. En un instant nous fûmes couverts de puces, de *bichos dos pés* (la puce pénétrante) et de *carrapatos*[1] de toutes les

---

[1] Je ne crois pas qu'il faille écrire *carabatos*, comme on l'a fait en Allemagne. C'est par erreur que, dans le premier

tailles ; il faut que la poussière dont la terre était couverte fût remplie de ces diverses sortes d'insectes plus malfaisans les uns que les autres.

Je couchai sur mes malles; mais toute la nuit ma vieille hôtesse ne fit qu'aller, venir, parler seule, éplucher du maïs, attiser son feu, m'étouffer de fumée et m'empêcher de dormir. M. Mawe se plaint de ce que, sur la route de Rio de Janeiro à Tijuco, on l'avait fait coucher sur un matelas où l'on avait mis des axes d'épis parmi la paille de maïs. M. Mawe n'avait pas voyagé dans les déserts du Brésil.

A cinq lieues du *retiro* de Boa Vista, je fis halte à la *Fazenda do Negro*, l'habitation la plus importante que j'eusse vue depuis Coração de Jesus. Elle appartenait à un mulâtre qui me reçut très-bien, me fit servir à souper et à déjeûner, ne voulut rien recevoir pour ma dépense, et m'accompagna le jour de mon départ pendant une partie du chemin. J'observai que cet homme, quoique dans une position sociale assez élevée, refusait de prendre ses repas avec moi et avec mon domestique; tant il est vrai que les gens de couleur, quelle que soit leur aisance, restent toujours avec les blancs dans une très-grande humilité [1].

A une petite distance de la Fazenda do Negro, je passai un ruisseau qu'on appelle *Jaganipan* [2], et

volume de cet ouvrage, on a imprimé *carapatos* avec un seul *r*. Les *carrapatos* appartiennent au genre *ixodes* de Latreille.

[1] Je ne prétends parler ici que de la province des Mines.
[2] Je n'oserais garantir la parfaite exactitude de ce nom.

qui sépare la paroisse d'Itacambira de celle de Barra.

Au-delà de l'habitation do Negro, je passai devant une couple de misérables chaumières, où l'on ne put pas même m'indiquer le chemin de *Sucuriú*, le lieu le plus voisin. Gens heureux, qui n'ont jamais perdu de vue le toit sous lequel ils sont nés, m'écriais-je dans le découragement que me causait ce voyage du Sertão, si fatigant et si peu profitable! De telles gens, au reste, sont bien rares dans la province des Mines; car, jusqu'alors, j'y avais vu peu d'hommes qui ne l'eussent parcourue, tant l'esprit aventureux des Mineiros les excite à changer de place, et à courir après un mieux imaginaire!

Après avoir fait cinq lieues, je parvins cependant à Sucuriú, qui n'est qu'un pauvre *retiro*. Ce chalet est éloigné de cinq ou six lieues de l'habitation dont il dépend, celle de *Catonio*, qui a plus de huit lieues de longueur [1]. Les terres de ce canton ne sont pas mauvaises, et cependant on n'y voit presque point de culture. Dans l'intérieur du Désert, les denrées ne trou-

---

[1] On sent que l'extrême étendue des *fazendas* doit mettre le plus grand obstacle à un accroissement de population, et être considérée comme un véritable malheur. Des colons étrangers ne peuvent s'établir dans le Sertão oriental, puisque, si je ne me trompe, les vastes solitudes de cette contrée ont déjà toutes des propriétaires. Le gouvernement lui-même a favorisé la réunion d'immenses terrains entre les mains d'un petit nombre de personnes; car, selon d'Eschwege, les *sesmarias* que l'on accorde pour l'éducation des bes-

vent aucun débouché ; et ceux mêmes qui ont des sucreries n'en vendent guère les produits qu'à leurs voisins.

Après Sucuriú, le pays devient plus inégal, les plateaux sont moins larges, les pentes plus sensibles et les vallées plus grandes. D'ailleurs la végétation ne change point encore ; les sommets offrent toujours des *campos*, les pentes et les fonds des *catingas*.

Entre Sucuriú et Catonio, je passai la petite rivière de Jaquitahy ou Jequetahy, qui, comme je l'ai dit, se jette dans le Rio de S. Francisco, et qui est navigable dans la saison des pluies.

La *fazenda* de *Catonio*, où je fis halte, dépend de la juridiction directe de Villa do Principe et de la paroisse de *S. Antonio de Curvello*, qui s'étend sur les deux rives du Rio das Velhas, et qui, comme Contendas, Barra et Formigas, appartient à l'archevêché de Bahia. Une étendue de terrain très-considérable forme, ainsi qu'on l'a vu, l'habitation de Catonio, et la maison répondait autrefois à l'importance du domaine. Cependant le propriétaire eut le malheur

tiaux sont communément de neuf *legoas* carrées. Si cet écrivain est exact en ce point, il est clair qu'il ne faut pas étendre à toute la province des Mines ce que j'ai dit des *sesmarias* de ce pays (vol. I, p. 238), qu'elles n'étaient que d'une demi-lieue de longueur. — D'après la manière dont mon article sur les *sesmarias* (l. c.) est rédigé, on pourrait croire que ce mot n'est en usage que dans les Mines ; mais il n'en est réellement pas ainsi.

d'être assassiné par un de ses nègres; et, comme il devait au trésor public, l'administration fit mettre le séquestre sur la *fazenda;* dès-lors les bâtimens cessèrent d'être entretenus, et actuellement ils tombent en ruine. Ceci confirme ce que j'ai dit ailleurs des graves inconvéniens qu'ont eus les séquestres dans la province des Mines.

Comme je l'ai déjà fait observer, il existait à cette époque de l'année (septembre), dans le voisinage des habitations, des terrains où le feu avait été mis récemment, et de tous les côtés on apercevait de la fumée qui s'élevait dans le lointain. Pendant que j'étais à Catonio, je vis le feu consumer un pâturage sur le sommet d'un morne. C'était le soir ; et comme les touffes d'herbe étaient sans doute écartées les unes des autres, on aurait dit de loin une illumination telle qu'on en fait dans nos cités.

Il plut pendant la nuit que je passai à Catonio, et le soir du lendemain il y eut encore de la pluie. L'eau tombait en larges gouttes et séchait presque à l'instant. Nous entrions dans la saison des pluies; mais les premières ont généralement peu de durée.

Le cours des rivières indiquait assez que nous avions monté depuis plusieurs jours, et j'observai qu'autour de Catonio il y avait un peu moins de sécheresse. Au-delà de cette habitation, je continuai à trouver la campagne un peu plus fraîche, et je vis un plus grand nombre de ruisseaux. Alors j'approchais des montagnes et de la limite du Sertão.

Nous n'étions pas extrêmement loin de Catonio,

quand nous commençâmes à apercevoir cette portion de la grande chaîne (Serra do Espinhaço, Eschw.), près de laquelle est situé le village de Curmatahy[1]. Vers le soir, nous passâmes le ruisseau du même nom, et bientôt nous arrivâmes au village.

Curmatahy, situé à vingt-deux lieues de S. Antonio de Curvello, n'est qu'une succursale qui dépend de cette paroisse, et qui, pour le civil, ressortit de la justice de Villa do Principe. Environ trente et quelques maisons bâties sur un plan légèrement incliné, presque au pied de la Serra de Curmatahy, composent le village. Toutes n'ont que le rez-de-chaussée; mais la plupart, assez jolies, sont couvertes en tuiles, et chacune possède un jardin entouré de murs en terre, au-dessus desquels on voit s'élever des bananiers et des orangers. De tous les villages où j'avais

---

[1] Si je voulais me conformer à la prononciation, j'écrirais *Grumatahy*; mais comme j'ai adopté, pour le poisson *curmatān*, l'orthographe de M. Pizarro, je dois écrire *Curmatahy*, puisquil s'agit d'indiquer un lieu dont le nom ne peut être qu'un composé de celui du poisson *curmatān* et du mot *ĭ* ou *hy*; *curmatahy*, rivière des *curmatāns*. M. Pizarro n'est donc point d'accord avec lui-même quand il écrit d'un côté *Corimatahy*, et de l'autre *curmatān*. On ne pourrait pas objecter que Corimatahy ne vient peut-être pas de *curmatān*; car, ainsi que je l'ai dit, on prononce également, dans le Sertão, *grumatan* et *grumatahy*. J'ai aussi pour moi l'autorité de Casal, qui écrit également *Curmatahy*, en indiquant le *Rio Curmatahy* comme l'un des affluens du S. Francisco.

passé depuis le commencement de mon voyage dans le Sertão, Curmatahy est le seul où j'aie vu des jardins, et les végétaux qui y sont plantés donnent à ce lieu un air de fraîcheur que n'ont ni Contendas, ni Coração de Jesus, etc. Mais il faut convenir que les habitans de Curmatahy sont très-favorisés sous le rapport des eaux; car il s'échappe de la montagne plusieurs ruisseaux qui coulent autour du village, y entretiennent un peu de fraîcheur et procurent le moyen de faire des irrigations. L'église, construite dans la partie la plus basse du village, est isolée, comme cela a lieu ordinairement. Quoique peu nombreuses, les maisons forment cependant plusieurs rues, parce que l'enclos qui est joint à chaque demeure en augmente sensiblement l'espace.

Je passai une journée à Curmatahy, afin de laisser reposer mes mulets, et je profitai de ce séjour pour aller herboriser auprès d'une cascade qui tombe de la montagne à quelque distance du village. L'eau, peu abondante alors, s'écoulait en nappe sur de larges rochers, et, par intervalles, elle formait de petites chutes. Ailleurs, il faisait une chaleur excessive; mais, sur les bords de la cascade, j'éprouvais une fraîcheur agréable, j'avais le plaisir de voir quelques fleurs, et je pouvais contempler la verdure des mélastomées et de quelques autres arbrisseaux qui croissent dans les fentes des rochers. J'aurais voulu passer la journée entière dans ce lieu si différent des tristes *catingas;* mais enfin l'heure du repas me força de le quitter, et je me mis en chemin pour retourner à la maison du commandant, qui m'avait accordé l'hospitalité à mon arrivée dans le village.

Voyant de loin la cascade, j'y étais parvenu sans suivre de chemin, et je crus que je pourrais retourner de même à Curmatahy ; mais bientôt j'arrivai à des *catingas* tellement épineuses, que, pour n'être pas déchiré, j'étais obligé de faire continuellement des détours, et enfin je perdis la direction du village. La chaleur était insupportable ; il était déjà tard, et je n'avais pris qu'une tasse de café avant de sortir de la maison : je me sentais exténué. En retournant vers la *serra,* que je n'avais point cessé d'apercevoir, j'aurais à la vérité découvert Curmatahy ; mais je pouvais ensuite me désorienter, comme j'avais déjà fait la première fois. Le village n'est qu'un point ; tout autour sont de vastes solitudes, et déjà j'entrevoyais la possibilité de mourir d'inanition au milieu de ces déserts. Cependant, après avoir erré pendant long-temps, j'eus le bonheur d'arriver à un sentier peu fréquenté, et alors mes craintes se dissipèrent : le sentier devait nécessairement me conduire à quelque habitation, et je pouvais espérer que là on m'indiquerait les moyens de retrouver mon gîte. Je suivis donc le chemin que le hasard m'avait si heureusement offert, et, au bout d'une demi-heure, je fus très-agréablement surpris d'arriver au village.

Le lendemain on me servit fort tard à déjeûner, et il était près de midi quand je quittai Curmatahy pour entrer dans le District des Diamans. Nous montâmes la *serra* par un chemin assez raide, et, parvenus à une certaine hauteur, nous découvrîmes, en regardant derrière nous, une immense étendue de *campos* inhabités. Alors je saluai pour la dernière fois cette terre où j'avais essuyé tant de fatigues, mais où l'on m'avait reçu avec l'hospitalité la plus touchante.

A une lieue de Curmatahy, nous trouvâmes dans la montagne une maison assez jolie. Là était jadis une garde destinée à empêcher la contrebande des diamans; mais cette garde avait été retirée, et la maison était restée déserte. Cependant, après environ une heure et demie de chemin, nous cessâmes de monter, et nous arrivâmes à un plateau où le chemin traverse des pâturages bordés à droite et à gauche par des masses inégales de rochers amoncelés, entre lesquels croissent quelques arbrisseaux.

Ayant fait encore une demi-lieue, je m'aperçus que j'avais oublié quelque chose dans un endroit où je m'étais arrêté pour herboriser. Je retournai sur mes pas, accompagné de Prégent, et je laissai Silva marcher en avant avec les bêtes de somme. Comme on m'avait assuré à Curmatahy qu'il était impossible de s'égarer dans le chemin que je suivais, je mettais sans cesse pied à terre pour recueillir les plantes qui croissent en abondance sur ces montagnes. Étant entré dans un bois, nous y fûmes surpris par la nuit; mais il faisait un brillant clair de lune, et nous n'avions aucune peine à nous conduire. Cependant le temps se couvrit; des éclairs commencèrent à sillonner l'horizon, et le tonnerre se fit entendre. Bientôt la pluie tomba par torrens; les coups de tonnerre se succédaient presque sans interruption, et retentissaient avec fracas dans la montagne. Ayant beaucoup de peine à apercevoir mon chemin, je laissai mon mulet aller à sa guise, et il ne m'arriva aucun accident. Parvenus au bord d'un ruisseau, nous trouvâmes un hangar que je crus appartenir à l'une des exploitations diamantines (*serviço*), et je me persuadai que j'étais près du lieu où je devais faire halte. Cependant, comme nous marchions toujours sans rencontrer aucune habitation, je finis par m'imaginer qu'au milieu des ténèbres nous avions dépassé la demeure que nous cherchions. Nos mulets étaient harassés, et il devait être extrêmement tard. Je pris le parti de faire halte à l'abri de quelques rochers, pour donner à nos bêtes le temps de manger et de prendre des forces. L'orage avait cessé, et un clair de lune superbe me permettait de reconnaître parfaitement le lieu où nous étions. C'était un pâturage sablonneux où l'on voyait çà et là des masses énormes de rochers noirs. Accoutumé depuis le commencement de mon voyage à coucher sur la dure, je m'étendis sur une longue pierre, et je m'endormis. De temps en temps, le froid me réveillait; je me levais pour me réchauffer en faisant de l'exercice, et je me recouchais ensuite. Mon domestique, se persuadant que nous étions près de quelque habitation, appelait de toutes ses forces; mais les seuls échos des rochers répondaient à sa voix. De son côté, mécontent de ne pas recevoir sa ration de maïs, mon mulet prit la fuite au grand trot vers Curmatahy; il fallut courir après, et il ne put être rattrapé qu'à une demi-lieue de l'endroit où nous avions fait halte. Je n'avais pas mangé depuis le matin; la faim se faisait sentir; mais ce qui m'était plus sensible que tous les désagrémens que nous éprouvions, c'était de voir l'impression fâcheuse qu'ils produisaient sur le pauvre Prégent.

A la pointe du jour, nous montâmes à cheval, et nous continuâmes à suivre le même chemin. Croyant que nous avions passé le *serviço* ou exploitation diamantine, je pensais que Silva était resté en arrière avec le bagage, et je ne m'attendais pas à trouver d'habitation avant le village de *Chapada*, qui vient après le *serviço*. Cependant, au bout d'un quart d'heure de chemin, je vis un de mes chevaux qui paissait tranquillement, et, à peu de distance, je trouvai Silva, le *tocador* João Moreira et le Botocudo qui avaient aussi passé la nuit dehors, abrités par des rochers, mais qui, plus heureux que nous, avaient eu des cuirs de bœuf pour se garantir du vent et de la pluie, et de la farine de manioc pour se préserver de la faim. Comme il faisait encore jour quand mes gens avaient passé devant le hangar dont j'ai parlé plus haut, ils avaient reconnu qu'il n'appartenait point à l'exploitation diamantine, et par conséquent il était clair que nous n'étions point encore parvenus à cette exploitation. Après avoir mangé un peu de biscuit et bu un peu d'eau-de-vie, nous continuâmes notre route. Le chemin, pierreux et très-difficile dans quelques endroits, continue pendant long-temps à traverser des pâturages sablonneux bordés par des masses inégales de rochers nus. Enfin nous arrivâmes à une vallée étroite et aride où coule un petit ruisseau, et qui est bordée par des rochers grisâtres dépouillées de végétation. La nature semble avoir voulu écarter l'homme de ces tristes lieux en les frappant de stérilité : mais ils renfermaient des diamans; la cupidité a su découvrir ces précieuses pierres, et le plus affreux désert a été peuplé.

―――

Comme le District des Diamans, fermé aux étrangers et soumis à une administration particulière, est véritablement distinct de la province des Mines, j'ai cru pouvoir rejeter dans la seconde Partie de cet ouvrage tout ce qui est relatif à ce district. On trouvera aussi, dans cette seconde Partie, un chapitre sur le caractère des habitans des Mines, et une carte de cette province où seront indiquées ses diverses régions végétales.

FIN DU SECOND VOLUME.

TABLE DES MATIÈRES

CONTENUES

DANS LE PREMIER ET LE SECOND VOLUME.

A.

Abeilles, celles du Sertão, II, 371.

Adobes ou *adobos*, espèce de briques, I, 119; comment on les fait, II, 77.

Agrégés (*aggregados*), ce que c'est, I, 72.

Agriculture, celle des Mineiros, I, 191; détails sur elle, 233; instrumens d'agriculture usités dans les Mines, II, 109.

Agua Suja, village, II, 252; son histoire, 254.

Agua Suja, rivière, II, 86; son confluent, 253.

Aguassú ou *Hyguassú*, paroisse, I, 7; dissertation sur l'orthographe de ce nom, II, 249.

Alagadiços, terrains inondés par le S. Francisco, II, 391.

Aldea de S. Antonio, village d'Indiens, I, 422; sa description, 423.

Aldea de S. Nicolao, habitation, I, 401.

Alto dos Bois, aldea habité par les Macunís, sa description, II, 41; son histoire, 44; le détachement qui y est cantonné, 62; situation avantageuse de cet aldea, 64.

Andaiá, espèce de palmier, I, 103.

Angelus, de quelle manière on le dit, II, 257.

Angú, espèce de polenta, I, 211; comment on le fait, 235.

Anna pinta, ou *gonú*, ou *capitão do mato*, plante purgative, II, 236.

Antão Soares, habitation, hospitalité de ses habitans, II, 37.

Anthropophagie des Botocudos, ce qu'on doit en penser, I, 439; doutes sur le même sujet, II, 30; id., 63; id., 156.

Antonio Gomes, directeur des Macunís, II, 45.

Antonio Gomes de Abreu e Freitas (le capitaine), son habitation, I, 208; histoire de son père, 226; son caractère, 227.

Antonio Ildefonso Gomes (le doct.); l'auteur se met en voyage avec lui, I, 50.

Antonio Nogueira Duarte, curé de Contendas, II, 310, 366.

Antonio Pereira, village, sa description, I, 152.

Aqueducs rustiques, construits par les Mineurs, I, 159; id., 249.

Ar ou *stupor*, espèce de paralysie, II, 369.

TABLE DES MATIÈRES.

Aras rouges, I, 409; l'espèce appelée psittacus ararauna, II, 376; celle appelée psittacus hyacinthinus, *id.*; erreur des naturalistes sur le nom d'ararauna, *id.*

Arassuahy, village, II, 282.

Arassuahy, rivière, II, 116; observations sur l'étymologie de ce nom, 249.

Argent, manière de le compter dans les Mines en général, I, 343; *id.* dans le Sertão, II, 334.

Ariari, chef de Botocudos, II, 214; histoire de deux jeunes gens de sa troupe, 216.

B.

Bambous (forêt de), I, 96; leurs diverses espèces, II, 363.

Barbacena, ville, sa description, I, 117.

Barbados, habitation, II, 293.

Barra, village, chef-lieu de justice, II, 427.

Barques sur lesquelles on traverse la baie de Rio de Janeiro, I, 3.

Barreiros, terrains salpêtrés; il en existe dans la province des Mines, II, 168; en particulier dans le Sertão, 312 et 448.

Barrigudo (*chorisia ventricosa*); arbre, sa description, II, 104; les Botocudos l'emploient pour faire le bondon de leur lèvre et de leurs oreilles, 151; ils en tirent de l'étoupe, 164.

Batedor, machine pour battre le maïs, I, 234; pour battre le froment, 391.

Batraciens, I, 22; II, 363.

Bemfica, auberge, I, 9, 49, 58.

Bento Rodrigues, village, I, 186.

Bernardino Pinheiro Camello, juiz de fóra de Minas Novas, II, 79, 263.

Bêtes à cornes, dans le pays des carrascos, II, 25; les terrains salpêtrés leur tiennent lieu de sel dans le Sertão, 318; leur éducation dans le Sertão, *id.*; la sécheresse leur est très-préjudiciable, 324; mal que leur font les tatous, 325; mal que leur font les chauves-souris, *id.*; leur prix dans le Sertão, 326; excrémens de celles qui mangent des terres salpêtrées, 448.

Bichos do pé, voy. *Puces pénétrantes.*

Bicho da taquara (ver du bambou), mangé par les Indiens de Passanha, I, 432; l'effet qu'il produit quand il est desséché, *id.*; mangé par les Botocudos, II, 169.

Billets appelés *de permuta*, papier monnaie, I, 341; ils ne sont point en usage dans le Sertão, II, 334.

Boa Vista da Barra do Calhao, habitation, II, 115.

Bom Fim, hameau, II, 351.

Bom Fim, forges, II, 284; leur description, 285.

Bom Jardim, habitation, II, 133.

Borda do Campo, lieu, sa température et sa végétation, I, 113.

Bority, palmier, II, 344.

Borrachudos, espèce de taon, I, 37.

Botocudos, nation indienne; une partie d'entre eux habite les environs de Passanha, I, 385; ils attaquent les habitans de ce village, 412; manière de faire la guerre à ces Indiens, 435; réflexions sur cette guerre, 436; anthropophagie des Botocudos, 439; II, 30, 63 et 156; guerre qu'on fait à ceux d'Alto dos Bois, 62; portrait d'un enfant de cette nation, 127; huttes de ces Indiens, 132; portrait des hommes et des femmes botocudos du Jiquitinhonha, 139; leurs enfans devenus marchandise, 145; ce qui distingue la nation, 148; ses chefs, *id.*; nom des Botocudos, 149; leur nombre, 150; leurs traits, *id.*; disques qu'ils passent dans leurs oreilles et leur lèvre, 152; peintures qu'ils font sur leur corps, *id.*; leur langage, *id.*; leurs idées religieuses, 156; leur penchant au larcin, 158; leurs chasses, 159; effet que produisent sur eux les sapucaias, 160; leurs

TABLE DES MATIÈRES.

maladies, 161; leurs mariages, 163; leurs femmes, 164; quelques traits du caractère des Botocudos, id.; ils chantent au lieu de parler, id. et 170; leurs arcs et leurs flèches, 165; leurs chansons, 166; leur nourriture, 168; reconnaissance de quelques-uns d'entre eux, 170; leurs danses, 172; leur manière de tirer de l'arc, id.; ils ignoraient l'art de naviguer avant de communiquer avec les Portugais, 193; liane dont ils font leur nourriture, 203; punition qu'ils infligent à l'adultère, id.; trait de probité de quelques-uns de ces Indiens, 204; guerre que le commerce de leurs enfans fait naître entre différens chefs, 215; réflexions générales sur la civilisation des Botocudos, 218; leurs idées sur le baptême et sur Dieu, 230; leur origine, id.; la chaleur les fatigue, 443.

Brejos, lieux bas et humides, II, 425.

Bruacas ou *boroacas*, sacs de cuir, II, 110 et 334.

Brumado ou *Santa Anna de Brumado*, village, I, 218.

Buraco, habitation, II, 449.

C.

Cabeçudo, palmier, II, 376.

Cachaça, eau-de-vie de sucre, I, 65; vases où on la conserve, 390; id., II, 19.

Cactus, où ils croissent, II, 103; ceux qu'on voit au milieu des lieux desséchés dans les catingas, 114; ceux qu'on voit au milieu des rochers dans les catingas, 130; on s'en sert à Pedras de baixo pour faire des haies, 404.

Caïmans, voy. *Jacaré*.

Calhao, rivière, II, 119.

Camara, espèce de conseil municipal, I, 370; ses fonctions, 371; ses revenus, 372; de quelle manière on la nomme, 371; détails plus étendus sur sa nomination, II, 408.

Camargos, village, I, 184.

Campos ou pays découvert, I, 111; détails sur leur végétation, 124; leurs diverses espèces, II, 98; à quoi ils sont dus, 23; id., 285; ceux qui sont parsemés d'arbres rabougris, 302.

Candeia, voy. *Lychnophora*.

Canella d'ema, voy. *Lychnophora* et *Vellozia*.

Canne à sucre, manière de la cultiver, I, 236; différence entre la canne créole et celle de Cayenne ou d'Otahiti, II, 246; la canne à sucre réussit très-bien dans le Sertão, 432.

Canoas, habitation, II, 434.

Capellinha, village, II, 35.

Capão do Cleto, habit., II, 383.

Capim gordura (*tristegis glutinosa*), graminée qui succède aux forêts incendiées, I, 194; limite de cette plante, II, 291; elle ne croit pas dans le Sertão, 311.

Capitaines généraux, ce que c'est, I, 355; leur tyrannie, id.; elle trouva quelques obstacles dans le séjour du roi à Rio de Janeiro, 357; moyen qu'employait un capitaine général pour faire payer les débiteurs, 366.

Capitão do mato, voy. *Anna pinta*.

Capivarhy, ruisseau, II, 81.

Capoeiras, espèce de bois taillis, I, 194; id., II, 98.

Capoeiras, espèce de tinamou, I, 282.

Capoeirões, espèce de bois, I, 319; id., II, 98.

Capões, bouquets de bois dans les campos, I, 113; id., II, 98.

Carrapatos, insecte, I, 322; II, 296 et 364; rectification de l'orthographe de ce nom, 450.

Carrascos, genre de végétation, II, 22; incendie des —, 25; le parti qu'on en peut tirer, 31; on devrait élever un plus grand nombre de bestiaux dans le pays où ils croissent, 267; ce genre de végétation ne se trouve guère ailleurs que dans les Minas Novas proprement dites, 447.

TOME II.

Carrasqueinos, sorte de végétation, II, 32; *id.*, 98.

Carunhanha, rivière, II, 407.

Casa d'escoteiro, ce que c'est, I, 128; II, 283.

Casas de permuta, maisons de change, I, 341.

Cascalho, ce que les mineurs entendent par ce mot, I, 245.

Cascavel, serpent à sonnettes, I, 308; on emploie sa chair pour guérir la maladie vénérienne, II, 370; l'auteur est sur le point d'être mordu par un de ces serpens, 417.

Catas Altas de Mato dentro, village, I, 188.

Catingas, espèce de forêts, II, 98; leur description, 101; places nues au milieu des catingas, 113; température du pays où elles croissent dans les Minas Novas, 115; cause de la chute de leurs feuilles, 122; celles des environs de Formigas sont propres à la culture des cotonniers, 357; celles des bords du S. Francisco le sont également, 402; elles seront un jour d'une grande utilité pour le Sertão, 432.

Catonio, habitation, II, 273, 452 et 453.

Cayeara, habitation, II, 362.

Cerfs, leurs espèces aux environs de Villa do Principe, I, 337; *id.* dans le Sertão, II, 336; manière de les chasser, I, 336; II, 134 et 331.

Chapadas, espèces de plateaux, II, 22.

Chapada, village, II, 81; sa situation, *id.*; ses recluses, 82; son or, 83; son commerce, *id.*

Chapada do Mato de Mandrú, plateau, II, 34.

Chapeo d'Uvas ou *Nossa Senhora da Assumpção do Engenho do Mato*, paroisse, I, 104.

Chapitre, celui de Marianna, I, 168.

Chasse, meilleure après les pluies, I, 47; celle aux cerfs près Villa do Principe, 336; *id.*, dans les catingas, II, 134; chasse à l'af- fût dans le Sertão, 330; celle qui s'y fait à quatre pattes, 331.

Chaux de coquillage, I, 5.

Chemin, celui appelé de terre (*caminho da terra*), I, 8 et 51; celui d'Ubá au Parahyba, 59; celui du Parahyba au campo, 70; celui que l'on traverse entre l'entrée du campo et Villa Rica, 110 et suiv.; celui de Villa Rica à Marianna, 157; celui d'Itajurú à Itabira de Mato dentro, 264; d'Itabira à Itambé, 289 et suiv.; d'Itambé à Villa do Principe 296 et suiv.; de Villa do Principe à Passanha, 385 et suiv.; de Ponte dos Paulistas à Rio Vermelho, 441; celui de Penha à Itangua, II, 14; celui d'Alto dos Bois à Villa do Fanado, 67 et suiv.; de Chapada à Sucuriú, 86 et suiv.; de Sucuriú à la 7.ᵉ division, 113 et suiv.; de S. Miguel à Belmonte, 180 et suiv.; de Boa Vista da Barra do Calhao à S. Domingos, 232 et suiv.; de Villa do Fanado aux forges de Bom Fim, 264 et suiv.; de Bom Fim au Sertão, 288 et suiv.; de l'entrée du Sertão au village de Contendas, 340 et suiv.; de Contendas au Rio de S. Francisco, 375 et suiv.; de Capão do Cleto à Salgado, 401 et suiv.; de Capão do Cleto à Coração de Jesus, 419 et suiv.; de Coração de Jesus au District des Diamans, 446 et suiv.

Chevaux, éducation de ces animaux dans le Sertão, II, 327; maladie pédiculaire à laquelle ils sont exposés, 329.

Chicriabas ou *Xicriabas*, peuplade indienne, son histoire, II, 396.

Chorisia ventricosa, voy. *Barrigudo*.

Cipó de chumbo, voy. *Cuscute*.

Cipó d'imbé, espèce de liane, I, 13; *id.*, 399.

Cipó matador, esp. de liane, I, 13.

Clergé, son état dans la province des Mines, I, 167; quelques mots sur celui de Bahia, II, 256; ce qu'il est et ce qu'il devrait être dans le Sertão, 306.

TABLE DES MATIÈRES. 467

Cleto (le capitaine), propriétaire de la fazenda de Capão do Cleto, II, 397.

Cobra fria, serpent, ce qu'on en raconte, I, 408.

Conception (la) (*N. S. da Conceição de Mato dentro*), village, I, 310.

Conception (la), montagne, I, 271; ses mines, 272; *id.*, 278.

Confitures, I, 211; talent des Mineiros pour les faire, II, 18.

Confirmation, les évêques du Brésil la font administrer par des délégués, II, 257.

Contendas, village, II, 366.

Copoxós, nation indienne, I, 414.

Coração de Jesus, village, sa situation, ses maisons, son église, II, 441; son origine, *id.*; ce village offre peu de ressources, 442; manière de vivre de ses habitans, 444; leur ignorance, *id.*; leur curiosité, 445; défaut de police dans ce village, 446.

Cordillière, parallèle à la mer, I, 10; celle de l'occident, 68.

Coroados, peuplade indigène; leur portrait, I, 38; leurs danses, 39; un de leurs repas, *id.*; discours de l'un d'eux, 40; leur histoire, 41; leur industrie, 43; leurs mœurs, 44; vocabulaire de leur langue, 46; quelques-uns d'entre eux font un voyage à Rio de Janeiro, 55.

Coton, machine pour le séparer de ses graines, I, 406; manière de le carder, *id.*; machine pour séparer le coton des graines allant par le moyen de l'eau, II, 91; celui de Minas Novas, 110; machine à presser le coton, 111; usage du commerce pour le coton à Bahia et à Rio de Janeiro, *id.*; peines infligées à ceux qui fraudent dans la vente du coton, 112.

Cotonniers, leur culture à Passanha, I, 404; *id.* à Minas Novas, II, 106 et suiv.; influence qu'a sur eux la différence du terrain des bois vierges et de celui des catingas,

225; ils réussiraient très-bien dans les catingas du Sertão, 357 et 402; leur culture sera un jour d'une grande ressource pour le Sertão, 433.

Couronnement (fête du), célébrée à Villa do Principe, I, 349; comment on la célébra à Villa do Fanado, II, 261.

Couvens, il n'y en a point dans la province des Mines, I, 169; II, 82.

Culão, habitation, II, 275.

Cupim, voy. *Termès*.

Curés du diocèse de Marianna, leurs revenus, I, 169 et suiv.; comment on les nomme, 172; ils choisissent leurs desservans, 173; concours pour les places de curés conservés dans le diocèse de Bahia, II, 256; histoire des changemens survenus dans les appointemens des curés du Brésil, *id.*

Currál, parc pour le bétail et les chevaux, II, 319; comment on fait ces parcs, 324.

Curmataly, village, orthographe de son nom, II, 455; sa situation, ses maisons, ses jardins, 456.

Cuscute, I, 28.

D.

Damber ou *dambré*, plante médicinale, II, 262.

Data, ce que c'est, I, 240.

Desservans (*capellães*), par qui nommés, I, 173; ils ne devraient plus l'être par les curés, II, 369.

District des Diamans, l'auteur y arrive, I, 457 et suiv.

Divisions militaires, ce que c'est, I, 420; soldats de ces divisions, 421; la 5e *id.*; la 7e, II, 138; histoire de cette division, 143 et 144.

Dîme, perçue par le gouvernement, I, 169; II, 256.

Dizimeiros (fermiers de la dîme), maux qu'a souvent entrainés l'impossibilité où ils étaient de remplir leurs engagemens, I, 204; leur injustice envers les cultivateurs, 293; *id.*, II, 449.

TABLE DES MATIÈRES.

Droits que l'on paie à l'entrée de la province des Mines, I, 90; réflexions sur ces droits, 91; celui du cinquième sur l'or, 338; ceux dits d'affilição et de foro, 372.

E.

Effraie (*stryx flammea*), oiseau cosmopolite, I, 282.

Églises du Brésil, leur construction, I, 120; les églises paroissiales, 75; celles des confréries, *id*.

Empenhos, ce que c'est, II, 235.

Escadinha, habitation, I, 292.

Estreito de S. João, habitation, II, 126.

Évêché, revenus de celui de Marianna, I, 168; son étendue, *id*.; il serait nécessaire de diviser les évêchés, II, 309.

Évêques, droits qu'ils exigent des prêtres, I, 172; ceux du Brésil ont des pouvoirs plus étendus que ceux du Portugal, II, 257.

F.

Faiscadores, ce que c'est, I, 257.
Fanado, rivière, II, 35.
Farinha (farine), ce que les Brésiliens entendent par ce mot, I, 235; les Sertanejos prétendent que celle du manioc est plus favorable à leur santé que celle du maïs, II, 311.

Fazendas ou habitations, I, 208; leur étendue, II, 71; celles appelées *de dous verdes*, 425.

Fazenda do Negro, habitation, II, 451.

Fazendeiros, propriétaires de fazendas, I, 208; description de leurs maisons, 209; leur nourriture, 210; ils établissent souvent des boutiques dans les villages, II, 351.

Femmes des Mines, leur costume, I, 122; leur manière d'aller à l'église, *id*.; elles ne se montrent point, 152; les jardins et les cuisines leur sont réservés, 210; leur voix rauque, II, 284; manière dont elles satisfont leur curiosité, 350.

Fer (mines de), leur histoire dans la province de Minas Geraes, I, 289.

Fermiers de la dîme, voy. *Dizimeiros*.

Fernambouc, résultat qu'eut pour le Sertão la révolte de cette ville, II, 414.

Firmiano, jeune Botocudo envoyé à l'auteur par le commandant de la 7ᵉ division, II, 226; fin de son histoire, 227; traits de son caractère, 257; *id*., 282; il tombe malade, 443; marque de regrets de cet Indien, 446.

Forêts vierges, leur description, I, 10; celles voisines de Bemfica, 18; celles de Turvo, 397; celles de l'aldea de S. Nicolao, 407; celles de Cana Brava, 442; celles du Jiquitinhonha, II, 186 et 201.

Forges, celles de Girao, I, 289; de Morro de Gaspar Soares, 301; de Bom Fim, II, 284.

Formation (*formação*), ce que les mineurs entendent par ce mot, I, 242.

Formicaleo, II, 427.

Formigas, village, II, 354; ses maisons, son église et ses rues, 355 et 356; son commerce, *id*.; culture des alentours, 357.

Fougères, celles en arbre, 22 et 407; celle qui succède aux bois coupés plusieurs fois, 194; cette dernière espèce ne se trouve pas dans le Sertão, II, 311.

Francisco de Faria Ilbernaz, fondateur du village d'Itabira, I, 271.

Francisco Leandro Pires, jeune homme avec lequel l'auteur se lie, II, 288.

Francisco Rodrigues Ribeiro de Avellar, curé de Villa do Principe, reçoit l'auteur dans sa maison, I, 321; son caractère, 338.

Froment, sa culture, I, 390; manière de le battre à Rio Vermelho, 448; on le cultive à Piedade, II, 271; réflexions (dans une note) sur

TABLE DES MATIÈRES. 469

les changemens que cette plante a pu éprouver en Amérique, II, 271.

Fubá, farine de maïs, I, 235.

G.

Gale, très-commune, II, 135.
Gallinacées que l'on devrait chercher à apprivoiser, II, 290.
Gamelleiro, espèce de figuier sauvage, I, 158.
Gàngoras, habitation, II, 277.
Girao, forges, I, 291.
Giraos, lits rustiques, I, 396.
Gonú, voy. *Anna pinta*.
Grenouilles, description de deux espèces, I, 22.
Grumichá, habitation d'une sorte de larve, II, 62.
Guanhaens, habitation, I, 388; portrait de son propriétaire, 389.
Guarda mór, magistrat chargé de la distribution des terrains aurifères, I, 239 et suiv.
Guaribas, singes, I, 397; II, 335.

H.

Haricots, manière de les cultiver, I, 233; ceux appelés feijões de janeiro, II, 402.
Hydropisie, I, 447.
Hyguassú, voy. *Aguassú*.
Hytú ou *Hutúm*, rivière, I, 9; végétation de ses bords, 18.

I.

Ilha do Pão, île du Jiquitinhonha, II, 188, 205.
Imburana (*bursera leptophloeos*), arbre, II, 105.
Inconfidencia das Minas, prétendue conspiration connue sous ce nom, I, 202.
Indiens, leurs traits, I, 424; leurs yeux, leur couleur, *id.*; leur prononciation, 427; réflexions sur leur civilisation et leur destruction prochaine, II, 57 et suiv.; réflexions sur l'origine de diverses peuplades d'Indiens du Brésil, 230; utilité de croiser les Indiens avec les nègres et les mulâtres libres, 59, 221.
Inficionado, village, I, 186.
Inhame, légume, I, 125, 403.
Inhauma ou *S. Tiago d'Inhauma*, paroisse, I, 52; étymologie de son nom, 53.
Insectes, manière de leur faire la chasse, I, 32; phosphoriques, 33; nuisibles, 35; dans quelle saison on trouve les insectes, II, 29, 266.
Intendants de l'or, magistrats, I, 339; appelés récemment inspecteurs de l'or, 340.
Irajá, paroisse, I, 54.
Itabira de Mato dentro, village, son histoire, I, 271; ses mines, 272; sa situation, 275; ses habitans, 276; maladies qui y règnent, 277.
Itabira, montagne, I, 269, 270; ses mines, 272, 284 et 286; sa végétation, 283, 284 et 285.
Itajurú de Mato dentro, habitation, I, 214.
Itamarandiba, rivière, II, 33; il existe de l'or dans son lit, 275; poissons qu'on y pêche, *id.*
Itambé (ou *N. S. da Oliveira de Itambé*), village, I, 294.
Itangua, habitation, II, 15.
Itinéraire de Villa Rica à Villa do Principe, I, 329; de Villa do Principe à Passanha, 386; de Passanha à Minas Novas, 440; de Villa do Fanado à la 7e division par Sucuriú, II, 80; ceux des Paulistes, 189 et suiv.; de S. Miguel da Jiquitinhonha à Villa do Fanado par S. Domingos et Agua Suja, 225; de Villa do Fanado aux forges de Bom Fim, 265; de Bom Fim au Sertão, 291; de l'entrée du Sertão au Rio de S. Francisco, 340; de Capão do Cleto au District des Diamans, 419.

J.

Jacaré ou *caïmans*, quelles espèces se trouvent dans le Sertão, II, 421.
Jacú, oiseau du genre pénélope,

que l'on devrait tâcher d'apprivoiser, II, 290.

Jacuhy, habitation, I, 264.

Januario Vieira Braga, commandant de Passanha, I, 412; son caractère, 419; sa maison, 420.

Jan-oé, chef d'une tribu de Botocudos; il se rend redoutable aux Portugais, II, 177; deux Indiens de sa troupe se montrent sur le bord du Jiquitinhonha, 194; lui et sa troupe passent cette rivière, 195; il fait la paix avec les Portugais, *id.*; il donne sa fille au commandant, 196; histoire de cette enfant pendant qu'elle reste avec l'auteur, 198 et suiv.; l'auteur la rend à son père, 202; l'auteur s'attache un jeune homme de la troupe de Jan-oé, 203; cette troupe disparaît de S. Miguel et le jeune homme avec elle, 215.

Jaquitahy ou *Jequetahy*, rivière, I, 450.

Jeudi saint (fête du), I, 347.

Jiquitinhonha, fleuve, II, 121; découverte de son cours, 141; sa source, sa navigation et son embouchure, 174 et suiv.; chemin pratiqué sur ses bords, 180; l'auteur s'embarque sur ce fleuve, 185; description du fleuve depuis S. Miguel jusqu'à la Vigie, 186 et suiv.; ses bords au-delà de la Vigie, 200; il fait la limite du Sertão, 297.

Joahima, capitaine de Botocudos, son portrait, II, 140; sa maison, 169; il refuse de donner un enfant de sa troupe à l'auteur, 170.

João de barro (*furnarius*), espèce d'oiseau, son nid, I, 311.

João Carlos Augusto d'Oyenhausen, gouverneur de Saint-Paul; ses idées sur les capitaines généraux, I, 359.

João Gonçalvez da Costa, capitão mór, I, 452, et II, 178.

João de Magalhães, commandant d'Alto dos Bois, II, 43.

João Rodrigues Pereira de Almeida, baron d'Ubá, il emmène l'auteur à son habitation d'Ubá, I, 7.

João da Silva Santos, découvre le cours du Jiquitinhonha, II, 141; il retrouve à Tocoyos les Machaculis, fugitifs de Porto Seguro, 207.

Joaquim Jozé da Silva Xavier dit *Tiradentes*, chef de la prétendue conspiration connue sous le nom d'Inconfidencia das Minas, I, 203.

Jozé Antonio Serrão (le capitaine), propriétaire à Salgado, II, 406; description de sa maison, 413.

Jozé Caetano de Mello, propriétaire de l'habitation du même nom, II, 28.

Jozé Caetano de Mello, fazenda, II, 28.

Jozé Rodrigues, fondateur de l'habitation d'Ubá, I, 29.

Jozé Vieira de Matos, propriétaire de la fazenda de Ribeirão, II, 345.

Julgados, justices, ce que c'est, II, 409.

Juiz de fóra, magistrat, I, 359; différences qu'il y a entre lui et les juizes ordinarios, 360; leurs greffiers, 363; un exemple de leur autorité despotique, 364; ils font l'instruction des procès criminels, 366; ils cumulent plusieurs emplois, 370; leurs appointemens, *id.*

Juizes ordinarios (juges ordinaires), magistrats, I, 359; manière de les élire, 361; dans quel cas on peut les attaquer pour leurs sentences, 362; leurs greffiers, 363; détails étendus sur la manière de les élire, II, 408.

Juiz da vintena, magistrat, I, 366.

Julião Fernandes Leão, commandant de la 7ᵉ division, II, 139; il fonde le village de S. Miguel, 143; il lie amitié avec les Botocudos, 144; il passe devant un conseil de guerre et est absous, 145; il demande pour l'auteur un enfant botocudo au capitaine Joahima, 169; il s'embarque avec l'auteur sur le Jiquitinhonha, 185; il demande un enfant au capitaine Jan-oé, 196; il fait les frais du voyage sur le Jiquitinhonha, 197; il renvoie la fille

TABLE DES MATIÈRES.

de Jan-oé à son père, 202; il envoie un jeune Botocudo à l'auteur, 226.

L.

Lacs où l'on a prétendu qu'il existait de l'or, II, 189; ceux des bords du S. Francisco, description de l'un d'entre eux, 398.

Lagoa do Pao Dourado, lac où l'on prétend qu'il existe des richesses, II, 189.

Langsdorff, consul de Russie, l'auteur se met en voyage avec lui, I, 51; sa redingote, 86; son activité, 129.

Lavage, ce que c'est, I, 257; ses divers temps, 248.

Lavra, ou minière en exploitation, I, 242; tableau de diverses sortes de lavras, 248 et suiv.

Légumes des Brésiliens, I, 403.

Lepra, maladie du Sertão, II, 371.

Logrador, habitation, II, 432.

Loi des trente esclaves, ce que c'est, I, 376.

Longévité (exemples de), I, 447.

Luiz da Mota, habitation, I, 408; ses propriétaires, *id.*

Lychnophora (*candeia* ou *canella d'ema*), composée, I, 310; II, 37, 281; on emploie son duvet à faire des matelas, 292.

M.

Macauba, palmiers, II, 377.

Macauba, habitation, II, 434.

Machaculis, peuplade indienne, II, 157; leurs huttes, 204; leur histoire, 205 et suiv; leur paresse, 209; ils prétendent obéir aux ordres d'une Once noire, *id.*; ils veulent quitter le voisinage de S. Miguel, 210; leur capitaine, *id.*; leurs maisons, 211; leur culture, *id.*; occupations de leurs femmes, 212; caractère des Machaculis, *id.*; leur amour pour leurs enfans, *id.*; leur langue, 213.

Macunis, peuplade indienne; leur aldea, II, 41; leur histoire, 44; leurs traits, 46; leur langue, 47; leur religion, 49; leurs mœurs, *id.*; leur femmes, 51; leurs enfans, 54; leurs habillemens, *id.*; ameublement de leurs maisons, 55; leur nourriture, *id.*; leurs plaisirs, 56; leurs huttes, 61; leurs bracelets, 62; ressemblance de leur langue avec celle des Machaculis, 213.

Maïs, manière de le cultiver, I, 233; ce qu'il est dans les catingas, II, 129; les Sertanejos lui préfèrent le manioc, 311.

Maisons, manière dont sont construites celles des pauvres, I, 205; construction de celles de Setuba et des environs de Rio de Janeiro, II, 114.

Maladies vénériennes, très-communes, II, 135; remèdes employés pour leur guérison, 370.

Malalis, peuplade indienne; leur histoire, I, 413; leurs traits, 424; leur langue, 427 et 428; leurs idées religieuses, 430; leur capitaine, *id.*; leur costume, 431; quelques traits de leur caractère, *id.*; ils mangent le ver du bambou ou bicho da taquara, 432; singulier usage qu'ils font de ce ver desséché, *id.*

Mangareto, aroïde comestible, ses deux espèces, I, 403.

Mangeurs de terre, quelle influence a eu sur les Machaculis le goût de manger de la terre, II, 207; détails sur cette maladie, 435.

Manioc, cette plante est beaucoup cultivée dans le Sertão, II, 311; *id.*, 431.

Manjola, machine, sa description, I, 106; son usage, 235.

D. Manoel de Castro e Portugal, gouverneur des Mines; il donne un bal auquel l'auteur assiste, I, 151; offre qu'il fait à l'auteur, 156; anecdote relative à ce gouverneur, 358.

Manoel Ferreira da Camara Bethancurt e Sá, intendant des Diamans; il fait construire les forges de Morro de Gaspar Soares, I, 301; il se trouve à Itangua avec l'auteur, II, 16.

Manoel Francisco de Toledo, voy. *Mathias Cardoso.*

Manoel Jozé Alves Pereira, propriétaire des forges de Bom Fim, II, 284; son caractère, 288.

Manoel Jozé da Silva Pires (le capitaine), propriétaire de mines à Itabira, I, 269; obligations que lui a l'auteur, 292.

Marianna, ville, sa situation, I, 160; ses rues, 161; ses places, 162; son évêché, *id.*; son séminaire, 163; ses maisons, 164; végétation de ses alentours, 165; ses mines et son commerce, 166.

Martinho Vieira dos Santos, propriétaire de la fazenda de Santa Rita, II, 234; l'auteur le retrouve dans le Sertão, 442.

Mathias Barbosa, registro ou douane, droits qu'on y paie, I, 90.

Mathias Cardoso et Manoel Francisco de Toledo, Paulistes qui peuplèrent une portion des bords du S. Francisco, II, 396.

Mélastomées, où elles croissent, II, 104.

Meurtriers, leur nombre dans la province des Mines, I, 367; leur châtiment, II, 273.

Milicianos, gardes nationaux, leur éloge, I, 375; leurs colonels, *id.*; leurs priviléges, *id.*; leur soumission, II, 122 et 415.

Minas Geraes, province, son histoire, I, 75; sa situation et ses limites, 78; sa population, 80; ses divisions, 82; réflexions sur les droits que l'on paie à son entrée, 91; les quatre principales causes de sa décadence, 190 et suiv.; en quel état y est la religion, 167; son administration civile et judiciaire, 354 et suiv.; nombre des meurtriers dans cette province, 367.

Minas Novas, termo, tableau général de ce pays, II, 1; végétation que l'on observe vers son entrée, 7; végétation de sa partie orientale, 21; costume des campagnards de Minas Novas, 118; leurs manières, *id.*; leur superstition, *id.*; aisance des habitans de Minas Novas, 259; l'habitude des longs crédits leur est nuisible, *id.*

Mineiros, habitans de Minas Geraes, ils sont naturellement religieux, I, 182; manière erronée dont ils considèrent le produit de la minération, 190; leur système d'agriculture, 191; leur manière de manger, 211; leur manière d'exploiter les mines, 241 et suiv.; mœurs de ceux qui habitent les villages, 317; soins que les ouvriers mineiros donnent à leurs ouvrages, 394; manière de porter des toasts chez les Mineiros, II, 18; promptitude avec laquelle ils mangent, 117; habitude qu'ils ont d'accorder de longs crédits, 260; manière dont ils portent leurs cheveux, 359; usage des Mineiros désagréable pour les étrangers, 426; ils changent facilement de domicile, 452.

Minération, ou exploitation des mines d'or, ses deux modes, I, 242; les outils qu'on emploie dans la minération, 244.

Mirity, rivière, parti qu'on pourra tirer de ses bords marécageux, I, 6.

Mocambó, habitation, II, 430; origine de ce nom, *id.*

Mocó (*Kerodon*, F. Cuvier, *Cavia rupestris* Neuw.), petit quadrupède, II, 426.

Mochas, vaches sans cornes, II, 318.

Monoxós, peuplade indienne, I, 401; leur langue, 427 et 428; leur histoire, 429.

Morfea, maladie, I, 185; rectification d'une faute typographique à l'occasion de cette maladie, II, 370.

Morrinhos, chef-lieu de paroisse, II, 367; par qui son église fut bâtie, 396.

Morro d'Agua Quente, village, I, 187.

TABLE DES MATIÈRES. 473

Morro d'Andaiá, montagne, sa végétation, II, 9.

Morro da Boa Vista, ou *dos Arrependidos*, montagne, I, 94; usage superstitieux que l'on y pratique, 95.

Morro de Gaspar Soares, village, I, 299; ses forges, 301.

Morro Pellado, montagne, sa végétation, I, 395.

Moustiques, I, 37.

Mulets, manière de voyager avec ces animaux, I, 66; quelques-unes de leurs habitudes, II, 258.

Mutúm (*crax alector*), oiseau, sa description, II, 66; trait d'attachement pour sa femelle, 67; on devrait tâcher de l'apprivoiser, 290.

N.

Nègres, supérieurs aux Européens pour la mesure et la précision, I, 3; leurs danses, 40; conversation avec un nègre, 97 et 98; réflexions sur leur esclavage, 99; ils ne peuvent guère devenir riches, II, 294; ceux de la Côte-d'Or plus intelligens que les autres, *id*.

Noce célébrée à Itangua, II, 17.

Noms origine de plusieurs noms de lieux, I, 88; difficulté de l'orthographe des noms brésiliens de lieux, de plantes et d'animaux, II, 395 et 407.

Nossa Senhora Mai dos Homens, ermitage, I, 215; sa description, 219; son histoire, 221.

O.

Offices (*officios*), mis à l'enchère, I, 363; donnés par le roi, *id*.

Or, exploitation des mines d'or, I, 241; droit du cinquième sur l'or en poudre, 338; histoire de la magistrature chargée de ce qui est relatif à l'or, *id*.; circulation de l'or à Minas, 340; qualité de l'or dans diverses localités, 342; manière de fondre l'or en poudre, 344; bénéfice du gouvernement sur la fonte de l'or, 346; or de Minas Novas, II, 5; il existe de l'or dans le Sertão, 312.

Orangers, leurs espèces, II, 278; l'oranger amer paraît n'être que le type des espèces à fruits doux, 280; manière de servir et de peler les oranges, 280 et 281.

Oratoires, de quelle manière on les fait dans la province des Mines, II, 437.

Orthographe des noms brésiliens, ses difficultés, II, 395 et 407.

Ossemens fossiles dans le Brésil, II, 314.

Ouro Fino, rancho, l'auteur y tombe malade, I, 320.

Ouvidores, magistrats, I, 359; leur greffier, 362; places qu'ils cumulent, 368; leurs appointemens, 369.

P.

Pacuhy, rivière, II, 436.

Palmiers, espèces, I, 103, 407; II, 89, 344, 376, 377; observation sur la manière dont ils végètent, II, 438.

Panhames, nation indienne, I, 414; portrait d'un individu de cette nation, 434.

Pao pobre ou *puta pobre*, arbre à semences oléagineuses, II, 378.

Pao grande, habitation, I, 24.

Parahyba, fleuve, I, 60; vue que l'on découvre sur ses bords, *id*.; manière dont on le passe, 61.

Parahyba, paroisse, I, 63.

Parahybuna, rivière, I, 74; paysage que l'on voit sur ses bords, 82.

Parí, espèce d'engin pour prendre le poisson, II, 275.

Passagem, village, I, 159.

Passanha, village, I, 411; son histoire, 412 et suiv.; ses productions, 416; avantages de sa position, 418.

Peaux, manière dont on les tanne dans le Sertão, II, 332.

Pé do Morro, hameau, II, 295.

TABLE DES MATIÈRES.

Penha (*Nossa Senhora da Penha*), village, II, 10; végétation de ses alentours, 13.

Pedras (*as*), vallée, I, 21.

Pedras dos Angicos, village, II, 426.

Pedras de baixo, village; sa situation, II, 403; son église; 404; avantages de sa position, *id*.

Pedro Verciani, propriétaire de la fazenda de S. Eloi, II, 348.

Percicaba, rivière, I, 214.

Pereira, espèce de bois, II, 360.

Piauhy, habitation, II, 120.

Piedade, village, II, 270 et suiv.

Pierreries, observation sur leur prix, II, 6.

Piránhas, espèce de poisson, II, 393.

Plantes usuelles, II, 92, 416.

Poissons, manière de les prendre, I, 444; ceux du ruisseau voisin de S. João, II, 27; ceux de l'Itamarandiba, près S. Bartholomeu, 33; ceux des ruisseaux qui se jettent dans l'Arassuahy, 86; ceux du Jiquitinhonha, 180; ceux de l'Itamarandiba, près Culão, 275; manière de prendre le poisson à laquelle on donne le nom de parí, *id*.; ceux du S. Francisco, 394; poisson sec de la même rivière, *id*.

Pont des Paulistes, I, 442.

Ports, ce que c'est, II, 252.

Porto do Defunto Rosario, lieu où l'on passe l'Arassuahy, II, 252.

Porto do Salgado, hameau, II, 405 et 407.

Poules, leurs variétés, II, 290.

Presepio, ce que c'est, I, 123.

Prisons, où on les place, I, 368.

Procession dite *procissão das almas*, I, 346; celle des pénitens de Saint-François, 347; celle qui se fait les premiers dimanches du mois en l'honneur de la vierge, II, 358.

Provisions payées aux évêques dans le diocèse de Marianna, I, 172; celles payées dans le diocèse de Bahia, II, 257.

Puces pénétrantes (*bichos do pé*), leur histoire, I, 35.

Q.

Quartel do Canto da Serra de S. João, poste militaire, I, 415; sa description, 420.

Quartel de Teixeira, poste militaire, II, 122.

Queimadas, pâturages incendiés, II, 276, 405; inconvéniens qu'elles peuvent avoir, 437; on les fait dans le voisinage des habitations, 433; joli effet qu'elles produisent dans le paysage, 454.

R.

Race africaine, elle paraît se perfectionner dans la partie de l'Amérique parcourue par l'auteur, II, 231.

Race américaine, réflexions sur elle, II, 56; *id*., 220; *id*., 230.

Race mélangée d'Américains et d'Africains, on doit en encourager l'augmentation, II, 59 et 221.

Race caucasique; elle paraît s'altérer dans la partie de l'Amérique parcourue par l'auteur, II, 231.

Rancharia, habitation, II, 436.

Ranchos, ce que c'est, I, 64; tableau d'un de ces hangars, 67; comparaison des ranchos et des vendas, 95; comment on les construit dans les parties hautes de la province des Mines, 114; il n'y en a pas dans les chemins peu fréquentés, 387.

Raimundo Ferreira de Souza, soldat brésilien de la septième division, II, 226; son histoire, 228.

Recluses, ce que c'est, II, 82.

Régiment de cavalerie de Minas Geraes, I, 380; éloge des militaires qui le composent, 381; leurs fonctions, *id*.; leur solde, 382; officiers agrégés à ce régiment, 383.

TABLE DES MATIÈRES.

Registro (poste militaire ou douane), celui du Parahyba, I, 62; celui du Parahybuña, 84; celui de Mathias Barbosa, 90; celui de Malhada, II, 387; rectification d'une erreur sur l'orthographe de ce nom, *id.*

Religion; ce qu'elle est dans la province des Mines, I, 157; ce n'est que par elle et par l'isolement qu'on pourrait civiliser les Indiens autant qu'ils peuvent l'être, II, 220.

Riachão, petite habitation, II, 364.

Riachão de Cana Brava, habitation, II, 424.

Riacho de S. Lourenço, chaumière, II, 364.

Ribeirão (fazenda de), habitation, II, 345.

Ricin, moulin à broyer ses graines, II, 19.

Rio de Janeiro, description de sa baie, I, 4; ses alentours, 51; comparaison des paroisses de ses environs avec celles de l'intérieur, 53; haies de ses alentours, 56.

Rio de S. Francisco, fleuve; l'aspect du pays change à son approche, II, 382; ses sources, 384; histoire de son cours, 385; lieux situés sur ses bords, 387; histoire du cours de l'année sur les rives de ce fleuve et ses inondations, 389; maladies qui régnent tous les ans sur ses bords, 390; poissons qu'on y pêche, 394; culture des terrains qui l'avoisinent, 402.

Rio Vermelho (*N. S. da Penha do Rio Vermelho*), village, I, 444 et suiv.

Rio Vermelho, rivière, I, 443.

Roça do Contrato, habitation, II, 288.

Riz, les deux sortes que l'on cultive à l'orient de la province des Mines, I, 236; celle que l'on cultive à l'entrée du Sertão du côté de Pé do Morro, II, 348.

Rocinha de Simão Pereira, lieu où l'on fait la visite pour la contrebande de l'or et des diamans, I, 87.

S.

Saint-Esprit (fête du), ou de l'Empereur (*festa do Esperito Santo*), II, 240 et suiv.

Sala, ce que c'est, I, 210.

Salines (pays des), commerce que les habitans de ce pays font avec Salgado, S. Rumão, etc., II, 412.

Salgado ou Brejo do Salgado, village, chef-lieu de justice, II, 407; ses maisons, 410; culture des terres environnantes et leur cherté, *id.*; les habitans de ce village font un grand commerce avec le pays des Salines, 412; ils jouissent d'une grande aisance, *id.*; salubrité de Salgado, 415.

Salpêtre, une des richesses du Sertão, II, 312; réglemens relatifs à son extraction, *id.*; description d'une des cavernes d'où on le tire, 313; manière dont on le fabrique, 315; manière de l'expédier, 316.

S. Barbara, ruisseau, I, 216; les différens noms qu'il prend, 218.

S. Barbara ou *S. Antonio do Ribeirão de Santa Barbara*, village, I, 216.

S. Bento, habitation, II, 447.

S. Clara, habitation, II, 437.

S. Domingos, village, II, 237; son histoire, 238; il est le centre du commerce des cotons dans les Minas Novas, 238; l'auteur y assiste aux fêtes de l'Empereur, 239; ce village est la limite de la région des catingas, 248.

S. Eloi, habitation, II, 348.

S. João, village de Minas Novas, II, 26.

S. Lamberto, rivière, II, 450.

S. Miguel, da Jiquitinhonha, hameau, sa situation, II, 138; sa population, 143.

S. Miguel de Mato dentro ou *da Percicaba*, village, I, 228.

São Payo (le doct.), avocat à Minas Novas, II, 79 et 263.

S. Quiteria, habitation, I, 216.

S. Rita, habitation, II, 232; son propriétaire, 234; mécanique qu'on y voit, *id.*

S. Rumão, village, chef-lieu de justice, II, 428.

Sarcoramphus papa, voy. *Urubú rey*.

Séquestres, inconvéniens qu'ils ont eus pour la province des Mines, I, chap. IX, *id.*; II, 454.

Seriema, oiseau, II, 338.

Serpens, diverses espèces, I, 408; on se sert des plus venimeux pour guérir la maladie vénérienne, II, 370.

Serpens à sonnettes, voy. *Cascavel*.

Serra da Candonga, montagne, sa végétation, I, 318; les bestiaux qui y paissent, 319.

Serra da Caraça, montagnes, I, 186; *id.*, 215; leur végétation, 224.

Serra de Curmatahy, portion de la cordillière occidentale, II, 455; l'auteur va visiter une cascade située dans cette montagne et s'égare, 457; il la traverse pour se rendre dans le District des Diamans, est surpris par un orage et s'égare, *id.*

Serra de Deos livre ou *d'Ouro branco*, partie de la chaîne occidentale, I, 131; sa végétation, 133.

Serra da Mantiqueira, portion de la grande chaîne occidentale, I, 110.

Serra de S. Simão, montagne, II, 189.

Serra da Viuva, partie de la cordillière maritime, I, 22.

Sertanejos, habitans du Sertão ou désert, leur origine, II, 303; presque tous sont des hommes de couleur, 304; leur paresse, *id.*; leur pauvreté, 305; ils sont superstitieux, *id.*; moyens d'améliorer leurs mœurs, 306; pureté de leur langage et leur facilité pour apprendre, 310; idée qu'ils ont de la farine de maïs, 311; ils se livrent principalement à l'éducation du bétail, 318; leur imprévoyance, 325; ils s'occupent beaucoup de l'éducation des chevaux, 327; ils vont toujours à cheval et armés, 329; ils aiment beaucoup la chasse, 330; ils tannent eux-mêmes les cuirs de leurs bœufs et les peaux des bêtes sauvages, 332; fécondité de leurs femmes, 367.

Sertão, partie occidentale et déserte de la province des Mines, ses limites, II, 299; sa végétation, 302; son aspect, *id.*; chaleur qu'on y endure, *id.*; il y existe de l'or, 312; il y existe du salpêtre, *id.*; le bétail fait une de ses principales richesses, 318; l'eau y est rare, 325; l'argent n'y est pas commun, 334; manière d'y compter l'argent, *id.*; liste des quadrupèdes qui y vivent, *id.*; maladies communes dans ses parties élevées, 369; abeilles qu'on trouve dans le Sertão, 371; la canne à sucre y réussit très-bien, 432; les denrées ne trouvent point de débouchés dans l'intérieur du Sertão, 453; il n'y a presque point de jardins dans cette contrée, 350 et 456.

Sesmaria, étendue de terrain concédé par le gouvernement, I, 238; manière de devenir propriétaire d'une sesmaria, *id.*; obligation de la cultiver, 239; rectification sur leur étendue, II, 453.

Setuba, habitation, II, 114.

Simão Pireira, paroisse, I, 89.

Simonie ordinaire dans le diocèse de Marianna, I, 173 et suiv.; moins commune dans celui de Bahia, II, 256.

Singes hurleurs, voy. *Guaribas*.

Sobrado, habitation, II, 281.

Stupor, voy. *Ar*.

Sucreries, le peu de perfectionnemens qu'on y a introduits, I, 26; portrait de leurs propriétaires ou *Senhores d'engenhos*, 57; cylindres des moulins de celles des Mines en général, 126; roues de celle de Temerão, 394; cylindres de celle d'Itangua, II, 19; rectification d'une orthographe défectueuse des mots *senhores d'engenhos* (pro-

TABLE DES MATIERES.

priétaires de sucreries, 246; comment on fait mouvoir les moulins dans les sucreries des pauvres, 434.

Sucuriú, rivière, II, 90.

Sucuriú, village, sa description, II, 89.

Sucury ou *Sucuriú*, serpent, II, 379.

Sumidouro, venda, végétation de ses environs, I, 308.

Sussuhy, rivière, I, 400; ruisseaux qui le forment, 443.

T.

Tabac, sa culture, I, 448.

Tabellions, I, 363; ce sont eux qui servent de greffiers aux juges, *id.*; en quel cas ils deviennent huissiers, *id.*

Taboca, espèce de bambou, I, 97; rectification d'une erreur qui s'est glissée dans le premier volume sur l'orthographe de cette plante, II, 363.

Taboleiros, plateaux, II, 22; leurs diverses espèces, 100.

Taipa, ou pisé, II, 77.

Taperas, maisons ruinées, I, 206.

Tapanhuacanga (*S. Jozé de Tapanhuacanga*), village, I, 314.

Taquára et *taquarí*, bambous, II, 363.

Taquarassú, espèce de bambou, I, 20.

Temerão, habitation, I, 394.

Termès ou *cupim*, description des habitations en forme de bornes de l'une des espèces, I, 108; espèce qui fait sur la terre des habitations en forme de boss , II, 15; espèce qui les fait sur les arbres, 119.

Terres, leur prix dans le Sertão, II, 411.

Thé, usage de le prendre répandu dans les Mines, II, 349.

Thomas Antonio Gonzaga da Costa, poète, I, 204.

Tipí, plante usuelle, II, 416.

Tiradentes, voy. *José da Silva Xavier*.

Toasts, manière de les porter, II, 17.

Tornilho, espèce de châtiment, II, 42.

Tortue (histoire d'une), II, 374.

Trairas, rivière, II, 450.

Tres Americanas; lieu d'où l'on tire des pierreries, II, 127.

Tristegis glutinosa, voy. *Capim gordura*.

Tronco, instrument de supplice, II, 42.

Tujicaráma, chef d'une tribu de Botocudos, II, 192; sa troupe déjà familiarisée avec les Portugais, 193; elle essaie de naviguer, *id.*; plaintes en chansons d'un homme de cette troupe, 197.

Turvo Pequeno, ruisseau, I, 395; il donne son nom à une chaumière où l'auteur fait halte; description de cette chaumière, *id.*

U.

Ubá, habitation, I, 28; son histoire, 29; gibier des alentours, 32.

Urubú rey (vautour-roi, sarcoramphus papa), oiseau, II, 418.

V.

Vachers (vaqueiros), soins qu'ils donnent au bétail dans le Sertão, II, 318; quels hommes on prend pour vachers, 320; leur costume, 321.

Vaqueiros, voy. *Vachers*.

Varandas ou galeries, I, 210; II, 114.

Vargem, habitation, explication de ce nom, I, 86.

Vareda, habitation, II, 273.

Vautour-roi, voy. *Urubú rey*.

Végétation primitive, II, 95; ses diverses sortes dans la province des Mines, 97.

Vellozia (canella d'ema), plante, I, 133.

Vendas, tableau de ces espèces de tavernes, I, 64.

Ver du bambou, voy. *Bicho da taquara*.

Vigario da vara, ce qu'est cette dignité ecclésiastique, I, 176.

Vigie (*Vigia*), poste militaire placé sur les bords du Jiquitinhonha, II, 194.

Villa do Fanado, capitale des Minas Novas, II, 73; ses rues, 75; ses maisons, 76; son commerce, 77; sa population, *id.*; végétation des alentours, 78.

Villa do Principe, ville; la population de la paroisse dont elle est le chef-lieu, I, 323; fondation de cette ville, 328; son or, 330; sa population, 331; sa situation, *id.*; ses rues, *id.*; ses maisons, *id.*; ses églises, 333; ses boutiques, 334; les femmes de cette ville, 335; les plaisirs de ses habitans, *id.*; son hôtel pour la fonte de l'or, 344; manière dont on y célèbre la semaine sainte, 347; l'auteur y assiste à la fête du couronnement du roi, 348.

Villa Rica, ville capitale de la province des Mines, sa situation, I, 136; sa population, 138; ses églises, 142; son palais et ses autres bâtimens publics, 144 et suiv.; manière dont on y vend les denrées, 149; ses manufactures, 150; l'auteur y assiste à un bal, 151; description d'une cascade de ses environs, 257.

Vocabulaire de la langue des Coroados, I, 46; de la langue des Malalis, 427; des Monoxos, *id.*; des Macunis, II, 47; des Botocudos, 154; des Machaculis, 213.

Voyages, manière de les faire au Brésil, I, 66; celle dont l'auteur faisait le sien, 129; *id.*

Xicriabas, voy. *Chicriabas*.

FIN DE LA TABLE DES MATIÈRES.

ERRATA.

Pages	Lignes	Au lieu de	Lisez
5	30	*Calhão,*	*Calhao,*
55	23	fourmilier.	fourmillier.
64	18	une petite ville importante ;	une ville importante ;
80	19	Boa Vista da Barra do Calhão,	Boa Vista da Barra do Calhao,
98	7	*matos virgens ;*	*matos virgens ;.*
101	18	présentent les mêmes modifications que les *carrascos ;*	présentent diverses modifications comme les *carrascos ;*
109	23	3.	1
133	26	la terre d'abord fut cultivée,	la terre fut d'abord cultivée,
180	25	ou de Rio de Belmonte.	ou du Rio de Belmonte.
324	5	Ils sont.	Ces parcs sont
Id.	25	*mamelada.*	*marmelada*
334	21	dits de *bilhetes de permuta,*	dits *bilhetes de permuta,*
337	6	coelogeny.	coelogenys
372	2	le construit	le construisent
375	27	nuisible et utile	nuisible ou utile
448	21	*Serviço de Currallinho*	*Serviço do Currallinho,*

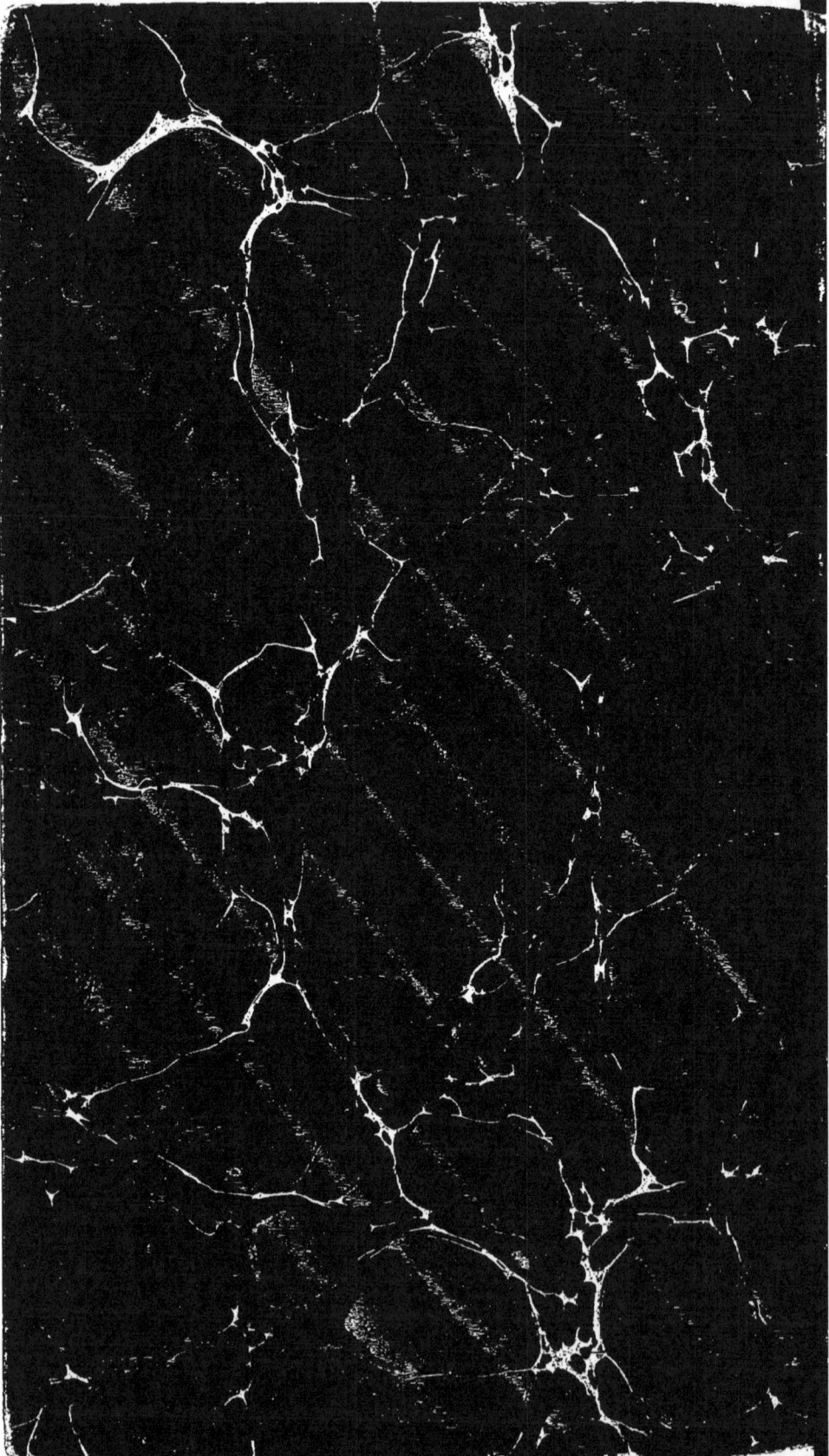

www.ingramcontent.com/pod-product-compliance
Lightning Source LLC
Chambersburg PA
CBHW070602230426
43670CB00010B/1375